제2판

금융법 입문

금융은 법이다

이상복

박영사

제2판 머리말

2023년 1월 10일 이 책의 초판이 발간되고 나서 독자들로부터 분에 넘치는 호평을 받았다. 2023년 2월 15일 중판을 냈으니 말이다. 저자로서는 이러한 관심과 성원에 진심으로 감사드린다.

2023년 2학기부터 매 학기 서강대 학부생을 상대로 개설되는 교양선택 과목인 "법과 금융" 교재로 이 책을 사용하게 되었다. 금융문맹 없는 사회를 만들기 위한 저자 생각의 실천 중 하나인 대학 재학 중 금융문맹을 탈피해 사회에 진출시킬 필요가 있기 때문이다. 강의는 매시간 이슈인 경제 기사와 함께 진행된다. 수강생을 70명으로 제한했으나 100명이 넘는 대형 강의가 된 데 대해 학생들에게도 감사드린다.

개정판은 제1편 제3장 제4절 Ⅱ. 금융기관에 관한 정책의 내용으로 진입규제, 건전성규제, 영업행위규제 부분을 추가하고, 제2편 제2장 제2절 Ⅱ. 채무증권. 1. 국채증권 부분에 국채의 기능을 추가하였으며, 제2편 제2장 제3절 파생상품에 Ⅲ. 파생상품의 기능을 추가하고, 제2편에 제9장 부동산개발금융을 신설·보완하였다. 특히 부동산개발금융의 내용은 최근 금융시장을 뒤흔들고 있는 부동산개발 관련 부동산PF 대출 등을 학습할 필요가 있기 때문이다. 또한, 관련 개별법의 개정 내용을 반영하였다.

개정판을 내는 데 조언을 해준 서강대 일반대학원 부동산학협동과정의 금경호 차장님께 감사드리고, 개정 내용을 읽고 논평을 해준 양계원·이일규 변호사에게 감사드린다. 또한 개정판을 낼 수 있도록 애써주신 안종만 회장님, 안상준 대표님, 김선민 이사님께 감사드리며, 기획과 마케팅에 고생하는 최동인 대리의 노고에 감사드린다.

2024년 6월

이 상 복

– i –

머리말

경제학과 4학년 학생은 "나름 4년 동안 열심히 공부했지만 경제신문을 독해하는 것이 어렵다."고 말한다. 또한, 한 일간지 경제부 차장과 경제신문 금융부 중견 기자도 "금융 공부를 어떻게 해야 하느냐?"고 묻는다. 그렇다면, 왜 경제신문을 이해하는 것과 금융 관련 기사를 쓰는 것이 어려울까? 그런데 경제 관련 뉴스는 대부분 금융 관련 기사가 많다. 한 마디로 금융은 복잡하고 어려운데, 아무도 가르쳐 주지 않아 배운 적이 없기 때문에 기사를 독해하는 것과 쓰는 것이 어려운 것이다. 그래서 학생이나 기자나, 교수나 연구자나 대부분의 사람들은 금융을 혼자 학습하는 경우가 많다.

현대사회는 금융세상이 되었다. 최근의 언론 보도는 환율, 대출, 주식, 보험, 카드 등 온통 금융 천지다. 또한, CD, CP, RP, ABCP, ABSTB, 부동산PF, 국채, 회사채 등 어려운 용어들이 자주 등장하여 전문가가 아니면 이해하기도 어렵다. 그리고 외환시장, 단기금융시장(자금시장), 채권시장, 주식시장의 불안한 장세가 연일 보도되는 것도 우리를 불안하게 하지만, 왜 그런지 구체적으로 이해하는 것이 어렵다.

따라서 이 책은 금융 관련 기사를 독해하는 능력을 함양하고, 금융세상에 필요한 금융 지식을 습득하는 것을 목표로 저술되었다. 이를 위해 2020년 저자의 금융법 강의 시리즈(전 4권)가 출간된 이후, 분량이 너무 방대하여 공부하기 어렵다는 독자들의 고언을 받아들여 금융법 강의의 핵심내용을 알기 쉽게 정리하였다.

이 책을 출간하면서 감사드릴 분들이 많다. 바쁜 일정 중에도 초고를 읽고 조언과 논평을 해준 장기홍 변호사, 김태영 변호사, 양계원 변호사에게 감사드린다. 박영사의 김선민 이사가 정성을 들여 편집해주고 제작 일정을 잡아 적시에 출간이 되도록 해주어 감사드린다. 출판계의 어려움에도 출판을 맡아 준 박영사 안종만 회장님과 안상준 대표님께 감사의 말씀을 드린다. 그리고 법률가와 학자로서의 길을 가는 동안 격려해준 아내 이은아와 딸 이가형, 아들 이지형과 함께 출간의 기쁨을 나누고 싶다.

2023년 1월

이 상 복

차 례

제2장 헌법과 금융질서

제3장 금융정책의 유형과 내용

제 2 편　금융상품

제1장 개　관

제2장 금융투자상품

제3장 자산유동화증권

제5장 예금상품과 대출상품

제6장 보험상품

제7장 여신금융상품

제8장 연금상품

제9장 부동산개발금융

제 3 편 금융기관

제1장 서 론

제2장 금융투자업자

제3장 은 행

제4장 보험회사

제5장 여신전문금융기관

제6장 서민금융기관

제4편 금융시장

제1장 서 론

제2장 단기금융시장(자금시장)

제3장 주식시장

제4장 채권시장

제 5 편 금융행정

제1장 서 론

제2장 금융행정기관

제3장 금융유관기관

제 1 편

금융과 법

제1장

금융과 경제

제1절 금융과 금융제도

Ⅰ. 서설

1. 금융의 개념

금융(financing)이란 시간과 공간상의 제약을 넘어 "돈"(화폐)을 원활하게 사용하기 위한 방법이다. 금융은 일정기간 동안 장래의 원금반환과 이자지급을 목적으로 상대방을 신용하고 자금을 융통하는 행위로서 국민경제 전체 측면에서는 자금의 여유가 있는 부분에서 자금이 부족한 부문으로 자금이 이전되는 것을 의미한다.[1] 즉 금융은 타인으로부터 자금을 빌리거나 타인에게 자금을 빌려주는 행위를 말한다. 따라서 금융거래는 일시적인 자금의 잉여 및 부족으로 인한 지출변동을 줄임으로써 개인의 소비나 기업의 경영을 안정화하는 기능을 담당한다. 그리고 인적·물적 자본에 대한 투자가능성을 제고하여 개인에게 소득증대의 기회를 주고, 기업에게는 생산성 향상기회를 제공한다.[2]

---

[1] 시장질서는 소위 "보이지 않는 손"인 가격체계(price system)에 의해 발전되었다. 특히 화폐경제가 도래하면서 자본시장은 상품시장에 못지않게 커졌으며, 자본의 거래는 금융시장을 통해 대규모로 이루어지고 있다.

[2] 홍종현(2012), "재정민주주의에 대한 헌법적 연구", 고려대학교 대학원 박사학위논문 (2012. 8), 33쪽.

2. 직접금융과 간접금융

직접금융(direct financing)이란 자금의 공급자와 수요자가 금융시장에서 직접 자신의 책임과 계산으로 자금거래를 하는 방식이다. 예를 들면 증권시장에서 주식이나 채권으로 자금을 조달하는 방식이 이에 해당된다. 직접금융은 간접금융에 비해 금융비용이 적게 들고 자금수요자의 신용 정도에 따라 거액의 자금도 일시에 조달할 수 있는 장점을 갖고 있다. 그러나 자금 공급자의 입장에서 보면 은행 예금과 달리 원금을 보장받지 못하는 등 상대적으로 높은 위험을 떠안게 되는 단점이 있다.

간접금융(indirect financing)은 자금의 공급자와 수요자가 은행과 같은 금융기관을 상대로 금융거래(예금 또는 대출)를 하므로 자금의 공급자와 수요자 사이에 직접적인 거래관계가 형성되지 않는 금융방식이다. 자금공급자는 중개기관이 제공하는 금융상품을 선택할 뿐 자금수요자가 누구인지 알지 못하며 자금의 출처에 대해서도 알 필요가 없다. 공급된 자금의 원리금 상환은 전적으로 거래 금융기관이 책임을 지며 자금수요자들도 금융기관에 대해서만 원리금의 상환의무를 지게 된다.

Ⅱ. 금융의 구조와 특성

1. 금융의 구조

금융의 중심적 수단은 화폐이다. 공적으로 통용되는 화폐를 통화(currency)라 한다.[3] 그런데 사실상 통화의 구성에서 발행되는 화폐, 즉 지폐나 주화는 그 비중이 매우 낮다. 현실적으로 중요한 의미를 갖는 통화의 공급은 "지급준비시스템(reserve system)"을 통해 창조되는 것이다.[4]

---

3) 이장희(2010), "경제질서의 세계화에 따른 국가역할의 변화: 합헌적 금융질서의 구축을 중심으로", 고려대학교 대학원 박사학위 논문(2010. 12), 110~113쪽.

4) 통화공급의 변화는 수많은 사람들의 예금이나 금덩어리의 매매를 통해서 이루어지는 것이 아니라 중앙은행의 "통화신용정책"을 통해 나타난다. 이러한 정책에는 크게 지급준비율정책, 재할인율정책, 공개시장조작정책이 있다. 따라서 경제→금융→통화→통화 및 지급결제제도→은행시스템의 안정성과 건전성의 중요성이라는 흐름은 경제질서 형성의 근간으로 이해될 수 있다.

화폐는 시대를 거듭할수록 그 의미가 변화·확대되고 있다. 화폐의 의미가 단순한 교환의 매개수단 중심에서 오늘날에는 새로운 가치를 창출하는 자본 중심으로 그 의미의 중심이 옮겨가고 있다. 화폐 자체의 가치창출능력은 금융의 기능 확대를 통해 또는 이와 관련되어 더욱 커지게 된다. 화폐의 의미 변화에 따라 금융의 의미도 함께 변화·발전해 왔다. 심지어 이제 금융은 경제의 혈액과 같은 기능을 넘어서 경제의 머리가 되어가고 있다.

금융기능이 안정적으로 유지되는 것은 경제의 지속적이고 안정적인 발전에 절대적인 중요성을 갖는다. 금융의 불안은 대체로 갑작스런 신용경색을 수반하기 마련이고 대외교역이나 자본거래의 위축, 국가신용의 하락, 그리고 통화가치의 급락으로 이어져 결국 경제를 파탄시키거나 경제에 중대한 동요를 야기할 수 있다. 중앙은행의 통화정책은 금융을 통해 생산활동과 물가로 이어지는데, 금융이 불안해지면 통화정책의 파급경로에 문제가 생겨 결국 금융위기로 치달을 수도 있다. 따라서 금융은 그 자체로 공공재적 특성을 강하게 가지며, 금융안정은 중요한 국가적 과제에 속한다. 적어도 안정적인 화폐제도를 마련하고 화폐가 안정적으로 유통될 수 있는 신용환경을 구축하면서 이를 보장하는 것은 모든 생활관계에 있어서 기초적인 의미를 갖는다. 따라서 안정적이고 원활한 금융제도의 마련은 중요한 헌법적 과제로 이해될 수 있다.

2. 금융의 특성

금융의 특성을 정리하면 다음과 같다. ⅰ) 금융의 특성으로서 "사행성"은 (금융이익을 쫓아) 돈이 많은 곳으로 오히려 돈이 몰리고 정작 돈이 필요한 곳에는 돈이 공급되지 않게 만들 수 있다. 금융의 실패는 자원배분의 왜곡으로 이어져 경제에 장애를 야기할 수 있다.

ⅱ) 금융의 특성으로서 "경제에 대한 지배력과 파괴력"으로 인해 금융시장은(반드시 투기가 아니더라도) 의도적인 금융패권의 영향력 속에서 왜곡될 우려가 있다. 특히 은행은 금융의 근간이 되는 것으로서 여타의 금융수단보다 강한 공공성을 가진다고 할 수 있는데, 만약 은행이 금융패권의 영향 아래 방치된다면 또는 엄격한 은행제도가 마련되지 못한 채 은행이 방만하게 운영된다면, 금융 전체에 심각한 문제를 야기할 수 있다.

ⅲ) 금융의 특성으로서의 "사행성"은 인간의 이기심과 탐욕으로 인해 "투기

성"으로 나타날 수 있다. 즉 금융은 언제든지 도를 넘는 투기적 행위로 변질될 가능성이 크다. 그러나 사회적으로 용인되는 "투자행위"와 규제가 필요한 "투기행위"의 구별은 사실상 어렵다. 양자의 차이는 객관적인 사실에 있다기보다는 대체로 주관적인 의도에서 비롯되는 것이기 때문이다.

Ⅲ. 금융경제와 실물경제

경제구조는 크게 실물부문과 금융부문으로 나눌 수 있다. 실물경제는 재화와 서비스를 생산·판매·소비하는 활동을 말하고 금융경제는 실물경제 활동을 매개하고 경제적 가치의 저장 및 자본의 축적 수단이 되는 화폐의 발행·유통을 의미하며 화폐경제라고도 한다. 금융부문은 실물부문과 비교할 때 다음과 같은 특징을 갖고 있다.[5]

ⅰ) 금융부문의 거래 목적물은 화폐이다. 처음에 화폐의 용도는 실물경제의 목적물인 재화와 서비스 거래의 편의성을 높이기 위한 매개물로서 실물경제의 보조적 수단이었다. 그러나 그후 화폐가치의 안정성과 공신력이 확보되면서 현대경제에서는 재화와 서비스 거래와 무관하게 화폐 자체만으로 저축과 자본축적 수단이 되었다. 따라서 화폐적 거래를 전문적으로 중개하는 금융기관이 빠르게 증가하고 다양한 형태로 발전하였으며 현대사회에서 실물부문 못지않게 중요성이 커졌다. 특히 1997년의 아시아 외환위기와 2008년의 글로벌 금융위기는 금융부문의 불안정성이 실물경제에 심각한 충격을 줄 수 있다는 사실을 환기시켜 주었다.

ⅱ) 금융기관 업무는 불특정 다수를 상대로 한다. 실물경제가 주로 일반기업을 중심으로 이루어지는 것처럼 금융경제는 주로 금융기관을 중심으로 이루어진다. 그런데 실물부문의 일반기업이 특정 재화와 서비스를 생산하여 제한된 판매처에 공급하는 구조인 반면 금융기관은 불특정 다수의 상대로부터 자금을 조달하여 불특정 다수를 상대로 운용하거나 불특정 다수의 고객간 금융거래를 중개한다. 따라서 금융기관에 사고가 발생하거나 경영실패로 도산하는 경우 그 피해자 수가 매우 많아질 수 있어 막대한 사회적 비용을 유발할 수 있다.

---

5) 김기환(2019), "금융행정체계에 관한 행정조직법적 연구: 중앙은행제도와 금융감독체계를 중심으로", 한국외국어대학교 대학원 박사학위 논문(2019. 2), 14-16쪽.

iii) 금융기관의 재무구조는 실물부문 일반기업에 비해 매우 취약하다. 즉 일반기업이 주로 자기자본을 기반으로 활동하는 데 반해 은행의 경우 고객의 예금이나 예탁금, 금융채 발행, 중앙은행 차입 등 주로 부채에 의존하여 영업한다. 통상 일반기업은 부채비율(총부채/자기자본)이 100%를 넘으면 부실화 우려가 있다고 보는데, 금융기관의 경우 건실한 은행도 부채비율이 1,000%가 넘는 것이 보통이다. 은행의 자산은 대부분이 대출금으로 구성되어 있어 경기 불황 등으로 대출금 차주의 상환능력이 악화될 경우 대출금을 회수하지 못할 가능성인 신용위험이 매우 크다. 즉 금융기관은 부채를 기반으로 영업자금을 조달하여 신용위험이 큰 대출자산을 중심으로 자금을 운용하는 방식으로 일반기업과는 전혀 다른 재무구조를 갖고 있다. 이에 따라 금융기관 재무상태표(B/S)에서는 단순한 부채비율보다는 신용위험이 큰 자산의 손실가능성을 자기자본으로 얼마나 흡수할 수 있는지가 중요하며, 금융기관 자산을 위험가중치별로 환산하여 산정한 위험가중자산(Risk-weighted Asset) 대비 자기자본비율로 건전성을 판단한다. 한편 금융기관은 예금자의 인출 요구에 언제라도 응해야 하는 반면 자금이 필요한 경우에도 대출금을 중도에 회수하기는 어려워 자산-부채 간 만기 불일치로 인한 유동성 리스크를 안고 있다.

Ⅳ. 금융제도

경제제도는 경제 각 부문에서 발생하는 지출의 순환적 흐름과 관련된 기구와 제도로서 경제주체, 재화와 서비스, 금융수단 등으로 구성된 경제객체 및 시장으로 구성된다. 금융제도는 경제제도의 일부로서 국가의 금융질서를 구성하는 요소이다. 그런데 금융이 실현되기 위해서는 통화제도 및 지급결제제도, 외환제도, 금융상품, 금융시장, 금융기관 등의 금융제도(financial system)가 마련되어야 하며, 금융제도를 통해 비로소 금융거래가 이루어질 수 있다. 금융제도에는 공식적인 것뿐만 아니라 비공식적인 것도 있을 수 있으나, 금융의 특성 또는 중요성에 비추어 원칙적으로 금융제도는 법률에 의해 규율되어야 한다.

금융제도는 금융거래에 관한 체계와 규범을 총칭한다. 금융제도의 핵심 구성요소로는 금융거래가 이루어지는 금융시장, 금융거래의 대상인 금융상품, 금융거래를 중개해주는 금융기관(financial institution), 금융거래를 지원·규제·감독하는 금융행정으로 구분될 수 있다.

제2절 화폐와 신용의 경제학

Ⅰ. 서설

1. 동양그룹 사례

2013년 말 동양그룹 사태가 발발했다. 이 사태가 터지기 약 1개월 전부터 동양그룹 유동성 위기에 관한 소문이 있었다. 결국 2013년 9월 30일 동양그룹의 주요 계열사는 법정관리를 신청했다.[6] 금융기관의 파산이 아니더라도, 기업의 파산은 금융시장에 엄청난 악재이다. 파산한 기업이 발행한 주식은 물론 기업어음(CP), 회사채 등 채무증권이나 은행 대출도 모두 부실화되기 때문이다. 동양그룹 사태는 2008년 글로벌 금융위기 이후 한국경제에서는 최악의 대기업 파산 사태이다. 당시 기업어음(CP), 특정금전신탁, 불완전판매 등의 문제점이 또 다시 불거졌다.[7] 동양그룹 사태는 한국경제의 기업과 금융시장에 내재된 잠재적 취약성들이 동시 다발적으로 나타난 사건이다.

CP 부실화 사건으로는 동양사태를 포함하여 4번째이다.[8] LIG, 웅진, STX 모두 부도가 나기 직전 집중적으로 CP를 발행했다. 기업 경영주로서는 부도를 막기 위한 마지막 수단이었을 수 있다. 하지만 자신이 발행한 CP로 투자자가 피해를 보건 말건 경영주는 전혀 신경 쓰지 않았다. 경영주도 부도를 막기 위해 부단한 노력을 기울였겠지만, 결과적으로 부도가 나면서 CP는 부실화되고, 이를

---

6) 2013년 9월 30일부터 10월 1일까지 동양그룹 5개 계열사는 기업회생절차를 신청하였으며, 2013. 10. 17. 법원은 회생절차 개시 결정과 동시에 5개사 관리인을 선임하였다(금융감독원 보도자료, 2013-12).

7) (동양그룹의 불완전판매 검사) 금융감독원에 접수된 19,904건(2013. 12. 25. 현재)의 분쟁조정신청건에 대해 전수조사를 실시하였으며 검사결과 일부 분쟁조정신청건에서 불완전판매 사례를 확인하였다(금융감독원 보도자료, 2014-07).

8) 2012년 9월 웅진그룹의 회생절차개시 신청과 부도 후 불과 6개월이 지난 2013년 4월에는 STX조선해양의 자율협약 신청과 6월 STX팬오션 법정관리신청으로 STX그룹도 부실이 드러났으며, 다시 5개월도 지나지 않아 동양그룹의 법정관리신청이 발생했다.

보유한 많은 투자자가 큰 피해를 입었다. 저축은행 사태는 동양그룹 사태에 비해서 약 2년 앞서 발생했지만, 당시 저축은행이 발행했던 후순위채와 그 부실화는 동양그룹의 CP 발행 사례와 유사하다.

동양그룹 사태는 기존의 LIG, 웅진, STX나 저축은행 사태 이상으로 피해자 수나 규모가 대단히 크다. 동양그룹이 발행한 회사채와 CP 모두 합하여 약 4조 원이 넘는다. 개인이 그중 90% 이상을 들고 있었다. 나머지는 기관이라서 그나마 안심했을까? 자기 돈으로 장사하는 금융기관은 없다.9) 기관의 피해는 곧 그 기관에 예치하거나 투자한 고객의 피해로 이어지게 되어 있다. 그 기관 자체의 피해는 수수료 좀 깎아 먹는 정도이다.

2. 금융과 신용

동양사태까지 한국에서는 4차례나 기업의 사기성 CP 발행이 있었다. 저축은행의 후순위채도 유사하다. 이제 CP나 후순위채를 발행하는 기업이나 금융기관은 시장에 안 좋은 시그널로 작용할지도 모른다. 그렇게 되면 건전한 기업마저도 단지 운전자본(working capital) 조달의 목적으로 CP를 발행해도 현금 조달이 어려울 것이다. CP 시장이 문제가 생기면 회사채 시장이라고 온전할 리 없다. 회사채 시장이 망하면 금융시장도 온전할 리 없다. 금융시장이 망하면, 기업이 망하고, 국가경제는 작동 불능이다.

금융은 "신뢰"와 "믿음"이다. 금융을 "신용(credit)"이라고도 한다. 둘은 거의 동의어이다. 돈 빌려주는 걸 신용공여 한다고 하지만, 그러한 행위를 포함하여 타인을 믿고 지급을 늦춰 주는 모든 행위가 금융이고 금융거래이다. 그래서 신용경색과 금융경색은 완전히 동일한 말이다. 믿지 않으면 순식간에 완전하게 붕괴되는 것이 금융시장이다. 금융시장이 붕괴하면 실물경제 역시 붕괴한다. 신용카드를 이용한 결제도 믿음이 있고 신용이 있기에 가능하다.

현대자본주의 시장경제를 떠받치는 핵심 기제는 "통화·금융시스템"이다. 이러한 경제가 작동하는 원리를 끝까지 파고 들어가면 신용이라는 조그만 핵이 나온다. 믿음이라는 그 조그만 알맹이가 금융과 경제시스템을 원활하게 작동하

---

9) 금융기관은 금융중개 서비스를 생산하는 주체이다. 금융기관은 BIS 자기자본비율 규제를 받는 은행을 제외하면 특별히 자기자본을 많이 쌓고 고정자산, 유형자산을 축적해야 할 필요가 없다. 금융중개를 원활히 잘하는 것이 금융기관의 본질적 업(業)이다.

게 하고 경제성장을 실현하는 핵심적 원동력인 것이다.[10]

II. 화폐의 경제학

1. 금융자산

우리가 사용하는 동전과 지폐를 중앙은행이 발행한 본원통화 또는 화폐라고 한다.[11] 모든 거래는 화폐나 화폐에 준하는 자산(예금)을 기준으로 이루어진다.[12] 여기서는 편의상 화폐 및 예금을 "현금"이라고 한다. 상업거래나 금융거래 모두 현금의 이전이 반드시 수반된다. 예를 들어 카드로 지불한다고 해서 거래가 종결되는 것이 아니다. 반드시 현금으로 카드값을 내야 결국 거래가 종결된다. 극히 이례적으로 현금이 없는 거래가 일어나기도 한다. 이를 물물교환이라고 한다. 금융부문에서는 금융기관 간 두 가지 금융상품이나 계약을 맞바꾸는 일종의 계약교환이 일어나는데 이를 "스왑"(swap)이라고 한다.

금융시장에서 가장 중요한 자산이 무엇일까? 어떤 사람은 주식, 어떤 사람은 채권, 어떤 사람은 파생상품이라고 생각할 수 있다. 그러나 현금(통화)이 가장 중요한 증서이자 금융자산이다. 주식이나 채권도 모두 결국은 현금을 조달하고자 하는 금융수단이다. 기업이 조달하기도 하고, 국가나 지방자치단체 또는 공공기관이 조달하기도 한다. 모두 현금 조달이 목적이다. 임금 지불, 원자재 구입, 설비투자, R&D 투자 등 모든 거래에서 반드시 현금이 지불되어야 하기 때문이다. 지급을 미룰 수는 있어도 궁극적으로 현금으로 결제되어야 거래가 종결된다. 이에 현금이 부족하면 현금을 조달하고자 증권을 발행하거나 금융기관에서(대출계약서를 작성하는데, 즉 대출채권을 발행한다) 대출을 한다. 따라서 미래에 이자까지 쳐서 갚을 각오만 되어있다면 현재 소득 이상으로 소비를 하거나 금융자산을 구

---

10) 박도현·조홍종·전초란·빈기범(2015), "동양그룹 사태를 계기로 본 금융소비자 보호 및 신용의 중요성", 유라시아연구 제12권 제4호(2015. 12), 3-8쪽.
11) 동전과 지폐를 반드시 중앙은행이 발행해야 하는 것은 아니다. 홍콩에서는 인가를 받은 몇 개의 시중은행이 자기명의의 동전과 지폐를 발행한다. 중앙은행이 동전과 지폐를 발행해도 일반은행은 예금증서를 발행하고, 예금증서는 곧 예금통화가 된다. 중앙은행이 발행하던, 일반은행이 발행하던. 그것이 지폐와 동전이던 예금증서이던, 화폐는 은행의 채무증서이다.
12) 화폐나 예금을 갖고 있는 사람은 자산이 되고, 이를 발행한 중앙은행이나 일반은행에게는 부채가 된다. 따라서 화폐나 예금은 일종의 부채증서·부채계약이다.

입할 수 있다.

금융기관과 증권시장은 현금을 중개한다. 즉 현금이 남아도는 경제주체(자본
공급자)가 금융기관에 예치·투자하거나 증권시장에서 증권을 매입하고, 현금이
부족한 경제주체(자본수요자)가 금융기관에 가서 대출을 받거나 증권시장에 증권
을 판매(발행)한다. 파생상품은 금융거래로 인해 위험에 노출되는 경제주체들에게
필요한 금융계약 또는 금융자산이다. 파생상품거래에서도 스왑을 제외하면 모두
현금이 수반되고, 많은 경우 실물 인도가 아니라 현금 정산이 이루어진다.[13]

모든 금융거래의 목적은 현금 조달이라는 점도 중요하지만, 모든 금융자산
의 가치도 현금으로 평가된다는 점 역시 매우 중요하다. 즉 우리나라에서는 "00
원"으로 측정된다. 미국에서는 "00달러"로 측정된다. 주식 몇 주로 측정되거나,
토지 몇 평, 금 몇 돈 등, 이런 식으로 측정되지 않는다. 금융자산뿐만 아니라 실
물자산이나 소비재 상품이나 서비스의 가치도 원화로 평가된다. 수익률이나 금
리의 단위는 %이지만, 이는 현금으로 측정한 가치의 상대적 변화율이다. 예를 들
어 10% 수익률이나 이자율이라는 것은 100원 빌려주어 110원 돌려받았다는 말
이다. 이를 명목수익률이나 명목이자율이라고 한다.[14] 금 10돈 빌려주었다가 11
돈 돌려받았다는 의미가 아니다. 이상의 설명을 벗어나는 금융거래는 없다. 금융
에 있어 가장 기본은 현금이고, 가장 중요한 기본 금융자산은 현금이다.[15]

2. 법정화폐

그렇다면 금속쪼가리에 불과하거나 종이 또는 전자적 기록에 불과한 현금은
왜 가치를 지닐까?[16] 우리가 1만원 지폐를 씹어 먹으면 1만원 어치 배불러지기
때문이 아니다. 1만원짜리 화폐로 1만원 어치의 음식을 사서 먹을 수 있기 때문
이다. 이렇듯 화폐는 "구매력"(purchasing power)을 지닌다. 화폐의 구매력은 어
디서 오는가? 2차 대전 이후 브레턴우즈 체제가 유지되던 시기에 달러화는 세계
적으로 유일한 금태환 화폐였다. 금태환 화폐는 중앙은행이 화폐를 발행하면서

---

13) 실물 인도의 경우에도 인도가격(delivery price)이나 행사가격(exercise price)을 현금으로
    지불해야 한다.
14) 때로는 명목수익률에서 물가상승률을 차감한 실질수익률이 중요하다. 예를 들어 실질수익
    률로 5%라는 말은 구매력 100개를 빌려주고 105개를 돌려받았다는 의미이다. 명목수익
    률, 물가상승률, 실질수익률 간의 관계는 피셔 방정식(Fisher equation)으로 표현된다.
15) 현금은 중앙은행이나 일반은행이 발행한 부채증서·채무증서이다.
16) 10원짜리의 경우 금속 원자재 가격의 상승으로 생산원가가 10원보다 클 수 있다.

보관하는 금에 대한 청구권이 있어 금의 가치를 표창한다.[17] 따라서 화폐는 금의 가치를 단지 표창하는 것일 뿐이다. 그러나 현재 우리나라 원화를 포함하여 어느 국가에서도 금태환 제도는 없다. 그렇다면 도대체 화폐의 가치는 어디서 오는가?

답은 의외로 간단하다. 단지 법이 가치가 있으라고 했기 때문이다. 그래서 현대 화폐를 "법정화폐"(legal tender)라고 한다. 법정화폐의 가치를 뒷받침해 주는 금과 같은 실물자산 따위는 없다. 그런데 신(God)도 아닌 법(law)이 있으라 해서 그런 가치가 있을 리는 없다. 법의 강제만으로는 될 일이 아니다. 저개발 국가에서는 자국 화폐의 유통이 부족하고, 거래 시 자국 화폐 받기를 주저한다. 북한 경제가 그러한 예이다. 화폐개혁 후 무력으로 새로운 화폐의 가치를 강제하고 있지만, 결국 암시장 거래가 커지고 자신의 적국으로 간주하는 미국의 달러화를 선호하고 이를 이용하여 거래한다. 경제 원리는 법이나 무력의 강제력이 통하지 않는다.

그렇다면 우리나라 원화를 보자. 왜 원화의 표면에 쓰인 액수로 물건, 서비스, 금융상품이나 금이나 부동산 등의 자산 구입이 가능한 것일까? 원화가 법정화폐라는 것을 아는 사람은 별로 없다. 역시 법이 강제를 하고 안 하고의 문제는 아니다. 따라서 원화가 액면에 쓰여진 가치를 지니고 화폐로 유통되기 위해서는 이를 사용하는 경제주체 모두가 "1만원은 1만원의 구매력이 있다고 믿어야" 한다. 원화가 화폐 구실을 제대로 해야 상업거래도 이루어지고 금융거래도 이루어진다. 화폐의 가치에 대한 믿음, 즉 신용을 바탕으로 재화와 서비스가 사고 팔리고, 금융시장에서 증권이 사고 팔리고, 대출과 차입이 이루어지고, 주택시장에서 주택이 사고 팔린다. 금융시장이 작동하고, 경제가 돌아간다.

그리하여 한국은 1년에 약 1,700-1,800조원 어치의 국내총생산(GDP)을 창출한다. 그중 일부를 소비하고, 그중 일부를 자본스톡으로 쌓아 경제 내부로 축적한다. 이 어마어마한 금융·경제적 기제의 근원에는 단지 화폐에 대한 신용만 존재하는 것이다. 기술적으로 화폐는 중앙은행이 발행한 신용증서·채무증서이다. 자국 화폐에 대한 신용이 없는 국가는 예외 없이 저개발 상태의 후진국이다. 기본적 금융자산인 화폐의 유통이 어렵기 때문에 거래가 이루어지기 어렵고, 경제성장이

---

17) 그러한 청구권을 실제로 행사할 수 있는 것은 아니다.

정체된다. 이런 국가에서는 달러화로 결제를 하면 거래가 쉽게 성사된다.

Ⅲ. 신용의 경제학

1. 신용팽창과 신용수축

(1) 통화창조

종종 신용이라는 매우 전문적이고 추상적인 용어를 자주 사용한다. 신용은 금융과 동일한 말이다. 신용이란 말의 본질적 의미를 파악하는 것이 쉽지는 않지만, 대략적으로 신용에 대한 합의된 개념이 있다. 그렇지만 그것이 결국 모든 각종 유형의 금융이나 금융거래를 의미한다는 것은 잘 알려져 있지 않다.

좁은 의미로는 화폐나 통화와 같은 순수한 유동성(자산)을 신용이라고도 한다. 때로는 은행의 대출을 신용이라고도 한다. 은행은 대출을 하면서 신용을 새로 창출해낸다. 그래서 은행은 신용창조, 통화창조를 한다. 중앙은행이 발행한 지폐와 동전만 통화(중앙은행의 부채)로 사용하는 것이 아니다. 여기에 은행의 부채인 예금을 더하여 M1이라는 통화량이 된다. 예금과 대출이 실시간으로 반복적으로 이루어지면서 경제질서 내에 유통되는 현금과 예금의 통화량이 형성된다. 이러한 통화량을 유동성 또는 신용이라고도 한다.[18) 은행의 예금과 대출에 더하여 짧은 만기로 돈을 빌리고 빌려주는 거래가 이루어지는 단기금융시장(자금시장, money market)의 각종 단기금융상품 거래에서도 유동성이 높은 부채증권이 발행된다. 이러한 거래의 기반은 역시 신용이다. 단기금융상품 거래도 역시 유동성을 부풀리고 통화량을 늘린다. 나아가 국공채나 회사채 시장에서도 신용을 바탕으로 금융거래가 이루어진다. 가장 넓은 의미의 통화량 지표인 총유동성(L)에는 국공채나 회사채도 포함된다는 점을 주지할 필요가 있다.[19)

(2) 신용팽창과 신용경색

중앙은행이 발행하는 지폐와 동전도 신용이지만, 은행 대출도 신용이고, 단기금융시장의 거래도 신용이고, 나아가 자본시장의 채권거래도 신용이다. 본원통화 발행 자체를 제외하면, 모두 금융거래이며 이러한 모든 금융거래는 거래당사자간의 신용에 기반하여 이루어진다. 그래서 '신용＝통화＝유동성＝금융'은 모두

---

18) 최근에는 유동성 중심으로 통화량을 정의하고 편제하는 것이 IMF의 권고이다.
19) 주식은 통화량이나 유동성 지표에 포함되지 않는다.

같은 말이다. 금융거래는 경제시스템에서 가장 빠르고 효율적으로 돈(현금)을 돌린다(유통시킨다). 금융거래가 반복되면서 통화량이 팽창한다. 이를 유동성 팽창 또는 신용팽창(신용확장, 신용확대) 또는 레버리징(leveraging)이라고 한다. 경상 GDP를 통화량으로 나누어 구해지는 통화유통속도(velocity라서 v로 많이 표시, 이는 회전율 개념)가 커지면서 통화량이 팽창하는 경우 통화량은 가속적으로 증가한다. 적절한 수준의 통화량, 신용과 적절한 신용팽창속도, 즉 통화유통속도는 경제가 건전하다는 증거이다. 그러나 과도하게 높아지면 주식시장 거품(버블), 과도한 물가상승, 부동산시장 거품을 유발하기도 한다. 믿음과 신용이 너무 과도하면 부작용을 일으키는 것이다.

　　돈이 모자라면 모자란 대로, 남아돌면 남아도는 대로 정체하는 경제는 발전할 리가 없다. 신용이 없어 금융거래가 이루어지지 않는 경제이다. 정상적인 경제도 신용이 팽창하다가 팽창속도가 느려지거나, 멈추거나, 극단적으로 더 이상 믿지 못하고 회수하는 상황이 발생하기도 한다. 이를 디레버지링(deleveraging), 신용수축(신용위축), 유동성 수축(유동성 위축), 때로는 신용경색, 금융경색, 금융위기라 부른다. 레버리지가 팽창하면서 경제에 윤활유를 뿌려주는 것이 아니라, 정체하거나 오히려 역방향으로 레버리지가 발생하면서 경제가 매우 뻑뻑하게 돌아간다. 제대로 해결하지 못하면 공황이나 경기침체로 이어진다.

　　따라서 경제가 잘 돌아가고 성장하거나 아니면 침체, 저성장하거나 후퇴하는 원인은 금융에 달려 있다. 그리고 금융은 곧 신용이다. 금태환과 같이 담보가 있어야만 하는 것이 아니라, 믿음과 신뢰라는 신용만으로 자본주의 시장경제의 엄청나게 복잡다단한 시스템이 작동하고 있다. 그러나 신용이 사라지는 상황, 즉 신용경색의 상황에 대해서 이러한 경제시스템은 매우 취약하다. 글로벌 경제는 이러한 상황을 2008년 글로벌 금융위기로부터 경험하였다.

2. 신용경색의 원인

　　신용경색 사태는 모든 경제주체들이 유동성이 과도하다고 느끼면서 서서히 이루어지는 것이 아니다. 어느 날 갑작스럽게 발생한다. 경제성장의 속도와 함께 신용팽창이나 후퇴의 속도도 함께 조정되어 가면 좋겠지만, 신용은 통상 경기역행적(countercyclical)인 게 아니라, 경기순응적(procyclical)이라고 한다. 때로는 경제는 이미 경기변동의 사이클에서 완화기에 들어섰는데, 신용이 스스로 마구 팽창하기도 한다. 이는 거품이다. 인류의 경험상, 부동산 가격이 급격히 상승하고, 주식시장이 지속적으로 크게 상승하는 시기는 주의해야 한다. 이는 과도하게 신용이 팽창되는 시기이고, 대부분의 경우 연착륙이 아닌 거품 붕괴로 이어진다.

거품 붕괴는 붕괴와 함께 급격한 신용경색이 나타난다. 신용 저하의 속도는 천천히 떨어지지 않는다. 불연속적으로 속도가 크게 저하되거나 순식간에 음(−)으로 떨어진다. 즉 금융거래가 정체될 뿐만 아니라 역으로 회수(exit)마저 이루어진다. 이러한 신용경색은 대비할 틈도 없이 급작스럽게 발생한다. 신뢰와 믿음이 순식간에 사라지면서 현금과 통화, 유동성의 융통이 되지 않는다. 만기연장은 차치하고 만기 전에 돌려 달라고 아우성이다. 큰 탈 없이 운영해오던 가계나 기업도 그러한 만약의 사태를 대비하지 않는 한, 유동성 위기에 몰려 파산하기도 한다. 정부나 중앙은행은 안심하라고 한다. 그러나 안심했다 자칫 손해를 보는 사람은 나 자신이므로 그 누구도 안심하지 않는다. 따라서 신용경색이 한 번 발생하면 더욱 악성적으로 파급되어 간다. 신용경색이 지배하는 경제는 활동과 성장을 멈추게 된다.

신용경색은 거품 붕괴, 글로벌 금융경색 등의 글로벌 시장, 거시경제의 체계적이고 전반적인 요인으로 발생하기도 하지만(1997년 한국 경제위기도 마찬가지), 예상치 못한 매우 특수한 원인으로 발생하기도 한다. 그만큼 믿음·신뢰·신용은 본질적으로 취약하다. 2009년 그리스는 재정위기를 겪었다. 그런데 그리스 경제가 전 세계에서 차지하는 비중이 얼마나 된다고 그리스 위기에 전 세계 금융시장이 들썩들썩했던 것일까? 2003년 한국에서 카드채 사태의 주원인은 LG카드 파산이다. 단지 수많은 기업과 금융기관 중 하나인 LG카드만의 문제인데 국내에서 상당한 금융경색을 유발했다. 2004년 SK그룹의 회계부정사태도 적지 않은 신용경색을 불러일으켰다. 통상 신용경색의 첫 번째 신호탄은 주가 폭락이다. 2011년 저축은행 파산사태, 2013년 동양그룹 사태 모두 1개 또는 몇 개의 금융기관이나 기업의 일이지만, 신용경색을 유발할 수 있는 매우 중대한 사건들이었다. 정상적인 경영에도 불구하고 파산해도 큰 문제지만, 저축은행이나 동양그룹은 파산에 이르는 과정에서 투자자나 금융소비자를 기만하였고 사회 전반적으로 신용이라는 중대한 자산을 크게 훼손하였다.

제2장

헌법과 금융질서

제1절 금융질서의 헌법상 지위

Ⅰ. 금융에 관한 헌법적 기초

경제질서가 전체 헌법질서의 일부이듯, 금융질서 역시 전체 헌법질서의 일부를 구성하며, 헌법의 규범적 테두리 내에서 형성되고 실현되어야 한다. 금융은 경제의 중심적 역할을 수행하며, 심지어 경제를 지배하는 모습으로까지 나타나고 있다. 헌법이 국가의 중요한 질서를 형성하고 규율하는 것이라면, 금융이야말로 헌법적으로 규율되고 평가되어야 한다. 따라서 금융에 대한 헌법적 기초를 확인하는 작업은 국가질서에 있어서 실질적으로 중요한 "알맹이"를 채우는 작업이 될 것이다.[1]

우리 헌법은 금융관련 명문 규정을 두고 있지 않다.[2] 그러나 헌법상 규정이 없더라도 예를 들어 화폐제도의 경우처럼 몇몇 중심적 금융제도는 국가의 중요 질서로서 헌법적 의미를 가질 수 있다. 헌법 제127조 제2항은 "국가표준제도"를 규정하고 있으며, 여기에는 화폐제도가 포함된다고 해석할 수 있다. 헌법에서 금

---

1) 이장희(2010), 151-154쪽,
2) 헌법상 화폐, 은행, 금융 등과 관련한 명시적 규정을 마련하고 있는 국가는 그리스, 네덜란드, 남아공, 미국, 프랑스, 호주, 캐나다, 독일, 러시아, 스페인, 오스트리아, 이탈리아, 스위스 등 많이 있으며, 종래의 선진 G7 국가의 대부분이 여기에 속하고 있다.

융에 대한 간접적 근거 규정들을 발견할 수는 있다. 이를테면 헌법 제6장의 경제에 관한 규정들, 정부의 재정(수입과 지출)에 관한 규정들, 헌법 제23조의 재산권 보장과 사회적 구속성 등이 그것이다. 또한 민주주의, 법치주의, 사회국가원리와 같은 헌법상의 기본원리도 역시 금융에 관한 헌법적 기초를 해석함에 있어서 중요한 기준을 제공해 줄 수 있다. 따라서 헌법상 간접적인 의미를 갖는 규정들과 헌법의 기본원리 및 기본권 등을 고려하고, 금융의 성질과 의미를 파악함으로써 금융에 관한 헌법적 원칙들을 발견해 나가야 한다.

Ⅱ. 헌법의 기본원리와 금융질서

헌법의 중심 가치인 기본권의 보장, 기본원리로서의 민주주의, 법치주의, 사회국가원리에 따른 금융질서의 형성방식은 다음과 같다.

1. 기본권 보장과 금융질서

무엇보다 금융질서의 마련은 기본권의 보장과 실현이라는 헌법적 과제 수행의 맥락에서 이해되어야 한다. 헌법질서의 한 부분으로서 금융질서는 한편으로는 기본권을 최대한 실현할 수 있도록 형성되어야 한다. 금융질서를 통해 실현되는 기본권은 자유로운 금융활동의 보장과 금융재산 및 금융수익에 대한 재산권적 보호가 중심이 될 것이다. 또한 금융과 관련된 기회의 균등과 공정한 분배의 달성 등은 평등권에 의해 보호될 수 있다.[3] 이 밖에도 금융개인정보의 보호를 통한 사생활의 자유와 비밀의 보호, 금융과 관련된 결사의 자유나 직업의 자유, 공개 가능한 금융관련 정보에 대한 알권리 등도 당연히 금융질서를 통해 보장되어야 할 기본권적 사항이라고 할 수 있다. 그러나 금융질서를 통한 기본권의 보장은 여기에 그치지 않는다. 금융질서가 전체 국가질서에서 차지하는 의미와 비중에 비추어 볼 때, 금융질서로부터 영향을 받는 다양한 생활관계와 관련된 모든 기본권의 실질적인 보장으로 이어질 수 있다.[4]

---

3) 예를 들어 국가의 금융기관에 대한 정당한 이유 없는 차별적 취급, 금융기관의 합리적인 이유 없는 금융대출의 거부, 부당하게 높은 금리를 강요받거나 또는 부당하게 낮은 금리의 특혜를 받는 것, 과도한 금융수익의 방치로 인한 분배정의의 왜곡 등은 금융질서의 마련 속에서 고려되어야 하는 것이다.

4) 예를 들어 금융을 통한 직업의 자유 내지 영업의 자유, 주거의 안정, 교육의 자유, 혼인과

다른 한편으로 금융질서는 적절한 국가적 개입을 통해 기본권 실현에 최적의 여건이 조성될 수 있도록 이루어져야 한다. 금융질서가 언제나 개개인의 자율성만을 보호하는 것으로 이해되지는 않는다. 금융질서는 개인적 기본권의 보장을 위해 필요한 모든 국가적 개입을 포함하는 것으로서, 국가적 개입을 통해 비로소 금융질서가 완성되는 것이다. 이러한 국가적 개입은 모든 사람들의 기본권을 실질적으로 보장하고 실현하기 위해 필요한 것으로 공익 실현 수단으로 이해된다. 따라서 금융질서를 통해 금융활동의 자유, 재산권, 평등권, 사생활의 보호 등은 제한될 수밖에 없다. 다만 이러한 제한에는 헌법적, 법률적 한계가 있음은 물론이다.

2. 민주주의와 금융질서

금융질서는 헌법의 기본원리인 민주주의의 토대 위에 성립되어야 한다. 금융질서에 있어서 민주주의가 갖는 의미는 매우 크다. 어떠한 금융제도를 도입할 것인지, 무엇을 어떻게 규제할 것인지를 결정하는 것은 전적으로 민주적 절차를 거쳐 이루어져야 하며, 이에 대한 최종적인 정당성은 국민에게 있기 때문이다.

ⅰ) 민주주의는 국민의 자기지배를 이상으로 하는 것이다. 국가적 지배관계는 금융법적 제도의 형성에 있어서도 존재하는 것이고, 금융과 관련한 제도적 구속은 직·간접적으로 모든 국민을 대상으로 하는 것이다. 전(全)국민적 이해관계를 갖는 금융문제에 있어서 민주주의 원리가 적용되지 않는다면, 그것은 결국 근원적인 의미에서 예속적이 될 것이다. 따라서 금융에 관하여 무엇을 어떻게 규율할 것인지는 "국민의 자기결정"에 기초하여야 한다.

ⅱ) 오늘날 대의민주주의에서는 강력한 민주적 정당성을 가진 주체가 금융에 대한 판단 권한을 가져야 한다. 이런 의미에서 금융과 관련한 정당한 권한주체에는 국회, 대통령이 속한다. 다만 대통령의 금융관련 권한은 헌법에 명시된 금융관련조약의 체결, 금융관련 정부계약 등 금융위원회 등을 통한 금융개입, 재정행위, 금융감독, 나아가 긴급재정경제처분 및 명령 등이 있을 수 있으나, 조약체결과 긴급재정경제처분 및 명령을 제외한 나머지는 원칙적으로 법률에 근거하

가족생활, 건강, 사회복지, 재해의 예방과 극복 등 매우 다양한 삶의 모습들이 금융을 통해 이루어지는 만큼 합리적인 금융질서의 마련은 관련 기본권의 실질적인 보장과 밀접한 관련을 갖는다.

여야 한다는 점에서 국회의 권한과는 구별될 것이다.

iii) 국회에 의한 금융 권한의 행사는 우선 금융법률의 제정을 통해 나타난다. 각종 금융 관련 법률의 마련은 정당한 법질서의 구축이라는 의미와 함께 금융과 관련한 합리적 규율을 가능하게 하는 토대가 형성되는 의미를 갖는다. 금융과 관련한 법적 토대 없이 금융엘리트만의 정책적 판단만으로 중요 결정이 이루어지는 현실 속에서는 그 의미가 크다. 법률은 국회에서 합리적인 의사결정 절차에 따라 성립하는 것이므로 금융과 관련한 무엇을 어떻게 규율할 것인지에 대해 심사숙고할 수 있는 기회를 제공한다는 점에서 합리적 규율의 가능성을 제공한다. 금융과 관련한 국정 현안의 비판과 감시는 국회의 중요한 국정 통제적 역할에 해당한다. 이를 위해 국정감사나 국정조사 등 다양한 수단이 이용될 수 있다. 국회는 헌법 제60조에 따라 금융과 관련한 조약으로서 중대한 재정적 부담을 지우는 조약이나 입법사항에 관한 조약의 체결·비준에 대한 동의권(사전 의결권)을, 또 제58조에 따라 국민의 부담이 될 금융관련 정부계약에 대한 사전동의권(사전 의결권)을 행사할 수 있다.

3. 법치주의와 금융질서

금융질서는 법치주의를 그 기본으로 한다. 법치주의는 국가권력 담당자의 자의적 지배가 아닌 법에 의한 지배를 의미한다. 또 단순히 법적 수단만 마련되어 있을 것을 요구하는 것이 아니며, 내용적으로도 정당한 법, 즉 합리적이고 공정한 법을 마련하여 지배하여야 한다(실질적 법치주의).

i) 금융과 관련한 올바른 법치가 되기 위해서는 법적 질서가 마련되어야 한다. 금융법질서의 마련은 그 자체로 법적 안정성에 기여한다. 금융질서는 한편으로는 금융의 자율성을 보장하면서도 다른 한편으로는 공정한 금융활동이 가능할 수 있도록 규제를 필요로 한다. 그러나 금융의 자율성 보장과 규제의 필요성이 실제에 있어서 어떻게 조화될 수 있을지가 문제이다. 금융질서는 합목적적이어야 하며, 합목적성은 비례성의 요청으로 이해된다. 다시 말해 금융규제는 비례적이어야 한다. 따라서 규제목적의 달성에 적합하고 필요한 규제수단이 사용되어야 하며, 금융규제의 필요성은 금융의 특성에 비추어 다양하게 나타날 수 있다.

ii) 공정한 금융활동을 보장하기 위해 필요한 금융규제는 법률에 근거하여 이루어져야 한다. 금융규제는 법률유보의 원칙 아래 가능하다. 법률의 근거 없는 금융규제는 그 자체로 위헌이며, 결국 기본권의 과도한 제한으로 나타날 수밖에 없다. 또 정당하고 필요한 금융규제가 되기 위해서는 금융규제법률 자체가 합헌적이어야 한다. 금융입법의 합헌성 여부는 비례성 원칙을 중심으로 판단될 수 있다. 즉 규제목적에 적합한 수단이어야 하며, 관련 기본권을 덜 침해하는 수단이 없어야 하고, 규제수단으로 달성하려는 목적과 침해되는 이익간에 균형이 달성되어야 한다.

iii) 금융질서의 준수를 담보하기 위한 제재수단의 마련이 필요하다. 금융 관련 사건의 전문성과 기술성에 비추어 사법작용의 전문화를 높일 수 있는 제도가 요구될 수 있으며, 금융감독제도의 개선이 함께 문제될 수 있다. 이와 관련하여 과도한 금융규제에 의해 기본권이 침해된 경우에 대비하여 사법적 구제수단이 마련되어야 한다. 금융규제로 인해 기본권을 침해받은 경우에는 종래의 사법제도를 통해 구제받을 수 있지만, 특히 권력적 사실행위에 따른 기본권 침해에 대해서는 헌법소원을 통한 구제가 가능할 것이다. 헌법 제24조 소비자의 보호는 금융소비자의 피해구제와 관련하여 헌법적 근거가 될 수 있다.

4. 사회국가원리와 금융질서

금융질서는 헌법상 사회국가원리를 반영하여야 한다. 금융에 대한 국가의 사회국가적 개입은 금융에 있어서의 사회적 정의실현에 근거하는 것이다.

금융에 관한 사회국가적 개입과 관련하여 ⅰ) 금융소득에 대한 누진적 과세 등은 부의 재분배 및 건전한 경제 관념의 유지 및 발전을 위하여 필요하고 또 정당화된다. ⅱ) 금융시장에의 접근가능성에 있어서 형평성을 높이기 위한 노력도 필요하다. 금융기관의 문턱을 낮추거나, 국가가 직접 서민에게 신용을 지원하거나 간접적으로 보증을 지원함으로써 서민금융(micro finance)의 이용을 원활하게 하는 것은 사회국가적 요청에 근거한다. ⅲ) 각종 사회보험(예컨대 고용보험, 건강보험, 산재보험 등), 연금, 기금 등의 금융적 수단을 통해 개입하거나, 서민생활안정을 위한 기금이나 연금, 보험 등에 국고를 지원하는 것은 금융에 관한 사회국가적 요청에 근거한다. ⅳ) 각종 파산자나 신용불량자에 대한 회생제도, 면책제도 내지 각종 구제제도는 한편으로는 신용에 기초한 전체 금융질서의 건전한 발전을 위해 필요한 노력임과 동시에 다른 한편으로는 이러한 자에 대한 국가의 사회국가적 개입에 따른 요청에 기인한다. ⅴ) 사회국가적 요청에 따른 각종 국가의 재정활동은 그것이 금융과 관련된 것이라면 역시 금융에 대한 사회국가적 개입에 해당할 수 있다.

제2절 경제헌법과 금융질서

Ⅰ. 경제질서와 금융질서

금융질서는 헌법질서의 일부이면서 동시에 전체 경제질서의 일부라고 파악된다. 따라서 헌법상 경제질서와 관련된 주요한 원칙과 기준은 금융질서에 그대로 적용될 수 있다. 예를 들어 헌법 제119조에 따라 기본적으로 금융관련 종사자 및 금융기업의 자율과 창의를 존중한다든지, 균형 있는 국민경제의 성장 및 안정과 적정한 소득의 분배를 유지하기 위한 금융규제와 조정, 거대 독점 금융기업에 의한 경쟁 제한의 억제, 경제의 민주화를 위해 금융에 대하여 국가가 개입하고 조정하는 것 등은 금융질서에도 그대로 적용될 수 있다.5)

국가는 자립능력이 높은 대자본의 금융기관보다는 자립능력이 부족한 중소규모의 금융기관을 육성할 수 있으며(제123조 제3항), 금융과 관련한 소비자의 구제를 위한 제도를 마련하여야 한다(제124조). 또 광물 기타 지하자원이나 국토 등은 경제적으로 특별하게 취급되어야 하므로, 이와 관련한 금융제도 역시 이러한 헌법적 기준을 고려하여야 한다(제120조 및 제122조). 예를 들어 광물 기타 지하자원의 개발이 갖는 중요성에 비추어 이를 위한 금융지원의 요건과 한계를 특별히 정할 수 있으며, 국토의 균형 있는 이용과 개발을 위한 금융제도의 마련 등이 필요할 수 있다. 또한 경자유전의 원칙을 유지하는 데 필요한 금융제도, 농업과 어업의 산업구조적 문제점을 해소하고, 농·어업인을 지원하기 위한 금융제도(제121조, 제123조 제1항, 제4항, 제5항), 지역 간의 균형 있는 발전과 지역경제의 육성을 위한 금융제도(제123조 제2항), 중소기업의 보호·육성을 위한 금융제도(제123조 제3항), 대외무역의 육성을 위한 금융제도(제125조), 과학기술인력 등의 개발을 위

---

5) 이장희(2010), 162-168쪽.

한 금융제도(제127조 제1항), 국민경제상 긴절한 필요에 따른 私금융기업의 국·공유화 내지 경영의 통제 또는 관리(제126조) 등은 금융질서와 관련한 헌법적 근거로 이용될 수 있다.

Ⅱ. 금융질서의 법적 규율체계

1. 형식

ⅰ) 금융질서는 헌법질서에서 경제질서로, 경제질서에서 다시 금융질서로 구체화되는 체계 속에 있다. 따라서 금융질서는 헌법질서 안에서 한편으로는 경제질서 일반에 속하는 기준과 원칙에 따르면서 동시에 금융질서의 특수성에 따른 기준과 원칙에 따라 구축된다.

ⅱ) 금융질서는 법률→시행령→시행규칙→고시→민간의 자율적 규정으로 이어지는 법체계에 따라 구축된다. 다만 금융위원회의 '고시'가 위임입법의 한 형태로 인정될 수 있는지, 한국거래소의 자율적 규정이 이러한 법체계 내에서 어떠한 의미를 가질 수 있는지가 문제될 수 있다.

ⅲ) 금융관련 법체계는 규율면제→자율규제→행위규제→진입규제의 체계로 이어지는 모습으로 나타날 수 있다. 금융의 공공재적 특성을 감안하여 금융질서는 대체로 강력한 진입규제의 틀 속에서 구축된다.[6] 그런데 일단 금융질서에 편입되어 금융활동을 할 수 있게 된 경우에도 금융의 효율성과 건전성, 안정성을 확보하기 위해 다양한 행위규제가 이루어질 수 있다. 다만 금융의 자율성을 보장하기 위해 때로는 자율규제를 활용하기도 한다. 그러나 금융에 대한 규율면제는 금융의 자율성 확보라는 점에서는 유용한 것이겠지만, 금융의 특성상 규율면제는 최소화되는 것이 바람직하다.

2. 내용

다음으로 내용적인 측면에서 볼 때, 금융질서는 세 가지 요청, 즉 효율성,

---

6) 예를 들어 은행업을 영위하려는 자는 은행법이 정하는 요건을 갖추어야 하며, 금융투자업을 영위하려는 자는 마찬가지로 자본시장법이 정하는 요건을 갖추어 인가 또는 등록을 마쳐야 하고, 보험업을 영위하려는 자는 보험업법이 정하는 요건을 갖추어 허가를 받아야 한다.

건전성, 안정성의 요청에 따라 구축된다.

ⅰ) 금융질서는 금융거래의 효율성을 지향하는 방향으로 구축된다. 금융거래의 효율성은 원활한 금융의 확보를 위하여 한편으로는 자유로운 금융거래를, 다른 한편으로는 장애요소를 제거하기 위해 오히려 자율성을 일부 제한하는 법적 제도의 틀을 마련함으로써 달성될 수 있다. 예를 들어 은행법 제1조(목적)는 "자금중개기능의 효율성"을 높이는 것을 은행법의 목적 중 하나로 규정한다. 자본시장법 제1조(목적)는 자본시장의 공정성·신뢰성 및 "효율성"을 높이는 것을 자본시장법의 목적 중 하나로 한다.

ⅱ) 금융질서는 건전성의 요청에 따라 구축된다. 예를 들어 금융위원회의 설치 등에 관한 법률("금융위원회법") 제3조 등에서는 "건전성 감독"이라는 표현을 사용하고 있다. 은행법 제1조(목적)는 "은행의 건전한 운영의 도모"를 은행의 목적 중 하나로 규정한다. 자본시장법 제13조 제4항은 금융위원회가 금융투자업 인가를 하는 경우에는 경영의 건전성 확보 및 투자자 보호에 필요한 조건을 붙일 수 있도록 하고 있으며, 동법 제30조는 금융투자업자로 하여금 "영업용순자본"을 "총위험액" 이상으로 유지하도록 하고 있다. 은행제도의 경우에도 역시 이러한 건전성의 요청이 반영된다(은행법 제8조 제4항 또는 제34조 등은 은행의 경영건전성을 명시하고 있다). 또한 보험업법 제11조의2 제2항은 보험회사의 경영건전성을 해치는 경우에는 부수업무를 하는 것을 제한하고 있다.

ⅲ) 금융질서는 안정성의 요청에 따라 구축된다. 예를 들어 금융위원회법 제1조는 "금융시장의 안정"을 도모함을 설립목적 중 하나로 명시하고 있다. 한국은행법 제1조(목적)에 의하면 한국은행은 통화신용정책을 수행할 때에는 "금융안정"에 유의하여야 한다고 규정하고 있다. 은행법 제1조(목적)는 "금융시장의 안정"을 규정하고 있다. 금융위원회는 금융투자업자의 부수업무가 금융시장의 안정성을 저해하거나 투자자의 보호에 지장을 초래하는 등의 경우에는 그 부수업무의 영위를 제한하거나 시정할 것을 명할 수 있다(자본시장법41②). 또한 누구든지 원칙적으로 증권시장에서 상장증권에 대하여 "소유하지 아니한 상장증권의 매도, 차입한 상장증권으로 결제하고자 하는 매도"를 하거나 그 위탁 또는 수탁을 할 수 없도록 하는 "공매도의 제한"도 금융질서의 안정성을 위한 것이다(자본시장법180).

제3장

금융정책의 유형과 내용

제1절 서론

Ⅰ. 금융정책의 의의

1. 금융정책의 개념

금융정책은 금융 그랜드 디자인과 같은 역할을 한다. 자본주의를 기반으로 하는 시장경제에서 경제발전을 위해 자금의 자본화가 어떻게 원활하게 이루어지도록 할 것인가를 정하는 전략이라 할 수 있다. 돈은 돈으로 머물러서는 자본이 되지 않는다. 원유를 휘발유로 정제해서 자동차의 연료 탱크에 넣는 것과 같은 시스템을 금융에 적용해 구축할 필요가 있다.[1]

금융제도의 합리적이고 효율적인 운영을 위해서는 금융정책의 수립이 필요하다. 금융정책은 금융현상을 대상으로 하는 경제정책의 한 부분이다. 금융정책은 한 나라의 중앙은행이나 정부 등이 통화와 신용의 수요·공급을 직접 또는 간접적으로 조절하고, 금융기관에 대한 규제·감독을 통해 이들의 건전성을 유지함으로써 국민경제의 안정과 성장 등의 목표를 추구하는 제반 경제정책을 총칭한다.[2]

---

1) 박계옥(2011), "금융정책이 자본시장의 제도화에 미치는 영향 분석", 서울시립대학교 대학원 박사학위논문(2011. 8), 31쪽.
2) 김상겸(2003), "금융감독체계에 관한 법적 고찰: 헌법상의 경제질서의 관점에서", 공법연

2. 광의의 금융정책과 협의의 금융정책

먼저 넓은 의미의 금융정책은 정부와 중앙은행이 경제성장, 완전고용, 물가안정, 국제수지균형 등 경제목표를 달성하거나 산업발전과 금융시장의 안정을 위해서 금융기관과 금융시장을 대상으로 통화량, 금리, 신용 등 금융적 수단을 사용하는 것이라고 정의한다. 이런 입장에서 금융정책을 구체적으로 세분하면 다음과 같다. ⅰ) 금융기능의 효율성을 높이고 새로운 금융제도를 형성하고 이를 발전시키기 위해 관련 법규를 제정하거나 선진적인 관행을 조성하는 것을 내용으로 하는 금융시스템정책이 있다. ⅱ) 통화량, 신용 또는 금리의 수준을 적절하게 조정하여 물가안정 등 경제목표를 달성하는 것을 핵심내용으로 하는 통화신용정책이 있다. 여기에는 개방경제 체제의 환율정책과 외국환관리 정책이 포함된다. ⅲ) 금융시장의 안정성을 유지하고 금융기관의 건전한 경영을 유도하며 금융이용자를 보호하기 위한 감독 활동을 주요 내용으로 하는 금융감독정책이 있다.

반면에 금융정책을 좁은 의미로 보는 입장이 있다. 이 입장은 중앙은행의 통화신용정책과 정부의 금융규제정책으로 한정하여 금융정책을 정의한다. 통화량과 금리와 같은 변수를 조정하여 물가안정 등 거시경제 목표를 달성하려는 중앙은행의 통화신용정책이 곧 금융정책이라고 보는 거시경제학자들이 이 입장에 선다.[3]

결론적으로 금융정책의 효과가 어디까지 미치는가에 따라 이에 합당한 정의를 선택할 필요가 있다. 실제로 금융정책의 효과는 통화량 및 금리 수준의 조정을 통해 거시경제 목표달성뿐만 아니라 민간 경제주체의 금융자산 포트폴리오 구성은 물론, 개별적인 금융시장과 금융산업의 구조에도 영향을 미친다. 따라서 금융정책을 금융시스템정책, 통화신용정책, 외환정책, 그리고 거시건전성감독정책 등을 포함하는 넓은 의미의 금융정책으로 정의하는 것이 바람직하다.

구 제31집 제3호(2003. 3), 108쪽.
3) 정운찬·김홍범(2018), 「화폐와 금융시장」, 율곡출판사(2018. 3), 444쪽.

Ⅱ. 금융정책과 재정정책

1. 거시경제정책과 재정정책

정부의 거시경제정책은 경제성장, 인플레이션, 실업률, 국제수지 등을 대상으로 하는데, 크게 재정정책과 통화정책에 의존한다. 재정정책은 예산지출 및 세수감소를 실행하는 것인데, 우리나라의 구체적인 사례로 세출예산편성, 민간과의 합작투자에 대한 지출, 공공부문을 통한 투자집행, 세법 개정을 통한 세수감소를 들 수 있다.

정부가 재정정책을 실시하기 위해서는 재원조달이 뒷받침되어야 한다. 일반적으로 정부의 조세수입을 초과한 재정지출 증대로 재정적자가 발생하는 경우에 적자보전은 통화증발, 국공채발행 증대, 해외차입 등의 방법으로 충당된다. 변동환율제도에서 국제수지 불균형은 환율변동으로 나타나기 때문에 국제수지적자는 평가절하의 결과로 나타나고, 국제수지흑자는 평가절상의 결과로 나타난다. 주어진 물가수준에서 환율이 상승하는 경우에는 지출전환 효과로 수출이 증대하는 반면 수입은 억제되기 때문에 실질소득은 고정환율제도보다 더욱 증가한다. 그러나 반대로 확장재정정책이 환율하락을 수반하는 경우에는 실질소득은 고정환율제도보다 작은 폭으로 증가하게 된다.[4]

2. 금융정책과 재정정책의 구별

금융정책은 재정정책과 함께 가장 중요한 경제정책의 하나이다. 재정정책은 조세와 국공채 수입을 통해 들어오는 재정수입을 가지고 정부정책의 목표를 달성하기 위해 정부가 추진하는 일체의 공공지출 정책을 말한다. 이에 비해 금융정책이란 경제의 성장과 안정이라는 거시적인 목표와 금융기능의 효율성 제고 및 금융산업의 발전이라는 미시적인 목표를 달성하기 위한 경제정책의 한 분야이다.[5]

정부는 유효수요를 증가시키기 위해서 세입보다 더 큰 세출을 집행하는 재

---

4) 장영혜(2014), "금융위기 대응정책에 대한 비교연구", 성균관대학교 대학원 석사학위논문 (2014. 6). 11쪽.
5) 방영민(2010). 「금융의 이해: 금융시장 · 금융기관 · 금융상품 · 금융정책」, 법문사(2010. 6), 16쪽.

정정책을 시행할 수도 있다. 그리고 적자재정의 부족분을 메우기 위하여 정부는 국채를 발행하여 중앙은행에 팔고 그 대금을 소비나 투자에 사용하기도 한다. 물론 국채를 일반 국민들에게 매각할 수도 있지만, 이 경우에는 구매력(자금)이 국민들로부터 나와서 정부로 이전하는 것에 불과하므로 새로운 구매력이 창출되지는 않는다.[6] 또한 정부는 고소득층에 대한 누진세율을 올리고 저소득층에 대한 세금감면을 시행하여 소득재분배를 강화할 수도 있다. 그리고 통화량을 확대하기 위하여 금융정책을 통해서 이자율을 인하할 수도 있다. 중앙은행이 국채시장에서 국채를 매입하고 현금을 시장에 풀면 이자율은 내려가게 되고, 그 반대의 정책을 취하면 이자율은 상승한다.[7]

이와 같이 정부가 직접 세입과 세출을 조정하는 재정정책과 중앙은행이 시중자금의 유동성을 조절하는 금융정책은 개념적으로 구별될 수 있다. 그러나 여기서 주의할 점은 금융정책과 재정정책이 동시에 병행적으로 시행될 수도 있다는 것이다.[8] 오늘날 대부분의 국가는 재정정책과 금융정책을 혼합적으로 활용하는 경우가 대부분이다. 오늘날 대부분의 국가는 직접적인 당사자로 등장하는 재정정책 또는 간접적으로 금융기관을 매개하여 시장질서에 관여하는 금융정책을 문제 상황에 적합하게 자율적으로 선택하여 시행하고 있다. 따라서 국가는 이와 같은 재정정책 및 금융정책을 뒷받침할 수 있는 별도의 정책적 수단과 법제도를 정비해야 한다.[9]

---

6) 일본의 경우가 이에 해당한다. 따라서 일본의 국가부채 비중은 세계 최고 수준임에도 불구하고 해외차입 비중이 낮아 국민경제가 이를 감당하고 있는 것으로 평가된다.

7) 홍종현(2012), 34-35쪽.

8) 예를 들어 정부는 수출산업, 중소기업 또는 첨단산업을 육성하기 위해 특별자금을 마련하여 지원할 수 있다. 그 방법상 정부가 우선순위에 따라 직접 예산지원을 하거나 기금을 마련하는 방식을 채택한다면 재정정책이 될 것이고, 민간금융기관인 은행의 자금으로 펀드를 조성하거나 대출을 장려하는 방식을 채택한다면 금융정책이 될 것이다.

9) 정부는 국가의 재정정책과 금융시장의 상호관련성에 대한 정확한 이해와 예측을 전제로 하여 국가재정을 운영해야 할 것이다. 왜냐하면 금융위기로 인한 부실을 메우기 위해 결국 국가재정을 투입할 것을 요청하게 되고, 이는 결과적으로 국민의 부담을 가중시킬 것이기 때문이다. 즉 오늘날 재정에 대한 책임 역시 과거처럼 정치과정에 의지하는 것이 아니라, 재정헌법의 관점에서 효율적이고 공정한 법적 규율을 통해서 재정에 대한 광범위한 법적 규율이 요청되고 있기 때문에, 민주적 재정질서의 형성과 유지를 위한 합리적인 재정법제의 헌법적 의의와 기능이 주목받고 있다.

제2절 통화정책

Ⅰ. 의의

통화정책이란 한 나라에서 화폐(법정화폐 및 본원통화)의 독점적 발행권을 지닌 중앙은행이 경제 내에 유통되는 화폐(통화, 본원통화 및 파생통화)의 양이나 가격(금리)에 영향을 미치고 이를 통해 화폐의 가치, 즉 물가를 안정시키고 지속가능한 경제성장을 이루어 나가려는 일련의 정책을 말한다. 중앙은행은 통화정책을 수행할 때 기준금리를 지표로 삼는다. 기준금리를 변경하고 여기에 맞춰 통화량을 조절하면 금융시장에서 콜금리, 채권금리, 은행 예금 및 대출 금리 등이 변동하게 된다.

통화정책 수행 주체는 정부10)인 경우도 일부 있지만 오늘날 시장경제체제를 채택하고 있는 대부분의 국가에서는 정부로부터 독립된 중앙은행으로 정립되었다. 주요국은 통화정책이 금융행정의 중요 영역으로 인식되기 시작한 1900년대 중후반부터 중앙은행에 통화정책 결정 전문기구를 설치했다. 미국은 대공황 직후인 1933년 연방준비법(Federal Reserve Act)을 개정하여 중앙은행인 연방준비제도이사회 내에 통화정책 결정을 담당하는 연방공개시장위원회(FOMC)를, 일본은 1949년 일본은행법을 개정하여 일본은행 정책위원회를, 영국은 1997년 영란은행법(Bank of England Act of 1998)을 개정(1998년 4월 시행)하여 영란은행 내에 통화정책위원회(MPC)를 설치했다. 우리나라는 1950년 제정된 한국은행법에 따라 한국은행에 통화정책을 수행하는 기구로 금융통화위원회를 설치했다.

Ⅱ. 통화정책의 목표

한국은행은 효율적인 통화신용정책의 수립과 집행을 통하여 물가안정을 도

---

10) 중국, 싱가포르, 홍콩 등은 통화정책을 정부가 수행한다. 중국의 경우 행정부인 국무원 소속으로 중앙은행인 중국인민은행을 설치하였으며, 싱가포르와 홍콩은 중앙은행 대신 행정부의 외청으로 통화청을 각각 설치하여 화폐 발행과 통화가치의 유지 등 통화정책을 수행토록 하고 있다.

모함으로써 국민경제의 건전한 발전에 이바지함을 목적으로 설립되었고, 한국은행이 통화신용정책을 수행할 때에는 금융안정에 유의하여야 한다(한국은행법1).

1. 물가안정

중앙은행의 가장 중요한 목표가 물가안정의 추구라고 할 수 있으며, 선진국을 포함한 대다수 국가의 중앙은행은 물가안정 목표를 성공적으로 달성하기 위한 정책을 세우는 것을 통화신용정책의 목표로 삼고 있다. 물가안정은 금융 분야에서 과잉투자를 예방한다. 고물가의 환경에서 인플레이션의 비용을 감당하기위해 개인과 기업들은 금융 분야에 수익추구행위를 증가시킬 것이고, 이는 금융분야에서 과잉투자를 유발한다. 그리고 물가안정은 상대적인 물가와 미래의 물가수준에 대한 불확실성을 낮춰 준다. 이는 개인과 기업들이 적절한 결정을 내리는 것을 용이하게 해주고, 경제적 효율성을 증가시킨다. 이처럼 물가를 안정적으로 관리하기 위해서는 무엇보다 국민들의 물가기대심리를 불식시켜야 한다. 팽창적 통화정책으로 물가상승률이 높아지면 국민들 마음속에 물가기대심리가 형성된다. 물가기대심리가 임금계약에 반영되면 임금상승률이 높아지고, 이는 다시물가불안을 부추긴다. 만일 통화정책이 이를 수용하면 물가상승률이 높은 수준을 유지하게 되고, 이는 다시 물가기대심리를 낳는다. 반대로 만일 통화당국이물가를 안정시키고자 긴축기조로 돌아서면 기대물가상승률을 반영한 실질통화증가율은 급격히 감소하고 실물경제는 상당한 타격을 입게 된다. 경기 위축을 통해물가안정이 이루어진 후에야 국민들은 물가기대심리를 낮추게 되는데, 이 과정에서 성장둔화와 실업증가로 인해 고통을 겪게 되는 것이다.[11]

2. 금융안정

물가안정에 대해서는 소비자물가 등과 같은 단일 지표를 기준으로 상승률이대체로 낮은 수준(예: 연간 상승률 2% 내외)을 유지하는 경우에 안정적이라고 정의할 수 있다. 그러나 금융안정에 대해서는 다양한 구성부문(예: 금융시장, 금융기관등), 부문 간 상호연계성, 금융 현상의 복잡성 등으로 인해 단일화된 지표를 통해정의하기가 힘들다. 이러한 점 때문에 금융안정은 그간 다양한 방법으로 정의되

---

11) 고영선(2008), "한국경제의 성장과 정부의 역할: 과거, 현재, 미래", KDI연구보고서(2008. 11), 120-121쪽.

어 왔다.12)

　금융안정은 중앙은행의 핵심적 기능의 하나로 금융의 발전과 안정은 경제의
지속적이고 안정적인 성장을 위해 반드시 필요한 토대가 된다. 잘 발달한 금융은
자원배분의 효율성을 높여 경제성장을 뒷받침하지만, 그렇지 못하면 극단적인
경우 경제위기의 진앙지가 될 수도 있다. 금융중개기능이 마비된다면 대외교역
및 자본거래가 위축되고 대외적인 국가신용도가 하락하여 자국 통화의 가치가
급락하는 등 경제파탄이 초래될 수 있다. 이 경우에는 통화정책이나 재정정책만
으로 이를 극복하기 어렵다. 이렇게 금융불안은 국민경제를 크게 동요시킬 가능
성이 있으므로 경제안정을 책임지고 있는 중앙은행의 입장에서는 이런 사태를
미연에 방지하는 것이 중요한 과제가 된다. 또한 금융불안은 급속한 신용경색을
수반하기 마련인데 중앙은행은 이에 대처하는 독점적 발권력을 바탕으로 금융시
장에 필요한 유동성을 신속히 공급한다. 이를 중앙은행의 최종대부자 기능이라
고 하는데 유동성 위기가 발생한 특정 금융기관에 중앙은행이 필요한 자금을 지
원함으로써 한 금융기관의 파산이 여타 금융기관의 연쇄도산으로 이어지는 사태
를 방지하기 위한 것이다. 그리고 통화정책의 효과는 금융 부문을 통해 생산활동
과 물가로까지 파급되기 때문이다.

제3절 외환정책과 환율정책

Ⅰ. 외환정책

　외환정책(foreign exchange policy)은 외환, 즉 한 국가의 통화와 다른 국가의
통화간 교환에 관한 정책이다. 여기에는 자국통화와 외국통화의 교환비율인 환
율에 관한 정책과 경상거래·자본거래 등 외환거래제도의 수립과 운영 등에 관한
정책이 포함된다.13) 또한 외국통화의 자국내 유출입 통제, 국제무역의 원활한 결
제를 지원하기 위한 대외지급준비자산 관리 등의 내용이 포함될 수 있다.

---

12) 한국은행(2017), 「한국의 통화정책」(2017. 12), 27-28쪽.
13) 한국은행(2016a), 「한국의 외환제도와 외환시장」(2016. 1), 211쪽.

외환정책의 수행 주체는 주요국의 경우 정부 또는 중앙은행인데, 어느 경우에도 외환보유고를 관리하는 중앙은행의 역할은 중요하다. 기획재정부는 외환정책 업무 중 상당 부분을 한국은행에 위탁하고 있어 실제로는 법령 등 주요 제도에 대하여는 기획재정부가, 외환시장 개입 등 실무는 한국은행이 수행하고 있다. 한편 대외지급결제준비자산인 외환보유고는 한국은행의 외화표시 자산이므로 한국은행이 직접 관리하고 있다.

Ⅱ. 환율정책

1. 환율의 의의

외환거래에서 빼놓고 생각할 수 없는 것이 환율의 개입이다. 환율(exchange rate)은 두 통화간 교환(매매)비율이며, 이때 그 대상이 되는 통화단위는 하나의 "상품"처럼 취급된다. 예를 들어 서울외환시장에서 거래되는 원/달러 환율이 1,000원이라 할 때 미화 1달러라는 상품의 가치는 원화 가치 1,000원에 상당하다는 의미로 받아들인다. 또한 달러화 가치는 시장 수급에 따라 상시적으로 변하기 때문에 이를 보유 또는 처분함으로써 이익 내지 손실을 실현할 수도 있다. 이렇게 보면 한 나라의 정부가 발행한 통화의 상대가치를 표시하는 환율은 곧 자산가격이다.[14]

환율은 통화의 상대가치에 영향을 미치는 다양한 요인에 의해서도 변동한다. 환율의 변동은 국민경제에 많은 영향을 미친다. 일반적으로 환율이 상승하면 경상수지가 개선된다.[15] 수출기업이 수출대금으로 이전과 같은 금액의 외환을 받더라도 원화로 환산할 경우 더 많은 금액을 얻을 수 있으며 다른 한편으로 외환으로 표시하는 수출단가를 낮추어 더 많은 물량을 수출할 수 있게 된다. 반대로 수입기업은 환율이 상승하면 원화로 지불해야 할 금액이 늘어나 수입을 줄이게 된다. 이렇게 원화환율이 상승할 경우 수출이 증가하고 수입이 감소하는 한편

---

14) 강민우(2020), "외국환거래의 법적 규제에 관한 연구", 고려대학교 대학원 박사학위논문 (2020. 2), 6쪽.

15) 환율상승 초기에는 수출입 물량에 큰 변동이 없는 반면 수출품 가격은 하락하고 수입품 가격이 상승함에 따라 단기적으로는 무역수지 혹은 경상수지가 악화될 수 있다. 하지만 어느 정도 시간이 경과한 후에는 수출입 가격경쟁력 변화에 따른 물량 조정으로 무역수지 혹은 경상수지가 개선되는 현상(J curve effect)이 나타날 수 있다.

국내 생산이 늘어나고 고용이 증대됨으로써 경제성장이 촉진된다.

그러나 환율상승이 국민경제에 긍정적 영향만을 미치는 것은 아니다. 원화 환율이 상승할 경우 원자재나 부품 등을 수입하는 데 더 많은 원화가 필요하게 된다. 이로 인해 곡물, 원유 등의 국내가격이 상승하고 제조업 생산비용이 증가함에 따라 국내 물가수준이 높아지게 된다. 또한 환율상승으로 기업이나 금융기관의 외채상환 부담이 가중될 수 있다. 이는 동일한 금액의 외채를 갚기 위해서 더 많은 금액의 원화가 필요하기 때문이다.[16]

2. 환율정책의 수단

(1) 외환시장 개입

외환시장 개입이란 외환당국이 외환시장에서 자국통화를 대가로 외화자산을 매입 또는 매각하는 것을 말한다.[17] 즉 외환시장 개입은 외환당국이 은행간 외환시장에 직접 참가하는 것을 의미하며, 이 경우 국내 통화량과 외화자산의 상대적 규모를 변화시키거나 시장참가자들의 기대를 변화시켜 환율수준이나 변동성에 영향을 미치게 된다.[18]

실무적으로 기획재정부 국제금융국(외화자금과)이 환율정책을 기획, 한국은행과 협의를 거쳐 한국은행이 한국은행 및 외국환평형기금의 자금을 이용해 외환시장에 개입하는 형태로 집행이 이루어진다. 한편 자유변동환율제도를 채택하고 있는 우리나라는 환율이 원칙적으로 외환시장에서 자율적으로 결정되도록 하되 일시적인 수급불균형이나 시장 불안심리 등으로 환율이 급변동하는 경우에 한해 환율변동 속도를 조절하는 스무딩 오퍼레이션(smoothing operation)을 하고 있다.[19]

외환시장 개입의 예를 살펴보면 단기간에 환율이 급격하게 하락할 경우 환율변동성 확대 등 불확실성이 증대되므로 외환당국은 외환시장에서 원화를 대가

---

16) 한국은행(2016a), 110-111쪽.
17) 외환당국이 시장에 대한 정책신뢰를 바탕으로 구두로 환율 움직임에 대한 입장이나 견해 등을 밝힘으로써 시장참가자의 환율기대를 변화시켜 환율에 영향을 주기도 하는데 이를 구두개입(oral intervention)이라 한다.
18) 한국은행(2016a), 214쪽.
19) 외환당국이 외환시장에 개입하는 이유는 환율 변동성의 완화, 목표환율의 달성, 외환보유액 수준의 변화, 그리고 다른 나라의 시장개입에 대한 동조개입 등이 있는데 우리나라는 주로 환율 변동성 완화에 중점을 두고 있다.

로 미달러화를 매입함으로써 미달러화의 초과공급(원화의 초과수요)을 흡수하여 원화의 절상속도를 조절할 수 있다. 이와는 반대로 환율이 급등하는 경우에는 외환당국이 원화를 대가로 미달러화를 매각하게 된다.

(2) 외화자금시장에서의 유동성 공급

국제 금융시장의 신용경색 등으로 국내 외국환업무취급기관이 외화자금 조달에 상당기간 어려움을 겪는 경우 해당 국가의 금융시장 및 실물부문 전반에 미칠 영향을 고려하여 외환당국이 외화자금시장에 유동성을 직접 공급할 필요가 있다. 특히 2008년 글로벌 금융위기 등으로 인해 외자가 급격히 유출되고 국내 금융기관의 외화유동성[20] 사정이 크게 악화되는 경우에는 외환당국이 외국환은행 등을 대상으로 외화유동성을 직접 공급하기도 한다.

(3) 외환보유액의 관리

IMF는 외환보유액을 통화당국이 국제수지 불균형 보전 등을 위해 언제든지 사용 가능한 대외지급준비자산[21]으로 정의하고 있다. 따라서 외환보유액은 위기 발생시 외화유동성 공급을 통해 외환시장을 안정시키는 등 금융안전망 확보 차원에서 긍정적인 역할을 한다. 또한 외환부문을 중심으로 대외충격 흡수능력에 대한 신호(signal) 기능도 기대할 수 있다. 즉 외환보유액이 충분할 경우 국가의 지급능력이 안정적이라는 것을 의미하므로 기업과 금융기관의 외화자금 조달비용을 낮추는 데 기여할 수 있다. 따라서 각국 외환제도, 경제발전 정도, 경상수지 등에 따라 차이를 보일 수는 있지만 일정 수준 이상의 외환보유액을 유지하는 것은 시장안정에 상당 정도 기여하게 된다. 특히 기축통화를 보유하고 국가 신인도도 높으며 글로벌 금융시장에 접근성이 높은 선진국과는 달리 신흥국은 위기발생시 정책대응 능력 확보를 위해서도 외환보유액을 충분히 보유할 필요가 있다.[22]

---

20) 외화유동성이란 국내 외환시장이나 국제 금융시장에서 필요할 때 언제든지 외화(달러)를 손쉽게 조달할 수 있는 정도를 나타내는 용어이다. 외화유동성 사정이 좋거나 외화유동성이 풍부하다는 것은 국내 외환시장에서는 원화를 대가로 낮은 가격(환율)에 달러를 매입하거나 국제 금융시장에 낮은 금리로 달러를 조달할 수 있다는 것을 의미하고 외화유동성 사정이 나쁘다는 것은 그 반대 상황을 의미한다.

21) 대외지급준비자산은 비거주자에 대한 청구권이어야 하며 필요시 즉각 활용 가능해야 하므로 유동성, 시장성을 갖춘 통화표시자산으로써 일반적으로 신용등급이 적격투자등급 이상인 자산이어야 한다.

22) 박수연·소인환(2020), "대외포지션이 외환 및 주식시장 변동성에 미치는 영향 분석", 국제금융연구 2020년 제10권 제2호(2020. 8), 11-12쪽.

제4절 금융시스템정책

Ⅰ. 의의

금융시스템정책은 효율적인 금융제도를 형성하고, 금융제도들이 정상적으로 작동되도록 하기 위해 정부가 취하는 일체의 법규 제정과 관행 개선을 위한 행정을 말한다. 구체적으로 금융시장과 금융기관을 어떻게 형성하고 운영하며, 금융시장에서 거래되는 금융상품은 어느 정도의 범위와 내용으로 허용할 것인지, 그리고 금융시장의 질서유지와 시장참여자의 편의와 보호를 위해서 어떤 조치를 취할 것인지를 결정하고 이를 시행하는 것이라고 할 수 있다. 따라서 금융시스템 정책은 금융기관에 관한 정책, 금융시장에 관한 정책, 금융상품에 관한 정책, 금융소비자보호 정책 등으로 분류할 수 있다.

정부조직법에 따른 기획재정부와 금융위원회법에 의한 금융위원회가 "금융에 관한 정책 및 제도"의 골격을 짜고, 금융감독기관(금융위원회, 증권선물위원회, 금융감독원, 한국은행, 예금보험공사 등)에 의한 감독, 검사, 제재가 이루어진다.

Ⅱ. 금융기관에 관한 정책

1. 의의

금융기관은 금융시장에서 자금의 공급자와 수요자 간에 자금융통의 매개자 역할을 한다. 이런 매개자 역할을 제대로 수행하도록 하는 정책이 금융기관에 관한 정책이다. 즉 금융의 중개, 거래비용의 절감, 만기 및 금액의 변환, 신용위험 및 수익률의 변동위험 축소, 그리고 지급결제수단의 제공 등의 기능이 원활히 수행되도록 하는 정책이다.

금융기관에 대한 정책은 금융산업 전반에 대한 큰 그림을 그리는 ⅰ) 금융산업정책(예: 진입규제와 퇴출규제), ⅱ) 금융기관의 부실화 및 도산을 방지하기 위한 건전성규제, ⅲ) 금융기관의 영업행위 규제, ⅳ) 금융기관이 금융관련법령과 규정에 따라 적절하게 업무를 수행하고 있는지 감시하는 금융감독과 검사·제재

등이 포함된다.

그런데 금융기관에 대한 규제는 금융기관이 정상적으로 경영되고 있는 경우의 규제(평상시 규제)와 금융기관이 부실하게 된 경우의 규제(비상시 규제)로 나누어 볼 수 있다.[23] 평상시 규제는 ⅰ) 금융업을 수행하기 위하여 필요한 인·허가, 등록 등의 요건을 정하는 진입규제, ⅱ) 일정한 자기자본 비율 유지를 요구하는 건전성 규제, (ⅲ) 금융업을 영위할 때 준수할 사항 등을 규율하는 영업행위규제로 나누어 볼 수 있다. 이런 규제는 대체로 개별 금융권역별 규제법(은행법, 자본시장법, 보험업법, 여신전문금융업법, 상호저축은행법 등)에서 정하고 있다. 영업행위규제는 그 밖에도 금융실명법, 신용정보법, 개인정보보호법, 특정금융정보법, 외국환거래법, 유사수신행위법 등에서도 정하고 있다.

비상시 규제는 부실금융기관의 구조조정에 관한 내용을 규정한 금융산업구조개선법과 부실금융기관의 구조조정 및 금융기관의 부실화에도 불구하고 일정한 범위 내에서 예금지급을 보장하는 내용의 예금자보호법에 주로 규정되어 있다. 그리고 금융기관의 부실자산정리에 관하여는 자산관리공사법에서 규율한다.

2. 진입규제

진입규제의 전형적인 수단은 금융기관의 신설 또는 지점의 증설에 대해 당국의 인·허가를 받도록 함으로써 금융기관의 수를 제한하는 것이다. 현재의 시장규모로 보아 금융기관이 수가 지나치게 많아 금융기관 경영의 안정성 보장이 어렵다고 판단되는 경우에는 설립인가 조건을 까다롭게 하는 등의 방식으로 금융기관의 신규진입을 제한하고, 시장규모에 비해 금융기관의 수가 적어 금융기관 경영의 효율성이 저하되고 경쟁력이 떨어지는 등 독과점의 폐해가 생기게 되면 설립인가 조건을 완화하여 금융기관의 신규진입을 완화하게 된다. 한편 금융기관의 퇴출 또한 예금자와 투자자의 보호 및 퇴출에 따른 파급효과를 최소화하기 위해 정책당국이 퇴출방법, 부실기관의 처리 등을 결정한다.[24]

진입규제는 금융업을 영위하기 위하여 필요한 인·허가, 등록 등의 요건을 정하는 것으로 개별 금융기관 설립 및 금융업 인·허가 등에 관한 금융행정을 의미한다. 이는 은행 등 금융기관의 건전성 보호를 위한 출발점이 된다. 금융기관

---

23) 박준·한민(2019), 「금융거래와 법」, 박영사(2019. 8), 13-14쪽.
24) 김승학(1999), "금융산업의 경쟁과 규제논리", 경영연구 제3권 제1호(1999. 10), 51-52쪽.

은 예금, 차입금, 금융채 발행 등으로 불특정 다수로부터 조달한 부채를 주요 재원으로 불특정 다수를 상대로 운용하고 있어 경영실패시 국민경제 전체에 막대한 피해를 입힐 수 있다. 따라서 금융기관 설립과 금융업 인가에는 매우 엄격한 기준이 요구된다. 따라서 금융기관은 일반 주식회사와 달리 반드시 법인으로 설립해야 하는 원칙, 금융자본과 산업자본의 분리 정도, 주식보유 한도, 최저자본금 제도 등 매우 엄격한 인가요건을 설정하고 있다.

진입규제는 대체로 각 금융권역별 규제법(금융지주회사법, 은행법, 자본시장법, 보험업법, 여신전문금융업법 등)에서 정하고 있다. 금융기관의 설립, 합병, 해산, 영업의 폐지, 영업의 전부 또는 일부의 양도·양수 등 진입 및 퇴출에 관련된 사항은 대부분 금융위원회의 인·허가를 받도록 관련 법률에 규정되어 있다(은행법8이하, 자본시장법12 이하, 보험업법4 이하). 특히 금융기관의 설립과 관련하여 대주주 및 경영진에 대한 적격성 심사(fit and proper test)가 강조되면서 대주주의 출자능력, 사회적 신용 및 건전한 경영능력, 경영진의 전문성과 도덕성 등을 심사하여 금융기관의 공공성을 강조하며, 아무나 금융기관을 설립할 수 없도록 규제하고 있다(은행법8②(5), 자본시장법23①, 보험업법6①(4)).

3. 건전성규제

건전성규제는 금융기관의 도산을 방지하기 위하여 자본과 유동성 등에 대한 관리기준을 사전에 정해 금융기관이 준수하도록 하는 행정적 통제이다. 전통적 의미의 건전성규제는 금융기관이 부실화되지 않도록 자본적정성, 자산건전성, 경영일반, 수익성, 유동성 등을 규제하는 것으로 이를 중심으로 하는 금융기관의 건전성 분석방법을 CAMEL분석이라고도 한다.

금융감독기관은 개별 금융기관에 대해 BIS 자기자본비율, 고정이하여신비율 등 개별 항목별로 건전성 정도를 나타내는 기준을 사전에 제시하고 매월, 매분기, 매년 등 주기적으로 각 금융기관의 건전성 지표를 산출하여 관리하는데 이를 미시건전성규제라고 한다. 금융감독기관은 개별 금융기관의 건전성 상황을 상시 감시하고, 필요시 검사를 실시하고 건전성이 악화된 금융기관에 대해서는 경영개선명령 등 적기시정조치를 취한다.

금융기관의 경영건전성은 국가경제에 미치는 영향이 상당히 크며, 특히 은행의 경우에는 결제업무를 담당하고 있기 때문에 부실화될 경우에는 금융시스템이 마비되어 경제 전체의 기반이 붕괴될 우려가 있으므로 금융기관의 건전성규제에 철저를 기하고 있다. 금융기관의 건전성규제를 위하여 적기시정조치제도, 상시감시제도, 자산건전성분류제도, 대손충당금적립 및 대손상각제도, 경영실태평가제도, 신용공여한도제도, 유동성관리제도, 자회사관리제도, 공시 및 회계제도 등을 도입하여 운영하고 있다(은행법34, 자본시장법30 이하, 보험업법123).

금융기관 건전성규제는 개별 금융권역별 규제법(금융지주회사법, 은행법, 자본시장법, 보험업법, 여신전문금융업법 등)에서 정하고 있다.

4. 영업행위규제

영업행위규제는 금융소비자 보호의 측면에 중점을 두는 규제로서 적절한 영업행위와 공정한 영업관행의 확립을 목적으로 한다. 금융기관의 영업대상은 일반투자자이며 이들 일반투자자들은 개인의 재산을 증식하기 위하여 금융상품에 가입하는 것인데, 금융상품은 기본적으로 상품 자체의 리스크를 포함한 다양한 리스크를 보유하고 있다. 또한 금융기관은 투자자에 대한 금융상품 매각을 통해 수익을 창출하기 때문에 투자자들이 금융상품에 가능한 한 많이 가입하도록 권유할 유인을 가지고 있다. 그러나 금융거래에 있어서는 정보비대칭이 존재하기 때문에 이를 방치할 경우에는 일반투자자들이 금융거래에서 커다란 손해를 볼 수 있으며, 이는 궁극적으로 금융시장에 대한 불신으로 이어져 금융산업의 발전을 저해하게 된다. 따라서 금융기관의 영업행위를 일정한 범위에서 규제함으로써 투자자를 보호하기 위한 조치가 필요하다.

영업행위규제는 대체로 개별 금융권역별 규제법(금융지주회사법, 은행법, 자본시장법, 보험업법, 여신전문금융업법 등)에서 정하고 있다. 영업행위규제는 그 밖에도 금융실명법, 신용정보법, 특정금융정보법, 외국환거래법, 유사수신행위법 등에서도 정하고 있다.

또한 금융소비자보호법도 영업행위규제 사항을 정하고 있다. 즉 금융상품판매업자등의 영업행위 준수사항을 규정하고 있는데, 영업행위 일반원칙(신의성실의무, 공정의무, 부당한 차별금지 등), 금융상품 유형별 영업행위 준수사항(적합성원칙, 적정성원칙, 설명의무, 불공정영업행위의 금지, 부당권유행위 금지, 금융상품등에 관한 광고 관련 준수사항, 계약서류의 제공의무), 금융상품판매업자등의 업종별 영업행위 준수사항(고지의무, 선관주의의무, 충실의무 등)을 정하고 있다.

Ⅲ. 금융시장에 관한 정책

금융행정기관은 금융시장에 관한 정책을 수행한다. 금융시장에 관한 정책은, 금융시장이 자금을 중개하고 금융상품의 가격을 결정하며, 금융상품의 유동성을 높이고 금융거래의 위험성을 낮추는 기능을 제대로 수행하도록 하는 정책이다. 여기에 더해 단기금융시장(자금시장)과 자본시장, 직접금융시장과 간접금융시장, 국내시장과 국제시장 등 다양한 시장들이 조화와 균형을 이루면서 개별적으로 각자의 고유기능을 효율적으로 발휘하도록 유도한다.

금융시장 규제정책은 금융기관 이외에 일반인이 함께 참여하는 증권시장과 장내파생상품시장과 같은 자본시장의 규제를 중심으로 한다. 자본시장은 다수의 일반투자자가 참여하는 시장이고 시장의 신뢰가 시장의 존속을 위한 필수적인 요소이다. 이런 관점에서 자본시장법은 시장의 효율성뿐 아니라 공정성을 유지할 수 있도록 하는 법적 장치로서 정보의 공시(발행시장공시와 유통시장공시)와 불공정거래규제(미공개정보이용행위 금지, 시세조종행위금지, 부정거래행위금지, 시장질서교란행위규제 등)의 두 축을 중심으로 규율하고 있다.

Ⅳ. 금융상품에 관한 정책

금융행정기관은 금융상품에 관한 정책, 즉 금융상품의 구성·형태·내용 등에 관한 정책을 수행한다. 금융상품은 금융시장에서 생산(=발행)되어 유통되는 상품을 말한다. 자본시장법에서는 금융상품을 투자성을 기준으로 금융투자상품과 비금융투자상품으로 나눈다. 전자에 해당하는 상품은 주식·채권 등이 있고 이들은 투자 원본의 손실 가능성이 있다. 후자에 해당하는 상품은 예금이나 보험상품 등이 있다.

금융상품 규제정책은 금융상품에 대한 이자율이나 각종 서비스 제공의 대가인 수수료에 대한 규제 등을 의미한다. 개별 금융권역별로 취급할 수 있는 금융상품의 범위가 다르다. 이와 관련하여 특히 문제가 제기되어 온 사항은 가장 금융혁신이 빠르게 일어나는 자본시장에서 거래되는 금융투자상품의 범위이다.

다수의 고객을 상대로 거래하는 금융상품은 약관을 사용하므로 이러한 금융상품의 내용에 대한 직접적인 규제는 약관규제법에 의한다. 금융기관의 금융상품 판매는 개별 금융권역별로 법규로 규율한다.

V. 금융소비자보호 정책

금융행정기관은 금융소비자의 보호제도를 마련하는 데도 관여한다. 금융소비자는 이용 측면이나 거래능력 측면에서 금융기관에 비해 상대적으로 불리한 처지에 놓여 있기 때문에 이들을 보호하는 제도를 마련하는 것이다. 금융소비자 보호는 금융기관과 거래하는 불특정 다수의 예금자, 금융상품 투자자 등을 보호하는 것으로 금융행정 영역에서 전통적으로 다루어졌던 부분이다. 즉 금융기관의 예금채무에 대한 중앙은행의 지급준비금 강제부과, 예금보험 강제 가입, 금융거래 약관에 대한 심사 등 일련의 공법적 규제들이 여기에 해당한다.

그런데 2008년 글로벌 금융위기 이후 대마불사 논리를 불식시키기 위해 금융감독의 무게중심이 금융시스템 전체의 건전성 보호로 이동하면서 금융소비자에 대한 보다 강력한 보호가 새로운 이슈로 부상되게 되었다. 즉 거시건전성정책 체계에서는 금융시스템 전체의 불안정을 유발하지 않는 한 개별 금융기관의 경영실패를 국가가 구제하지 않고 도산을 용인하게 된다. 그런데 이 경우 건전경영에 실패한 금융기관과 거래하는 불특정 다수의 금융소비자가 피해를 입게 되는데 수백만명과 거래하는 대형 금융기관의 경우 그 피해가 커져서 심각한 사회문제를 유발할 수도 있다. 따라서 국가가 거시건전성정책을 강화할수록 금융소비자에 대한 보호를 더욱 강화하게 된다. 이에 따라 영국, 미국 등 거시건전성정책 체계를 조기에 구축한 국가들은 동시에 금융소비자 보호를 위한 행정체계도 함께 구축하였다.

제5절 거시건전성정책

I. 의의

거시건전성정책은 "주로 건전성감독 수단을 사용하여 시스템리스크, 즉 시스템 전반의 금융 리스크를 제한함으로써 실물경제에 심각한 결과를 초래할 수 있는 주요 금융서비스의 공급 중단이 발생하지 않도록 억제하는 정책"이라고 할 수 있다. 이와 같은 거시건전성정책의 보편적 정의에서 "시스템리스크의 제한"이란 시스템리스크를 "예방하고 실제로 누그러뜨리는 것"을 의미한다. 그런 점에서 평상시 금융시스템 전반의 안정을 유지하고 위기를 예방하기 위한 사전적 장치인 거시건전성정책 체계는 이미 발생한 위기에 대응하기 위한 사후적 장치인 위기관리체계와는 분명히 차이가 난다.[25]

거시건전성정책의 주요 구성요소는 시스템리스크 분석(데이터 수집·측정·평가)과 거시건전성정책 수단이며, 여기에 운영체계가 더해져 거시건전성정책 체계를 이룬다. 거시건전성정책은 통화정책과 재정정책 등 여러 다른 정책과 긴밀히 관련되어 있는 만큼, "여러 정책 사이의 보완성 및 긴장상태"를 다루기 위해서는 여타 정책당국의 정책 자율성을 존중하는 가운데 정보공유와 협력 및 조정의 절차와 방식이 거시건전성정책의 운영체계에 반영되어야 한다.

Ⅱ. 거시건전성정책의 등장

1. 금융위기와 규제강화

일반적으로 국제금융위기는 국제금융규제의 변화를 초래한다. 대표적으로 1930년대 대공황은 자본통제를 허용하는 브레튼우즈체제의 형성으로 귀결되었고, 1974년 독일 에르스타트 은행(Herstatt Bank)의 파산으로 야기된 국제금융시장의 혼란은 국제결제은행(BIS) 산하 바젤은행감독위원회(BCBS)의 설립과 은행의 자기자본비율을 규제하는 바젤 협약(Basel Accord)을 수립하게끔 만들었다. 2008년 글로벌 금융위기 이후에도 국제금융규제를 개혁해야 한다는 목소리가 높아졌다. 그 결과로 위기 이전까지는 개별 금융기관의 안정성을 유지하려는 미시건전성정책(microprudential policy)이 금융규제의 핵심적인 축이었지만 위기 이후 금융시스템 전체의 안정성을 도모하는 거시건전성정책(macroprudential policy)을 강화하려는 노력이 대두되었다.[26]

---

25) 김홍범(2016), "한국의 거시건전성정책체계 설계: 2-단계 최소접근법", 금융연구 제30권 제4호(2016. 12), 64-65쪽.
26) 정재환(2019), "국제금융규제의 거시건전성 전환과 그 한계", 사회과학 담론과 정책 제12

2. 미시건전성규제와 거시건전성규제의 결합

국제금융규제 논의에서 "거시건전성"이라는 개념은 바젤은행감독위원회의 전신인 쿠크 위원회(Cooke Committee)에서 1970년대 말부터 등장하기 시작했다. 하지만 그 이후 오랫동안 거시건전성규제는 큰 주목을 받지 못하다가 이에 대한 필요성이 적극적으로 제기되기 시작한 것은 2000년대 이후이다. 2000년 10월에 열린 국제은행감독자회의(International Conference of Banking Supervisors)에서 당시 국제결제은행 사무총장(General Manager)인 앤드류 크로켓(Andrew Crockett)은 국제금융질서의 안정성을 확보하기 위해 미시건전성규제와 거시건전성규제를 결합해야 한다고 주장했다. 거시건전성규제의 필요성을 강조한 크로켓의 2000년 연설 이후 국제결제은행 내부에서 거시건전성 정책을 발전시키려는 연구가 꾸준히 진행되었다.

거시건전성정책은 전통적으로 수행해 왔던 미시건전성정책을 대체하는 정책이 아니라 미시건전성정책의 한계를 지적하고, 이를 보완하여 금융질서의 안정성을 도모하고자 하는 것으로 이해해야 한다. 2000년 연설에서 크로켓은 금융안정성의 미시건전성 측면과 거시건전성 측면을 두 가지 기준으로 구분하였다. 첫째, 정책적 목적의 측면에서 미시건전성규제는 개별 금융기관의 안정성을 도모하는 데 초점을 두고 있다면, 거시건전성규제의 목적은 금융시스템 전체의 안정성을 확보하는 것이다. 둘째, 금융불안정성을 야기하는 메커니즘과 관련해서 미시건전성규제는 금융시스템의 불안정성은 외생적 요인에 의해서 발생한다고 가정한다. 이런 관점에 따르면 전체 금융시장의 안정성은 개별 금융기관들의 안정적 운영 여부에 달려 있다. 이에 반해 거시건전성규제는 금융시스템의 불안정성은 내생적 성격을 가지고 있다고 상정한다. 즉 금융시장의 거시적 결과는 금융기관의 개별적인 행위가 아니라 집단적 행위의 상호작용에 의해서 결정된다는 것이다. 이에 따르면 개별적으로는 합리적인 금융기관의 행위가 집단적으로는 금융시스템의 안정성을 위협하는 결과를 초래할 수 있다.

권 1호(2019. 4), 35-38쪽.

3. 2008년 금융위기와 거시건전성정책의 도입

거시건전성규제에 대한 연구는 국제결제은행을 중심으로 2008년 글로벌 금융위기 이전에도 꾸준히 이루어졌지만 2008년 위기 이전까지 국제금융규제는 개별 금융기관의 안정성을 도모하는 데 초점을 둔 미시건전성을 강화하는 방향으로 이루어졌다. 특히 1997년 동아시아 금융위기 이후 국제금융질서의 개혁은 거시적 규제의 강화보다는 "투명성" 강화에 초점을 두었다. 즉 금융시장 행위자들이 자신들의 투자에 대한 위험성 관리를 합리적으로 수행할 수 있도록 시장에 정확한 정보를 제공하여 국제금융시장의 안정성을 담보하고자 하였다. 하지만 2008년 금융위기가 발생하자 미시건전성에 초점을 둔 투명성 강화만으로는 국제금융시장의 안정성을 담보하기에는 불충분하다는 주장이 강력하게 제기되었다. 2008년 위기는 "금융시장에서 가장 덜 규제되고 가장 경쟁적인 지역"인 미국에서 시작되었기 때문에 "금융혁신의 과도 공급과 금융규제의 과소 공급"이 위기의 주된 원인으로 지목되었다. 따라서 금융시장의 안정성을 확보하기 위해서는 국제금융규제를 새로운 방향으로 보다 강화해야 한다는 광범위한 공감대가 형성되었다.

이런 배경 속에서 거시건전성규제는 2008년 위기 이후 국제금융시장의 안정성을 담보하기 위한 규제개혁의 가장 중심적인 정책적 의제로 등장하였다. 2008년 위기 이전까지 국제결제은행과 런던정경대를 중심으로 한 소수의 경제학자들이 중심이 되어 발전해 왔던 금융시장에 대한 거시건전성 관점은 위기 이후 "새로운 이념이자 거대한 아이디어"로 주목받았고, 국제금융규제를 강화하는 핵심적인 이론적 틀로 자리매김했다. 특히 금융규제의 핵심적 역할을 담당하는 중앙은행 관료들 사이에서는 국제금융개혁이 거시건전성규제를 강화하는 방향으로 이루어져야 한다는 "새로운 바젤 합의"(new Basel consensus)가 형성되었다. 국제결제은행의 클라우디오 보리오(Claudio Borio)는 밀턴 프리드먼(Milton Friedman)의 유명한 문구를 활용하여, "우리는 이제 모두 거시건전성주의자(macroprudentialist)다"라는 표현으로 이런 새로운 합의를 강조했다.[27] 그 결과로 새로운 바젤 III 협

---

27) 1965년 타임지(Time)에 "우리 모두는 이제 케인스주의자다"라는 밀턴 프리드먼의 언급이 인용되었다. 이후 프리드먼은 이 언급은 맥락을 무시하고 인용되었다고 지적하며 자신이 했던 정확한 표현은 "어떤 면에서 우리 모두는 케인스주의자이고 어떤 면에서는 더 이상 아무도 케인스주의자가 아니다"라고 말했다.

약에 경기대응완충자본(countercyclical capital buffer) 등과 같은 거시건전성정책이
도입되었다. 또한 주요 금융 중심국에도 거시건전성정책을 집행하기 위한 새로
운 규제기관이 설립되었다.

제 2 편

금융상품

제 1 장

개 관

제1절 금융상품의 의의와 특성

I. 금융상품의 의의

금융소비자보호법("법")에 의하면 금융상품이란 ⅰ) 은행법에 따른 예금 및 대출, ⅱ) 자본시장법에 따른 금융투자상품, ⅲ) 보험업법에 따른 보험상품, ⅳ) 상호저축은행법에 따른 예금 및 대출, ⅴ) 여신전문금융업법에 따른 신용카드, 시설대여, 연불판매, 할부금융, ⅵ) 대부업법상 대부,[1] ⅶ) 신용협동조합법에 따른 예탁금, 대출 및 공제,[2] ⅷ) 연계투자 및 연계대출,[3] ⅸ) 신탁계약[4] 및 투자

---

[1] "대부"란 금전의 대부, 어음할인·양도담보, 그 밖에 이와 비슷한 방법을 통한 금전의 교부를 말한다(대부업법2(1)).

[2] "공제"는 조합 등 특정단체에 가입한 가입자가 일정한 금액을 단체에 납입하고, 가입자에게 소정의 사고가 발생한 경우 해당 단체가 미리 정해진 금액을 지급하는 제도이다.

[3] "연계투자"란 온라인플랫폼을 통하여 특정 차입자에게 자금을 제공할 목적으로 하는 투자를 말하고, "연계대출"이란 투자자의 자금을 투자자가 지정한 해당 차입자에게 대출, 어음할인·양도담보, 그 밖에 이와 비슷한 방법을 통한 자금의 제공을 말한다(온라인투자연계금융업법2(1)).

[4] 신탁법 제2조에 의하면, "신탁"이란 "ⅰ) 신탁을 설정하는 자(=위탁자)와 신탁을 인수하는 자(=수탁자) 간의 신임관계에 기하여, ⅱ) 위탁자가 수탁자에게 특정의 재산(영업이나 저작재산권의 일부를 포함)을 이전하거나 담보권의 설정 또는 그 밖의 처분을 하고, ⅲ) 수탁자로 하여금 일정한 자(=수익자)의 이익 또는 특정의 목적을 위하여 그 재산의 관리, 처분, 운용, 개발, 그 밖의 신탁 목적의 달성을 위하여 필요한 행위를 하는 법률관계를 말한다(신탁법2). 즉 신탁은 위탁자가 타인(수탁자)에게 사무 처리를 부탁하는 형태로,

일임계약,[5] x) 중소기업은행법에 따른 예금 및 대출, xi) 한국산업은행법에 따른 예금 및 대출 등을 말한다(법2(1), 영2①, 금융소비자 보호에 관한 감독규정2①, 이하 "감독규정").

금융상품의 정의는 금융규제법의 적용 범위를 정하는 출발점으로서 핵심적인 개념이다.[6] 금융상품이란 금융시장에서 금융기관 또는 자금수요자에 의해 창출되는 금융기법의 결과로 만들어진 금융형식이다. 경제주체가 보유자산을 금융에 운용하는 경우 금융상품을 구매하는 것이므로 금융상품은 금융자산이라고도 한다. 그 법적 성격은 현재 또는 미래의 현금흐름에 대한 채권적 청구권을 나타내는 화폐증서이다.[7]

Ⅱ. 금융상품의 특성

금융산업의 발전과 더불어 새로운 금융상품이 등장하고, 금융상품이 복잡·다양화되면서 금융거래에 필요한 지식은 급격히 늘어나고 있다. 금융상품 정보의 종류와 양이 점점 많아지고 복잡해지고 있으나 이를 충분히 인지하지 못한 상태에서 금융거래가 이루어져, 이로 인한 소비자의 불만과 피해가 지속적으로 제기되고 있다. 금융상품은 무형의 상품으로서 소비자들이 그 외형을 통하여 상품의 질과 내용을 알기가 어렵다. 또한 가계 부채로 인한 개인 파산, 무계획한 금융투자나 대출증가, 금융피라미드나 보이스피싱 등의 금융사기 사건 증가, 금융상품에 대한 충분한 설명이 이루어지지 않는 불완전판매, 정보비대칭 금융거래로 인한 불만이나 피해가 발생하고 있다.[8]

형식적인 재산권 귀속자인 관리자(관리권자)와 실질적인 이익향유자(수익자)를 분리하면서 이익향유자를 위한 재산의 안전지대를 구축하는 제도이다.
5) "투자일임계약"이란 투자일임업자와 투자자 사이에 체결하는 계약이다. 투자일임업자란 금융투자업자 중 투자자로부터 금융투자상품등에 대한 투자판단의 전부 또는 일부를 일임받아 투자자별로 구분하여 그 투자자의 재산상태나 투자목적 등을 고려하여 금융투자상품등을 취득·처분, 그 밖의 방법으로 운용하는 것을 영업으로 하는 금융투자업자를 말한다(자본시장법8⑥ 및 6⑧).
6) 정순섭(2013), "금융규제법체계의 관점에서 본 자본시장법: 시행 4년의 경험과 그 영향", 서울대학교 금융법센터 BFL 제61호(2013. 9), 11쪽.
7) 정찬형·최동준·김용재(2009), 「로스쿨 금융법」, 박영사(2009. 9), 14-15쪽.
8) 양덕순(2016), "금융상품에 대한 소비자정보 역량 평가지표에 관한 연구", 소비자정책교육연구 제12권 2호(2016. 12), 62-63쪽.

금융상품은 일반상품과는 다르게 무형성, 불가분성, 이질성, 소멸성이라는 서비스 특성을 가진다. "금융"이라는 상품은 구입된 당시 소비의 질이 종결되기 전까지 금융서비스의 공급자와 수요자 간에는 정보의 비대칭성이 심각하게 발생될 여지가 있다. 또한 금융상품은 매우 복잡하게 설계되어 있어 그 수요자가 정보를 갖고 있거나 심지어 사용하고 있더라도 그 질적 수준을 이해하거나 평가할 수 없는 신용상품의 특성을 갖고 있다.

제2절 금융상품의 분류

Ⅰ. 금융상품의 분류방법

금융기관에서는 투자자들의 다양한 욕구를 충족시키기 위해 많은 종류의 금융상품을 개발·판매하고 있다. 금융상품을 분류하는 방법은 여러 가지가 있다. 가장 흔하게 사용하는 분류방법은 금융기관별로 취급하는 상품을 분류하는 방법이다. 두 번째 방법은 금리확정여부에 따라 분류할 수 있다. 즉 금리확정형과 실적배당형으로 구분할 수 있다. 세 번째 방법은 과세방법에 따라 비과세, 분리과세, 세금면제 등의 방법으로 분류하기도 한다. 그 외에도 원금보장여부, 투자기간, 이자지급방법 등 많은 방법으로 분류할 수 있다.

금융상품은 자본시장법의 시행으로 원본 손실의 가능성 여부에 따른 금융투자상품과 비금융투자상품으로 구분된다. 비금융투자상품은 은행상품, 보험상품 등으로 구분된다.

Ⅱ. 금융상품의 유형

금융소비자보호법("법")은 금융상품을 속성에 따라 예금성 상품, 대출성 상품, 투자성 상품 및 보장성 상품으로 유형을 재분류(법3)하였다. 금융상품의 유형은 다음과 같이 구분한다(법3 본문). 다만, 개별 금융상품이 상품유형 중 둘 이상에 해당하는 속성이 있는 경우에는 해당 상품유형에 각각 속하는 것으로 본다(법

3 단서).

1. 예금성 상품

예금성 상품은 은행 예금과 같이 이자수익이 발생하는 금융상품으로서 원금 보장이 되는 상품(예: 예·적금 등)을 말한다. 금융소비자보호법에 따른 예금성 상품은 ⅰ) 은행법·상호저축은행법에 따른 예금, ⅱ) 신용협동조합법에 따른 예탁금, ⅲ) 중소기업은행법에 따른 예금 또는 한국산업은행법에 따른 예금, ⅳ) 금융산업구조개선법에 따라 종합금융회사와 합병한 기관, 농협은행, 상호저축은행, 수협은행, 신용협동조합, 은행, 금융투자업자 및 증권금융회사, 종합금융회사, 중소기업은행, 한국산업은행이 계약에 따라 금융소비자로부터 금전을 받고 장래에 그 금전과 그에 따른 이자 등의 대가를 지급하기로 하는 계약을 말한다. 다만, 주택법에 따른 입주자저축은 제외한다(법3(1), 영3①, 감독규정3(1)).

2. 대출성 상품

대출성 상품은 은행 대출과 같이 금전을 빌려 사용한 후 원금과 이자를 상환하는 금융상품(예: 대출상품, 신용카드 등)을 말한다. 금융소비자보호법에 따른 대출성 상품은 ⅰ) 은행법·상호저축은행법에 따른 대출, ⅱ) 여신전문금융업법에 따른 신용카드·시설대여·연불판매·할부금융, ⅲ) 대부업법상 대부, ⅳ) 온라인투자연계금융업법상 연계대출, ⅴ) 중소기업은행법에 따른 대출 또는 한국산업은행법에 따른 대출, ⅵ) 신용협동조합법에 따른 대출, ⅶ) 금융산업구조개선법에 따라 종합금융회사와 합병한 기관, 농협은행, 상호저축은행, 수협은행, 신용협동조합, 은행, 금융투자업자 및 증권금융회사, 종합금융회사자, 중소기업은행, 한국산업은행, 보험회사, 신용협동조합중앙회, 여신전문금융회사(신기술사업금융업자는 제외) 및 겸영여신업자, 온라인투자연계금융업자, 금융투자업자, 단기금융회사 및 자금중개회사가 금융소비자에 어음 할인·매출채권 매입(각각 금융소비자에 금전의 상환을 청구할 수 있는 계약으로 한정)·대출·지급보증 또는 이와 유사한 것으로서 금전 또는 그 밖의 재산적 가치가 있는 것("금전등")을 제공하고 장래에 금전등 및 그에 따른 이자 등의 대가를 받기로 하는 계약을 말한다. 다만, 수출환어음 매입 등 수출·수입 대금결제와 관련된 계약은 제외한다(법3(2), 영3②, 감독규정3(2)).

3. 투자성 상품

투자성 상품은 펀드와 같이 투자수익이 발생하는 금융상품으로서 원금이 보장되지 않는 상품(예: 펀드 등 금융투자상품, 신탁상품)을 말한다. 금융소비자보호법에 따른 투자성 상품은 ⅰ) 자본시장법에 따른 금융투자상품, ⅱ) 연계투자, ⅲ) 신탁계약, ⅳ) 투자일임계약, ⅴ) 투자성이 있는 금융상품을 말한다(법3(3), 영3③, 감독규정3(3)).

4. 보장성 상품

보장성 상품은 보험상품과 같이 장기간 보험료를 납입한 후 장래 보험사고 발생 시 보험금을 지급받는 금융상품(예: 보험상품 등)을 말한다. 금융소비자보호법에 따른 보장성 상품은 ⅰ) 보험업법에 따른 보험상품, ⅱ) 신용협동조합법에 따른 공제를 말한다(법3(4), 영3④).

Ⅲ. 금융상품과 소득의 분류

금융상품으로부터 발생하는 소득은 금융상품을 보유·처분하는 과정에서 발생하는 이자소득, 배당소득, 양도소득 등으로 구분할 수 있다. 은행의 수신상품과 같이 일정기간 금전대여의 대가로 발생한 소득은 이자소득으로 분류하고, 금융투자상품의 경우 채권 등에 투자하여 금전을 대여한 경우 발생한 소득은 이자소득, 주식 등에 투자하여 지분투자에 대한 사업이익의 분배금을 수령한 경우 배당소득으로 분류한다. 이때 채권의 이자율 변동으로 인한 채권가격의 상승, 주식가격이 상승하여 이익을 얻게 된 경우 이를 자본이득(capital gain)으로 보고 소득분류는 양도소득으로 분류한다. 그리고 보험상품의 경우 보험사고의 발생으로 인해 지급받는 보험금 혹은 보험보장기간 만료 이후 수령하는 만기환급금액은 보험이익으로 분류한다.[9]

---

9) 정원석·임준·김유미(2016), "금융·보험세제연구: 집합투자기구, 보험 그리고 연금세제를 중심으로", 보험연구원(2016. 5), 1쪽.

제 2 장

금융투자상품

제1절 의의

자본시장법("법")은 금융투자상품을 ⅰ) (목적) 이익을 얻거나 손실을 회피할 목적으로, ⅱ) (금전등의 지급) 현재 또는 장래의 특정 시점에 금전, 그 밖의 재산적 가치가 있는 것("금전등")을 지급하기로, ⅲ) (권리) 약정함으로써 취득하는 권리로서, ⅳ) (투자성) 그 권리를 취득하기 위하여 지급하였거나 지급하여야 할 금전등의 총액(판매수수료 등 대통령령으로 정하는 금액을 제외)이 그 권리로부터 회수하였거나 회수할 수 있는 금전등의 총액(해지수수료 등 대통령령으로 정하는 금액을 포함)을 초과하게 될 위험(투자성=원본손실위험)이 있는 것(법3① 본문)으로 정의한다.

자본시장법은 금융투자상품을 증권과 파생상품으로 구분하면서(법3②) ⅰ) 증권을 일반적으로 정의(법4①)한 후 다시 6가지 유형으로 나누고(법4②), 개별 증권의 추상적 개념을 정의하는 동시에 이에 해당하는 상품을 열거하는 한편(법4②), ⅱ) 파생상품을 거래내용에 따라 선도, 옵션, 스왑으로 나누고(법5① 각 호) 거래되는 시장에 따라 장내파생상품과 장외파생상품으로 구분한다(법3②(2)).

제2절 증권

Ⅰ. 증권의 개념과 종류

1. 증권의 개념

증권이란 ⅰ) (발행인) 내국인 또는 외국인이 발행한, ⅱ) (투자성) 금융투자 상품으로서, ⅲ) (추가지급의무 부존재) 투자자가 취득과 동시에 지급한 금전등 외에 어떠한 명목으로든지 추가로 지급의무를 부담하지 아니하는 것을 말한다(법4 ① 본문).

2. 증권의 종류

증권에 표시되는 권리의 종류에 따라 채무증권, 지분증권, 수익증권, 투자계약증권, 파생결합증권, 증권예탁증권으로 구분된다(법4②). 여기에 열거된 증권 외의 다른 유형의 증권은 인정되지 않는다.

Ⅱ. 채무증권

채무증권이란 국채증권, 지방채증권, 특수채증권(법률에 의하여 직접 설립된 법인이 발행한 채권), 사채권(상법상 파생결합사채의 경우 이자연계 파생결합사채만 포함), 기업어음증권, 그 밖에 이와 유사한 것으로서 지급청구권이 표시된 것을 말한다(법4③).

1. 국채증권

(1) 의의

국채란 정부가 국채법과 다른 법률에 따라 공공목적에 필요한 자금의 확보 등을 위하여 발행하는 채권이다(국채법2(1)). 정부가 정책목표를 달성하기 위해서는 많은 재원이 필요한데 통상 조세를 통해 조달하는 것이 바람직하나 정부 지출이 확대되어 조세로 충당하기 어려운 경우에는 국채를 발행하여 이를 시중에

매각하거나 인수하는 방법을 사용한다.[1]

(2) 종류

국채의 종류는 ⅰ) 공공자금관리기금(공공자금관리기금법2)의 부담으로 발행하는 국채("국고채권")와 ⅱ) 다른 법률에 특별한 규정이 있는 경우 그 법률에 따라 회계, 다른 기금 또는 특별 계정의 부담으로 발행하는 국채로 구분한다(국채법 4①).

(가) 국고채권

국고채권은 정부가 재정융자 등 공공목적에 필요한 자금을 확보·공급하고, 국채의 발행 및 상환 등을 효율적으로 관리하기 위하여 설치한 공공자금관리기금을 근거로 발행되는 국채로서 1994년 농지채권·농어촌발전채권·국민주택기금채권을 통합하고 2000년 1월 양곡관리기금채권을, 2003년 11월에는 외국환평형기금채권을 통합하여 발행되고 있다. 현재 국고채권은 만기 3년물, 5년물, 10년물, 20년물, 30년물, 50년물 등 고정된 원금과 이자가 지급되는 6종의 이표채권과 원금이 물가에 따라 변동하는 물가연동국고채권(만기 10년) 등으로 발행되고 있다. 50년물을 제외한 국고채권은 국고채전문딜러2)제도에 의한 경쟁입찰방식에 의해 정례발행되고 있다.[3]

(나) 외국환평형기금채권

외국환평형기금채권은 외환수급을 조절하여 외환거래를 원활화하기 위해 1987년부터 발행된 채권으로 원화표시채권은 2003년 11월부터는 국고채로 통합발행4)되고 있다. 반면 외화표시 외국환평형기금채권은 국제금융시장에서 국내금

---

1) 한국거래소(2019), 「한국의 채권시장」(2019. 1), 88쪽.
2) 국고채전문딜러(Primary Dealer)는 국고채에 대한 투자매매업 인가를 받은 기관 중 자금력과 시장운영의 전문성을 갖춘 자로서 국고채에 대한 시장조성기능을 수행한다. 국채의 원활한 발행 및 국채유통시장 활성화를 위하여 은행, 증권회사 중에서 재무건전성, 국채거래의 실적 등이 우수한 기관을 대상으로 기획재정부장관이 지정·운영한다. 국고채전문딜러는 국고채 발행시장에서 국고채 인수 등에 관하여 우선적인 권리를 부여받는 대신 국채전문유통시장에서 시장조성자로서 호가제시, 거래 등의 의무를 수행한다.
3) 한국거래소(2019), 89쪽.
4) 통합발행이란 일정기간 내에 발행하는 채권의 만기와 표면금리 등 발행조건을 동일하게 하여 이 기간 동안 발행된 채권을 단일 종목으로 취급하는 제도를 말한다. 예를 들어 2023년 6월 10일에 신규로 발행된 3년 만기 국고채는 2023년 4월 2일, 4월 30일, 5월 28일, 7월 2일, 7월 30일, 8월 27일, 10월 1일, 10월 29일에 동일한 조건으로 통합발행되어 발행시기는 다르지만 유통시장에서는 동일 종목으로 거래된다. 통합발행의 목적은 종목당 발행물량을 증가시켜 유동성을 제고시킴으로써 정부의 이자비용을 절감하고 신뢰성 있는

융기관의 외화차입 시 기준금리를 제시하기 위한 목적에서 외국환거래법 제13조
(외국환평형기금) 및 제14조(외국환평형기금 채권의 원리금 상환)를 근거로 하여 외국
환평형기금의 부담으로 발행된다.

(다) 재정증권

재정증권은 재정 부족자금을 일시 보전하기 위하여 일반회계 또는 특별회계
(법률에 따라 일시차입을 할 수 있는 것만 해당)의 부담으로 기획재정부장관이 발행
하는데, 공개시장에서 발행하지만 필요하다고 인정될 때에는 금융회사등, 정부출
자기업체, 보험회사, 그 밖의 자에게 매각할 수 있다(국고금관리법33①②). 재정증
권은 만기 1년 미만(실제로는 통상 3개월 이내로 발행)의 단기국채이다. 이는 일반
적으로 정부의 일시적 자금융통, 단기금융시장에서 지표금리 제공, 통화정책 거
래대상 증권 공급의 기능 등을 수행한다. 이러한 단기국채는 미국과 영국을 비롯
한 많은 국가에서 T-Bills(Treasury Bills)로 불리고 있으며, 주로 행정부의 일시적
인 자금융통을 위하여 발행되기 시작하였다. 무위험채권인 단기국채가 단기금융
시장에서 갖는 지표금리로서의 역할이 점차 중요해지면서 정부는 정기적인 경매
를 통해 단기국채를 시장에 안정적으로 공급하고 있다.

(라) 국민주택채권

국민주택채권은 국민주택사업에 필요한 자금을 조달하기 위하여 정부가 기
금의 부담으로 발행하는 채권(주택도시기금법7)이다. 국가 또는 지방자치단체로부
터 면허·허가·인가를 받는 자 또는 국가 또는 지방자치단체에 등기·등록을 신
청하는 자, 국가·지방자치단체 및 공공기관과 건설공사의 도급계약을 체결하는
자, 주택법에 따라 건설·공급하는 주택을 공급받는 자가 의무적으로 매입하여야
하는 첨가소화형 채권이다(주택도시기금법8). 과거에는 무기명 실물채권으로 발행
하였으나 무기명 채권의 특성상 편법 증여·상속 등 불법적으로 활용될 수 있어
이를 방지하기 위해 2004년 4월에 전자발행 방식으로 변경되었다.

(마) 물가연동국고채권

물가연동국고채권은 원금 및 이자지급액을 물가에 연동시켜 채권투자에 따
른 물가변동위험을 제거함으로써 투자자의 실질구매력을 보장하는 국고채권이
다. 물가연동국고채권은 정부의 이자비용 절감, 안정적인 재정 조달기반 확보,

지표금리를 형성하는 것이다. 채권의 유동성은 일반적으로 종목당 물량에 비례하고, 발행
금리는 유동성에 비례하기 때문이다.

민간의 물가연동국고채권 발행시 기준금리 제공 및 정부의 물가관리 의지 전달 등 목적으로 2007년 3월 최초로 발행되었다. 최초 발행 시에는 인수단을 구성하여 발행하였으나 2007년 6월부터는 국고채전문딜러 입찰방식으로 발행하였고, 2008년 8월부터 투자수요 부족 등으로 발행을 일시 중단하였다가 2010년 6월부터는 국고채전문딜러의 비경쟁인수권한 행사 방식으로 발행되고 있다.

(3) 기능

국채의 가장 기본적인 기능은 정부 재정적자를 보전하는 기능이다. 정부의 재정지출이 조세로 충분하지 못할 때 국채를 발행해 부족분을 충당한다. 국채시장이 잘 발달되어 있으면 정부는 재정지출에 필요한 자금을 적기에 낮은 금리로 조달할 수 있다.

국채는 거시경제적인 측면에서의 경기조절 기능을 한다. 재정정책 측면에서, 국채발행 및 이를 통한 재정지출 조절을 통해 지나친 경기변동을 완화시켜 경제성장을 안정적으로 도모할 수 있다. 통화정책 측면에서도 재정증권과 같은 국채 발행 및 회수를 통해 시중의 통화량을 조절함으로써 경기조절을 하기도 한다. 또한 국채발행은 이자율에 영향을 미치기 때문에 이를 통한 경기조절 기능도 수행한다.

거시경제적인 측면뿐만 아니라 미시적인 면에서도 국채는 여러 가지 기능을 수행한다. 이 중 가장 대표적인 것이 산업자금조달 기능 또는 공공투자 기능이다. 특히 금융시장이 발달하지 못해 민간금융 부문을 통해 자금조달이 용이하지 않은 경우 국채를 통한 재원은 설비투자, 사회간접자본의 투자, 연구 및 인적 자본투자 등 공공투자 효과를 가질 수 있다.

국채는 해당 국가에서 해당국의 통화로 발행되는 가장 신용도가 우수한 채권이다.[5] 국채가 발행될 경우 국채 금리는 향후 발행되는 모든 종류의 채권에 있어 하나의 기준점을 제시하게 된다. 이에 따라 다른 채권들의 적정 금리와 가격 발견에 도움을 주는 기능을 수행하게 된다. 국가는 외환시장에서의 불균형한 수급 상황을 조절하기 위해서 국채를 발행하기도 한다.

---

5) 미국 국채는 일반적으로 연방정부채 중 시장성국채인 T-Bills(만기 1년 미만의 단기국채), T-Notes(만기 1년 이상 10년 미만의 중기국채), T-Bonds(만기 10년 이상의 장기국채) 등 재무부채권을 말하며 단일 종목의 발행잔액으로는 세계 최대규모이다.

2. 지방채증권

(1) 의의

지방채 발행의 근거 법률은 지방자치법(법124), 지방재정법(법11), 도시철도법(법19), 지방공기업법(법19), 도시개발법(법62) 등이 있다. 지방자치단체인 특별시, 광역시, 시·도·군 등의 경비는 원칙적으로 지방세, 세외수입, 지방교부세, 보조금 및 지방양여금 등에 의해 조달되어야 하지만 대규모 건설사업(지하철·교량·하수종말처리장 등), 지방공기업의 설비투자 또는 재해복구 등의 경우 경상적인 수입에 의해서는 필요경비의 조달이 어려운 경우가 많다. 지방채는 지방자치단체가 이러한 재정수입의 부족을 보충하거나 특수목적을 달성하기 위하여 자금을 차입하는 채무로서, 그 이행이 수년에 걸쳐 이루어지면서 증서차입 또는 증권발행의 형식을 취하는 것으로 정의할 수 있다.[6]

(2) 종류

(가) 개요

지방채는 발행방법에 따라 증권발행채(증권의 발행·교부로 기채)와 증서차입채(차입금 기채계약 후 차입증서 제출), 채권을 인수하는 자금원에 따라 정부자금채(정부특별회계·기금·정부투자기금 등에서 인수), 지방공공자금채(지역개발기금·청사정부기금·재해복구기금 등에서 인수), 민간자금채(금융기관·주민 등이 인수) 등으로 나뉘며, 사업성격에 따라 일반회계채(지방일반회계의 재원조달용: 주택·택지개발, 농공단지·공단조성, 상·하수도사업, 신시가지개발, 관광휴양단지조성 등), 공기업채(공기업특별회계의 재월조달용: 상·하수도사업, 공영개발사업, 지하철건설, 지역개발기금조성사업 등) 등으로 분류할 수 있다. 대표적인 지방채로는 도시철도채권, 지역개발채권 등이 있다.[7]

(나) 도시철도채권

도시철도법은 국가, 지방자치단체 및 도시철도공사가 도시철도의 건설 및 운영에 소요되는 자금을 도시철도채권의 발행을 통하여 조달할 수 있도록 규정하고 있다(도시철도법19 및 20). 도시철도채권은 도시철도법에 따라 지하철건설자금을 조달하기 위하여 지방자치단체가 발행하는 지방채이다. 도시철도채권은 서

---

6) 한국거래소(2019), 118쪽.
7) 한국거래소(2019), 123쪽.

울·부산·인천·대구·광주·대전에서 발행되었다. 따라서 발행주체는 지하철공
사가 아닌 관할 지방자치단체이다. 도시철도채권의 발행을 위해서는 지방자치단
체의 장이 국토교통부장관과 협의한 후 행정안전부장관의 승인을 얻어야 한다
(도시철도법20②). 다른 도시철도채권과 달리 서울도시철도채권은 만기 7년에 일
시상환되지만, 다른 도시철도채권은 만기 5년에 일시상환된다.

(다) 지역개발채권

지역개발공채는 지방자치법, 지방공기업법 등에 따라 지역개발기금의 재원조
달용으로 발행되는 지방채이다. 현재 17개 지방자치단체에서 연복리 1.25%(2018년
현재)에 만기 5년 일시상환의 조건으로 발행되고 있으며, 도시철도채권과 동일하
게 첨가소화되어 매출되고 있다. 채권의 매입대상은 지방공기업법 제19조에 따
라 각 광역자치단체의 지역개발기금설치조례를 통해 각 시·도별로 달리 정하고
있다.

3. 특수채증권

특수채는 특별한 법률에 의하여 직접 설립된 법인(특수법인)이 발행한 채권
으로서(법4③), ⅰ) 한국은행이 한국은행법(법69①)과 「한국은행 통화안정증권법」
에 따라 통화량 조절을 위하여 발행하는 통화안정증권(통안증권), ⅱ) 한국산업은
행(한국산업은행법23)·중소기업은행(중소기업은행법36의2)·한국수출입은행(한국수
출입은행법20) 등이 자금조달을 위하여 발행하는 산업금융채권·중소기업금융채
권·수출입금융채권 등의 금융특수채와, ⅲ) 특수은행을 제외한 특별법에 의하여
설립된 공사 및 공단이 발행하는 비금융특수채(한국전력공사법 제16조에 따른 한국
전력공사채, 한국가스공사법 제14조에 따른 한국가스공사채, 한국도로공사법 제15조에
따른 한국도로공사채 등)로 구분된다.

4. 사채권

(1) 의의

사채는 주식회사가 불특정다수인으로부터 자금조달의 목적으로 비교적 장
기간의 자금을 집단적, 대량적으로 조달하기 위하여 채권을 발행하여 부담하는
채무이다. 불특정 다수에 대하여 집단적으로 발행한다는 점에서 특정인으로부터
개별적으로 차입하는 금융기관으로부터의 차입과 구별되며, 유통성이 있다는 점

에서도 금융기관으로부터의 차입과 구별된다. 사채발행은 금융기관에서 대출을 받는 것이나 기업어음을 발행하는 것보다도 장기적으로 대규모의 자금을 공급할 수 있는 장점이 있으므로 유동성위험 관리가 중요한 시점에서는 가장 적합한 자본조달방법이 된다.

(2) 상법상 사채

(가) 일반사채

일반사채는 회사가 투자자로부터 자금을 차입하기 위하여 발행한 채무증권으로서 전환권 등 특수한 정함이 없는 것을 말한다. 일반사채 발행시 발행회사는 청약자 또는 인수인으로부터 원금 상당액(또는 일정한 할인 또는 할증한 금액)을 납입받고, 상환기일에 원금을 상환하고 일정기간(예: 3개월)마다 이자를 지급하는 조건으로 발행한다.

후순위채란 발행인의 다른 채권이 모두 변제되기 전에는 원리금의 상환을 받을 수 없는 조건이 붙은 사채이다. 발행인은 후순위에 대한 보상으로서 일반사채보다 더 높은 이자를 후순위채권자에게 지급하며 후순위채에 대한 투자를 유도하기 위해 후순위채에 신주인수권이나 전환권을 추가로 부여하기도 한다. 후순위채는 변제순위에 있어 일반사채보다 열위에 있다는 점, 특히 신주인수권이나 전환권이 부여된 경우 증자에 참가할 수 있다는 점에서 주식과 유사하다. 그러나 회사에 배당가능이익이 없는 경우에도 후순위채에 대한 이자를 지급해야 하고, 보통주나 우선주와의 관계에서는 후순위채의 변제순위가 앞선다는 점에서 사채로 남는다.

(나) 전환사채

전환사채(CB)는 일반사채에 사채권자의 전환권을 붙인 것이다(상법514). 즉 사채권자는 사채의 상환 대신에 신주를 발행받을 수 있는 옵션(=전환권)을 가지도록 한 것이다. 전환권[8]은 사채권자가 가지는 권리이므로 행사하지 않을 수도 있다. 전환권을 행사하지 않을 경우, 사채권자는 사채의 조건에 따라 사채의 상환과 이자의 지급을 받는다. 전환권을 행사하면 사채는 소멸하고 신주가 발행되어 사채권자는 주주가 된다. 전환사채의 발행은 잠재적으로 신주발행을 예정하고 있다는 점에서 일반사채의 발행보다 회사법에서 규율할 사항이 많다(상법 제

---

8) 전환권은 사채권자가 가지는 것이 일반적인데, 전환권을 사채발행인인 회사가 가지는 경우 이를 역전환사채(reverse convertible bonds)라고 구별하기도 한다.

513조부터 제516조까지).9)

(다) 신주인수권부사채

신주인수권부사채(BW)는 일반사채에 사채권자의 신주인수권을 붙인 것이다 (상법516의2). 즉 사채권자는 사채의 조건에서 정한 기간 중 신주의 발행을 받을 권리가 있다. 신주인수권부사채에 부착된 신주인수권은 상법 제418조 제1항10)에 정한 주주가 가지는 신주인수권과는 다르다. 신주인수권부사채에 부착된 신주인수권은 형성권으로 그 행사와 신주발행가액의 납입이 있으면 신주가 발행된다. 신주인수권부사채에 붙은 신주인수권은 사채권자(또는 분리형의 경우에는 신주인수권증서의 보유자)가 가지는 권리이므로 행사하지 않을 수도 있다. 신주인수권을 행사하지 않는 경우 사채권자는 사채의 조건에 따라 사채의 상환과 이자의 지급을 받는다.

(라) 이익참가부사채

이익참가부사채(PB)는 사채권자가 그 발행회사의 이익배당에 참가할 수 있는 사채를 말한다(상법469②(1)). 일반사채의 사채권자는 전형적인 소비대차에서와 마찬가지로 원금의 상환과 이자의 지급을 받을 권리가 있고, 이자의 산정기준이 되는 이자율은 발행 시에 미리 정한다. 사채권자가 일정한 이자에 추가하여 발행회사의 이익배당에 참가할 수 있는 권리를 가지거나 이자의 지급 없이 이익배당에 참가하는 권리만을 가지는 경우 모두 이익참가부사채이다.

(마) 교환사채

교환사채(EB)는 사채권자가 회사 소유의 주식이나 그 밖의 다른 유가증권으로 교환할 수 있는 사채이다(상법시행령22①). 교환사채는 일반사채에 사채권자의 교환권을 붙인 것이다. 즉 사채권자는 사채의 상환 대신 미리 정한 교환대상증권(＝발행회사가 소유한 주식이나 다른 증권)으로 교환할 수 있는 옵션(＝교환권)을 가지도록 한 것이다(상법469②(2)). 교환권은 사채권자가 가지는 권리이므로 행사하지 않을 수도 있다. 교환권을 행사하지 않는 경우 사채권자는 사채의 조건에 따라 사채의 상환과 이자의 지급을 받는다. 사채권자가 교환권을 행사하면 사채는 소멸하고 교환대상증권을 교부받는다.

---

9) 전환사채는 19세기 중엽 영미에서 철도회사의 자금난을 해결하기 위한 자본조달 수단으로 도입되었다. 1924년 독일, 1940년 일본, 1953년 프랑스에서 법제화되었고, 우리나라에서는 1963년 쌍용양회가 최초로 발행하면서 도입되었다.

10) ① 주주는 그가 가진 주식 수에 따라서 신주의 배정을 받을 권리가 있다.

(바) 상환사채

상환사채는 회사가 그 소유의 주식이나 그 밖의 다른 유가증권으로 상환할 수 있는 사채를 말한다(상법시행령23①). 교환사채는 사채를 주식·유가증권으로 교환할 권리를 사채권자에게 부여하는 것인데 반해, 상환사채는 발행회사의 선택 또는 일정한 조건의 성취나 기한의 도래에 따라 주식이나 그 밖의 다른 유가증권으로 상환한다. 상환사채의 경우 사채권자가 상환받는 것은 주식이나 유가증권이고 원래의 사채의 원금과 다르게 된다는 점에서 파생결합사채와 매우 유사한 기능을 수행한다.

(사) 파생결합사채

파생결합사채는 그 상환 또는 지급금액이 다른 기초자산의 가격·이자율·지표·단위 또는 이를 기초로 하는 지수의 변동에 따라 결정되는 사채이다(상법469②(3)). 기초자산에는 금융투자상품, 통화, 일반상품, 신용위험, 기타 자연적·환경적·경제적 현상에 속하는 위험으로 합리적이고 적정한 방법에 의하여 평가가 가능한 것이 포함된다(상법시행령20, 자본시장법4⑩). 이는 자본시장법상 파생상품 및 파생결합증권의 정의에서 사용되는 기초자산과 같다. 파생결합사채에 따른 상환·지급금액은 다른 기초자산의 가격이나 지수 등에 따라 정해지므로 파생결합사채의 발행가액 또는 원금액을 초과할 수 있고 그보다 작아질 수도 있다. 또한 상환·지급금액이 발행가액을 초과하는 경우에도 그 초과금액이 원금에 대한 일정한 비율로 시간의 경과에 따라 증가하는 이자와는 달리 기초자산의 가격이나 지수 등에 따라 산정된다.

(3) 특별법상 사채

상법 이외의 특별법에 규정된 사채로는 ⅰ) 담보부사채신탁법에 의한 담보부사채, ⅱ)「이중상환청구권부 채권 발행에 관한 법률」("이중상환채권법")에 이중상환청구권부 채권(커버드본드, Covered Bond), ⅲ) 자본시장법 제165조의11에 의한 조건부자본증권, ⅳ) 은행이 발행하는 금융채(은행법33), ⅴ) 전자증권법(법59, 60, 61)에 의한 전자단기사채(=단기사채등)와 같이 발행회사가 속한 산업을 규율하는 특별법으로 그 산업의 특성에 따라 별도로 규율하는 경우가 있다. 전자단기사채에 관하여는 자산유동화증권 부분에서 후술한다.

(가) 담보부사채

담보부사채는 사채의 원리금 지급을 담보하기 위하여 물상담보가 붙어 있는 사채이다. 담보부사채를 규율하는 법으로 담보부사채신탁법이 있다. 담보부사채신탁법("법")은 발행회사가 각 사채권자에게 개별적으로 담보권을 설정하는 것이 실제로 불가능하므로 발행회사(위탁회사)와 사채권자와의 사이에 신탁업자(담보부사채에 관한 신탁업을 하는 자)를 두고 위탁회사와 신탁회사 간에 체결한 신탁계약에 의하여 신탁회사는 담보목적물을 취득하고 이것을 총사채권자를 위하여 보존·관리하며 그 권리를 행사하도록 규정하고 있다(법3, 60, 68). 총사채권자는 위와 같이 설정된 담보신탁의 수익자로서 그 채권액에 따라 평등하게 담보의 이익을 향유한다. 즉 담보부사채는 발행회사의 재정상태가 나빠져서 사채의 원리금 지급 채무를 불이행하는 경우에 사채권자가 신탁계약에서 정해진 담보를 확보함으로써 그로부터 사채의 원리금을 상환받을 수 있다는 점에 그 특징이 있다.[11]

(나) 이중상환청구권부 채권

이중상환채권법("법")에 의한 이중상환청구권부 채권(커버드본드, Covered Bond)이란 발행기관에 대한 상환청구권과 함께 발행기관이 담보로 제공하는 기초자산집합(커버풀, Cover Pool)에 대하여 제3자에 우선하여 변제받을 권리를 가지는 채권으로서 이중상환채권법에 따라 발행되는 것을 말한다(법2(3)). 기초자산집합이란 이중상환청구권부 채권의 원리금 상환을 담보하는 자산으로서 등록된 것을 말한다(법2(4)). 커버드본드는 금융기관의 중장기자금 조달을 위해 보유 중인 우량자산을 담보(Cover Pool)로 발행하는 일종의 담보부사채이다. 커버드본드는 발행기관의 파산 시에 분리된 기초자산집합으로부터 우선변제를 받을 수 있으므로 높은 신용등급을 부여받을 수 있는데, 커버드본드를 이용하면 발행기관은 발행비용을 낮출 수 있고 투자자는 보다 안전한 자산에 투자할 수 있다.

(다) 자본시장법상 조건부자본증권

자본시장법("법")상 조건부자본증권은 "해당 사채의 발행 당시 객관적이고 합리적인 기준에 따라 미리 정하는 사유가 발생하는 경우 주식으로 전환되거나 그 사채의 상환과 이자지급의무가 감면된다는 조건이 붙은 것으로서 제165조의11 제1항에 따라 주권상장법인이 발행하는 사채"를 말한다(법4⑦(3)). 이러한 조건부자본증권은 은행의 규제자본 수단과는 달리 자본조달이라는 사채 측면에서 파악하여, 상법상 이익배당참가부사채, 교환사채·상환사채, 파생결합사채(상법

---

11) 정소민(2009), "담보부사채의 활성화에 관한 연구", 금융법연구 제6권 제1호(2009. 9), 169-170쪽.

469②), 전환사채(상법513), 신주인수권부사채(상법516의2)와는 다른 종류의 사채이다. 조건부자본증권에는 일정 조건이 충족되면 주식으로 전환되는 "전환형 조건부자본증권"(법176의12)과 사채의 상환과 이자지급의무가 감면(채무재조정)되는 형태를 취하는 "상각형 조건부자본증권"(법176의13)의 형태가 있다.

(라) 은행의 금융채

1) 의의

은행은 금융채를 발행할 수 있다. 은행이 발행할 수 있는 금융채는 ⅰ) 상법상 사채, ⅱ) 상각형 조건부자본증권, ⅲ) 은행주식 전환형 조건부자본증권, ⅳ) 은행지주회사주식 전환형 조건부자본증권(비상장은행만 발행할 수 있다), ⅴ) 기타 사채이다(은행법33①).

2) 영구채

가) 영구채의 의의

회사는 사채를 발행하여 대규모의 자금을 차입할 수 있다. 사채는 발행회사의 수익에 관계없이 일정 비율의 이자와 함께 만기에 원금을 상환하는 채무를 말한다. 물론 이자를 정기적으로 받지 않는 사채도 있다. 이러한 사채에 할인채가 있다. 할인채는 단리로 계산된 상환기일까지의 이자를 액면금액에서 차감하여 발행되는 채권으로, 만기에 액면금액을 상환받음으로써 할인액만큼의 총 이자효과를 본다. 사채의 특성 중의 하나가 만기의 존재인데, 만기는 사채를 분류하는 데 중요하다.

그러나 모든 사채가 만기가 있는 것은 아니다. 영구채(perpetual bond)는 만기가 없거나 만기가 있더라도 회사가 만기를 연장할 수 있다. 영구채란 액면금액에 따라 매기 확정적인 이자를 지급하나 원금을 상환할 만기가 적혀 있지 않거나 "100년 만기"처럼 만기가 매우 길게 발행되는 채권이다. 대표적인 영구채는 2006년 영국 회사법(제739조)에 명문으로 규정된 영구채이다. 영국에서 영구채는 실제로 발행되고 있다.[12]

영구채라는 단어의 의미만 보면, 영구채란 발행인에게 원금 및 이자지급의무가 없고, 발행인이 원금과 이자 지급을 임의로 연장할 수 있는 사채를 말한다. 그러나 위와 같은 영구채가 실제로 발행되지는 않을 것이다. 한편 만기가 장기이

---

12) 문준우(2014), "영구채의 개념과 장·단점 등에 관한 일반내용과 주요국의 입법례, 발행사례와 쟁점분석", 기업법연구 제28권 제3호(2014. 9), 60-61쪽.

지만, 만기를 계속 연장할 수 없는 사채는 장기채에 해당하지만, 영구채로 볼 수
없다.[13]

나) 영구채의 도입 과정

영구채는 금융기관 특히 은행의 자기자본 확충을 위한 수단으로 2002년 신
종자본증권[14]이란 이름으로 도입되었다. 영구채가 국내에 도입된 것은 2002년이
지만, 국제적으로 이러한 유형의 증권이 처음 도입된 것은 1998년 바젤은행감독
위원회(BCBS)의 결정에 의한 것이다. 이 결정에서는 Tier1 자기자본[15]의 최소기
준을 제시하였는데, 이 기준에 따라 각국의 금융감독당국은 자국의 법제에 맞추
어 바젤은행감독위원회(BCBS)의 최저기준을 충족하는 가이드라인을 만들고 시장
의 변화에 따라 여러 형태로 영구채의 발행을 허용했다. 우리나라는 2002년 11
월 은행업감독업무시행세칙을 개정하여 우선주 형태로 발행되는 신종자본증권을
도입하였으며, 2003년 4월 동 세칙을 개정하여 사채형태로 발행되는 신종자본증
권도 기본자본으로 인정하게 되었다.[16]

이러한 과정을 거쳐 생겨난 영구채가 금융기관의 자기자본비율 확충이라는
원래의 취지를 넘어 기업의 일반적인 자금조달수단으로 활용되고 있다. 은행의
경우 은행법에서 바젤은행감독위원회(BCBS)의 권고에 따라 엄격한 자기자본비율
의 유지를 요구받고 있는데, 이러한 자기자본비율을 주식발행을 통한 자본금으
로 유지하기에는 큰 부담이 되기 때문에 보다 발행·관리가 용이한 채권발행으로
조달한 자금도 일정한 요건 아래 자기자본으로 인정해 주고 있다. 이러한 취지에
서 도입된 신종자본증권은 은행을 중심으로 금융기관의 건전성 유지 목적으로
제한적으로 발행되어 왔으며, 동 증권이 일반사업회사의 일반적인 자금조달수단
으로 인식되지는 않았다. 그러나 회계적인 측면에서 자본으로 인정되어 부채비
율 하락 등 재무구조가 개선되는 효과와 함께 사채라는 법적 형식으로 인해 지

---

13) 사채는 상환기간에 따라, 단기채·중기채·장기채로 구분될 수 있다. 단기채는 통상 만기
1년 이하의 채권, 중기채는 1년 초과 5년 이하인 채권, 장기채는 5년 이상이면서 영구채
가 아닌 채권이다.

14) 신종자본증권이란 은행업감독규정 <별표 1>에서 처음 정의한 용어로 그 발행요건이 동
규정 시행세칙에 명시되어 있는 데 반해, 일반사업회사들은 반드시 동 규정에 의해 증권을
발행하는 것이 아니라는 점에서 언론 등에서 널리 이용되는 "영구채"란 표현을 사용한다.

15) 2013년 7월 규정 개정 전 은행업감독규정 제2조 및 <별표 1>에서 규정한 "기본자본"을
말한다.

16) 최영주(2015), "영구채 성격논쟁과 법적 과제", 경영법률 제25권 제3호(2015. 4), 3-4쪽.

급이자에 대한 절세효과가 인정되는 장점이 알려지면서 일반사업회사들이 신종자본증권의 요건을 원용하여 유사한 영구채를 발행하기 시작하였다. 국내에서는 2012년 10월 두산인프라코어가 영구채를 해외에서 발행하여 5억 달러를 조달한 것을 시작으로 많은 기업이 유사한 형태의 영구채를 발행하였다.

일반사업회사의 영구채 발행증가와 달리 은행은 2013년 바젤Ⅲ[17])의 시행으로 2013년 12월부터 종전과 같은 형태의 영구채를 더 이상 발행할 수가 없고 조건부자본[18]) 형태의 영구채를 발행하게 되었다. 그러나 일반사업회사는 바젤Ⅲ의 적용을 받지 않기 때문에 앞으로도 조건부자본의 요건이 없는 신종자본증권을 계속 발행할 것으로 예상된다. 은행의 경우에도 조건부자본 요건이 부가되기는 하였지만 기본적인 발행조건은 기존의 신종자본증권의 골격을 유지하고 있다.

3) 은행법상 조건부자본증권

가) 의의

조건부자본증권은 은행의 손실흡수능력의 강화를 위해 발행 당시 미리 정한 예정사유가 발생한 경우 그 발행인의 보통주로 전환되거나 원리금이 소각되는 사채를 말한다. 은행법에서는 2016년 법개정을 통해 자본시장법에 규정되어 있던 조건부자본증권을 은행법상 금융채로 편입시켰다(은행법33).

조건부자본증권은 예정사유 발생 시 상각 또는 주식으로 전환되는 조건으로 발행되는 증권으로서 바젤Ⅲ 기준에 의해 자기자본으로 인정되므로, 국내은행들은 바젤Ⅲ 적용에 따른 국제결제은행(BIS)비율 기준을 유지하기 위해 발행하고 있다.[19])

2008년 글로벌 금융위기 이후의 조건부자본증권에 관한 국제적 논의는, 기

---

17) 은행의 건전성 제고를 위한 자기자본비율에 관한 국제적 통일 기준을 말하며, 국제결제은행(BIS) 산하의 BCBS가 제정한다. 1989년 처음 도입(바젤Ⅰ)된 이후 2004년 대폭 수정(바젤Ⅱ)되었으나, 2008년 글로벌 금융위기를 거치면서 금융위기시 은행 자기자본의 손실흡수능력이 떨어진다는 비판에 따라 자기자본비율을 다시 수정하여 바젤Ⅲ가 만들어졌다.

18) 조건부자본이란 회사의 채권이 사전에 정한 전환시점에 발행인의 주식인 자본으로 자동 전환될 수 있는 것으로 사채 등의 증권 형식으로 발행된 것을 조건부자본증권이라 한다. 채권에서 주식으로 전환된다는 조건이 있다는 점에서 전환사채와 유사하지만 전환사채의 경우에는 전환권을 보유한 사채권자의 전환권 행사에 의해 주식으로 전환되지만 조건부자본은 이와 달리 일정한 조건이 충족되면 자동으로 주식으로 전환된다.

19) 원래 조건부자본은 보험회사 및 재보험회사가 그들의 인수능력을 관리하기 위해 오래 전부터 사용하여 왔는데, 이러한 전통적인 조건부자본의 속성과 사채를 결합시켜 역전환증권 형태로 만든 것이 조건부자본증권이다.

업의 특수한 자금조달수단으로서의 조건부자본증권이 아니라 여기서 한 걸음 나아가 은행의 손실흡수능력 강화를 통하여 금융시스템의 안정을 도모하는 수단으로서의 조건부자본증권에 초점이 맞추어져 있었다. 이에 바젤Ⅲ에서는 은행의 자기자본규제에 조건부자본증권 요건을 도입하였다.

나) 상각형 조건부자본증권

상각형 조건부자본증권은 주권상장법인인 은행이 일정한 예정사유가 발생하는 경우 사채 원리금이 감면되는 사채를 말한다(은행법33①(2)). 즉 자본시장법상 조건부자본증권 중 해당 사채의 발행 당시 예정사유(객관적이고 합리적인 기준에 따라 미리 정하는 사유)가 발생하는 경우 그 사채의 상환과 이자지급의무가 감면된다는 조건이 붙은 사채이다. 상각형 조건부자본증권이 신종자본증권으로 인정되기 위해서는 은행업감독업무시행세칙에서 정하고 있는 기타기본자본의 요건을 추가로 갖추어야 한다.

다) 은행주식 전환형 조건부자본증권

은행주식 전환형 조건부자본증권은 주권상장법인인 은행이 일정한 예정사유가 발생하는 경우 발행은행의 주식으로 전환되는 사채를 말한다(은행법33①(3)). 즉 자본시장법상 조건부자본증권 중 해당 사채의 발행 당시 예정사유가 발생하는 경우 은행의 주식으로 전환된다는 조건이 붙은 사채를 말한다. 이 증권이 신종자본증권으로 인정되기 위해서는 은행업감독업무시행세칙에서 정하고 있는 기타기본자본의 요건을 추가로 갖추어야 한다.

라) 은행지주회사주식 전환형 조건부자본증권

은행지주회사주식 전환형 조건부자본증권은 주권비상장법인인 은행이 일정한 예정사유가 발생하는 경우 일단 발행은행 주식으로 전환된 후 상장법인인 은행지주회사의 주식과 교환되는 조건이 붙은 사채를 말한다(은행법33①(4)). 즉 상법상의 이익참가부사채·교환사채·상환사채·파생결합사채(상법469②), 전환사채 및 신주인수권부사채(상법513 및 516의2)와 다른 종류의 사채로서 해당 사채의 발행 당시 예정사유가 발생하는 경우 비상장은행의 주식으로 전환됨과 동시에 그 전환된 주식이 상장은행지주회사의 주식과 교환된다는 조건이 붙은 사채를 말한다.

5. 기업어음증권

기업어음증권(CP)이란 기업이 사업에 필요한 자금을 조달하기 위하여 발행한 약속어음으로서 ⅰ) 은행(은행법 제59조에 따라 은행으로 보는 자 포함, 수협은행, 농협은행), ⅱ) 한국산업은행, ⅲ) 중소기업은행이 내어준 것으로서 "기업어음증권"이라는 문자가 인쇄된 어음용지를 사용하는 것을 말한다(법4③, 영4).

기업어음증권은 신용상태가 양호한 기업이 상거래와 관계없이 운전자금 등 단기자금을 조달하기 위하여 자기신용을 바탕으로 발행하는 융통어음이다. 따라서 상거래에 수반되어 발행되는 상업어음(진성어음)과는 성격이 다르지만, 법적으로는 상업어음과 같은 약속어음으로 분류된다. 유동화를 목적으로 설립된 특수목적회사(SPC)가 기초자산(정기예금, 대출채권, 회사채 등)을 담보로 발행하는 자산담보부기업어음(ABCP: Asset Backed CP)도 있다.

Ⅲ. 지분증권

1. 지분증권의 분류

지분증권이란 일반인들이 흔히 말하는 "주식"을 의미한다. 자본시장법은 지분증권을 "주권, 신주인수권이 표시된 것, 법률에 의하여 직접 설립된 법인이 발행한 출자증권, 상법에 따른 합자회사, 유한회사, 익명조합의 출자지분, 그 밖에 이와 유사한 것으로 출자지분이 표시된 것으로서 출자지분 또는 출자지분을 취득할 권리가 표시된 것"으로 정의하고 있다(법4④).

2. 주권

(1) 개요

주권(株券)이란 주식회사의 지분권을 표시하는 증권을 말한다. 주식회사에서는 주주의 지위를 주식이라 부른다. 주식은 우선적 지위가 인정되나 의결권이 제한되는 우선주와 표준적 성격의 보통주로 나뉜다. 실무에서 발행·유통되고 있는 주식의 대부분은 보통주이다. 특히 상장법인의 경우에는 유통되는 주식의 95% 이상이 보통주이고, 종류주식은 일부에 불과하다. 그럼에도 불구하고 상법은 보통주의 개념 등에 관한 규정을 두고 있지 않고, 단지 제344조에서 종류주식을 "이익의 배당, 잔여재산의 분배, 주주총회에서의 의결권의 행사, 상환 및 전환 등에 관하여 내용이 다른 종류의 주식"이라고만 규정하고 있다. 이는 보통주가 주

식의 원형임을 전제로 하기 때문이다. 회사는 보통주를 발행하지 않고 우선주를
발행할 수는 없다.

(2) 보통주

이익배당이나 잔여재산분배에서 어떠한 제한이나 우선권도 주어지지 않는
주식이다. 보통주에 대한 배당금액은 주주총회의 결의(또는 이사회 결의)로 결정
되며, 회사에 이익이 있어도 반드시 배당해야 하는 것도 아니고, 주주가 배당을
청구할 수 있는 것도 아니다. 그러나 보통주는 회사에 이익이 있는 한 무제한의
배당가능성이 주어지는 개방적(open-ended) 지분이다.[20]

(3) 우선주

우선주란 회사가 종류주식[21]을 발행하는 경우에 다른 주식에 우선하여 이
익배당 또는 잔여재산분배를 받을 수 있는 주식이다. 그 후 잔여가 있으면 보통
주가 배당 또는 분배받을 수 있다. 실무상 배당금에 관한 우선주가 주로 발행되
며, 잔여재산분배에 관한 우선주는 드물다. 우선적 배당은 통상 액면가에 대한
비율 또는 1주당의 금액으로 표시된다. 예컨대 "1주당 액면가의 15%를 배당한
다" 또는 "1주당 900원을 배당한다"라는 식이다. 우선주는 1986년 동양맥주(주)
에 의해 최초 발행되면서 대주주에게는 경영권 보장, 투자자에게는 투자자 이익,
정부에게는 재무구조개선 유도의 수단으로 인식되었다.

3. 신주인수권이 표시된 것

(1) 신주인수권증서

신주인수권증서는 주주의 신주인수권을 표창한 증권이다. 이사회가 주주가
가지는 신주인수권을 양도할 수 있는 것을 정한 경우(상법416(5)), 그 이전에 공
시방법을 갖추게 하고 유통성을 강화해 주기 위해서 발행되는 증권이다. 주주의
신주인수권에 대해서만 신주인수권증서를 발행할 수 있고, 제3자의 신주인수권
에 대해서는 발행할 수 없다. 제3자의 신주인수권은 그 양도성 자체가 부정되기

---

20) 이철송(2014), 「회사법 강의」, 박영사(2014. 2), 280-281쪽.
21) 종류주식이란 투자자들의 투자성향과 회사의 자금조달상의 편의성을 고려하여 원칙적으
로 주주평등의 원칙이 적용되는 주식이 표창하는 권리의 내용이나 그 조합을 다르게 정할
수 있도록 허용된 주식을 말한다. 이와 관련하여 상법은 제344조에서 종류주식의 개념을
비롯한 총론적인 내용을 규정한 후 제344조의2부터 제351조까지 각 종류주식(이익배당·
잔여재산분배에 관한 종류주식, 의결권의 배제·제한에 관한 종류주식, 상환·전환에 관한
종류주식)에 관한 세부내용을 규정하고 있다.

때문이다. 신주인수권증서의 점유이전만으로 신주인수권이 양도되므로 신주인수권증서는 무기명증권이다. 신주인수권증서는 신주발행시에 주금납입의 여력이 없는 주주가 주식의 시가와 발행가와의 차액을 취득할 수 있게 함으로써 종전 지분의 비례적 이익을 누릴 수 있게 해주기 위한 것이다.

(2) 신주인수권증권

신주인수권부사채(BW)에는 분리형과 결합형이 있다. 결합형은 사채권과 신주인수권이 같이 하나의 사채권에 표창된 것이고, 분리형은 사채권에는 사채권만을 표창하고 신주인수권은 별도의 증권(신주인수권증권)에 표창하여 양자를 분리하여 양도할 수 있게 한 것이다. 신주인수권증권은 신주발행청구권을 표창하는 것이다. 신주인수권증권은 신주인수권부사채에 의해 결합되어 있기는 하지만 별도의 측정기준에 의해 변동되는 가격을 갖는 사채와 주식이라는 이질적인 재산을 별도로 유통시켜 독자적인 시장가치를 갖도록 하기 위해 발행된다.

4. 특수법인의 출자증권

법률에 의하여 직접 설립된 법인은 상법 이외의 개별법에 의해 설립된 법인을 말하며, 이를 특수법인이라 한다. 특수법인 중 자본금을 가지고 설립되는 법인의 경우 출자증권을 발행하게 된다. 이는 주식회사의 주식과 동일한 성격을 가진다고 볼 수 있다. 대표적인 특수법인으로 한국산업은행, 한국수출입은행, 한국전력공사, 한국가스공사, 한국도로공사 등을 들 수 있다.

Ⅳ. 수익증권

1. 수익증권의 분류

수익증권이란 신탁재산의 운용에서 발생하는 수익을 분배받고 그 신탁재산을 상환받을 수 있는 수익자의 권리(수익권)가 표시된 증권이다. 자본시장법상 수익증권은 신탁업자의 금전신탁계약에 의한 수익증권(법110), 투자신탁의 수익증권(법189), 그 밖에 이와 유사한 것으로서 신탁의 수익권이 표시된 것을 말한다(법4⑤). 자본시장법은 관리형신탁의 수익권을 제외(법3①(2))하고는 신탁의 수익권이 표시된 것을 모두 수익증권으로 정의하고 있다.

2. 신탁업자의 금전신탁계약에 의한 수익증권

여기서 수익증권은 신탁업자가 금전신탁계약에 의한 신탁수익권에 대하여 발행하는 수익증권을 말한다. 비금전신탁계약에 의한 신탁수익권은 제110조에 의한 수익증권은 아니지만 유사성 요건을 충족하면 수익증권에 해당한다(예: 신탁법 제78조의 수익증권발행신탁의 수익증권).

3. 투자신탁의 수익증권

투자신탁의 수익증권은 투자신탁 형태의 집합투자기구를 설정한 집합투자업자가 투자신탁의 수익권을 균등하게 분할하여 발행하는 수익증권을 말한다. 투자신탁의 집합투자업자는 투자신탁재산을 운용함에 있어서 그 투자신탁재산을 보관·관리하는 신탁업자에 대하여 일정한 방법에 따라 투자신탁재산별로 투자대상자산의 취득·처분 등에 관하여 필요한 지시를 하여야 하며, 그 신탁업자는 집합투자업자의 지시에 따라 투자대상자산의 취득·처분 등을 하여야 한다(법80① 본문). 수익자는 신탁원본의 상환 및 이익의 분배 등에 관하여 수익증권의 좌수에 따라 균등한 권리를 가진다(법189②).

4. 그 밖에 이와 유사한 것으로서 신탁의 수익권이 표시된 것

신탁업자가 비금전신탁계약의 수익권에 대하여 발행하는 수익증권은 자본시장법의 "그 밖에 이와 유사한 것으로서 신탁의 수익권이 표시된 것"(법4⑤)에 해당한다. 자산유동화구조에서 유동화기구를 신탁으로 구성한 경우 발행되는 신탁수익증권, 신탁업자가 신탁계약에 따라 발행하는 신탁수익권증서 등도 이에 해당된다.

Ⅴ. 투자계약증권

투자계약증권이란 특정 투자자가 그 투자자와 타인(다른 투자자를 포함) 간의 공동사업에 금전등을 투자하고 주로 타인이 수행한 공동사업의 결과에 따른 손익을 귀속받는 계약상의 권리가 표시된 것을 말한다(법4⑥). 이는 미국 증권법상 투자계약의 개념을 도입한 것으로 미국의 판례에 의해 형성된 "Howey Test"를 원용한 것이다. 투자계약증권은 주식, 수익증권 등 전통적인 증권과 구 간접투자자산운용업법상 간접투자증권뿐만 아니라 동법의 규율을 받지 않는 비정형 간접투자까지 포괄하는 것이나, 신종증권을 금융투자상품으로 포괄하기 위하여 도입된 개념인 만큼 실무적으로는 특정 증권이 다른 증권에 해당하는지 여부를 먼저 검토한 후 보충적으로 투자계약증권에 해당하는지 여부를 검토해야 할 것이다.[22]

VI. 파생결합증권

1. 파생결합증권의 개념과 기초자산

(1) 파생결합증권의 개념

파생결합증권은 기초자산 가격 등의 변동과 연계하여 미리 정하여진 방법에 따라 수익구조가 결정되는 금융투자상품이다. 즉 파생결합증권이란 기초자산의 가격·이자율·지표·단위 또는 이를 기초로 하는 지수 등의 변동과 연계하여 미리 정하여진 방법에 따라 지급하거나 회수하는 금전등이 결정되는 권리가 표시된 것을 말한다(법4⑦ 본문). 파생결합증권은 기초자산 가격변화와 같은 외생적인 지표에 의해 수익이 결정되는데, 기초자산의 위험 정도와 기초자산의 종류에 따라 주가연계증권, 이자율연계증권, 통화연계증권, 실물연계증권, 신용연계증권 등으로 구분할 수 있다.

현재 우리나라에서 거래되는 대표적인 파생결합증권은 주가연계증권(ELS: Equity Linked Securities), 기타파생결합증권(DLS),[23] 주식워런트증권(ELW: Equity Linked Warrant), 상장지수증권(ETN) 등이 있다. ELS는 주가지수 또는 특정주식가격의 변동과 연계되어 수익률이 결정되는 증권이고, DLS는 주가 외 기초자산(금리, 통화, 상품, 신용위험 등) 가격의 변동과 연계되어 수익률이 결정되는 증권이다. ELW는 주가지수 또는 특정주식 등의 기초자산을 사전에 정한 가격으로 미래시점에 사거나 팔 수 있는 권리를 나타내는 증권으로서 거래소에 상장되어 거래된다. ELW는 옵션(장내파생상품)과 경제적 효과는 동일하나 증권의 속성을 가지고

---

22) 정순섭·송창영(2010), "자본시장법상 금융투자상품 개념", 서울대학교 금융법센터 BFL 제40호(2010. 3), 42쪽.

23) 자본시장법 제정 이전 종전 증권거래법 시행령에서 주식워런트증권과 주가연계증권이 파생결합증권과 별도로 구분되어 정의되었기 때문에 파생결합증권이 "기타파생결합증권"을 의미하는 것으로 통용되고 있다.

있어 투자손실은 원금에 한정된다. ETN은 기초자산 가격의 변동과 연계되어 수익률이 결정되는 증권으로 거래소에 상장되어 거래된다.

(2) 파생결합증권의 기초자산

기초자산이란 ⅰ) 금융투자상품(제1호), ⅱ) 통화(외국의 통화를 포함)(제2호), ⅲ) 일반상품(농산물·축산물·수산물·임산물·광산물·에너지에 속하는 물품 및 이 물품을 원료로 하여 제조하거나 가공한 물품, 그 밖에 이와 유사한 것)(제3호), ⅳ) 신용위험(당사자 또는 제3자의 신용등급의 변동, 파산 또는 채무재조정 등으로 인한 신용의 변동)(제4호), ⅴ) 그 밖에 자연적·환경적·경제적 현상 등에 속하는 위험으로서 합리적이고 적정한 방법에 의하여 가격·이자율·지표·단위의 산출이나 평가가 가능한 것(제5호)을 말한다(법4⑩). 파생결합증권의 기초자산은 파생상품의 기초자산과 동일하다.

기초자산 중 제1호부터 제4호까지의 기초자산(금융투자상품, 통화, 일반상품 및 신용위험)은 구 증권거래법 시행령에서 인정되었던 것이며, 새로이 추가된 것은 제5호의 기초자산이다. 제5호는 경제적인 의미에서 합리적으로 추정 가능한 현금흐름의 경우, 객관성이 담보되는 경우에는 이를 모두 기초자산으로 인정하겠다는 취지이다. 이와 관련하여 새로이 추가될 수 있는 기초자산으로는 재난이나 자연재해와 같은 자연적 현상, 탄소배출권 등 환경적 현상, 물가상승률 등 경제적 현상 등이 될 수 있다.

2. 종류

(1) 주가연계증권(ELS)

ELS는 특정 주권이나 주가지수와 같은 기초자산의 가격변동에 연동되어 투자수익이 결정되는 파생결합증권으로서 사전에 정한 일정 조건이 충족되면 발행회사는 약정된 수익금을 투자자에게 지급하는 금융투자상품이다.[24] 다시 말하면 ELS는 코스피200지수, 일본Nikkei225지수, HSCEI(홍콩항셍지수)지수, S&P500지수, 삼성전자 보통주식, 현대자동차 보통주식과 같은 주식의 가격에 연동된 증권으로서 지수나 주식의 가격이 변동함에 따라 수익이 나기도 하고 손실이 나기도

---

24) 법적으로는 구 증권거래법 및 동법 시행령에 근거를 두고 도입하였고, 2009년 제정된 자본시장법에서는 증권의 포괄주의에 따라 ELS, ELW, 기타파생결합증권(DLS)을 통합하여 파생결합증권으로 분류하고 있다.

하는 상품을 의미한다.

ELS는 만기시 투자자에게 지급되는 금액이 기초자산인 주식의 가격이나 주가지수의 변동과 연계된다는 점에서 선도 또는 옵션과 같은 파생상품적 요소가 기존의 사채에 결합된 것으로 볼 수 있다. 그러나 파생상품과 달리 최대 손실이 투자한 원금을 초과하지 않고, 추가지급의무가 없으므로 자본시장법상 증권에 해당한다. 다만 ELS의 원금이 보장되는 경우에는 채무증권으로 분류되고, 원금이 보장되지 않는 경우에만 파생결합증권으로 분류된다.[25) ELS는 거래소에 상장되지 않아 만기가 도래하기 전에는 투자금을 회수할 수 없으므로 환금성의 제고를 위해 발행인에게 중도환매할 수 있는 조건이 부가된다.

(2) 기타파생결합증권(DLS)

DLS는 주가 또는 주가지수만을 기초자산으로 하는 ELS와 ELW를 제외한 이자율연계증권, 통화연계증권, 상품연계증권 등과 같은 파생결합증권을 통칭하는 표현이다. 따라서 기초자산에 주가 또는 주가지수가 포함되어 있더라도 신용·환율·원자재·부동산 등 다른 자산이 함께 혼합되어 있는 경우에는 DLS로 분류된다. DLS는 ELS처럼 기초자산의 가격이 어느 수준(보통 50% 이상) 이상 떨어지지 않으면 발행시 정해진 이자를 지급하는 상품이다. DLS는 ELS와 거의 유사하지만 기초자산이 주가와 주가지수에의 한정 여부에 따라 양자를 구별할 수 있다

(3) 주식워런트증권(ELW)

ELW란 투자매매업자가 발행하는 파생결합증권으로서 당사자 일방의 의사표시에 따라 증권시장 또는 외국 증권시장에서 매매거래되는 특정 주권의 가격이나 주가지수의 수치의 변동과 연계하여 미리 정하여진 방법에 따라 주권의 매매나 금전을 수수하는 거래를 성립시킬 수 있는 권리를 표시하는 것을 말한다(금융투자업규정6-1(11)). 이는 특정 주식에 대해 사전에 정한 조건으로 거래할 수 있는 권리가 부여된 증권으로서 옵션과 사실상 구조가 동일하여 파생상품의 개념에도 포섭될 수 있다. 그러나 ELW의 발행인은 투자매매업 인가를 받은 금융투자회사로 제한되어 있고, 일반투자자는 매수만 가능하다는 점에서 자본시장법은 ELW를 명시적으로 파생상품에서 제외하여 증권으로 규제한다(법5① 단서 및 영4의3(1)). ELW는 한국거래소 유가증권시장에 상장되어 있다.

---

25) 양유형(2015), "파생결합증권 투자자보호 개선방안에 관한 연구", 고려대학교 대학원 석사학위논문(2015. 12), 12쪽.

예를 들어 S사의 현재 주가가 5만원인 상황에서 어떤 사람이 S사의 주식을 1년 뒤에 5만 5,000원에 살 수 있는 ELW를 2,000원에 샀다. 1년이 지났을 때 주가가 6만 원까지 오를 경우, 주식을 산 사람은 ELW의 권리를 행사해 5만 5,000원에 주식을 사서, 현재의 시세인 6만 원에 팔 수 있다. 이때 투자자는 1년 전에 ELW를 산 가격 2,000원을 제하더라도 3,000원의 투자수익을 올릴 수 있다. 이와 반대로 주가가 5만 5,000원 이하라면, 행사할 수 있는 권리를 포기함으로써 자신이 투자한 2,000원만 손해를 보면 된다. 만기 전이라도 자신이 투자한 2,000원보다 가격이 상승하면, 즉 주가가 5만 7,000원 이상 오른다면 언제든지 팔아서 시세 차익을 올릴 수 있다. 이러한 구조로 거래되는 ELW는 "주식의 미래가치"를 미리 사고파는 거래라고 할 수 있다.

(4) 상장지수증권(ETN)

상장지수증권(ETN: Exchange Traded Note)이란 파생결합증권으로서 기초자산의 가격, 이자율, 지표, 단위 또는 이를 기초로 하는 지수의 변동과 연계하여 미리 정하여진 방법에 따라 이익을 얻거나 손실을 회피하기 위한 계약상의 권리를 나타내는 증권을 말한다(유가증권시장 상장규정138(3), 이하 "상장규정"). 즉 ETN은 기초지수 변동과 수익률이 연동되도록 증권회사가 자기신용으로 발행한 파생결합증권으로 거래소에 상장되어 주식처럼 거래되는 증권을 말한다. 발행인인 금융투자회사는 수요가 예상되는 다양한 ETN을 상장시키고, 유동성공급자로서 호가를 제출하며, 상품에 관한 주요 공시정보와 투자 참고자료를 제공한다.

ETN은 자본시장법상 파생결합증권에 속하며, 발행인인 증권회사가 만기에 기초자산의 가격 또는 지수의 수익률에 연동하는 수익의 지급을 약속하는 증권으로서 거래소에 상장되어 매매되는 금융투자상품이다. ETN은 거래소에 상장되는 증권으로서 유동성이 있어 언제든지 환금이 가능하다. 또한 특정 추적지수의 수익을 오차 없이 보장하고 만기까지 소유할 수 있지만 발행인이 파산하면 투자원금을 모두 잃을 수 있다.

3. 구별 상품

(1) 상장지수펀드(ETF)

"상장지수펀드증권"이란 자본시장법 제234조 제1항에 따른 상장지수집합투자기구("상장지수펀드": ETF)가 발행한 주권 또는 수익증권을 말한다(유가증권시장

상장규정99(3)). ETF란 금, 원유 등과 같은 특정 기초자산의 가격 또는 KOSPI200 등과 같은 다수 종목의 가격수준을 종합적으로 표시하는 특정 지수의 움직임과 수익률이 연동되도록 설계된 집합투자기구로서 증권시장에 상장되어 거래되는 집합투자기구를 말한다. 즉 특정 주가지수 또는 특정 자산의 수익률을 추종하도 록 설계된 펀드상품으로 주식처럼 거래되는 금융상품이다. 해당 주가지수와 동 일하게 주식바스켓을 현물로 납입하고 이를 바탕으로 발행된 주권을 거래소에 상장시켜 거래하는 펀드이다.

예를 들어 KOSPI200을 추종하는 ETF인 KODEX200의 경우 지수의 구성종 목들로 펀드를 구성하고, 이를 바탕으로 ETF를 발행하기 때문에 KODEX200을 매수하면 KOSPI200 구성종목 전체를 매수하는 것과 동일한 효과가 나타나는 것 이다. 따라서 ETF는 적은 투자자금으로 분산투자가 가능하며 개별 종목에 대한 분석이나 정보 없이 주식시장 전체 또는 특정산업의 전반적인 흐름에 대한 판단 을 기초로 투자가 가능하다. 또한 상장되어 거래되기 때문에 실시간 거래를 통한 현금화가 용이하고, 신용거래나 차익거래가 가능하기 때문에 기존의 인덱스펀드 가 가지고 있는 단점을 극복할 수 있다.[26]

(2) 주가연계예금(ELD)

자본시장법상 투자매매·중개업자(증권회사)가 발행하는 ELS와 유사한 상품 으로 은행법에 따라 은행이 취급하는 주가연계예금(ELD)이 있다. ELD는 정기예 금과 주식의 장점을 모아 만든 금융상품으로 이자 부분을 주식과 연계하여 투자 하고, 은행이 원금을 보장해 주며, 예금자보호의 대상이 되는 등 안정성이 높다. 또한 긴급하게 자금이 필요한 경우 원금의 90%까지 예금을 담보로 대출도 가능 하다.

ELD는 2002년에 처음으로 국내에 소개되었으며 최근에도 활발하게 판매되 고 있는 예금상품이다. ELD는 시중은행에서 정기예금의 형태로 판매되는데, 원 금은 예금자보호법에 의해 보장되며 지급이자는 주가지수 또는 주식가격에 연동 되어 결정된다. ELD가 국내시장에 등장한 이후 ELD의 판매금액은 급격하게 증 가하였다. 이는 낮은 이자율 수준이 지속되면서 많은 투자자들이 위험이 따르더 라도 일반 정기예금에 비해 높은 수익을 올릴 가능성이 있는 상품인 ELD에 대한

---

26) 이영한·문성훈(2009), "현행 상장지수펀드(ETF) 과세제도의 문제점 및 개선방안", 조세법 연구 제15권 제3호(2009. 12), 325쪽.

투자 비중을 높였기 때문이다.[27]

(3) 주가연계파생결합사채(ELB)

주가연계파생결합사채(ELB: Equity Linked Bonds)는 주식·주가지수만을 기초 자산으로 하는 파생결합증권으로 원금이 보장되는 채무증권이다. ELB는 자본시 장법 개정[28]에 따라 2013년 9월부터 원금보장형 ELS가 ELB로 재분류되어 은행에서도 팔 수 있도록 변경한 금융상품이다.

ELS는 원금손실을 볼 수 있는 투자상품인 반면, ELB는 상품의 수익구조상 만기까지 보유하게 되면 최소한 원금 이상을 받을 수 있도록 설계되어 있기 때문에 ELB는 ELS에 비해 안정적인 상품으로 투자자들은 받아들인다. 그러나 ELB 가 반드시 원금보장형 상품이 아니라는 점은 유의해야 한다. ELB 발행 증권회사의 신용에 문제가 발생하게 되면, 원금을 돌려받지 못할 수 있기 때문이다. ELB 는 증권시장이 일정 범위 내에서 박스권을 형성하고 있는 기간 동안에는 투자자에게 유리하나, 주가지수가 큰 폭으로 상승하는 경우는 직접 주식에 투자한 것과 비교하여 투자자에게 불리하다. ELB의 수익구조는 최소보장수익률이 가장 중요 하다. 참여율 및 최대수익률, 주가상승률 한도가 낮더라도 최소보장수익률이 높은 상품의 실현수익률이 높게 나타난다.[29]

(4) 주가연계펀드(ELF)

ELF는 파생상품 펀드의 일종으로 자산운용회사들이 ELS상품을 펀드에 편입 하거나 자체적으로 "원금보존 추구형" 펀드를 구성해 판매하는 형태의 상품으로 운용실적에 따라 수익이 지급된다. 대부분의 펀드자산은 국공채나 우량 회사채 등 안전자산에 투자하여 만기에 원금을 확보하고, 나머지 잔여재산은 ELS를 편 입해 펀드 수익률이 주가에 연동되도록 설계되어 있다. 따라서 ELF는 펀드의 수 익률이 주가나 주가지수 움직임에 의해 결정되는 구조화된 수익구조를 갖는다.

---

27) 구본일·엄영호·지현준(2007), "주가연계예금(Equity Linked Deposit) 가치평가모형에 대한 실증 연구", 재무연구 제20권 제1호(2007. 5), 36쪽.

28) 자본시장법 제4조 제7항 제1호는 다음과 같다. ⑦ 이 법에서 "파생결합증권"이란 기초자 산의 가격·이자율·지표·단위 또는 이를 기초로 하는 지수 등의 변동과 연계하여 미리 정하여진 방법에 따라 지급하거나 회수하는 금전등이 결정되는 권리가 표시된 것을 말한 다. 다만, 다음의 어느 하나에 해당하는 것은 제외한다. 1. 발행과 동시에 투자자가 지급 한 금전등에 대한 이자, 그 밖의 과실(果實)에 대하여만 해당 기초자산의 가격·이자율· 지표·단위 또는 이를 기초로 하는 지수 등의 변동과 연계된 증권.

29) 김선제·김성태(2017), "원금보장형 주가연계증권(ELB) 투자의 기대성과 연구", 경영컨설 팅연구 제17권 제3호(2017. 8), 111쪽.

최근 급변하는 시장 환경과 초저금리 기조로 ELS시장이 성장하고 있는데, 이에 자산운용사들이 펀드 형태의 ELS상품을 내놓으면서 시장이 더욱 커지고 있다. 일반 ELS는 단발성 상품이라 6개월에서 3년 사이에 상환되고 재투자하기 위해서는 다시 신상품을 청약해야 하는 번거로움이 있으나, ELF는 여러 개의 ELS를 지수화해 리스크를 낮추고, 투자자가 원하면 언제든지 환매가 가능하다.

(5) 주가연계신탁(ELT)

은행에서 판매하는 ELT는 ELS나 ELD와 비슷한 구조이나 원금을 보장하는 ELD와 달리 원금을 보장해 주지 않는다. 이는 증권회사에서 발행한 ELS를 편입해 만든 특정금전신탁 상품이다. 은행은 증권회사에서 발행한 ELS를 직접 판매할 수 없기 때문에 신탁을 통해 ELS를 편입한 다음 이를 수익증권으로 판매한다. 증권회사에서 판매하는 ELS와 비슷한 상품구조로 원금보장형과 비보장형이 있다. ELT의 기초자산은 주로 KOSPI200, S&P500, HSCEI 등 2-3개 지수로 구성되며 통상 만기는 3년으로 6개월 조기상환이 가능하다.

Ⅶ. 증권예탁증권

DR(Depositary Receipts)은 흔히 "예탁증서" 또는 "예탁증권"으로 불린다. 주식을 기초로 발행하는 것이 대부분이나, 반드시 이에 한정되는 것은 아니다. 채권 등 다른 종류의 증권을 기초로 발행할 수도 있기 때문에 자본시장법은 이를 "증권예탁증권"으로 규정하였다. DR은 특정 국가 내에서 발행·유통되기도 하고, 2개 이상의 국가에서 동시에 발행·유통되기도 한다.[30) 전자의 경우 그 발행지 국명의 약호를 붙여 ADR(American Depositary Receipts), JDR(Japanese Depositary Receipts), KDR(Korean Depositary Receipts), EDR(European Depositary Receipts) 등으로 표시되며, 후자의 경우에는 GDR(Global Depositary Receipts)로 표시된다.[31)

---

30) 자본시장의 국제화가 진전되고 국내 주식시장이 크게 성장함에 따라 외국기업이 주식이나 그 대체증서인 예탁증권("DR")을 통하여 국내에서 자금을 조달하는 사례가 증가하고 있다. 국내기업이 미국시장이나 유로시장에 진출한 것은 이미 오래 전의 일이나[1990년 삼성물산이 GDR(Global Depositary Receipts)을 미국과 유럽에서 동시에 발행한 것이 처음이다], 외국기업이 국내시장에 진출한 것은 비교적 최근의 일이다. 2007년 중국계 기업인 3Nod Digital Group이 처음으로 주식을 상장하였고(코스닥시장), 역시 중국계 기업인 화풍집단지주회사가 처음으로 DR을 상장하였다(유가증권시장).

31) 박철영(2012), "증권예탁증권(KDR)의 법적 재구성", 증권법연구 제13권 제1호(2012. 4),

증권예탁증권이란 채무증권, 지분증권, 수익증권, 투자계약증권, 파생결합증권을 예탁받은 자가 그 증권이 발행된 국가 외의 국가에서 발행한 것으로서 그 예탁받은 증권에 관련된 권리가 표시된 것을 말한다(법4⑧). 국내에서 발행되는 DR("KDR")은 예탁기관이 외국기업의 주식을 예탁받아 그 주식(원주)에 관한 권리를 표시하여 국내에서 발행한 증권이다. KDR 소유자는 이익을 얻을 목적으로 금전을 지급하고 KDR을 취득하고 그 시장가격 변동에 따라 투자원본의 손실을 입을 수 있기 때문에 KDR은 당연히 자본시장법상 금융투자상품이고 증권에 해당한다.

제3절 파생상품

Ⅰ. 파생상품의 개념

파생상품(Derivatives)은 기초자산으로부터 그 가치가 파생되어 나온 상품을 말한다. 예를 들어 기초자산이 삼성전자인 파생상품은 삼성전자 주식 가치의 변동(주가 상승 또는 하락)에 따라 가치가 결정된다. 여기서 기초자산(underlying as-set)이란 파생상품거래의 대상으로 파생상품의 가치를 산정하는 기초가 되는 금융상품이나 자산을 말한다.

자본시장법은 파생상품을 기초자산의 가격을 기초로 손익(수익구조)이 결정되는 금융투자상품으로, ⅰ) 선도, 옵션, 스왑의 어느 하나에 해당하는 계약상의 권리(법5①)로 정의하고, ⅱ) 파생상품시장 등에서 거래되는 파생상품을 장내파생상품으로 규정하면서(법5②), ⅲ) 장내파생상품 외의 파생상품을 장외파생상품으로 정의하고 있다(법5③). 그 외 기타 규정에서 목적에 따라 한정적으로 적용되는 파생상품의 구체적 정의를 두는 경우가 있으나,[32] 자본시장법상 정의 외 일반적으로 적용되는 정의는 존재하지 않는다. 자본시장법상 파생상품의 기초자산은

188쪽.

32) 예컨대 외국환거래규정은 외환파생상품의 정의(제1-2조 20-2호)와 함께 선물환거래의 정의(같은 조 11호)를 두고 있고, 금융투자업규정 시행세칙은 파생상품거래 회계처리기준과 관련하여 파생상품 중 일부 유형을 정의하고 있다(별표23 참조).

파생결합증권의 기초자산과 동일하다.

파생상품의 발달 초기에는 농축산물이나 원자재 같은 실물자산들이 주된 기초자산이었던 반면, 금융이 발달한 현재에 와서는 사실상 수치화 될 수 있는 모든 대상이 파생상품의 기초자산이 되고 있다. 이에 따라 전 세계적으로 외국환(달러, 유로, 엔 등)과 같이 증권(특정 기업의 주식, 채권 등)은 물론이고 주가지수(코스피200, S&P500 등)와 같이 통계적으로 산출된 수치를 기초자산으로 하는 파생상품도 크게 발달하였다.[33]

Ⅱ. 파생상품의 분류

1. 계약형태에 따른 분류

자본시장법은 파생상품을 선도, 옵션, 스왑 중의 어느 하나에 해당하는 계약상의 권리로서 정의하여 파생상품거래가 계약임을 표현하고 있다.

(1) 선도

(가) 개념

선도(Forward)는 파생상품 중 가장 기본이 되는 상품으로 ⅰ) 미래 특정시점에 ⅱ) 계약시점에 정해 놓은 가격과 수량으로 ⅲ) 기초자산을 매매하기로 약속하는 계약이다.[34] 자본시장법상 선도는 "기초자산이나 기초자산의 가격·이자율·지표·단위 또는 이를 기초로 하는 지수 등에 의하여 산출된 금전등을 장래의 특정시점에 인도할 것을 약정하는 계약상의 권리"를 말한다(법5①(1)). 즉 ⅰ) 선도거래는 일정한 대상(기초자산)을 매매(인도)하는 계약을 체결하면서 그 대상의 인도와 대금의 수령시점을 장래의 특정시점으로 정해 두는 이행기가 장래인 매매(인도)계약으로 볼 수 있다. ⅱ) 선도의 실질적인 매매시점은 장래이나 목적물의 가격변동위험을 회피하기 위하여 현재시점에서 가격과 수량을 결정하는 것이다. 예를 들어 금 100온스(기초자산)를 3개월 후에(장래의 특정시점) 온스당 1,000달러에 매매(인도)할 것을 약정하는 선도거래를 생각해보자. 이는 실질적인 매매시점은 3개월 후이나 현재시점에서 가격과 수량이 결정되는데, 위험회피 목적의 거래자(hedger)의 경우, 이 선도거래를 3개월간의 가격변동위험을 회피하기 위한

---

33) 한국거래소(2017), 「손에 잡히는 파생상품시장」, 한국거래소(2017. 10), 24쪽.
34) 한국거래소(2017), 25쪽.

목적으로 사용할 수 있다. 반면 투기자(speculator)는 선도거래를 이익추구를 위한 목적으로 사용할 수도 있다.[35]

(나) 특징

선도계약(forward contract)은 계약시점 당시에 자산을 매수 또는 매도하는 현물계약(spot contract)과 대비되는 개념이다. 여기서 계약시점에 미리 정한 거래 가격을 선도가격(forward price)이라 한다. 선도계약은 공식적인 거래소가 아닌 장외시장에서 거래되는 점에서 선물계약(futures contract)과 구별된다.[36]

선도거래는 주로 장외시장에서 거래되기 때문에 상대방의 채무불이행위험 (신용위험)이 장내거래에 비해 크지만 제도화된 시장의 부재로 인하여 신뢰성 있는 계약만을 취급하므로 일반 금융상품에 비해서는 낮은 편이다. 그러나 계약 만기시점에 계약내용을 실물로 100% 인도하여야 하는 선도거래의 특성상 시장가격 변동에 따른 시장위험에 완전히 노출되어 있고, 거래당사자간에 계약이 건별로 이루어짐에 따라 계약의 중도해지나 대체 시 거래상대방을 찾기 어려운 유동성위험에 노출되어 있다.

(2) 선물

(가) 개념

선도거래 중 표준화된 계약조건에 따라 공인된 거래소에서 경쟁매매 방식에 의하여 이루어지는 것을 선물거래(futures)라고 한다. 선물은 수량·규격·품질 등이 표준화되어 있는 특정 대상물을 현재시점(계약시점)에서 정한 가격(선물가격)으로 장래의 일정시점(최종거래일)에 주고받을 것을 정한 계약을 말한다. 선도계약과는 ⅰ) 표준화된 계약서에 의해 공식적인 거래소를 통하여 거래가 이루어지는 점, ⅱ) 계약시점과 결제시점 간 시간적 간격이 장기라는 점, ⅲ) 결제시점 이전 언제라도 반대매매를 통하여 계약으로부터 벗어날 수 있다는 점 등에서 차이가 있다.[37]

선물거래는 제반 거래조건이 표준화되어 있어 이를 이용하는 사람들은 일반

---

35) 박선종(2010), "파생상품의 법적규제에 관한 연구", 고려대학교 대학원 박사학위논문 (2010. 12), 9쪽.

36) 유혁선(2010), "파생상품거래의 규제에 관한 법적 연구", 성균관대학교 대학원 박사학위논문(2010, 12), 42쪽.

37) 박철우(2010), "파생상품거래의 규제에 관한 연구", 고려대학교 대학원 석사학위논문 (2010, 6), 19쪽.

적으로 계약의 수량만을 고려하며, 현재 주식, 채권, 외환 및 지수나 변동이자율 등 광범위한 기초상품에 대해 선물거래가 이루어지고 있다.

(나) 특징

선물거래는 선도거래와 달리 매도인과 매수인을 알 수 없기 때문에 중간에 결제기관이 개입하여 매도인과 매수인 모두에 대해 거래상대방의 역할을 수행함으로써 계약이행의 책임을 진다. 이를 위하여 결제기관은 각 시장참여자의 거래포지션에 대해 계약의 이행을 보증하는 성격의 증거금을 징수하고 선물포지션의 가치변화에 따른 손익을 일일정산하여 증거금에 반영하기 때문에 계약에 따르는 신용위험이 선도계약에 비해 현저하게 낮다. 이처럼 선물거래는 근본적으로 선도거래와 동질적이지만 증거금(margin requirement), 일일정산(daily marking tom-arket), 청산기관(clearing house) 등의 제도적인 장치를 통해 거래상대방의 계약이행을 보증하기 때문에 거래의 유동성이 극대화되고 있다. 이외에도 선물거래에는 가격등락폭의 제한, 표준화된 계약, 조직화된 시장 등의 운영으로 계약이행에 관련된 위험을 줄이려는 제도적 장치가 마련되어 있다.

(3) 옵션

(가) 개념

옵션(Option)은 ⅰ) 특정시점(만기일)에 ⅱ) 미리 정한 가격(행사가격)과 수량으로 ⅲ) 기초자산을 사거나 팔 수 있는 권리가 부여된 계약이다. 자본시장법은 옵션을 "당사자 어느 한쪽의 의사표시에 의하여 기초자산이나 기초자산의 가격·이자율·지표·단위 또는 이를 기초로 하는 지수 등에 의하여 산출된 금전등을 수수하는 거래를 성립시킬 수 있는 권리를 부여하는 것을 약정하는 계약상의 권리"로 정의하고 있다(법5①(2)). 기초자산을 행사가격에 살 수 있는 권리가 부여된 계약을 콜옵션(Call Option), 행사가격에 팔 수 있는 권리가 부여된 계약을 풋옵션(Put Option)이라고 한다. 또한 옵션계약에서 권리를 부여받은 자를 "옵션 매수인", 권리를 보장하는 자를 "옵션 매도인" 또는 "옵션 발행인"이라고 한다

예를 들어 2020년 6월 1일 6개월 후에 S전자주식 100주를 주당 1만원으로 살 수 있는 권리를 거래하였다면, 6개월 후에 S전자주식 1주가 2만원으로 상승한 경우에, 옵션 매수인은 시장가격과 무관하게 사전에 약정된 가격인 1만원으로 S전자주식 100주를 살 수 있는 권리를 행사할 수 있고(100만원 대금 지급), 매도인은 S전자주식 100주를 1만원에 인도하여야 할 이행책임을 진다. 반면 6개월 후

S전자주식 1주가 5,000원으로 하락한 경우에는 옵션 매수인은 권리를 행사하지
않고 이를 포기하면 그것으로 거래는 종결된다. 즉 옵션 매수인이 일정한 조건하
에서 옵션을 행사하거나 포기할 수 있는 권리를 정할 수 있다.

(나) 특징

선도거래, 선물거래, 스왑거래에서는 계약을 이행하는 의무가 주어지나, 옵
션에서는 권리만을 부여하기 때문에 옵션 매수인(option holder)은 현물가격과 행
사가격을 비교하여 유리한 경우에는 옵션을 행사하지만, 불리한 경우에는 옵션
을 행사하지 않아도 된다. 이처럼 옵션은 매수인에게 권리이지 의무가 아니기 때
문에 보험의 성격을 갖는 상품으로서 옵션의 소지자가 기초자산의 시장가격과
옵션의 행사가격을 비교하여 권리행사 여부를 결정하게 된다.

옵션의 권리자(매수인)는 기초자산의 시장가격과 옵션의 행사가격을 비교하
여 권리행사 여부를 결정하면 되지만 옵션 매도인은 매수인의 권리행사에 반드
시 응하여야 한다. 옵션은 선물거래와 마찬가지로 공인된 거래소에서 이루어지
는 것이 일반적이지만 당사자간의 개별계약도 가능하다. 옵션을 살 때 지급하는
가격을 옵션프리미엄(option premium)이라고 한다. 옵션프리미엄은 기초자산의
가격, 행사가격, 만기까지의 잔여기간, 기초자산의 변동성, 무위험 이자율, 만기
일까지 예상되는 배당금 유무 등에 영향을 받아 결정된다.[38]

(4) 스왑

(가) 개념

스왑(Swap)은 "교환하다"는 의미로 거래당사자가 서로의 이익을 위해 일정
기간 동안 실물 또는 현금흐름(Cash Flow)을 교환하는 계약이다. 자본시장법은
스왑을 "장래의 일정기간 동안 미리 정한 가격으로 기초자산이나 기초자산의 가
격·이자율·지표·단위 또는 이를 기초로 하는 지수 등에 의하여 산출된 금전등
을 교환할 것을 약정하는 계약상의 권리"로 정의하고 있다(법5①(3)). 즉 미래의
특정기간에 발생하는 일정한 현금흐름을 통화나 금리면에서 차이가 있는 다른
현금흐름과 합의된 공식에 따라 서로 교환하는 거래를 말한다. 스왑은 이미 존재
하는 채권이나 채무의 조건을 변경하기 위해 사용되기 때문에 스왑에서 주고받
은 순금액은 채권 및 채무의 현금흐름 발생시에 동시에 교환하게 된다. 따라서

---

38) 박철우(2010), 21쪽.

스왑거래는 이러한 계약상의 권리를 거래하는 계약이다.

예를 들어 달러 채권을 보유한 자가 이 채권을 장래의 특정시점에 특정가격에 매도한다면 이는 선도거래가 되지만, 원화 채권을 보유한 사람과 교환하는 방법도 있는데, 이것이 통화스왑의 한 예이다. 즉 선도는 목적물을 금전을 대가로 매매하는 것임에 비하여, 스왑은 두 개의 목적물을 상호 교환하는 계약으로 볼 수 있다.

(나) 특징

선물·옵션이 미래 발생할 거래의 가격을 고정하는 것이라면, 스왑은 미래 일정기간 동안 발생할 일련의 현금흐름을 고정하는 것이라 할 수 있다. 예를 들어 미국에서 6개월 이자지급주기 3년 만기 채권을 발행한 우리나라 기업의 경우 이자지급시와 원금상환시 환위험에 노출된다. 이때 기업은 매번 별도의 외환선도계약을 맺는 대신 여러 번의 대금지급을 헤지할 수 있는 스왑계약을 체결함으로써 한 번의 계약으로 일련의 환위험을 헤지할 수 있다. 즉 스왑은 만기와 현금흐름 교환시기가 각각인 일련의 선도계약의 합으로 볼 수 있으며, 반대로 선도계약은 일회 지급 스왑(Single Payment Swap)으로 볼 수 있다. 다만 통화스왑과 같은 일부 스왑계약은 현물거래 및 일련의 선도계약의 합으로 볼 수 있다.[39]

대표적인 스왑거래 유형인 고정금리와 변동금리 간의 이자율스왑을 들어 스왑을 살펴본다. 변동금리 대출을 통해 자금을 조달한 기업이 금리상승을 우려하여 고정금리 대출로 변경하고 싶다고 가정해 보자. 이때 기업은 기존 은행(대출은행)과 대출계약을 해지(정산)하고 새로이 고정금리 대출계약을 맺을 수도 있지만, 계약을 해지하지 않고 다른 은행(스왑은행)과 이자율스왑 계약을 맺을 수도 있다. 기업은 스왑은행으로부터 받은 변동금리 이자를 대출은행에 지급하고 스왑은행에게는 고정금리 이자를 지급하는 것이다. 결국 기업은 스왑은행과 이자율스왑 계약을 체결함으로써 기존 변동금리 대출을 해지하고 고정금리 대출을 받은 것과 같은 효과를 볼 수 있다.

---

39) 한국거래소(2017), 29-30쪽.

2. 기초자산의 유형에 따른 분류

(1) 의의

파생상품은 "그 가치가 글자 그대로 기초를 이루는 자산(또는 기준율이나 지수)에서 파생되는 상품"이다.[40] 파생상품거래상의 계약당사자의 기본적 권리의무(금전지급의무 또는 금전 이외의 재산교부의무)는 다른 자산이나 다른 경제적 위험을 기초로 결정된다는 점에서 "파생"상품거래로 불린다. 파생상품거래의 구체적인 내용은 거래의 기초가 되는 다른 자산이나 위험이 무엇인가에 따라 다르다. 자본시장법은 파생상품의 기초가 되는 자산 또는 위험을 "기초자산"으로 정의함으로써 금융시장에서 개발될 수 있는 거의 모든 파생상품이 자본시장법의 규율 범위 내에 속하도록 하였다(법4⑩).

(2) 주식(주가지수) 관련 파생상품

기초자산이 주식 또는 주가지수인 경우(Equity Derivatives)에는 개별주식옵션, 개별주식선도, 주가지수선물, 주가지수옵션, 주가지수선도, 주식스왑 등이 있다. 여기서는 개별주식옵션, 주가지수선물과 주가지수옵션을 살펴본다.

(가) 개별주식옵션

주식시장에 상장되어 있는 주식을 기초자산으로 하는 옵션을 주식옵션 또는 개별주식옵션이라고 한다. 개별주식옵션은 기초자산이 되는 주식의 거래 유동성, 시가총액, 해당 기업의 재무상태 등을 감안하고 거래수요가 있는 주식의 옵션만이 상장된다.

(나) 주가지수선물

주가지수선물은 기초상품이 실물형태가 아닌 주가지수라는 점에서 결제수단과 결제방식이 일반 선물과 다르다. 결제수단은 실물의 양수도가 불가능하므로 거래시 약정한 주가지수와 만기일의 실제 주가지수 간의 차이를 현금으로 결제하게 된다. 따라서 만기시 실제 주가지수가 거래시 약정한 주가지수를 상회할 경우에는 선물 매수인이 이익을 수취하고 반대의 경우에는 선물 매도인이 이익을 수취한다.[41]

---

40) 이금호(2008), "신용파생금융거래의 종류 및 법적 문제", 증권법연구 제9권 제2호(2008. 12), 188쪽.
41) 한국은행(2016b), 「한국의 금융시장」(2016. 12), 317-319쪽.

(다) 주가지수옵션

주가지수옵션은 주가지수를 대상으로 미래의 일정시점에 사전에 약정한 가격으로 매수·매도할 수 있는 권리이다. 주가지수옵션은 주가지수("기초자산")를 만기일에 사전에 약정한 가격("행사가격")으로 매수 또는 매도할 수 있는 권리를 나타내는 증서로서 매수권리인 콜옵션과 매도권리인 풋옵션으로 구분된다. 옵션거래시 매도인은 매수인에게 옵션을 제공하고 매수인은 그 대가로 프리미엄(옵션가격)을 지급한다.[42]

주가지수옵션은 주가지수선물과 마찬가지로 실물이 존재하지 않는 주가지수를 거래대상으로 하고 있으나 거래의 목적물이 권리라는 점에서 주가지수선물과 다르다. 또한 주가지수옵션은 주가지수선물과 달리 기초자산가격 변동에 따른 투자자의 손익구조가 비대칭적이다. 옵션 매수인은 손실이 프리미엄으로 한정되는 반면 이익은 기초자산가격에 비례하여 증가하고, 역으로 옵션 매도인은 이익이 프리미엄에 국한되는 반면 손실은 제한이 없다.[43]

(3) 금리관련 파생상품

기초자산이 금리인 경우에는 금리선도거래, 금리선물거래, 금리스왑거래 등이 있다.

(가) 금리선도거래

금리선도거래는 미래의 금융움직임에 대하여 헤지를 하거나 투기의사를 가진 투자자 간의 거래로 인하여 실제 대금의 차입 또는 대출거래가 발생하지 않고 약정금리와 실제금리와의 차액만을 결제하는 계약이기 때문에 실제 대출의 발생 없이 위험을 줄일 수 있는 거래이다. 그러나 자금차입자의 경우 금리가 하락하는 경우 차액을 지급하고 금리가 상승하는 경우 차액을 받고, 자금대출자의 경우 금리가 상승하는 경우 차액을 지급하고 금리가 하락하는 경우 차액을 받기

---

42) 콜옵션 매수인은 만기일에 기초자산가격(코스피200 종가 등)이 행사가격을 넘어서면 권리를 행사할 유인이 발생하게 된다. 이 경우 손익분기점은 기초자산가격이 행사가격과 프리미엄의 합에 해당하는 금액과 일치할 때이며 기초자산가격이 행사가격과 프리미엄의 합을 초과하는 금액만큼 콜옵션 매수인의 이익이 된다. 풋옵션 매수인은 만기일에 기초자산가격(코스피200 종가 등)이 행사가격보다 낮아야만 권리를 행사할 유인이 발생하며 기초자산가격이 행사가격과 프리미엄을 차감한 금액을 하회하는 만큼 풋옵션 매수인의 이익이 된다.

43) 옵션 매수인은 계약시 지급한 프리미엄으로 손실이 제한되므로 일일정산 방식이 적용되지 않는 반면 옵션 매도인은 상황변화에 따라 손실 규모가 달라질 수 있으므로 증거금을 납입하고 일일정산 방식에 따라 증거금이 인상될 경우 추가증거금을 납입해야 한다.

때문에 위험헤지가 금리변동의 한 방향에 대해서만 이루어져 금리예측이 잘못되는 경우에 손실이 발생할 수 있다.

(나) 금리선물거래

금리선물거래란 기초자산인 금리를 거래대상으로 현재시점에서 정한 가치로 미래의 특정시점에서 사거나 팔 것을 약정한 계약이다. 실제로 거래대상이 되는 기초자산은 국채금리, 페더럴펀드금리, 유로달러금리 등으로 다양하며 이들 거래대상의 만기에 따라 단기금리선물과 장기금리선물로 나뉜다. 금리선물은 미래의 특정시점에 인도할 금리부 상품의 가격을 현재시점에서 고정시킨다는 측면에서 금리선도거래와 매우 유사하다. 그러나 금리선도거래는 계약당사자 중 어느 일방에 의한 결제불이행 등으로 거래상대방위험이 잠재되어 있는 반면 금리선물은 이러한 거래위험을 제도적으로 보완한 상품이라 할 수 있다.44)

(다) 금리스왑거래

금리스왑거래는 차입금에 대한 금리변동위험의 헤지(hedge)나 차입비용의 절감을 위하여 두 차입자가 각자의 채무에 대한 이자지급의무를 상호 간에 교환하는 계약으로서 일반적으로 변동(고정)금리를 고정(변동)금리로 전환하는 형식을 취한다. 금리스왑거래는 통화, 원금 및 만기가 같은 부채구조를 가지고 있는 두 당사자 간의 거래가 대부분으로 통화스왑거래와는 달리 계약당사자 간에 이자지급의무만 있고 원금상환의무가 없다. 자금의 흐름도 원금의 교환없이 이자차액만 주고받는 것으로 당초의 자금조달과는 관계가 없는 별도의 계약에 의해 거래가 성립된다. 금리스왑은 원금을 교환하지 않기 때문에 채권투자 등에 비해 자금부담과 신용위험이 낮다.45)

(4) 통화관련 파생상품

기초자산이 통화인 경우에는 통화스왑거래, 선물환거래, 통화선도거래, 통화옵션거래 등이 있다.

(가) 통화스왑거래

통화스왑거래는 둘 또는 그 이상의 거래기관이 사전에 정해진 만기와 환율에 기초하여 상이한 통화로 차입한 자금의 원리금 상환을 상호 교환하는 거래이다. 일반적인 통화스왑거래 메커니즘을 설명하면 다음과 같다. 예를 들어 A는 달

---

44) 한국은행(2016b), 334-335쪽.
45) 한국은행(2016b), 365쪽.

러화 자금을, B는 엔화 자금을 각각 유리한 조건으로 차입할 수 있는데, A는 엔화 자금이, B는 달러화 자금이 필요하다고 가정하자. 이 경우 A는 달러화 자금을, B는 엔화 자금을 각각 차입하고 동 차입자금을 상호 교환한다. 차입자금에 대한 이자는 최초 차입자가 지급하는 것이 아니라 자금이용자(A는 엔화 자금, B는 달러화 자금)가 대신 지급하고 만기가 되면 최초 차입자가 차입원금을 상환할 수 있도록 달러화 자금과 엔화 자금을 재교환함으로써 통화스왑이 종료된다.[46]

(나) 선물환거래

선물환거래란 계약일로부터 통상 2영업일 경과 후 특정일에 외환의 인수도와 결제가 이루어지는 거래를 말한다. 선물환거래는 현재시점에서 약정한 가격으로 미래시점에 결제하게 되므로 선물환계약을 체결하면 약정된 결제일까지 매매 쌍방의 결제가 이연된다는 점에서 현물환거래와 구별된다. 일반 선물환의 거래과정을 예를 들어보면 다음과 같다. 2020년 9월 4일(금) A은행이 B은행으로부터 1백만 달러를 선물환율 1,202원에 1개월 후 매수하기로 하는 계약을 체결하였다고 하자. 이 경우 결제일인 10월 8일(목)에 A은행은 B은행에 12억2백만원(＝1,202원×1,000,000달러)을 지급하고 B은행은 A은행에 1백만달러를 지급함으로써 거래가 종결된다.[47]

(다) 통화선도거래

통화선도거래는 미래의 일정시점에 통화를 미리 약정환율로 서로 매매하기로 현재시점에서 약속하고 약정한 기일이 도래하면 환율로 통화를 매매하는 거래방식으로서 환율의 상승을 예상하여 계약을 체결하는 것을 선매수(long position)라 하고, 환율의 하락을 예상하여 매도계약을 체결하는 것을 선매도(short position)라 한다.

(라) 통화옵션거래

통화옵션거래란 미래의 특정시점(만기일 또는 만기 이전)에 특정통화(기초자산)를 미리 약정한 가격(행사가격)으로 사거나(call option) 팔 수 있는 권리(put option)를 매매하는 거래를 말한다. 통화옵션거래시 통화옵션 매수인은 대상 통화를 매매할 수 있는 권리를 사는 대가로 통화옵션 매도인에게 프리미엄(옵션가격)을 지급하고 이후 환율변동에 따라 자유롭게 옵션을 행사하거나 또는 행사하

---

46) 한국은행(2016b), 376쪽.
47) 한국은행(2016a), 146-147쪽.

지 않을(권리를 포기할) 수 있다. 반면 통화옵션 매도인은 통화옵션 매수인이 권리를 행사할 경우 반드시 계약을 이행해야 하는 의무를 부담한다.[48]

(5) 상품관련 파생상품

기초자산이 일반상품인 경우에는 일반상품선도, 일반상품옵션, 일반상품스왑 등이 있고, 최근에는 기초자산이 날씨, 물가, 재해 위험 등으로 확대되고 있다.

3. 거래장소에 따른 분류

자본시장법은 파생상품을 표준화된 시장의 유무에 따라 장내파생상품과 장외파생상품으로 구분한다. 장내파생상품은 거래소에 상장되어 거래되는 파생상품을 말하며, 장외파생상품은 그 외 거래상대방과 직접 협의를 통하거나 브로커를 통해 거래되는 파생상품을 말한다.

(1) 장내파생상품

(가) 개념

자본시장법상 장내파생상품이란 ⅰ) "파생상품시장"에서 거래되는 파생상품, ⅱ) "해외 파생상품시장"에서 거래되는 파생상품, ⅲ) 그 밖에 금융투자상품시장을 개설하여 운영하는 자가 정하는 기준과 방법에 따라 금융투자상품시장에서 거래되는 파생상품을 말한다(법5②). 여기서 "파생상품시장"이란 장내파생상품의 매매를 위하여 거래소가 개설하는 시장을 말한다(법8의2④(2)). 파생상품시장이라는 표현은 파생상품이 거래되는 모든 장소를 지칭하지만 자본시장법은 파생상품시장을 장내파생상품의 매매를 위해 거래소가 개설하는 시장이라고 명시하고 있다.

"해외 파생상품시장"이란 파생상품시장과 유사한 시장으로서 해외에 있는 시장과 "대통령령으로 정하는 해외 파생상품거래"가 이루어지는 시장을 말한다(법5②(2)). 여기서 "대통령령으로 정하는 해외 파생상품거래"란 ⅰ) 런던금속거래소의 규정에 따라 장외(파생상품시장과 비슷한 시장으로서 해외에 있는 시장 밖을 말한다)에서 이루어지는 금속거래(제1호), ⅱ) 런던귀금속시장협회의 규정에 따라 이루어지는 귀금속거래(제2호), ⅲ) 미국선물협회의 규정에 따라 장외에서 이루어지는 외국환거래(제3호),[49] ⅳ) 선박운임선도거래업자협회의 규정에 따라 이루

---

48) 한국은행(2016b), 364-365쪽.
49) 제4호는 삭제됨[2017. 5. 8].

어지는 선박운임거래(제5호), ⅴ) 그 밖에 국제적으로 표준화된 조건이나 절차에 따라 이루어지는 거래로서 금융위원회가 정하여 고시하는 거래(제6호)를 말한다 (영5).

(나) 종류

한국거래소에 상장되어 있는 파생상품을 대강 살펴본다. ⅰ) 주가지수선물: 코스피200지수를 기초자산으로 하는 코스피200선물과 코스피200옵션이 있다. 또한 코스피200에너지/화학, 코스피200정보기술, 코스피200금융, 코스피200경기소비재, 코스피200건설, 코스피200중공업 등을 기초자산으로 하는 코스피200섹터지수선물이 있다. 코스피고배당50, 코스피배당성장50을 기초자산으로 하는 배당지수선물이 있다. 코스피200지수를 기초자산으로 하는 미니코스피200선물과 미니코스피200옵션이 있다. 코스닥150지수를 기초자산으로 하는 코스닥150선물이 있으며, 유로스톡스50지수를 기초자산으로 하는 유로스톡50선물이 있다.

ⅱ) 변동성지수상품: 코스피200변동성지수를 기초자산으로 한다. ⅲ) 개별주식상품: 상장주식을 기초자산으로 하는 주식선물과 주식옵션이 있다. ⅳ) ETF상품: ARIRANG고배당주, KODEX삼성그룹주, TIGER헬스케어를 기초자산으로 한다. ⅴ) 금리상품: 3년국채선물, 5년국채선물, 10년국채선물이 있다. ⅵ) 통화상품: 미국달러화(USD)를 기초자산으로 하는 미국달러선물과 미국달러옵션, 일본엔(JPY)을 기초자산으로 하는 엔선물, 유로화(EUR)를 기초자산으로 하는 유로선물, 중국위안화(CNH)를 기초자산으로 하는 위안선물이 있다. ⅶ) Commodity상품: 순도 99.99%의 금지금을 기초자산으로 하는 금선물과 돈육대표가격(산출기관: 축산물품질평가원)을 기초자산으로 하는 돈육선물이 있다.

(2) 장외파생상품

자본시장법상 장외파생상품은 파생상품으로서 장내파생상품이 아닌 것을 말한다(법5③). 따라서 거래소등을 통한 경쟁매매방식에 의존하지 않고 개별 경제주체 간의 사적인 계약형태의 파생상품거래는 모두 장외파생상품거래에 해당한다.[50]

장외파생상품은 주로 중개회사(IDB: Inter Dealer Broker)의 중개를 통해 딜러 간 이루어지는 딜러 간 시장과 딜러와 고객간에 이루어지는 대고객거래로 크게

---

50) 유혁선(2010), 22쪽.

구분된다. 우리나라에서는 주로 은행들과 일부 금융기관이 IDB 중개시장에 딜러로 참여하고 있으며, IDB는 서울외국환중개, 한국자금중개 등이 있다.

Ⅲ. 파생상품의 기능

파생상품거래자의 유형은 그 목적에 따라 헤저(hedger), 투기자(speculator), 차익거래자(arbitrageur)로 나눌 수 있는데, 이러한 거래유형에 따른 파생상품의 기능은 다음과 같이 요약할 수 있다.

1. 순기능

파생상품의 순기능은 다음과 같다. ⅰ) 헤지(hedge)를 목적으로 한 투자자에게는 시장의 가격변동위험을 회피하기 위한 헤지 수단으로 활용되거나, 고위험·고수익을 추구하는 투기자에게 위험을 전가하는 수단이 될 수 있다. ⅱ) 고수익을 목표로 하는 투자자에게는 적은 증거금만으로 큰 레버리지 효과를 거둘 수 있는 투자기회를 제공한다. ⅲ) 다양한 투자수단으로 활용됨으로써 금융시장에 유동성을 확대하는 결과를 가져오고 신속한 가격정보의 반영으로 미래의 현물가격에 대한 가격발견기능을 하는 한편, 현물시장과 선물시장 간의 차익거래가 가능하게 하여 현물시장의 가격왜곡 현상을 방지함으로써 전체 금융시장의 효율성을 제고시킬 수 있다. ⅳ) 기업으로서는 파생상품을 활용한 종합적인 자산부채관리로 최적의 재무상태를 유지할 수 있게 하며 안정적인 자금조달과 효율적인 자금운용을 기할 수 있게 한다. ⅴ) 상이한 통화 표시의 채무 원리금 상환을 서로 교환하는 통화스왑을 통해서 국경간 자본이동에 대한 규제를 우회하여 새로운 자본시장에의 진입을 가능하게 할 수도 있다. ⅵ) 특히 신용파생상품의 경우, ㉠ 금융시스템의 불안요인인 금융기관의 도산은 동일 차입자, 특정산업 등에 대한 집중된 신용노출(credit exposure)에 의해 발생하는 경향이 있는데, 신용파생상품은 이러한 신용위험의 집중을 완화하거나 분산시킬 수 있는 효율적인 수단을 제공한다. ㉡ 대출 또는 채권매입을 통해 부담해야 하는 신용위험을 유동화할 수 있는 수단을 제공함으로써 채권시장 등 전반적인 금융중개기능을 활성화시킬 수 있다. ㉢ 금융기관은 신용파생상품을 통한 신용위험의 이전 등으로 자기자본비율 및 여신한도를 효율적으로 관리할 수 있으며, 대출시장 참여 제한, 동일인 여신한도 규제 등으로 수익성이 높은 대출시장에 접근하기 어려운 투자자(보장매도인)에게는 대출시장에 간접적으로 참여할 수 있는 기회를 제공할 수 있다.[51]

2. 역기능

파생상품의 역기능은 다음과 같다. ⅰ) 파생상품을 통한 과도한 레버리지의 부담으로 시장의 변동성이 커지는 경우 금융기관의 도산 등 부실화를 촉진할 수 있다. ⅱ) 파생상품의 거래구조가 복잡하고 2차, 3차 파생상품으로 파생화의 단계가 심화될수록 상품에 대한 정확한 정보를 획득하거나 수익성을 판단하기가 어려워진다. ⅲ) 파생상품거래 규모가 확대되고 금융시장간 연계성이 심화되어 개별 금융기관이 위험관리에 실패하는 경우 그 영향이 전체 금융시스템으로 파급될 가능성이 커진다. ⅳ) 특히 장외파생상품의 경우 거래상대방의 채무불이행 위험이 크다. ⅴ) 신용파생상품의 경우 기초자산인 대출채권에 대한 금융기관(보장매수인)의 관리와 사후 감시유인을 저하시킬 뿐만 아니라 금융기관의 재무상태에 대한 투자자의 평가를 어렵게 만들고, 시장의 자율규제기능 및 금융기관에 대한 감독기능을 약화시키는 등 금융시장의 안정성을 저해할 수 있다.[52]

---

51) 박철우(2010), 58-59쪽.
52) 박철우(2010), 59쪽.

제3장

자산유동화증권

제1절 서설

Ⅰ. 자산유동화의 개념

자산을 유동화 또는 증권화[1]한다는 것은 현금흐름을 창출하는 자산을 유가증권 형태의 자산유동화증권(ABS)[2] 또는 기업어음(CP)을 발행하여 쉽게 유통될 수 있는 형태로 전환하는 것이다. 자산유동화는 근거법에 따라 자산유동화법이 적용되는 "등록유동화" 거래와 상법이 적용되는 "비등록유동화" 거래로 구분된다. "비등록유동화" 거래는 SPC 설립형태에 따라 유한회사와 주식회사로 구분할 수 있다.

---

1) "증권화"란 일반적으로 시장성, 즉 환금성 및 양도성이 낮은 일련의 개별적인 금전채권 등 자산으로 형성된 자산집합을 경제적 담보로 하여 새로운 증권을 발행·유통시킴으로써 경제적 담보가 된 기초자산(underlying assets), 다시 말해 유동화자산에 비해 보다 유동성이 향상된 새로운 금융상품을 창출하는 금융기법을 말한다(사법연수원(2014), 「금융거래법」(2014. 9), 269쪽). 이러한 증권화의 개념은 "자산의 유동화"와 혼용되고 있으며, 법률적으로도 "유동"이라는 표현이 주로 이용되고 있다. 그러나 유동화는 자산의 양도에 의한 투입자금의 회수라는 광의의 개념인 데 비하여, 증권화는 양도되는 자산을 ABS로 가공하여 불특정 다수의 투자자 간에 유가증권성을 부여하는 것이므로 유동화보다 더욱 발전된 형태라 말할 수 있다.

2) 광의의 자산유동화증권은 ABS, ABCP를 모두 포함하는 개념이나, 협의의 자산유동화증권은 ABS만을 의미하고, 자산유동화법에서는 ABS만을 다루고 있다. 자산유동화법에 의하지 않은 ABS 발행도 가능하나, 여기서의 ABS는 자산유동화법에 따른 ABS만을 의미한다.

원래 자산유동화의 가장 단순한 방법은 당해 자산을 매각하여 현금화하는 것이다. 그러나 당해 자산의 매수인인 투자자를 찾기가 쉽지 않다는 점,[3] 투자자를 찾더라도 투자자는 당해 자산의 위험성 등[4]을 이유로 당해 자산의 시장가격 내지 대출채권의 원본액보다는 낮은 가격으로 매수하기를 원하는 점, 당해 자산이 저당대출채권인 경우 직접 대출채권을 회수·관리해야 하는 투자자를 찾기란 더욱 쉽지 않은 점 등을 이유로 당해 자산을 매각하는 것은 한계가 있다. 이와 같은 이유로 대부분의 국가에서는 특정 자산의 현금수입을 기반으로 하여 유동화증권 또는 CP를 발행하는 구조화된 금융기법인 자산유동화제도를 도입하게 되었다.

자산유동화는 통상 보유자산을 기초로 한 유가증권, 즉 유동화증권을 발행하는 방식을 말하며, 현재 우리나라에서 시행되고 있는 자산유동화법과 한국주택금융공사법은 유동화증권을 발행하는 방식을, 어음의 발행에 있어서는 상법 및 어음법상의 CP를 발행하는 것을 전제로 하고 있다. 자산유동화에 있어 일반채권 등을 기초자산으로 하여 증권을 발행하는 경우를 ABS, CP를 발행하는 경우를 ABCP라고 한다.[5]

Ⅱ. 자산유동화증권의 개념과 발행구조

1. ABS의 개념

ABS란 기본적으로 자산을 유동화하여 발행한 증권을 말한다. 일반적으로 자산의 유동화란 비유동성 자산을 유동성이 있는 증권으로 전환하여 이를 매각함으로써 현금화하는 모든 행위를 말한다. 이러한 관점에서 ABS는 유동화의 대상인 각종 채권 및 부동산, 유가증권 등의 자산에서 발생하는 집합화된 현금흐름을 기초로 원리금을 상환하는 증권을 의미한다. 자산보유자인 금융기관 또는 기업은 유동화를 위해 일정한 자산[6]을 유동화전문 SPC에 양도하고 SPC는 유동화

---

3) 예컨대 특정 자산보유자가 1,000억대의 부동산 또는 저당권 등에 의해 담보된 대출채권을 가지고 있는 경우 이를 매수할 투자자를 찾는 것은 현실적으로 어려운 일이다.

4) 부동산의 환금성, 저당대출 채무자의 채무불이행 위험 등이 있을 수 있다. 보통 카드회사에서 미수금채권을 매도하여 상각하는 경우 카드 채권액의 10-20% 정도만을 받는다고 한다.

5) 김남훈(2016), "PF-ABCP 하자가 특정금전신탁계약에 미치는 영향에 관한 연구", 건국대학교 부동산대학원 석사학위논문(2016. 2), 9-11쪽.

증권을 발행한다. 이 SPC[7]가 유동화증권을 투자자에게 발행하고 그 발행대금을 받아서 자산보유자에게 양도대금으로 지급함으로써 자산보유자는 자금을 조달하게 된다.

　　ABS는 기초자산을 집합하고 구조화하여 신용도를 보강하는 복잡한 증권화 과정을 거쳐 발행되기 때문에 일반 회사채와 달리 다양한 잠재 리스크를 포함한다. ABS 관련 리스크는 자체의 고유리스크와 시스템리스크로 분류될 수 있다. 고유리스크는 채무불이행리스크, 정보비대칭리스크, 유동성리스크 등이 대표적이다. 시스템리스크는 ABS에 대한 제3자의 신용보강, 유동화 과정에서 확대되는 레버리지 등에 주로 연유한다. ABS의 신용도는 제3자의 신용보증을 통해 제고될 수 있으나 ABS가 부실화될 경우 보증기관 부실을 통해 금융시스템 전체로 확산될 위험은 증가한다. ABS를 기초로 다시 ABS를 발행하는 2~3차 유동화가 이루어질 경우 레버리지는 몇 배씩 더 커지게 된다. 이에 따라 기초자산 부실화시 피해 규모가 레버리지만큼 증폭되고 그 영향이 대출시장과 자본시장에 모두 파급된다. 또한 ABS의 투자자가 투자은행, 헤지펀드, 상업은행, 연기금 등으로 폭넓게 분포되어 있어 특정 자산의 부실화 리스크가 금융시장 전체로 빠르게 확산될 소지가 크다.[8]

2. ABS의 발행구조

　　일반적으로 ABS를 발행하기 위해 자산보유자는 보유자산 중 일부를 유동화자산(기초자산)으로 묶고(pooling), 이를 SPC에 완전매각한다. 유동화자산을 양도받은 SPC는 ABS를 발행하여 투자자에게 매각하고 유동화자산의 관리·운용·처분에 의한 수익으로 발행증권의 원리금을 상환한다.

　　자산유동화는 금융기관으로부터의 차입, 주식 또는 사채 발행 등의 전통적인 자금조달방식과 달리 기업이 보유한 채권, 부동산 등의 자산에서 발생하는 현금흐름을 기초로 하여 자금을 조달하는 금융기법인데, 자산유동화를 하려면 ⅰ) 자산보유자의 선별된 자산집합을 대상으로, ⅱ) 정기적으로 원리금 상환에 필요

---

6) 초창기에는 다수의 채권으로 이루어진 집합화된 자산이 주로 유동화되었으나, 최근에는 부동산금융과 관련하여 거액의 단일 대출채권을 유동화하는 거래도 많이 이루어지고 있다.

7) 여기에는 자산유동화법에 의한 유동화전문회사, 신탁회사 및 한국주택금융공사 등이 있다.

8) 김병우(2013), "그림자 금융의 동향과 건전성 제고에 관한 연구", 경영교육저널 제24권 제3호(2013. 12), 15~16쪽.

한 충분한 현금흐름을 확보한 후, iii) 원리금의 상환과 적시 배당을 보장하는 증권을 발행하되, iv) 일정기준 이상의 신용등급을 받고, ⅴ) 자산보유자가 파산하더라도 원리금 지급에 영향이 없어야 한다.

자산유동화에 있어서 통상 자산보유자가 자산유동화를 위한 SPC인 유동화전문회사를 설립하고, 이러한 SPC에 유동화자산을 양도하면 이를 담보로 하여, 필요한 경우 신용보강[9])을 받아 유동화증권을 발행하고 자산관리자[10])가 채권을 추심하여 증권의 원리금을 상환하는 구조를 취한다.[11])

제2절 자산유동화증권의 종류

Ⅰ. 유동화자산의 종류에 따른 분류

1. 개요

ABS는 발행의 기초가 되는 자산의 종류에 따라 보통 별도의 명칭을 붙인다. 기초자산이 주택저당채권인 경우 MBS(Mortgage Backed Securities), 회사채인 경우 CBO(Collateralized Bond Obligation), 회사채의 발행시점에 유동화가 이루어진 경우 P-CBO(Primary Collateralized Bond Obligation), 은행의 대출채권인 경우 CLO(Collateralized Loan Obligation), 신용카드채권인 경우 CARD(Certificates of Amortizing Revolving Debts), 자동차할부채권인 경우 Auto-Loan ABS 등 다양하

---

9) 유동화증권이 원활하게 유통될 수 있도록 특수목적법인의 신용을 은행, 보험회사 등 제3자가 보강하여 주는 것을 말한다. 특수목적법인에 현금흐름이 중단되거나 내부유보금이 고갈되어 유동화증권의 원리금 상환이 곤란하게 된 경우 증권소지인에게 원리금 상환을 보장하는 역할을 한다. 결국 당해 유동화증권은 신용보강기관의 신용등급으로 발행되어 투자자들에게 판매된다.
10) 특수목적법인인 유동화전문회사는 직원을 두지 않는 명목회사인 경우가 대부분이므로 양도받은 자산을 관리해주는 자산관리자를 따로 두게 된다. 예를 들어 주택저당채권의 경우 특수목적법인이 각지에 흩어져 있는 담보물건을 직접 관리하고 임대료를 징수하기는 불가능하다. 이 경우 자산관리 및 원리금 회수를 대행하는 자를 자산관리자라고 하는데, 자산보유자가 겸임하는 경우가 많다.
11) 이진서(2012), "구조화금융에 관한 연구: 자산유동화·프로젝트금융을 중심으로", 고려대학교 대학원 박사학위논문(2012. 6), 17쪽.

게 불린다.

일반적인 부채를 토대로 한 최초의 CDO는 1987년에 발행되었다. 정크본드 시장의 개척자로 유명한 밀켄(M. Milken)의 드렉셀(Drexel Burnham Lambert) 투자은행은 여러 기업의 고수익채권(정크본드)을 풀(pool)에 넣고, 이로부터 CDO를 발행하여 자금을 조달하였다. 이는 곧 은행으로 전파되어 자기자본비율을 낮추는 기법으로 사용된다. 이를 "재무제표 CDO"라고 한다.[12] CDO는 모든 형태의 금융 자산을 재료로 삼아 발행할 수 있다. 다시 말해서 페이스루 형태로 발행한 증권을 C□O라고 부르고, 그 "재료"의 앞글자를 □ 안에 넣을 수 있다. 모기지 증서를 넣으면 CMO, 은행의 대출증서(loan)면 CLO, 채권(bond)이면 CBO가 된다.

CDO는 초기에 자금조달(드렉셀)이나 자산이전(은행)을 목적으로 발행되었고, 1990년대 중반까지 발행 규모가 크지 않았다. 그런데 1990년대 말 CDO의 기능이 변모한다. 점차 "재료"에서 발생하는 이자와 CDO에 지급하는 이자의 차액을 획득할 목적으로 사용된다. 이를 "차익거래 CDO"라고 한다. "재무제표 CDO"에서 "차익거래 CDO"로 전환되는 것은 CDO의 기능 자체로 설명되지 않는다. 그것은 CDO를 둘러싼 금융환경의 변화에서 비롯된다.[13]

2. CDO(Collateralized Debt Obligations: 부채담보부증권)

CDO는 주택저당채권 이외에 회사채, 대출채권, 신용카드채권, 자동차할부 채권 등 여러 채권을 기초자산으로 삼아 발행되는 증권을 말한다. CDO는 구조화 금융상품으로서, 기초자산을 가공하여 여러층(tranche; Tier)의 상이한 현금흐름을 만들어 내고 트렌치(tranche)별로 각기 다른 신용도를 가진 증권을 발행(tranching)한다는 점에 특징이 있다. 이렇게 해서 발행된 CDO는 기초자산인 매출채권이나 회사채와는 질적으로 달라진다. 여기서 통상적으로 신용등급 AAA에 해당하는 트렌치를 senior tranche라 하고, 신용등급 AA에서 BB에 이르는 트렌치를 mezzanine tranche라 부른다. 그리고 가장 낮은 신용등급의 junk나 신용등

---

12) 일례로 내셔널 웨스터민스터 은행은 50억 달러에 달하는 200개의 대출채권을 SPV에 양도하여 이로부터 AA 등급의 선순위 증권(95.9%)과 후순위 증권을 발행하였다. 만일 CDO가 없다면, 이 은행은 50억 달러의 8%인 4억 달러의 자기자본을 보유해야 된다. 하지만 SPV는 은행과 회계상 분리된다. 50억 달러를 SPV에 이관하고 그것의 지분(2%)을 보유함으로써 필요한 자기자본을 1억 달러로 줄일 수 있다.

13) 윤종희(2019), "그림자은행 시스템의 출현과 발전", 경제와사회 통권 제124호(2019. 12), 393-394쪽.

급 불가 수준의 트렌치를 equity tranche라 한다. senior tranche는 가장 위험이 낮은 트렌치로서 최우선 순위로 변제되고 채무불이행시의 손실을 가장 나중에 흡수하며 가장 안정적인 현금흐름을 제공한다. 반면 가장 낮은 등급의 equity tranche는 다른 트렌치의 변제가 이루어진 다음 가장 나중에 변제를 받아야 하며, 채무불이행 사유 발생시에는 손실을 가장 먼저 흡수하여야 한다. 그래서 이러한 최후순위의 비우량 트렌치를 toxic waste라고 부르기도 한다.[14]

또한 파생상품시장으로부터 신용부도스왑(CDS)을 구해 CDO와 결합시켜 위 junk tranche의 손실을 보상받을 수 있는 조건을 걸면, 따로 기초자산의 이전 없이도 원래보다 더 높은 신용도의 우량한 CDO로 탈바꿈시킬 수 있는데, 이를 신용파생상품의 하나인 합성 CDO(Synthetic CDO)라 한다. 그리고 CDO 중 회사채를 기초자산으로 하는 것을 CBO, 신용등급이 낮은 기업대출을 기초자산으로 하는 것을 CLO라 구별하여 부르기도 한다. 아래서 구체적으로 살펴본다.[15]

3. CBO(Collateralized Bond Obligations: 채권담보부증권)

CBO는 기업이 발행한 회사채(채권)를 기초로 발행되는 ABS를 말하는데 신규발행 채권을 기초로 하는 발행시장 CBO(primary CBO)와 이미 발행된 채권을 기초로 하는 유통시장 CBO(secondary CBO)로 구분된다. 발행시장 CBO(=P-CBO)는 신용도가 낮아 채권시장에서 회사채를 직접 발행하기 어려운 기업의 회사채 차환발행 또는 신규발행을 지원하기 위해 도입되었다. 발행시장 CBO의 신용보강은 주로 수탁은행의 신용공급에 의해 이루어지며 신용보증기금 등이 이 신용공급에 대해 지급보증을 한다.[16] 유통시장 CBO는 금융기관이 보유하고 있는 기발행 채권을 SPC에 매각하고 SPC는 신용을 보강한 다음 CBO를 발행하여 투자자에게 매각함으로써 자금을 조달하는 구조로 되어 있다. 유통시장 CBO의 신용보강은 수탁은행의 신용공급과 선·후순위 구조로 이루어진다.[17]

---

14) 임철현(2019), "위험관리 관점에서 본 기업금융수단의 법적 이해", 법조 제68권 제2호 (2019. 4), 221쪽.

15) 임철현(2019), 222쪽.

16) 선순위채 전체에 대하여 지급을 보증하기도 하며 일부에 대해서만 보증하기도 한다.

17) 한국은행(2018), 「한국의 금융제도」(2018. 12), 350쪽.

4. CLO(Collateralized Loan Obligations: 대출채권담보부증권)

CLO는 금융기관의 기업에 대한 대출채권을 기초자산으로 발행되는 ABS를 말한다. 부실채권(NPL: Non-Performing Loan) 등을 포함한 기존 대출채권을 유동화하는 CLO와 신규 대출채권을 기초로 하는 발행시장 CLO(primary CLO)로 나뉜다. 우리나라의 경우 CLO가 대부분 부실채권을 기초자산으로 발행되고 있는데 부실채권을 기초로 하는 CLO를 NPL ABS라고도 한다. NPL ABS는 부실채권을 처분하여 금융기관의 재무건전성을 높이기 위해 발행되는데 기초자산의 현금흐름이 없으므로 담보의 처분, 채권추심 등을 통해 얻어질 수 있는 현금흐름과 수탁은행의 신용보강 및 선·후순위 구조로 이루어진다. 한국자산관리공사가 발행하는 NPL ABS는 채권은행에 대한 환매요구권[18]이 신용보강에 이용된다.

한편 발행시장 CLO는 신용도가 취약한 기업에 대한 은행대출을 지원하기 위해 활용되고 있다. 발행시장 CLO는 은행이 다수의 기업에 대한 신규 대출채권을 SPC에 매각하고, SPC가 이를 기초로 CLO를 발행하여 자금을 조달하는 구조로 되어 있다. 발행시장 CLO의 신용보강은 주로 수탁은행의 신용공급에 의해 이루어지며 신용보증기금 등이 신용공급에 대해 지급을 보증한다.[19]

5. CARD(Certificates of Amortizing Revolving Debts: 신용카드 매출채권부증권)

CARD는 현재 발생한 특정계좌의 신용카드매출채권(현금서비스 이용대금채권을 포함)과 장래 특정시점까지 발생할 신용카드매출채권을 기초로 발행되는 ABS를 말한다. 만기가 짧은(약 45일 정도) 신용카드매출채권을 기초로 장기의 ABS를 만들기 위해 CARD에는 재투자 구조(revolving structure)가 이용된다. 즉 ABS를 발행할 때 기초자산으로 사용된 신용카드매출채권이 결제되어 회수되는 현금흐름으로 이 ABS의 이자만을 지급하고, 남은 금액으로는 특정계좌의 새로운 신용카드매출채권을 매입하여 기초자산 집합에 추가시키는 방식이다.

---

18) 원채무자의 6개월 이상 연체 및 특별채권 내용 변경시 채권은행에 대해 환매를 요구할 수 있다.
19) 한국은행(2018), 350-351쪽.

CARD는 특정계좌로부터의 현금흐름을 자산보유자의 몫(seller's interest)과 투자자의 몫으로 구분하고, 자산보유자의 몫을 일종의 내부신용보강장치로 활용하고 있다. 이에 따라 CARD는 투자자 몫을 기초로 ABS가 발행된다는 특징이 있다. 자산보유자 몫은 유입되는 현금흐름의 변동에도 불구하고 투자자 몫이 고정되도록 하는 완충장치의 역할을 한다. 한편 자산보유자 몫이 일정 수준 이하인 상태가 일정기간 계속되면 조기상환이 이루어진다. CARD의 원금은 재투자 기간이 끝난 후 일정기간(축적기간) 동안 누적하여 만기에 한꺼번에 상환되거나 일정기간(조정상환기간) 분할하여 상환된다. CARD의 신용보강은 선·후순위 구조, 초과담보, 하자담보책임 및 조기상환구조 등으로 이루어진다.[20]

6. ABCP(Asset-Backed Commercial Paper: 자산유동화기업어음)

ABCP는 CP의 형태로 발행되는 ABS를 말하는데 자산유동화법에 근거하여서는 ABS·ABCP 구조가 주로 활용되고 있다.[21] ABS·ABCP 구조는 SPC가 기초자산을 근거로 ABS를 발행하는 것은 다른 ABS와 같지만 자산유동화 기간에 상응하는 장기 ABS를 1회 발행하는 대신 단기 ABS 사채를 발행한 후 만기 도래시 ABCP를 발행하여 ABS 사채를 상환하고 자산유동화 기간 동안 계속 ABCP를 차환발행하는 것이다. ABS·ABCP는 장단기 금리차이에 따른 자금조달비용의 절감, 기초자산에서 발생하는 여유자금의 재투자위험 축소 등이 가능해지므로 ABS 발행의 경제성을 높일 수 있다.[22] 이에 관한 자세한 내용은 후술한다.

7. MBS(Mortgage-Backed Securities: 주택저당채권)

MBS는 주택저당채권(mortgage)[23]을 기초로 발행되는 ABS이다. MBS 시장은 1차 시장, 2차 시장 및 자본시장으로 구성된다. 1차 시장은 모기지 차입자와 상업은행 등 모기지 대출기관 사이에 모기지론(주택담보대출)이 이루어지는 시장이다. 2차 시장은 모기지 대출기관이 보유하고 있는 주택저당채권을 유동화(증권화)하는 시장을 말하며, 자본시장은 유동화된 주택저당증권이 기관투자자들에게

---

20) 한국은행(2018), 351쪽.
21) ABCP는 ABS 사채의 발행 없이 CP의 형태로만 발행될 수 있다.
22) 한국은행(2018), 351-352쪽.
23) 주택저당채권이란 주택의 구입 또는 건축에 소요되는 대출자금 등에 대한 채권으로서 당해 주택에 설정된 저당권에 의하여 담보된 채권을 말한다.

매각되고 유통되는 시장을 말한다.[24]

MBS는 주택저당채권을 기초자산으로 ABS를 발행한다는 점에서 일반 ABS 와 유사하지만 조기상환위험을 갖는다는 점에서 큰 차이가 있다. 미국의 경우 모 기지론 조기상환시 주택자금 차입자에게 어떤 패널티도 부과되지 않는다. 이와 달리 한국주택금융공사가 양도받는 주택저당채권의 경우 조기상환시 수수료가 부과된다. 조기상환위험이란 모기지 차입자가 추가적인 수수료 납부 없이 잔존 대출원금을 만기일 이전에 상환함으로써 ABS 발행인 또는 투자자의 현금흐름에 불확실성이 발생하는 위험을 말한다. 조기상환은 차입자가 전직, 타주택 구입 등 으로 주택을 매각하는 경우, 차입자가 모기지 계약을 이행하지 못하여 담보주택 이 매각되는 경우, 차입자가 재차입비용을 고려한 후에도 금리가 계약금리 이하 로 하락하여 재차입을 하는 경우 등에 발생한다.

우리나라에서 MBS는 주로 한국주택금융공사가 발행하고 있으며, 주택저당 채권을 가지고 있는 일부 금융기관도 SPC를 설립하여 발행하고 있다.

Ⅱ. 채권담보부증권(정책금융기관 P-CBO 사례)

1. 의의

국내 정책금융기관 P-CBO는 신용보증기금, 기술보증기금, 한국주택금융 공사 등이 발행을 주관해 오고 있으며, 각 기관별 P-CBO 발행 목적과 구조적 특징을 살펴보기로 한다. ⅰ) 신용보증기금은 중소·중견기업이 회사채 발행을 통해 자금을 조달할 수 있도록 하며, 금융위기 시에는 대규모 회사채 만기도래 로 일시적 유동성 어려움을 겪는 대기업을 지원해 주는 P-CBO를 발행하여 보 증을 한다. ⅱ) 기술보증기금은 자체신용으로 직접금융 조달이 어려운 기술혁신 형 기업에게 회사채 발행을 통한 자금조달 기회를 제공하고자 보증제도를 도입 하였으며 그 구조는 신용보증기금과 동일하다. ⅲ) 한국주택금융공사는 준공 후 미분양으로 자금난을 겪고 있는 건설사가 주택금융공사의 신용보강을 통해 저 리의 자금을 조달할 수 있도록 P-CBO 발행을 하고 있다. 앞에서 살펴본 정책 금융기관들은 대체적으로 신용과 담보 부족으로 채권시장에서 자체적으로 거래

---

24) 한국은행(2018), 352쪽.

가 되지 않는 회사채에 대해서 신용보증, 후순위채 매입 등을 통한 신용보강으로 P-CBO를 발행하고 있다. 각 기관별 P-CBO의 구체적 특징을 살펴보면 다음과 같다.[25]

2. 신용보증기금 P-CBO

신용보증기금은 개별기업이 발행하는 회사채 등을 SPC가 매입하여 유동화 자산(기초자산)을 구성한 후, 이를 기초로 유동화증권을 발행한다. 유동화증권은 선순위증권과 후순위증권으로 분리 발행하며 97%를 선순위증권으로 3%를 후순 위증권으로 발행한다. 선순위증권은 신용보증기금이 보증하여 AAA등급으로 최 우량 등급화되어 기관투자자에게 매각되며 후순위증권은 신용보증기금의 보증없 이 개별기업이 매입한다.

신용보증기금의 P-CBO 보증 상품은 중소·중견 P-CBO와 채권시장안정 P-CBO로 구분되며, 중소·중견 P-CBO는 자금조달에 어려움을 겪고 있는 우량 중소·중견기업 등에 유동성을 지원한다. 채권시장안정 P-CBO는 금융위기 시와 같이 회사채 시장이 비정상적일 때 대규모 회사채 만기도래로 유동성 어려움을 겪고 있는 대기업의 차환발행을 지원한다.[26]

3. 기술보증기금 P-CBO

기술보증기금의 유동화증권 역시 신용보증기금과 마찬가지로 선순위증권 97%, 후순위증권 3%로 발행되고, 선순위증권은 기술보증기금이 보증하여 신용 등급이 AAA로 최우량등급화 된 후 투자자에게 매각되고, 후순위증권은 기술보 증기금의 보증없이 참여기업이 인수하는 구조이다. 기술보증기금 P-CBO가 신 용보증기금 P-CBO와 차별화되는 것은 단순 일시상환 방식이 아닌 기업 선택에 따라 만기일시상환과 분할상환(1년차 10%, 2년차 10%, 3년차 80%) 방식을 혼용해 서 사용하는 점이다.[27]

---

25) 김경태(2016), "금융위기 시 신보 P-CBO(자산담보부증권)의 회사채 시장 안정화에 기여 한 효과성 분석", 서울대학교 행정대학원 석사학위논문(2016. 8), 8쪽.
26) 김경태(2016), 9쪽.
27) 김경태(2016), 11쪽.

4. 주택금융공사 P-CBO

주택금융공사의 P-CBO에서는 건설사가 아파트 분양대금의 60%에 해당하는 회사채를 발행하고, 주관증권사는 발행한 회사채를 인수하여 유동화 SPC에 양도하며, 유동화 SPC는 이를 기초자산으로 P-CBO를 발행한다. 준공 전 미분양 아파트를 매입하여 건설사에 사업장 준공에 필요한 긴급 유동성을 공급하는 것이다. 이때 주택금융공사는 유동화 기초자산인 회사채 지급불능의 사유 발생에 대비하여 지급을 보장한다. P-CBO 발행 시 신용공여 은행은 유동화 SPC에 SPC의 비용과 P-CBO 원리금 전체를 보장하는 신용보강을 제공하고, 주택금융공사는 신용공여 은행에게 신용보증을 제공하는 구조이다.28)

제3절 자산유동화기업어음(ABCP)

I. ABCP의 의의

자산유동화기업어음(ABCP) 또는 자산담보부기업어음(ABCP)은 기업어음(CP)과 자산유동화증권(ABS)의 구조를 결합한 것으로 유동화자산을 양도받은 SPC가 유동화자산의 현금흐름에 기초하여 CP를 발행29)하는 구조를 취하는 단기금융상품이자 기업의 대표적인 단기 자금조달수단이다. 즉 유동화증권의 일종이다. ABCP는 ABS와 구조적인 면에서의 차이는 크지 않으나, ABS가 자산유동화 사채인 반면, ABCP는 기업어음이라는 차이가 있으며, ABCP는 대체로 만기가 1년 미만(주로 3개월 이내 차환발행)인 단기채무로 발행되는 특성이 있다.

이와 같은 유동화 대상자산을 기초로 CP를 발행하여 자금을 조달하는 기법을 ABCP Program이라고 한다. 이는 1980년대 초반 선진국의 상업은행(Commercial

---

28) 김경태(2016), 12쪽.
29) 종래 기업들이 단기 자금조달수단으로 일반사채가 아닌 CP를 이용한 이유는 상법상 주식회사의 경우 사채발행한도가 순자산액의 4배로 제한되어 유동화증권 발행총액을 맞출 수 없기 때문이다. 그러나 ABCP는 어음이라 제한이 없어 CP를 유동화 구조와 결합시켜 단기 자금조달수단으로 이용할 수 있다.

Bank)이 기업고객에게 저리의 자금을 공급하기 위한 방법으로 개발된 금융기법이다. CP 발행의 기초자산은 일반적으로 할부매출채권, 리스채권, 카드매출채권 등 상거래 매출채권이지만, 근래에는 CP 발행의 기초자산이 ABS, PF 대출(Loan), Revolving 자산, MBS, 회사채, CP 등에 이르기까지 그 대상이 점차 확대되고 있다.

상업은행 입장에서 ABCP Program은 자신의 대차대조표에 영향을 주지 않은 채(부외금융, Off-Balance Financing) 기업고객에게 자금을 제공하면서 다양한 형태의 수수료를 획득할 수 있는 장점이 있다. 아울러 기업고객도 ABCP Program을 통해 좀 더 수월하게 자금을 조달할 수 있게 되었다.

Ⅱ. PF-ABCP의 개념 및 구조

1. 개념

PF-ABCP구조를 설명함에 있어서는 우선 PF의 개념을 개략적으로 살펴볼 필요가 있다. PF란 사업 프로젝트에 필요한 소요 자금을 해당 프로젝트의 미래 현금흐름에 기초하여 조달하는 금융기법이다. 여기서 프로젝트란 재화 또는 용역의 공급을 목적으로 거액의 신규자금이 투입되는 반면, 그 자금의 회수는 장기간에 걸쳐서 이루어져 그 기대수익이 예상되는 사업을 말한다. 즉 프로젝트가 지향하는 사업의 성과로부터 미래에 발생하는 현금흐름을 대출금 상환 재원으로 하고 프로젝트의 유·무형 자산을 담보로 하여 해당 프로젝트를 수행하기 위해 설립된 회사(Project Company)에 금융기관이 자금을 공급하는 금융방식을 의미한다.[30]

부동산PF 중 뒤에서 보는 바와 같이, 본 PF(Term Loan)의 경우 프로젝트의 상환 재원을 일반적으로 기대 현금흐름인 분양수입금으로 간주하고 있다. 신용위험과 사업위험에 대한 신용보강을 위해 시공사가 신용공여를 하도록 하며, 시행사 또는 SPC가 상환불능 상태에 이를 경우 시공사인 건설사가 PF 채무액에 대한 지급보증 또는 채무인수에 따른 채무를 부담하게 된다. 부동산 경기침체 영향

---

30) 박제형(2012), "국내 부동산 PF대출의 문제점과 개선방안 연구", 고려대학교 석사학위논문(2012. 12), 4쪽.

으로 분양률이 저조할 경우 시공사는 수익권 상각, 현금흐름의 악화 등 재무적 리스크를 부담하게 된다. 은행 등 금융기관은 이를 "부동산 PF대출"이라고 하며, 시공사 및 시행사는 "부동산 PF 우발채무"라고 부른다.[31]

결국 PF-ABCP란 ABCP 중에서 PF를 위해 선행된 금융기관(대출자)의 사업 시행자(차입자)에 대한 대출채권을 상법상의 SPC가 양수받아 이를 기초자산으로 하여 CP를 발행하여 유동화하는 구조를 의미한다.[32]

2. 일반적인 부동산 PF-ABCP 구조

PF-ABCP 발행구조는, 우선 금융기관(대주)이 부동산 개발사업을 하는 시행 자(차주)에게 PF 대출을 시행하고, 시행사는 부동산 분양 및 부동산 개발사업 부지를 부동산 신탁회사에 신탁하여 관리하게 된다. 그리고 금융기관(대주)이 자산 보유자로서 대출채권을 SPC에 양도하면, SPC는 이러한 대출채권을 기초자산으로 하여 ABCP를 발행하고 ABCP 매도대금으로 금융기관에 대출채권 양수대금을 지급한다. 시공사는 금융기관이 사업시행자에게 대출한 금원에 대해 연대보증이나 채무인수 등으로 신용공여를 하게 된다. 이후 시행사는 부동산 분양대금으로 SPC에게 위 대출금을 상환하고 SPC는 그 금원으로 투자자에게 ABCP를 상환하게 된다.[33]

3. SPC가 먼저 ABCP를 발행하여 사전 PF대출을 하는 구조

기본적인 구조는 유사하나, 상법상 SPC를 설립하고 SPC가 먼저 ABCP를 발행하여 조달한 자금을 시행자에게 대여하는 방법이 이용되기도 한다. 이러한 구조에서는 금융기관이 대주로서 시행사에게 대출을 하는 것이 아니라, ABCP를 발행하고 그 매매대금으로 대출을 하게 된다. 우선 SPC를 설립하고 ABCP를 발행하여 매매대금으로 시행사에게 대출하고 나면, 시행사는 그 대출금으로 부동산개발사업 부지를 확보한 후 부동산 신탁회사에 사업부지를 신탁한다. 그리고 별도의 신용공여자가 SPC의 시행사에 대한 PF대출에 대하여 신용공여를 하게

---

31) 김남훈(2016), "PF-ABCP 하자가 특정금전신탁계약에 미치는 영향에 관한 연구", 건국대학교 부동산대학원 석사학위논문(2016. 2), 63쪽.
32) 노상범·고동원(2012), 「부동산금융법」, 박영사(2012. 9), 222쪽.
33) 김남훈(2016), 29-30쪽.

되고, 이후 시행사는 본 PF 등을 통하여 SPC에게 대출금을 상환하면, SPC는 위 금원으로 투자자에게 ABCP를 상환하게 된다.

최근에는 이 방법이 거의 대부분이다. 앞의 일반적인 부동산PF-ABCP 구조의 사례는 거의 없는 것 같다.

제4장

신탁상품

제1절 신탁의 의의와 종류

Ⅰ. 신탁의 의의

1. 신탁의 개념

신탁은 "믿고(信) 맡긴다(託)"는 의미를 갖는다. 자본시장법상 신탁업이란 "신탁"을 영업으로 하는 것을 말하고(법6⑨), 자본시장법에서 "신탁"이란 신탁법 제2조의 신탁을 말한다. 신탁법 제2조에 의하면, "신탁"이란 "ⅰ) 신탁을 설정하는 자(=위탁자)와 신탁을 인수하는 자(=수탁자) 간의 신임관계에 기하여, ⅱ) 위탁자가 수탁자에게 특정의 재산(영업이나 저작재산권의 일부를 포함)을 이전하거나 담보권의 설정 또는 그 밖의 처분을 하고, ⅲ) 수탁자로 하여금 일정한 자(=수익자)의 이익 또는 특정의 목적을 위하여 그 재산의 관리, 처분, 운용, 개발, 그 밖의 신탁 목적의 달성을 위하여 필요한 행위를 하는 법률관계를 말한다(신탁법2). 즉 신탁은 위탁자가 타인(수탁자)에게 사무 처리를 부탁하는 형태로, 형식적인 재산권 귀속자인 관리자(관리권자)와 실질적인 이익향유자(수익자)를 분리하면서 이익향유자를 위한 재산의 안전지대를 구축하는 제도이다. 신탁의 주된 구성요소는 위탁자, 수익자, 신탁의 목적, 신탁설정 행위 및 신탁재산이다. 수익자가 없는 특정의 목적을 위한 신탁(목적신탁)도 인정된다.

2. 신탁의 기능

현대의 금융거래에서 신탁은 매우 중요한 역할을 하고 있다. 금융거래에서 신탁의 기본적인 기능으로는, 신탁재산의 독립성에 따라 신탁재산이 위탁자와 수탁자의 도산으로부터 절연될 수 있게 하는 기능(= 도산절연기능)과 재산을 단일 또는 복층의 신탁 수익권으로 변환시켜 보다 쉽게 금융거래의 수단이 될 수 있도록 하는 기능(=재산변환기능)을 들 수 있다. 또한 신탁재산이나 그에 관한 수익권의 행사를 수익자에 대한 채무의 담보목적으로 제한하는 경우에는 신탁재산이 실질적으로 담보의 기능을 한다(=신탁의 담보적 기능). 이러한 신탁의 기능을 활용하여, 가장 기본적인 담보부대출 거래에서부터 다양한 금융기법이 총체적으로 이용되는 자산유동화 등의 복잡한 구조화금융 거래에 이르기까지 신탁이 널리 이용되고 있다. 신탁을 이용한 금융거래로는 투자신탁, 자산유동화, 담보신탁, 프로젝트금융, 교환사채, 담보부사채신탁 등을 들 수 있고, 신탁법 개정에 의하여 사업신탁, 담보권신탁, 유한책임신탁, 신탁사채, 수익증권발행신탁, 신탁의 합병·분할 등 새로운 제도가 도입됨으로써 신탁의 이용가능성이 증대되었다.[1]

Ⅱ. 신탁의 종류

신탁은 그것을 통해 어떤 목적을 달성하고자 하는지 그리고 어떻게 설계하는지에 따라 다양한 형태로 설정될 수 있다. 또한 신탁은 개별적인 기준에 따라 여러 종류로 분류될 수 있다. 여기서는 기본적인 유형을 살펴본다.

1. 임의신탁과 법정신탁

신탁은 발생원인에 따라 임의신탁과 법정신탁으로 구분된다. 당사자의 의사표시(신탁계약, 유언, 신탁선언 등)에 따라 설정되는 경우가 임의신탁이고, 신탁종료 이후의 신탁(신탁법101④)과 같이 법률에 의해 그 존속이 간주되는 신탁이 법정신탁이다.

---

1) 박준·한민(2019), 228-229쪽.

2. 공익신탁과 사익신탁

신탁의 목적에 따라 공익신탁과 사익신탁으로 구분되는데, 학술, 종교, 제사, 자선, 기예, 환경, 그 밖에 공익을 목적으로 하는 신탁(신탁법106)을 제외하고는 사익신탁이 된다. 사익신탁은 다시 위탁자와 수익자가 동일한 경우인 자익신탁과 위탁자와 수익자가 상이한 타익신탁으로 나뉜다. 타익신탁은 제3자를 위한 계약의 형태이다.

3. 능동신탁과 수동신탁

신탁이 설정되면 통상 수탁자는 적극적으로 신탁재산을 관리·운용 또는 처분하는데 이를 능동신탁이라고 한다. 수동신탁은 수탁자가 신탁재산의 명의인이 될 뿐 신탁재산의 관리방법에 대한 재량을 가지고 있지 않고, 수익자, 위탁자 등의 지시에 따라 관리·처분 등을 하는 신탁 또는 수탁자가 신탁재산을 적극적으로 관리 또는 처분을 해야 할 권리·의무를 부담하지 아니하는 신탁이다. 과거에는 수동신탁의 효력에 관하여 의문을 제기하는 견해가 있었던 것으로 보이나 근래에는 수동신탁이라고 하더라도 신탁법상의 신탁으로서의 효력을 인정하는 것이 일반적인 견해이다.[2]

4. 자익신탁과 타익신탁

위탁자가 수익자를 겸하는 경우를 자익신탁이라고 부르고, 위탁자와 수익자가 다른 경우를 타익신탁이라고 한다. 위탁자가 자신을 위해 재산의 관리·운용 목적의 신탁을 하는 경우 자익신탁 방식에 의한다. 재산의 승계, 담보제공, 기타 처분목적으로 신탁을 하는 경우에는 처음부터 타익신탁에 의할 수도 있고, 자익신탁에 의하여 위탁자가 수익권을 취득한 후 수익권을 제3자에게 양도, 담보제공, 기타의 방법으로 처분할 수도 있다. 처음부터 타익신탁으로 설정하는 경우 위탁자는 수익자로부터 신탁행위의 원인이 되는 법률행위로 반대급부를 받는 경우도 있고 그렇지 아니한 경우(증여)도 있다. 신탁행위로 달리 정하지 아니한 경우, 위탁자가 수익권 전부를 갖고 있는 자익신탁(후발적으로 자익신탁이 된 경우를

---

2) 박준·한민(2019), 224쪽.

포함)은 위탁자나 그 상속인이 언제든지 종료할 수 있다.[3]

금융거래에 이용되는 신탁에서는 하나의 신탁에 타익신탁과 자익신탁이 혼합되어 있는 경우가 많다. 예컨대 담보신탁은 타익신탁 부분(=위탁자의 채권자에 대한 우선수익권 부여)과 자익신탁 부분(=위탁자 자신의 후순위수익권 취득)으로 구성된다.

5. 영리(영업)신탁과 비영리(비영업)신탁

신탁은 수탁자가 신탁을 인수하는 것이 "영업으로" 하는 것인지 여부에 따라 영리신탁(=상사신탁)과 비영리신탁(=민사신탁)으로 구분할 수 있다. 영리신탁이란 신탁법상 신탁을 영업으로 하는 경우를 말하며(법9㉔), 비영리신탁이란 상행위로서가 아닌 사인 간의 민사신탁행위를 말한다. 영리신탁의 경우에는 신탁법뿐 아니라 자본시장법이 적용되며, 금융위원회로부터 신탁업 인가를 받아야 영위할 수 있다.[4]

영리신탁의 경우, 수탁자는 "업으로", 즉 "이익을 얻을 목적으로 계속적이거나 반복적인 방법으로" 신탁의 인수를 하는 신탁업자로서 자본시장법에 따른 규제(진입규제, 건전성규제, 영업행위규제 등)를 받는다. 자본시장법에 따라 규제되는 영리신탁은 신탁재산의 종류에 따라 금전신탁과 비금전신탁(=증권, 금전채권, 동산, 부동산, 부동산 관련 권리 또는 무체재산권을 신탁재산으로 하는 신탁)으로 구분된다(법103①). 종류가 다른 복수의 재산을 종합하여 수탁하는 것을 "종합신탁"이라고 한다(법103②). 금전신탁은 다시 위탁자가 신탁재산인 금전의 운용방법을 지정하는 것인지 여부에 따라 특정금전신탁과 불특정금전신탁으로 구분된다(영103).

---

3) 박준·한민(2019), 224-225쪽.
4) 박준·한민(2019), 225-226쪽.

제2절 자본시장법상 신탁상품

Ⅰ. 신탁재산의 제한

1. 신탁재산의 의의

신탁재산이란 신탁행위의 대상으로 수탁자가 위탁자로부터 양수하거나 처분받아 신탁의 목적에 따라 관리·처분하여야 할 대상을 말한다. 따라서 신탁재산은 형식적으로는 수탁자에게 귀속되어 관리·처분권이 있으나, 실질적으로는 수탁자가 신탁의 목적에 따라 관리·처분하여야 하는 제약을 받는다. 신탁은 수탁자가 보유하는 신탁재산에 관한 법률관계라고 할 수 있다. 모든 신탁에 있어서 위탁자는 수탁자에게 특정 재산을 이전하거나 기타 처분을 하게 하고(신탁법2), 이 재산은 신탁관계의 중심이 된다.[5]

2. 신탁재산의 범위

신탁재산은 위탁자가 처분하는 하나 또는 다수의 재산을 포함하는데, 신탁법은 특별히 목적재산으로서의 신탁재산(trust fund)과 신탁재산에 속한 개별 재산(property)을 구분하지 않는다. 그리고 개별 신탁재산의 종류에 대하여도 특별한 제한을 두고 있지 않다.[6] 다만 수탁자가 신탁업자인 경우 수탁할 수 있는 재산은 자본시장법에 따라 ⅰ) 금전, ⅱ) 증권, ⅲ) 금전채권, ⅳ) 동산, ⅴ) 부동산, ⅵ) 지상권, 전세권, 부동산임차권, 부동산소유권 이전등기청구권, 그 밖의 부동산 관련 권리, ⅶ) 무체재산권(지식재산권 포함)만에 한정된다(법103①). 그리고 수탁자의 신탁사무의 내용은 개별 약정에 따라 다양하지만 실무상 기준에 의하면 관리, 처분, 운용, 개발 등으로 구분될 수 있다. 실무상 신탁은 그 수탁자산에 따

---

5) 최수정(2016), 「신탁법」, 박영사(2016. 2), 235쪽.
6) 신탁재산은 신탁설정시에 대체로 확정되나 신탁 설정 후에도 고정되어 있는 것은 아니다. 즉 신탁재산의 범위는 신탁설정시 신탁행위에 의하여 결정되나, 신탁설정시 신탁재산에 하자가 있으면 위탁자의 담보책임으로 인하여 신탁재산은 변동이 생기며 또한 신탁설정시 신탁행위의 모든 요건이 완비되어 있지 않으면 그것이 완비될 때까지 신탁재산에 관하여 목적물의 변형, 과실의 산출, 비용의 투하 등 여러 가지 변동이 일어날 수 있다. 그러나 신탁행위 이후의 신탁재산의 범위는 이른바 물상대위 원칙에 의하여 결정된다.

라 크게 금전신탁과 재산신탁(부동산신탁 제외), 부동산신탁, 종합재산신탁으로 분류할 수 있다.

3. 신탁상품의 종류

신탁상품을 최초 신탁계약을 체결할 때 신탁받는 신탁재산의 종류에 따라 금전신탁, 증권신탁, 금전채권신탁, 동산신탁, 부동산신탁, 지상권·전세권 등 부동산의 권리에 관한 신탁, 무체재산권의 신탁으로 구분하고, 여러 가지 종류의 재산을 하나의 신탁계약으로 신탁받는 것을 종합재산신탁이라 한다.

Ⅱ. 금전신탁

1. 의의

금전신탁은 위탁자로부터 금전을 수탁하여 증권의 매수, 금융기관 예치, 대출, CP의 매수 등[7]으로 운용한 후 신탁기간 종료시 금전 또는 운용자산 그대로 수익자에게 교부하는 신탁이다. 금전신탁은 금전을 맡겨 자산운용을 통해 원본과 이익을 받는 것으로 적극적인 투자를 통한 재산증식을 목적으로 하는데, 오늘날 가장 많이 이용되고 있다.

금전신탁은 운용방법의 지정 여부에 따라 ⅰ) 위탁자가 신탁재산인 금전의 운용방법을 지정하는 특정금전신탁,[8] ⅱ) 위탁자가 신탁재산인 금전의 운용방법

---

7) 신탁법에서는 금전의 관리방법을 국채, 지방채, 특수채, 은행예금, 우체국예금 등 안전자산 위주로 허용하고 있으나(제41조), 자본시장법에서는 신탁재산의 운용방법으로 대통령령을 정하는 증권의 매수, 장내외파생상품 매수, 대통령령으로 정하는 금융기관에의 예치, 금전채권의 매수, 대출, 어음의 매수, 실물자산의 매수, 무체재산권의 매수, 부동산의 매수 또는 개발, 그 밖에 신탁재산의 안전성·수익성 등을 고려하여 대통령령으로 정하는 방법으로 운용대상을 폭넓게 인정하고 있다(법105①, 영106).

8) 금융투자상품에 비해 특정금전신탁의 경우에는 위탁자가 운용재산을 지정한다는 성격을 반영하여 자본시장법에 마련된 투자자보호 장치로서 강화된 판매규제나 자산운용상의 규제가 완화되어 있다. 즉 특정금전신탁상품의 경우 위탁자가 운용방법을 지정하도록 되어 있다는 점과 그러기 위해서는 위탁자가 그 지정된 상품에 대해 잘 알고 있다는 것이 전제되어 있다. 하지만 현실에서의 특정금전신탁은 금융기관(수탁자)이 투자상품을 미리 예정해 놓고 해당 투자상품을 고객(위탁자)에게 권유하여 판매하는 투자상품 판매의 실질을 가지면서 형식만 신탁계약의 형식을 취하는 경우가 대부분이다. 이를 "투자형 특정금전신탁"이라고 하는데, 현실에서 일반투자자는 대부분 이러한 투자형 금전신탁을 이용하고 있다.

을 지정하지 아니하는 불특정금전신탁으로 구분한다(영103).

2. 특정금전신탁

(1) 의의

특정금전신탁은 위탁자인 고객이 신탁재산의 운용방법을 수탁자인 신탁회사에게 지시하고, 신탁회사는 위탁자의 운용지시에 따라 신탁재산을 운용한 후 실적 배당하는 단독운용 신탁상품이다. 즉 특정금전신탁이란 "위탁자가 신탁재산인 금전의 운용방법을 지정하는 금전신탁"을 말하며(영103(1)), 이 경우 신탁업자는 위탁자의 운용지시에 따라 운용을 해야 하는 구속을 받게 된다(금융투자업규정4-85). 특정금전신탁은 위탁자가 운용방법을 지정하지 않고 신탁업자에게 운용을 일임하는 "불특정금전신탁"과 구별된다.

특정금전신탁은 영리신탁에만 존재하는 개념으로 위탁자와 수익자가 동일한 자익신탁인 경우가 대부분이다. 또한 특정금전신탁에는 "실적배당원칙"이 적용되므로 불특정금전신탁과 같이 원리금 보전이 불가능하며(영104③), 개별 고객의 신탁재산을 집합하여 운용(이른바 "합동운용")해서는 안된다는 제약을 받는다(영109③(5)).

(2) 특정금전신탁의 구분

특정금전신탁은 "지정형 특정금전신탁"과 "비지정형 특정금전신탁"으로 구분된다. "지정형 특정금전신탁"이란 투자자가 운용대상을 특정 종목과 비중 등 구체적으로 지정한 특정금전신탁을 말하며, "비지정형 특정금전신탁"이란 투자자가 운용대상을 특정종목과 비중 등 구체적으로 지정하지 아니한 특정금전신탁을 말한다(특정금전신탁업무처리 모범규준3). 지정형 특정금전신탁과 비지정형 특정금전신탁의 차이는 지정형 특정금전신탁이 투자판단까지 위탁자가 지정하는 형태이며, 비지정형 특정금전신탁은 운용방법을 자산종류 등으로 포괄적으로 지정하고, 투자판단은 신탁회사에게 일임하는 형태의 신탁을 말한다.

따라서 특정금전신탁은 고객의 운용지시에 의해서 신탁재산을 운용하는 상품이므로 지정형(비일임형)특정금전신탁이 원칙이지만, 고객이 운용지시를 할 때 일정 부분 신탁회사에게 위임하는 비지정형(일임형)특정금전신탁도 가능하다. 예를 들어 위탁자가 금전 1억원을 신탁회사에 위탁하고, 운용지시로 삼성전자 주식 50주를 1주당 60,000원에 매수하라고 하면 신탁회사는 아무런 투자판단 없이 고객의 지시에 따라 주식매수를 실행하고 자금결제 후 보관관리업무를 수행하게 되면, 이를 지정형(비일임형)특정금전신탁이라 한다, 반면 운용지시할 때 상장주식으로 운용하라고 지시만 하고 종목선정, 매수 가격 및 수량은 신탁회사가 결정하도록 위임함으로써 신탁회사의 투자판단에 의해 주식매수가 이루어질 경우 이를 비지정형(일임형)특정금전신탁이라 한다.9)

3. 불특정금전신탁

(1) 의의

불특정금전신탁은 위탁자의 신탁목적과 수탁자의 운용방법에 따라 세분화될 수 있다. 다만 상사신탁 부분에서 현재 불특정금전신탁은 대부분 자본시장법상 집합투자기구, 즉 펀드의 개념으로 포섭되어 그 영역을 달리하고 있다. 불특정금전신탁은 위탁자의 운용지시권이 없다는 점에 착안하여 불특정금전신탁이 집합투자와 동일한 개념으로 사용되고 있다.

불특정금전신탁은 2004년 7월부터 간접투자자산운용업법에서 집합투자와 유사하다는 이유로 예외적인 경우를 제외하고는 추가설정을 허용하지 않았다. 즉 세액공제 혜택이 있고 원금이 보장되는 연금신탁상품은 원금보장의 특징상 펀드와 구분되므로 불특정금전신탁상품이지만 유일하게 계속 판매가 허용되고 있다. 이로써 현재 시장에서 신규 판매되고 있는 금전신탁은 고객이 운용지시하고 있는 특정금전신탁이 대부분을 차지하고 있다.10)

(2) 연금신탁

연금신탁은 금전신탁의 일종으로 기업 등으로부터 갹출된 기금을 관리·운용하여 종업원들에게 연금급부를 시행하는 신탁을 말한다. 위탁자가 개인인 경우와 기업 등의 단체인 경우가 있으나, 일반적으로 기업의 퇴직연금제도에 의하여 기업 또는 기업과 그 종업원이 갹출하는 연금기금을 기업이 위탁자로서 신탁업자(은행)에게 신탁한다. 수익자는 연금제도에 가입되어 있는 종업원과 그 유족 등의 연금 및 일시금의 수급권자이다.11)

---

9) 전진형(2014), "금전신탁 규제 강화의 문제점과 제도 개선방안 연구: 특정금전신탁을 중심으로", 고려대학교 정책대학원 석사학위논문(2014. 8), 8쪽.
10) 전진형(2014), 7쪽.
11) 윤종미(2019), "은행신탁상품의 운용리스크 관리와 투자자보호방안", 금융법연구 제16권

　　자본시장법은 신탁상품의 경우 신탁업자는 수탁한 재산에 대하여 손실의 보전이나 이익의 보장을 하여서는 아니 된다(영104①)고 규정함으로써 원금보장이 되지 않는 것이 원칙이지만, 단서조항에서 연금이나 퇴직금의 지급을 목적으로 하는 신탁으로서 금융위원회가 정하여 고시하는 경우에는 손실의 보전이나 이익의 보장을 할 수 있다고 함으로써[12] 연금신탁의 경우 원금보장을 할 수 있도록 하는 예외 규정을 두고 있다.

Ⅲ. 재산신탁

　　재산신탁(부동산신탁 제외)은 금전 외의 재산을 수탁하는 것을 말한다.

1. 증권신탁

　　증권신탁은 고객으로부터 증권을 수탁하여 관리·운용하고 신탁만기시 신탁재산을 운용현상대로 교부하는 신탁으로서, 관리증권신탁과 운용증권신탁이 있다.

2. 금전채권신탁

　　금전채권신탁은 금전채권을 신탁재산으로 수탁하여 이를 관리 또는 추심하고 신탁만기시 수익자에게 지급하는 신탁으로서, 신탁재산으로는 대출채권, 신용카드채권, 리스채권 등이 있다. 금전채권신탁은 금전채권의 관리·추심을 목적으로 하는 신탁이지만, 수탁된 금전채권의 수익권을 제3자에게 양도하여 자금을 조달하는 수단으로 주로 이용된다.

3. 동산신탁

　　동산신탁은 선박, 항공기, 차량, 중기 등의 수용설비나 기계용 설비 등을 신탁받은 후 사업자에게 임대 운용하는 방식으로 신탁재산을 관리·운용하거나 처

제1호(2019. 3), 67쪽.

12) 신탁업자는 손실의 보전이나 이익의 보장을 한 신탁재산의 운용실적이 신탁계약으로 정한 것에 미달하는 경우에는 특별유보금(손실의 보전이나 이익의 보장계약이 있는 신탁의 보전 또는 보장을 위하여 적립하는 금액), 신탁보수, 고유재산의 순으로 충당하도록 하고 있다(자본시장법 시행령104②).

분하는 신탁으로 주로 신탁수익권 양도를 통한 자금조달수단으로 활용된다. 동산신탁의 신탁재산은 선박, 항공기, 자동차 등과 같이 등기 또는 등록할 수 있는 재산이어야 한다.

4. 부동산 관련 권리신탁

부동산 관련 권리의 신탁은 지상권, 전세권, 부동산임차권 등의 관리 및 활용을 목적으로 한다.

5. 무체재산권신탁

무체재산권의 신탁은 저작권, 상표권, 특허권 등의 무체재산권의 관리 또는 처분을 목적으로 하는 신탁으로, 기업들의 특허권이나 영화, 음반 제작회사의 저작권 등을 신탁회사에 신탁하여 전문적인 관리가 가능하도록 하거나 신탁수익권의 양도를 통한 자금조달수단으로 활용된다.

Ⅳ. 부동산신탁

1. 의의

부동산신탁은 부동산을 신탁의 목적물로 하는 신탁이다. 즉 신탁을 설정하는 자(위탁자)와 신탁을 인수하는 자(수탁자) 간의 신탁계약을 통해 수탁자에게 부동산을 이전 또는 담보권의 설정 및 그 밖의 처분을 하고, 수탁자로 하여금 일정한 자(수익자)의 이익 또는 특정의 목적을 위하여 그 재산의 관리, 운용, 처분, 개발, 그 밖에 신탁 목적의 달성을 위하여 필요한 행위를 하게 하는 법률관계를 말한다(신탁법2). 위탁자는 신탁을 설정함으로 인해 수탁자에게 재산을 이전하고, 수탁자는 사전에 계약서에서 약정한 목적에 따라 해당 재산을 관리, 운용, 처분, 개발 등의 행위를 하게 된다. 이러한 신탁행위로 발생한 이익은 수익자에게 귀속된다. 위탁자와 수익자는 별개의 지위이다. 하지만 반드시 다른 자임을 요하지 않으며, 당사자 간의 약정에 따라 위탁자 스스로 또는 제3자로 하여금 수익자의 지위를 갖게 할 수도 있다.

부동산신탁회사는 자본시장법 제12조(금융투자업자의 인가) 및 자본시장법 시행령 제16조(인가요건 등)에 따라 일정한 요건을 갖추고 금융위원회로부터 인가를 받아 금융투자업(신탁업)을 영위하는 금융기관이다. 이에 따라 부동산신탁업자의 영업행위와 관련해서는 자본시장법이 특별법으로 우선 적용되며 자본시장법에 특별한 규정이 없는 경우에는 신탁법의 적용을 받는다.

2. 유형

(1) 개요

일반적으로 신탁재산의 운영이 영리를 목적으로 하는지에 따라 영리신탁과 비영리신탁으로 분류[13]하는데, 부동산신탁은 신탁을 업으로 하는 수탁자가 영리로 하는지 비영리로 하는지에 따라서 "영리 부동산신탁"과 "비영리 부동산신탁"으로 나뉜다. 일반적으로 재건축조합에서 재건축사업 등의 정비사업 시행을 위해 조합원들로부터 부동산을 수탁하는 경우에 해당하는 것이 비영리 부동산신탁의 대표적인 사례이다. 다만 그 외의 일반 사인들의 신탁계약에서는 거의 사용되지 않는다.[14]

영리 부동산신탁의 유형은 관리신탁, 처분신탁, 담보신탁, 토지신탁 등으로 나누어 볼 수 있다. 실무적으로 영리 부동산신탁은 전형적인 관리신탁, 처분신탁, 담보신탁, 토지신탁의 신탁계약서에 특약사항으로 여러 조항을 추가하여 사용되며, 이해관계자의 합리적인 요청에 의해 혼합적으로 이루어지는 경우가 빈번하다. 구체적인 사안에서 해당 부동산신탁의 유형을 판단할 때 그 신탁계약서 제목으로 판단할 것이 아니라 신탁계약서의 전체 조항을 종합적으로 검토한 후 그 신탁의 계약이 어떠한 유형에 해당하는 부동산신탁인지를 판단해야 한다.

(2) 관리신탁

부동산 관리신탁은 다양하고 복잡한 권리를 보호하고 재산을 합리적으로 운용하기 위하여 전문적인 능력을 가진 부동산 관리자를 세워 부동산소유자 대신

---

13) 영리신탁에서 신탁회사와 같이 상행위로서 신탁의 인수를 영업으로 하면 상사신탁이라고 하며 일반적으로 신탁회사의 형태를 가진다. 이와 반대로 가족신탁, 성년후견신탁, 소비자 보호신탁 등과 같은 민사신탁의 예를 들 수 있다. 일반적으로 수탁자가 보수를 받지 않는 비영리신탁인 경우가 많다. 수탁자의 자격은 일반적으로 신탁법으로 그 결격사유와 더불어 그 목적에 맞는 능력을 정하고 있다.

14) 고은수(2020), "부동산신탁 과세제도의 문제점 및 개선방안", 고려대학교 법무대학원 석사학위논문(2020. 2), 7-8쪽.

에 해당 부동산의 임대차, 시설유지, 세무 등의 관리를 일체적이고 종합적으로 하는 신탁이다. 전업 부동산신탁회사, 은행, 증권회사 및 보험회사 모두 관리신탁 행위를 업으로 영위할 수 있지만, 증권회사와 보험회사는 분양관리신탁을 업으로 영위할 수는 없다(영15① [별표 1] 인가업무 단위).

관리신탁은 수익자에게 신탁의 수익을 배분하는 "갑종관리신탁"과 신탁부동산의 소유명의만을 관리하여 주는 "을종관리신탁"으로 나뉜다. 실무상으로는 갑종관리신탁이 이용되는 사례는 많지 않고 을종관리신탁만이 행해진다.

(3) 처분신탁

부동산 처분신탁은 위탁자가 신탁부동산의 소유권을 수탁자에게 이전하고, 수탁자는 신탁부동산의 등기명의를 보존하고 이를 처분하여 그 처분대금을 신탁계약에 정해진 바에 따라 수익자에게 지급하는 것을 목적으로 하는 신탁을 말한다. 즉 신탁받은 부동산의 규모가 크거나 고가라서 매수인의 수가 제한되어 있거나, 권리관계가 복잡하게 얽혀 있어서 처분절차나 방법이 어려운 경우, 잔금 청산까지 오랜 기간이 소요되어 소유권의 유지와 관리에 각별히 주의를 요하는 부동산인 경우, 수탁자가 전문성과 공신력을 갖추고 있어서 처분을 목적으로 수탁자에게 그 소유권을 일시 이전한 후 수탁자가 대신 그 부동산을 처분하게 하는 것이다. 자본시장법에 의하면 신탁을 전문적으로 하는 부동산신탁회사, 은행, 증권회사 및 보험회사는 모두 처분신탁의 수탁자가 될 수 있다(영15① [별표 1] 인가업무 단위).

부동산 처분신탁도 부동산 관리신탁과 동일하게 수탁자가 신탁받은 부동산의 명의만을 관리하다가 처분하는 "을종처분신탁"과 명의 이외에 처분 전까지 각종 물건관리행위 일체를 스스로 할 수 있는 "갑종처분신탁"으로 나뉜다. 처분신탁에서 신탁의 목적은 주로 처분하는 것이며, 처분 전까지의 관리는 대체로 소극적이다. 실무상으로는 명의관리를 하다가 처분하는 을종처분신탁만이 행해지고 있다.

(4) 담보신탁

부동산 담보신탁은 채무자의 우선수익자[15]에 대한 채무이행을 담보하기 위하여, 위탁자는 신탁부동산의 소유권을 수탁자에게 이전하고 수탁자는 신탁부동

---

15) "우선수익자"란 수익자들 중에서 신탁계약에 따라 신탁재산으로부터 우선적으로 지급을 받을 권리를 갖고 의무를 부담하는 자를 말한다.

산의 소유권을 보전 및 관리하며 신탁계약에서 정해진 사유 발생시 신탁부동산을 처분하여 그 처분대가 등 신탁재산을 신탁계약에 정해진 바에 따라 지급하는 것을 목적으로 하는 신탁을 말한다. 즉 부동산 담보신탁이란 수익자를 채권자로 하여 채무자 또는 제3자(일종의 물상보증인)가 신탁부동산의 소유권을 수탁자에게 이전하고, 수탁자는 해당 신탁재산을 담보목적으로 관리하다가 정상적으로 채무가 이행될 경우 해당 신탁재산의 소유권을 위탁자에게 환원한다. 만약 채무자가 채무를 변제하지 아니할 경우에는 해당 신탁재산을 처분하고, 그 처분대금으로 채권자인 수익자에게 변제한다. 잔액이 남을 경우에는 채무자에게 다시 반환한다. 다시 말해 신탁제도를 활용한 부동산 담보방법이다. 담보신탁은 신탁제도의 담보기능을 이용한 관리신탁과 처분신탁의 결합형으로, 실무상으로 관리·처분신탁 계약 형식으로 체결된다. 부동산신탁회사 및 은행은 담보신탁의 수탁자가 될 수 있으나 증권회사와 보험회사는 수탁자가 될 수 없다(영15① [별표 1] 인가업무 단위).

(5) 토지신탁(개발신탁)

부동산 토지신탁이란 신탁회사가 신탁의 인수시에 신탁재산으로 토지 등을 수탁하고 신탁계약에 따라 토지 등에 건물, 택지, 공장용지 등의 유효시설을 조성하여 처분·임대 등 부동산 사업을 시행하고 그 성과를 수익자에게 교부하여 주는 신탁을 말한다(금융투자회사의 영업 및 업무에 관한 규정2-65⑥). 토지신탁은 개발사업 후 수익을 올리는 방법에 따라 임대형 토지신탁, 분양형(처분형) 토지신탁, 혼합형 토지신탁으로 나뉜다. 그리고 사업비 조달의무를 누가 부담하는지에 따라 사업비 조달의무를 위탁자가 부담하는 "관리형 토지신탁"과 사업비의 조달의무를 신탁사(수탁자)가 부담하는 "차입형 토지신탁"으로 구분된다(금융투자회사의 영업 및 업무에 관한 규정 별표 15 토지신탁수익의 신탁종료전 지급기준). 토지신탁은 전업 부동산신탁회사만이 가능하고, 은행, 증권회사 및 보험회사는 토지신탁의 수탁자가 될 수 없다(영15① [별표 1] 인가업무 단위).

토지신탁은 토지소유자가 자신이 보유한 토지를 효율적으로 이용하기 위하여 개발사업을 전문적으로 수행하는 부동산신탁회사에 토지를 신탁하고 수탁자인 신탁회사는 신탁계약에서 정한 바에 따라 신탁재산인 토지를 관리·처분·개발하여 그 성과를 토지소유자에게 돌려주는 형태의 신탁이다.

V. 종합재산신탁

1. 의의

종합재산신탁이란 하나의 신탁계약에 의해 금전, 증권, 부동산, 무체재산권 (지식재산권 포함) 등 여러 유형의 재산을 함께 수탁받아 통합관리·운용할 수 있는 신탁제도이다(법103②). 이것은 고객이 신탁재산의 운용지시권을 갖는다는 점에서 특정금전신탁과 유사하나, 수탁재산의 범위가 금전에만 국한되지 않고 증권, 부동산 등 모든 재산으로 확대된다는 점에서 투자일임업(Wrap Account)과 구별된다. 즉 투자일임업은 주로 금전을 위탁받아 금융투자상품에 운용하나, 종합재산신탁은 수탁재산의 종류가 다양하고 운용대상도 증권 외에 부동산 등으로 확대 가능하므로 운용방식이나 자산 포트폴리오 구성에서 우위를 가질 수 있다.

2. 특징

종합재산신탁의 도입에 따른 기대효과를 살펴보면, ⅰ) 고객의 요구에 맞는 종합금융서비스를 제공할 수 있다는 점이다. 금전 위주의 자산운용에서 탈피하여 고객의 모든 재산에 대한 관리와 운용이 가능해지고 하나의 신탁계약으로 모든 재산을 관리함에 따라 거래비용이 절감되고 금융기관의 전문가에 의한 안정적인 재산관리가 가능해질 수 있다. ⅱ) 기업의 입장에서는 금전채권, 유가증권 등의 보유자산을 하나의 신탁계약에 의해 유동화증권을 발행함으로 자금조달의 편리성과 효율성을 높이고 수수료 등 비용의 절감과 안전성의 확보도 가능하게 된다. ⅲ) 노후생활자금의 확보수단으로 활용될 수 있다는 점이다. 개인 소유의 모든 재산을 신탁하고 신탁의 수익권을 통해 정기적인 금전을 수령하는 신탁계약도 가능하게 되는데 역모기지(reverse mortgage) 등을 통한 노후생활자금의 손쉬운 확보수단으로 활용할 수 있을 것이다. 즉 고령화사회에 대비하여 생전에는 재산을 보전, 증식하며 사후에는 유산관련업무까지 포괄하는 전 생애에 걸친 금융서비스 시스템의 구축이 가능해졌고 각종 연금과 함께 고령화 사회의 도래에 따른 사회적 안전망의 기능도 가능하게 되었다.[16]

---

16) 조중연(2004), "종합재산신탁의 도입과 영향", 하나경제 리포트(2004. 9), 1쪽 이하.

제3절 신탁법상 신탁상품

I. 자금조달을 위한 신탁

1. 유한책임신탁

유한책임신탁은 2011년 신탁법 개정에 따라 신설된 신탁[17]으로 신탁행위로 수탁자가 신탁재산에 속하는 채무에 대하여 신탁재산만으로 책임지는 신탁을 말하며, 유한책임신탁을 설정하려면 이를 등기하여야 효력이 발생한다(신탁법114). 유한책임신탁은 자원, 부동산 등 대규모 개발 사업이나 사업신탁 등에서 널리 이용될 수 있으며, 신탁사업의 연쇄부도로 인한 피해를 방지할 수 있는 장점이 있다.[18] 유한책임신탁과 거래하는 제3자를 보호하기 위하여 유한책임신탁의 명칭 사용의 제한과 위반 시 제재, 수탁자의 명시·교부의무, 회계서류 작성의무, 수탁자의 제3자에 대한 책임, 고유재산에 대한 강제집행 등의 금지, 수익자에 대한 급부의 제한, 초과급부에 대한 전보책임에 관하여 규정하고 있다(신탁법115-121).

2. 수익증권발행신탁

수익증권발행신탁이란 신탁행위로 수익권을 표시하는 수익증권을 발행하기로 정한 신탁으로서, 신탁의 수익자가 가지는 권리를 유가증권에 얹어 투자자 간에 유통시키고 권리를 취득하기 위해 투자한 금전을 회수하기 쉽게 만든 신탁을 말한다. 수익증권신탁은 종전의 집합투자기구로서의 기능, 유동화 기구로서의 기능, 기업의 대용으로 사용하는 것도 가능하며, 더 나아가 수탁자가 신탁재산을 분할하여 다수의 수익자에게 유동화시키는 것도 가능하다.[19]

---

17) 유한책임신탁의 도입배경을 살펴보면, 수탁자는 신탁채무에 대해 고유재산으로도 무한책임을 져야 하는 것이 원칙이나, 상사신탁에서는 신탁의 부실이 수탁자의 파산으로 이어지는 불합리한 현상이 발생할 가능성이 있으므로, 수탁자가 안심하고 신탁을 맡고 적극적인 활동을 할 수 있도록 보장하기 위하여 고유재산이 아닌 신탁재산만으로 신탁채무에 대해 책임을 지는 유한책임신탁 도입의 필요성에 따라 도입되었다(안성포(2014), 130쪽).

18) 법무부, "유언대용 신탁으로 상속재산 자녀분쟁 이제 그만! – 재산 사회환원도 손쉽게, 「신탁법」 50년만에 전면개정"(2011. 6), 보도자료.

19) 윤종미(2019), 62쪽.

Ⅱ. 재산관리형 신탁

자신의 재산을 다양한 방법으로 후손에게 물려주거나 사회에 환원할 수 있는 신탁으로써 유언대용신탁과 증여신탁, 수익자연속신탁 등이 있다.

1. 유언대용신탁

유언대용신탁이란 금융기관과 생전에 자산신탁계약을 맺고, 위탁자가 생존 중 본인의 의사로써 수탁자에게 재산관리 및 유산상속 승계 사무처리를 맡기는 것으로 위탁자가 생존 중 처음에는 스스로를 수익자로 지정하여 신탁의 효력을 발생시킨 다음, 위탁자가 사망한 시점에서 지정된 자, 즉 수익자(특정상속인이나 제3자)에게 계약내용대로 자산을 분배·관리하는 형태의 신탁을 말한다(신탁법59). 예를 들어 현금 10억원을 유언대용신탁에 가입하면서 자신이 치매에 걸리거나 사망할 경우 자녀가 성년이 될 때까지 매달 300만원의 생활비를 지급하다 대학 졸업 후 신탁계약을 해지하고 자녀에게 재산을 물려주도록 계약하는 방식이다.[20]

2. 증여신탁

증여신탁이란 부모명의로 돈을 맡기면 자산이 국·공채 같은 신용도가 높은 채권 등에 안정적으로 투자하여 원금 및 투자이익을 수증자(자녀 등)의 명의계좌로 원금과 이자를 돌려주는 금융상품을 말한다. 증여신탁으로 자녀 등에게 증여세의 합법적인 절세와 수증자의 재산소진의 위험을 감소시킬 수 있는 분할 지급식 증여신탁을 많이 활용하고 있으며, 일반 증여시보다 절세효과가 있으므로 효과적이라 할 수 있다.[21]

3. 수익자 연속신탁

수익자 연속신탁이란 신탁행위로 수익자가 사망한 경우 그 수익자가 갖는 수익권이 소멸하고 타인이 새로 수익권을 취득하도록 하는 뜻을 정할 수 있는 형태의 신탁을 말한다. 이 경우 수익자의 사망에 의하여 차례로 타인이 수익권을 취득하는 경우를 포함한다(신탁법60). 영미에서는 재화의 유통을 저해하는 것을

---

20) 윤종미(2019), 63쪽.
21) 윤종미(2019), 63-64쪽.

막는다는 취지에서 일반적으로 이용되고 있는 제도로써 위탁자 생전의 신탁계약과 사후의 유언신탁에 의하여 발생할 수 있는데, 위탁자가 생전에는 자신을 수익자로, 자신의 사후에는 부인을 수익자로, 부인의 사후에는 자녀를 수익자로 하는 유형의 신탁을 허용할 필요성과 수익자 연속신탁에 관한 학설상의 논란을 입법적으로 해결하기 위해 명시적으로 규정을 둔 것이다.[22]

Ⅲ. 기타 신탁

그 밖에 동산신탁, 성년후견신탁, 반려동물을 위한 신탁 등이 있다. 동산신탁이란 선박, 항공기, 차량, 중기 등의 수송용 설비나 기계용 설비 등을 신탁받은 후 사업자에게 임대 운용하는 방식으로 신탁자산을 관리, 운용하거나 처분하는 신탁을 말한다. 성년후견신탁이란 위탁자가 향후 치매 발병 등에 대비해 은행과 신탁계약을 맺고 금전을 맡기는 신탁상품이며, 반려동물을 위한 신탁이란 주인이 사망해 동물을 돌보지 못할 경우를 대비해 신탁업자에게 새 부양자를 지정하고 돈을 맡기는 신탁상품을 말한다.[23]

---

22) 안성포(2014), "현행 신탁업의 규제체계와 한계", 한독법학 제19호(2014. 2), 111쪽.
23) 윤종미(2019), 65-66쪽.

제5장

예금상품과 대출상품

제1절 예금

Ⅰ. 예금의 의의

예금은 "예금자가 은행 기타 수신을 업으로 하는 금융기관에게 금전의 보관을 위탁하되 금융기관에게 그 금전의 소유권을 이전하기로 하고, 금융기관은 예금자에게 같은 통화와 금액의 금전을 반환할 것을 약정하는 계약"이다. 예금을 받는 것은 은행업의 본질적 요소이고 은행을 다른 종류의 금융기관과 구별하는 기준이 된다. 은행법상의 은행 이외에 상호저축은행, 신용협동조합, 새마을금고, 체신관서 등이 예금, 예탁금, 예수금 등의 명칭으로 수신업무를 하고 있어 비은행예금취급기관으로 불린다.

Ⅱ. 예금의 종류

1. 만기별 분류

예금거래기본약관은 예금을 입출금이 자유로운 예금, 거치식예금 및 적립식예금으로 나누어 규정하고 있다. 예금거래기본약관에서 정한 입출금이 자유로운 예금과 거치식예금·적립식예금의 분류는 종래의 요구불예금[1]과 저축성예금[2]에 각각 대응하는 경우가 대부분이지만 두 분류가 완전히 동일하지는 않다. 예컨대 저축예금은 입출금이 자유로운 예금이지만 저축성예금으로 분류되고 있었다.

(1) 입출금이 자유로운 예금

입출금이 자유로운 예금은 말 그대로 "예치기간을 정하지 않고 언제든지 자유롭게 입출금하는 예금"이다(입출금이 자유로운 예금 약관 1조①). 입출금이 자유로운 예금은 예금자가 언제든지 찾을 수 있는 대신 예금이자율이 거치식예금·적립식예금보다 훨씬 낮다. 입출금이 자유로운 예금은 대체로 예금자가 지급결제의 편의 또는 일시적 보관을 위하여 이용한다고 볼 수 있다.[3]

(가) 보통예금

보통예금은 가장 일반적인 예금으로서 예입과 인출을 자유로이 할 수 있는 통장식 은행예금이다. 보통예금은 가입대상, 예치금액, 예치기간, 입출금 회수 등에 제한이 없는 가장 대표적인 예금 유형이다. 당좌예금계정을 개설하지 않은 중소상공업자의 출납예금으로 많이 이용되고 있는데 금리는 대부분 은행이 무이자 또는 0.1% 수준의 낮은 금리를 적용하고 있다.

(나) 당좌예금

당좌예금은 예금자가 은행을 지급인으로 하는 수표 또는 은행을 지급장소로 하는 어음을 발행하여 그 수표·어음을 제시하는 사람에게 지급하도록 하는 지급위탁이 결합된 예금이다. 제시된 수표·어음의 금액이 당좌예금의 잔액을 초과하면 그 수표·어음은 지급되지 못할 것이지만, 기업·상인이 당좌예금을 하는 경우에는 통상 일정한 당좌대출한도를 정하여 그 한도 내에서는 예금 잔액을 초과하는 수표·어음 제시가 있더라도 은행이 지급할 수 있도록 하는 당좌대출 계약을 함께 체결한다. 당좌예금 계좌를 통하여 당좌대출이 일어난다고 하더라도 대출거래는 당좌대출 계약에 의한 것이다. 당좌예금에는 이자가 지급되지 않는다 (입출금이 자유로운 예금약관 2조①).

---

1) 요구불예금은 예금자의 인출요구가 있으면 즉시 반환하여야 하는 예금으로 예치 개시 초에 기간을 설정하지 않고 일시적으로 자금을 운용, 자금보관 또는 출납편의를 목적으로 예치할 때 사용하는 예금을 말한다. 요구불예금은 이자가 없거나 아주 미미한 수준이며 대표적인 통화성 예금으로 현금통화와 함께 통화량 지표 M1에 포함된다.

2) 저축성예금은 예치 개시 초에 예치 기간을 미리 정하고 기한도래 전에는 인출이 안 되는 대신, 기한에 따라 또는 특성에 따라 높은 이자가 지급되기도 하는 고수익 예금상품이다.

3) 박준·한민(2019), 28쪽.

(다) 별단예금

별단예금은 업무중에 발생하는 미결제자금, 타예금계정으로 처리할 수 없는 자금, 기타 특정자금을 일시 예수하는 계정으로서, 은행의 회계목적 달성에 필요한 계정으로 궁극적으로 고객에게 반환된다.

은행회계처리기준은 ⅰ) 당좌거래 없는 자로부터 위탁받고 추심한 어음대금, ⅱ) 예금종목 미정의 수입금, ⅲ) 당좌해약금, 사망자의 예금, ⅳ) (예금거래 없는 자의) 대출금 가지급금의 정리잔금 및 환출이자, ⅴ) (예금거래 없는 자의) 계산착오로 인한 초과징수금, ⅵ) 자기앞수표, ⅶ) 기타 일시적인 예수금을 별단예금의 예로 들고 있다. 판례에 나타난 예로는 어음수표 사고신고담보금, 지급대행을 위하여 수령한 사채원리금, 주금납입금, 신용장매입대금 등이 있다.

별단예금은 궁극적으로 고객에게 반환될 성질의 자금을 회계처리하기 위한 것이고 그 반환도 예금약관이 아닌 그 별단예금으로 처리된 자금에 관한 법률관계를 규율하는 법리에 근거하여 이루어진다. 예컨대 사고신고담보금은 어음 발행인이 어음 지급은행에 예치한 것이지만 어음 소지인이 정당한 어음상의 권리자임이 판명되면 그에게 사고신고담보금을 반환해야 하고, 은행이 지급대행기관으로서 회사채 발행회사로부터 수령한 사채원리금 지급자금은 사채권자에게 지급하기 위하여 은행이 수탁자로서 관리하는 것이므로 별단예금으로 예치된 신탁의 수익자로 인정되는 사채권자에게 반환해야 한다.[4]

따라서 일정한 거래기한이나 거래약관이 없고 예금증서나 통장도 발행하지 않으며 필요한 경우 예치증, 영수증 또는 확인서 등을 발행해 줄 뿐이다.

(라) 저축예금

저축예금은 입출금이 자유로운 예금이지만 예치기간과 예치금액에 따라 보통예금보다 높은 이자율이 적용된다는 점에서 거치식예금의 특성의 일부가 반영되었다고 할 수 있다.

(마) MMDA(시장금리부 수시입출금식 예금)

MMDA(Money Market Deposit Account, 시장금리부 수시입출금식 예금)는 시장실세금리에 의한 고금리와 자유로운 입출금 및 각종 이체, 결제기능이 결합된 상품으로 단기간 목돈을 운용할 때 유리한 예금상품이다. 자산운용회사의 MMF

---

4) 박준·한민(2019), 29쪽.

(Money Market Fund)나 증권회사의 CMA(Cash Management Account)와 같이 단기간 예치하면서 시장실세금리를 지급하는 상품과 경쟁하는 상품이다.[5]

(2) 거치식예금·적립식예금

(가) 거치식예금

거치식예금은 "예치기간을 정하고 거래를 시작할 때 맡긴 돈을 만기에 찾는 예금"이다(거치식예금 약관 1조①). 정기예금이 이에 해당한다. 정기예금은 예금자가 이자 수취를 목적으로 예치기간을 사전에 약정하여 일정금액을 예입하는 기한부 예금이다. 정기예금은 은행 측에서 볼 때 일정기간 예금인출 가능성이 낮아 자금운용의 안정성이 보장되는 이점이 있다. 정기예금은 예치한도 및 가입대상에 대한 제한이 없고 예치기간은 1개월 이상이며 금리는 자유화되어 있다.

(나) 적립식예금

적립식예금은 "기간을 정하고 그 기간중에 미리 정한 금액이나 불특정 금액을 정기 또는 부정기적으로 입금하는 예금"이다(적립식예금 약관 1조①). 정기적금이 이에 해당한다. 정기적금은 계약금액과 계약기간을 정하고 예금주가 일정금액을 정기적으로 납입하면 은행이 만기일에 계약금액을 지급하는 적립식 예금이다. 일반적으로 가입대상 및 예치한도에는 제한이 없으며 계약기간은 6개월 이상이다. 정기적금은 예금주가 일정기간(일반적으로 1/4회차 정도) 납입하면 적금계약액 범위 내에서 대출이 가능하며(적금대출) 또한 적금 납입액의 90% 범위에서 대출(적금담보대출)을 받을 수 있는 장점이 있다. 거치식예금과 적립식예금은 이자증식을 통한 저축을 위하여 이용된다.

(다) 양도성예금증서

양도성예금증서는 거치식예금약관이 적용되는 예금 가운데 예금반환청구권을 증서에 의해 양도할 수 있도록 한 예금상품이다. 예금의 이전과 행사에 증서가 필요하다는 점에서 유가증권에 해당하지만 예금계약의 성립 및 예금자의 예금반환청구권의 발생에 증서가 발행되어야 하는 것은 아니다.[6]

양도성예금증서는 일반적으로 최저발행단위에 대한 제한은 없으나 개인은 1천만원 이상, 법인은 10억원 이상이 대부분인 거액예금수단으로서 최장만기 제한이 없는 대신 최단만기가 30일 이상으로 제한된다. 발행형식은 할인식 양도가

---

5) 생명보험협회(2019), 「변액보험의 이해와 판매」, 생명보험협회(2019. 8), 32-33쪽.
6) 박준·한민(2019), 30쪽.

능증서의 형식을 취하고 있으며 중도환매는 허용되지 않는다.

2. 통화별 분류

예금이 어떤 통화로 이루어졌는가에 따라 원화예금과 외화예금으로 나누어지고 외화예금도 외화당좌예금, 외화보통예금, 외화정기예금, 외화별단예금 등으로 나누어진다.

외화예금은 금융기관에 미달러화, 엔화 등 외화로 예치되어 있는 예금을 말하며 보통·정기예금, 부금, 예치금 등을 포함하고 은행뿐만 아니라 체신관서 등 비은행금융기관에 금전을 맡기는 일체의 계약이 포함된다. 또한 원화예금과는 달리 환율의 움직임에 따라 원화표시 예금잔액이 변동된다. 외화예금의 금리는 외국환은행이 주요 국제금융시장 금리 등을 감안하여 자율적으로 결정하며 외국환은행은 수취한 외화예금에 대해서 금융통화위원회가 정하는 비율의 지급준비금을 한국은행에 예치하여야 한다.

제2절 대출

Ⅰ. 대출의 의의

대출(loan)은 은행이 이자수취를 목적으로 원리금의 반환을 약정하고 고객(＝차주, 채무자)에게 자금을 대여하는 행위를 말한다. 대출은 은행의 여신(＝신용공여)의 한 종류이다. 은행 이외에도 보험회사(보험업법106), 여신전문금융회사(여신전문금융업법46), 상호저축은행(상호저축은행법11), 새마을금고(새마을금고법28), 신용협동조합(신용협동조합법39), 대부업자(대부업법2(1)) 등도 각 관련 법률이 정한 범위 내에서 여신·대출 업무를 수행한다.

Ⅱ. 대출의 종류

1. 담보유무에 따른 분류

대출은 담보의 유무에 따라 신용대출, 담보대출 및 약관대출로 구분할 수 있다. 담보대출은 담보의 종류에 따라 인적담보대출, 물적담보대출로 구분할 수 있으며, 물적담보대출은 담보의 종류에 따라 부동산담보대출, 예금담보대출, 증권대출 등으로 구분할 수 있다. 약관대출은 선급금형태의 대출로서 신용대출도 아닌 제3의 대출유형이다.[7]

(1) 신용대출

신용대출은 담보 없이 대출을 받고자 하는 금융소비자의 신용만으로 대출이 이루어지는 것으로 보통의 경우 금융업자는 금융소비자의 직업, 소득, 인적사항, 재산상태, 해당 금융업자와의 거래실적 등을 기반으로 금융소비자의 신용리스크를 평가하여 대출을 실행한다.

(2) 담보대출

담보대출은 담보의 성질에 따라 인적담보대출과 물적담보대출로 구분할 수 있다. 인적담보는 금융소비자인 채무자의 채무불이행이 있을 경우 제3자인 보증인이 주채무자가 이행하지 않은 채무를 이행하겠다는 보증을 하는 것으로 금융업자와 금융소비자 간 대출계약서(여신거래약정서)와 별도로 금융업자와 보증인 간 보증계약서가 체결된다. 대표적인 인적담보로는 연대보증이 있다. 연대보증은 일반적으로 근보증이 체결되는데, 금융업자의 입장에서는 ⅰ) 채무자에게 우선청구 불필요, ⅱ) 보증인 1인에게 채무전부 청구가능, ⅲ) 기한연장·장래발생 신규채무까지 보증책임 부과 등의 장점이 있어 선호하는 제도였다. 그러나 새로운 연좌제라는 비판이 제기되고, 금융소비자보호에 취약하다는 역기능이 제기되었고, 2008월 7월 은행의 가계대출에 대한 연대보증제도의 폐지를 시작으로 연대보증제도를 점차 축소하고 있다.[8] 현재 연대보증제도는 폐지되어, 신규대출시 인적담보는 활용되지 않는다.[9]

---

7) 윤민섭(2014), "금융소비자보호관련 법제 정비방안 연구(Ⅰ): 여신상품을 중심으로", 한국소비자원 정책연구보고서(2014. 8), 29쪽.
8) 금융위원회 보도자료, "제2금융권 연대보증 폐지방안" 2013. 4. 26.
9) 윤민섭(2014), 32-33쪽.

물적담보는 금융소비자 또는 제3자가 금전등의 재산적 가치가 있는 것을 담보로 제공하는 것으로 대출의 실행과 동시에 저당권, 질권 등의 담보권이 설정된다. 담보물의 가치에 따라 대출한도 및 금리가 달라진다. 담보물의 종류에 따라 일반적으로 예금담보, 부동산담보, 증권담보로 구분할 수 있다. 금융소비자의 채무불이행이 있는 경우 금융업자는 설정한 담보권을 실행하여 채권의 만족을 얻게 되는데, 예금담보의 경우 예금과 대출채권을 상계하고, 부동산담보의 경우 경매 등의 부동산 매각절차를, 증권담보의 경우 해당 증권의 매매를 통해 담보권이 실행된다.

(3) 약관대출(보험계약대출)

약관대출(보험계약대출)은 보험회사가 자신과 보험계약을 체결한 금융소비자에게 대출원금 및 이자의 합계가 보험금 또는 해약환급금을 초과하지 않는 범위에서 체결하는 대출계약이다. 약관대출의 경우 대법원의 판례 변경 이전에는 보험회사와 금융소비자 간 체결되는 소비대차계약으로 보아 해약환급금을 담보로 하는 담보대출에 해당하였으나, 판례의 변경으로 인하여 더 이상 담보대출로 볼 수 없고, 새로운 유형의 대출상품계약으로 보아야 한다.[10]

약관대출은 금융소비자가 장래에 받을 보험금 또는 해지환급금을 미리 지급받는 것으로 일반적인 대출과 그 성격이 다르다. 약관대출에서 이자는 금전사용에 대한 반대급부가 아니라 보험회사가 책임준비금을 운용하여 얻을 수 있는 이익에 대한 보상 내지 보험금 또는 해약환급금의 선급에 대한 반대급부이다. 따라서 이자율은 해약환급금 계산시 적용되는 이율에 보험회사가 정하는 이율이 가산된다.[11] 또한 이자를 납입하지 않더라도 연체이자가 부과되지 않고, 미납이자를 대출원금에 합산한다.[12]

---

10) 윤민섭(2014), 33쪽.
11) 손해보험표준사업방법서 제22조 제2항 및 생명보험표준사업방법서 제31조 제2항 보험계약대출의 이율은 당해 보험계약의 해지환급금 계산시 적용하는 이율(다만, 동 이율의 적용이 불가능한 경우 공시이율 등으로 대체 가능)에 회사가 정하는 이율을 가산하여 정한다.
12) 손해보험표준사업방법서 제22조 제3항 및 생명보험표준사업방법서 제31조 제3항 회사는 계약자가 보험계약대출의 이자를 해당 납입일까지 납입하지 않더라도 연체이자를 부과하지 않는다. 다만, 회사는 제2항에 의한 미납이자를 보험계약대출의 원금에 합산할 수 있고 그 합산된 금액을 보험계약대출금액으로 하여 제2항의 보험계약대출 이율을 적용할 수 있다.

2. 거래유형에 따른 분류

대출은 구체적인 거래유형에 따라 통상 증서대출·당좌대출·어음대출·어음할인으로 분류한다. 여신거래기본약관(기업용)도 약관의 적용대상인 여신에 위 4가지 대출과 지급보증·환거래·기타 여신거래를 담고 있다.

(1) 증서대출

증서대출은 은행이 고객으로부터 어음거래약정서·대출거래약정서와 같이 금전소비대차계약의 내용을 기재한 문서를 받고 행하는 대출이다. 여신거래약정서·대출거래약정서는 ⅰ) 약관에 해당하는 부동문자로 인쇄된 부분, ⅱ) 당사자가 합의하여 정하는 개별 대출 거래조건(대출금액, 개시일, 만료일, 이자율, 수수료, 중도상환해약금, 대출실행방법, 상환방법, 이자지급시기 등)과 ⅲ) 기타 특약사항으로 구성된다.

증서대출은 대출시 차주로부터 어음 대신 차용증서를 징구하는 대출로 주로 특약사항이 많은 대출이나 한번 취급하면 상환시까지 재대출이 일어나지 않는 가계대출 또는 장기시설자금대출 등에 주로 활용하고 있다.

(2) 당좌대출

당좌대출은 은행에 당좌예금계좌를 개설한 고객이 당좌예금 잔액을 초과해서 발행한 어음·수표에 대해 미리 약정한 기간과 금액을 한도로 하여 은행이 지급함으로써 자금을 제공하는 방식의 대출이다. 당좌예금계좌를 개설한 고객이 은행에게 자신이 발행한 어음·수표를 당좌대출한도 내에서 지급할 것을 위임하는 내용의 위임계약과 당좌예금 잔액을 초과하는 금액의 어음·수표를 은행이 지급하면 그 초과액에 이자를 붙여 상환하기로 하는 소비대차계약이 혼합된 것이다.

(3) 어음대출

어음대출은 은행이 고객으로부터 고객이 발행한 약속어음을 받고 자금을 제공하는 방식의 대출이다. 은행과 고객 사이에서 금전소비대차계약이 체결되고 은행은 대출채권과 어음채권 양자 중 어느 쪽이라도 행사할 수 있다[은행여신거래기본약관(기업용) 2조]. 결국 어음은 대출채권의 지급을 위하여 또는 지급을 담보하기 위하여 발행되는 것이다. 약정이자·연체이자·수수료 등을 어음에 기재할 수 없다는 점 때문에 별도의 소비대차계약에 그러한 사항을 규정해야 하고, 대출금의 회수 시에도 어음에만 의존할 수 없고 별도의 소비대차계약에 의존할 필요가 있기 때문에 어음대출은 잘 이용되지 않는다.

(4) 어음할인

어음할인은 재화 및 용역 거래에 수반하여 발행된 상업어음, 수출신용장에 근거하여 발행된 무역어음, 자금융통을 목적으로 발행된 융통어음을 어음소지인의 신청에 의하여 할인 방식으로 매입함으로써 발생되는 대출이다. 어음을 매입한 은행은 ⅰ) 어음법에 따라 약속어음 발행인(또는 환어음 인수인)에 대한 어음청구권과 할인신청인 즉 배서인에 대한 소구권을 가지게 되고, ⅱ) 별도의 약정[은행여신거래기본약관(기업용) 9조]에 따라 발행인·인수인 또는 할인신청인에게 기한의 이익상실 사유가 발생하면 할인신청인에게 그 할인매입한 어음을 환매할 것을 청구할 수 있게 되어 환매대금채권을 가지게 된다.

이와 같이 어음할인으로 자금을 제공한 은행은 어음법상의 어음채권과 별도 약정에 따른 환매채권을 가질 뿐 소비대차에 따른 원리금반환채권을 가지는 것은 아니다. 이 점에서 어음할인은 증서대출, 당좌대출, 어음대출과는 법적 성격이 다르다.

제 6 장

보험상품

제1절 보험상품의 의의

보험상품이란 위험보장을 목적으로 우연한 사건 발생에 관하여 금전 및 그 밖의 급여를 지급할 것을 약정하고 대가를 수수하는 계약으로서 생명보험상품, 손해보험상품, 제3보험상품을 말한다(보험업법2(1)). 다만, 건강보험(국민건강보험범), 고용보험(고용보험법), 국민연금(국민연금법), 장기요양보험(노인장기요양보험법), 산업재해보상보험(산업재해보상보험법), 선불식 할부계약(할부거래법)은 제외한다(보험업법2(1)).

제2절 보험상품의 종류

보험업법은 보험상품을 생명보험상품, 손해보험상품, 제3보험상품으로 분류하고 있다. 이것은 보험목적과 보상방식에 따른 구분이다.

Ⅰ. 생명보험상품

생명보험상품은 위험보장을 목적으로 사람의 생존 또는 사망에 관하여 약정한 금전 및 그 밖의 급여를 지급할 것을 약속하고 대가를 수수하는 계약으로서 생명보험계약과 연금보험계약(퇴직보험계약을 포함)을 말한다(보험업법2(1) 가목 및 보험업법 시행령1의2②(1)(2)).

생명보험의 종류는 생명보험, 연금보험(퇴직보험을 포함)으로 구분된다(보험업법 시행령1의2②). 전자의 생명보험은 넓은 의미의 생명보험이고, 후자의 생명보험은 좁은 의미, 즉 넓은 의미의 생명보험 중에서 연금보험과 퇴직보험을 제외한 것이다. 보험업감독규정 [별표 1]은 생명보험, 연금보험, 퇴직보험의 정의를 규정하고 있다.

Ⅱ. 손해보험상품

손해보험상품은 위험보장을 목적으로 우연한 사건(질병·상해 및 간병은 제외)으로 발생하는 손해(계약상 채무불이행 또는 법령상 의무불이행으로 발생하는 손해를 포함)에 관하여 금전 및 그 밖의 급여를 지급할 것을 약속하고 대가를 수수하는 계약으로서 화재보험계약, 해상보험계약(항공·운송보험계약을 포함), 자동차보험계약, 보증보험계약, 재보험계약, 책임보험계약, 기술보험계약, 권리보험계약, 도난보험계약, 유리보험계약, 동물보험계약, 원자력보험계약, 비용보험계약, 날씨보험계약을 말한다(보험업법2(1) 나목 및 보험업법 시행령1의2③).

Ⅲ. 제3보험상품

제3보험상품은 위험보장을 목적으로 사람의 질병·상해 또는 이에 따른 간병에 관하여 금전 및 그 밖의 급여를 지급할 것을 약속하고 대가를 수수하는 계약으로서 상해보험계약, 질병보험계약, 그리고 간병보험계약이다(보험업법2(1) 다목).

제 7 장

여신금융상품

제1절 의의

여신전문금융업법("법")이 정하고 있는 여신금융상품의 범위는 다음과 같다 (법50의9①). 즉 ⅰ) 신용카드회원에 대한 자금의 융통(법13①(1)), ⅱ) 여신전문금융업(시설대여업의 등록을 한 경우에는 연불판매업무를 포함)(법46①(1)), ⅲ) 대출(어음할인 포함)업무(법46①(3)), ⅳ) 직불카드의 발행 및 대금의 결제와 선불카드의 발행·판매 및 대금의 결제에 관련된 신용카드업자의 부대업무(신용카드업의 허가를 받은 경우만 해당)(법46①(4)), ⅴ) 여전법 제46조 제1항 제7호에 따른 부수업무 중 금융위원회가 정하여 고시하는 업무 등이다.

여기서는 금융소비자보호법에 따른 금융상품인 여신전문금융업법에 따른 신용카드, 시설대여, 연불판매, 할부금융(금융소비자보호법2(1) 마목)을 살펴본다.

제2절 종류

Ⅰ. 신용카드상품

1. 카드상품

여신전문금융업법("법")상 신용카드란 "이를 제시함으로써 반복하여 신용카드가맹점에서 결제할 수 있는 증표로서 신용카드업자(외국에서 신용카드업에 상당하는 영업을 영위하는 자를 포함)가 발행한 것"을 말한다(여신전문금융업법2(3)).

신용카드와 구별해야 할 것으로 선불카드와 직불카드가 있다. 신용카드는 금융상품에 해당하나 선불카드와 직불카드는 지급수단에 불과하여 금융상품이 아니기 때문이다.

선불카드란 신용카드업자가 대금을 미리 받고 이에 해당하는 금액을 기록(전자적 또는 자기적 방법에 따른 기록)하여 발행한 증표로서 선불카드소지자가 신용카드가맹점에 제시하여 그 카드에 기록된 금액의 범위에서 결제할 수 있게 한 증표를 말하고(여신전문금융업법2(8)), 직불카드란 "직불카드회원과 신용카드가맹점 간에 전자적 또는 자기적 방법으로 금융거래계좌에 이체하는 등의 방법으로 결제가 이루어질 수 있도록 신용카드업자가 발행한 증표(자금을 융통받을 수 있는 증표는 제외)"를 말한다(여신전문금융업법2(6)).

2. 신용카드대출상품

(1) 장기카드대출(카드론)

신용카드회원 본인의 신용도와 카드이용 실적에 따라 카드회사에서 대출해주는 장기(2개월 이상) 금융상품을 말한다(여신전문금융업감독규정2(3) 나목). 신용카드 개인회원 표준약관("표준약관")에 따르면 장기카드대출(카드론)이란 단기카드대출(현금서비스) 외에 카드회사가 본인회원에게 제공하는 자금융통으로서 일정기간 동안 일정 이자율에 따라 원리금을 상환하는 서비스를 말한다(표준약관16).

"카드론"은 신용카드 가입과는 별개의 계약으로 금융소비자보호법상 금융상품에 해당된다.

(2) 단기카드대출(현금서비스)

단기카드대출(현금서비스)은 현금지급기에서 현금서비스를 받기 위한 신용카드의 사용이다(여신전문금융업감독규정2(3) 나목).

단기카드대출(현금서비스)은 여신전문금융업법상 금융상품에 해당하나, 신용카드 가입에 따라 부가되는 약정에 따른 현금서비스 그 자체로서 금융소비자보호법상 별도의 금융상품으로 보기 어렵다. 신용카드는 금융상품에 해당하는바, 신용카드 계약체결과 관련하여 현금서비스에 대해 설명의무 등 금융소비자보호법상 규제가 적용될 수 있다.

(3) 일부결제금액이월약정(리볼빙)

신용카드회원이 신용카드업자와 별도 약정에 따라 신용카드 이용대금의 일부만 결제하고 잔여금액에 대한 결제를 이월하는 상품이다(여신전문금융업감독규정2(3) 다목).

리볼빙은 여신전문금융업법상 금융상품에 해당하나, 신용카드 가입에 따라 부가되는 약정에 따른 리볼빙 그 자체로서 금융소비자보호법상 별도의 금융상품으로 보기 어렵다. 신용카드는 금융상품에 해당하는바, 신용카드 계약체결과 관련하여 리볼빙에 대해 설명의무 등 금융소비자보호법상 규제가 적용될 수 있다.

Ⅱ. 시설대여(리스)상품

시설대여(리스)란 "특정물건"을 새로 취득하거나 대여받아 거래상대방에게 내용연수의 20%에 해당하는 기간(다만, 부동산을 시설대여하는 경우에는 3년) 이상 사용하게 하고, 그 사용기간 동안 일정한 대가를 정기적으로 나누어 지급받으며, 그 사용 기간이 끝난 후의 물건의 처분에 관하여는 당사자 간의 약정으로 정하는 방식의 금융을 말한다(여신전문금융업법2(10), 여신전문금융업법 시행령2④). 여기서 "특정물건"이란 ⅰ) 시설, 설비, 기계 및 기구, ⅱ) 건설기계, 차량, 선박 및 항공기, ⅲ) 앞의 ⅰ) 및 ⅱ)의 물건에 직접 관련되는 부동산 및 재산권 등을 말한다(여신전문금융업법 시행령2①).

Ⅲ. 연불판매상품

연불판매란 특정물건을 새로 취득하여 거래상대방에게 넘겨주고, 그 물건의 대금·이자 등을 1년 이상 동안 정기적으로 나누어 지급받으며, 그 물건의 소유권 이전 시기와 그 밖의 조건에 관하여는 당사자 간의 약정으로 정하는 방식의 금융을 말한다(여신전문금융업법2(11)). 즉 연불판매는 금융소비자가 구매하고자 하는 물건의 소유권을 연불판매업자가 취득하고, 해당 물건의 점유를 금융소비자에게 이전하고, 소유권의 이전 시기 등에 관한 조건 등은 당사자 간 약정으로 정하는 것을 말한다. 연불판매는 금융리스와 할부금융의 중간적 형태이다.

Ⅳ. 할부금융상품

할부금융은 소비자가 일시불로 구입하기 어려운 고가의 내구재나 주택 등을 구입하고자 할 때 할부금융회사가 소비자에게 구입자금의 전부 또는 일부를 대여해주고, 소비자는 할부금융회사에 일정한 수수료를 내고 원금과 이자의 분할상환이 가능하도록 하는 금융상품을 말한다. 여신전문금융업법은 할부금융을 "재화와 용역의 매매계약에 대하여 매도인 및 매수인과 각각 약정을 체결하여 매수인에게 융자한 재화와 용역의 구매자금을 매도인에게 지급하고 매수인으로부터 그 원리금을 나누어 상환받는 방식의 금융"으로 정의하고 있다(여신전문금융업법2(13)).

할부금융상품은 크게 내구소비재, 주택, 기계로 나눌 수 있고 내구소비재에는 신차·중고차·건설기계·특수자동차 등을 포함하는 자동차 품목, 컴퓨터·통신기기, 냉난방기, 음향기기, 사무기기, 생활·주방 기기 등을 포함하는 전자제품 품목과 가구·침구 같은 기타 내구소비재로 나눌 수 있다.

제8장

연금상품

제1절 연금구성 체계

우리나라의 노후소득 보장을 위한 연금체계는 1층에 최소한의 노후 생활수준 보장을 위해 전 국민이 의무적으로 가입해야 하는 국민연금, 2층에 직장인들을 대상으로 노후에 기본적인 생활수준을 유지하기 위한 퇴직연금 그리고 3층에 노후에 여유 있는 삶을 영위하기 위한 개인연금으로 구성되어 있다. 먼저 우리나라의 연금체계에 관하여 간략히 살펴보기로 한다.

Ⅰ. 공적연금(국민연금)

국민연금은 전 국민이 의무적으로 가입하며 고소득층보다 저소득층의 급부가 더 많은 소득재분배 기능을 가지고 있어 사회보장기능이 있는 공적사회보험제도로 볼 수 있다. 국민연금은 최소한의 노후소득 보장을 위한 제도로서 경제활동에 참여하는 모든 국민이 자동적으로 가입하며, 비경제활동자의 경우 자율적으로 가입(임의가입)할 수 있다. 가입자의 국민연금 기여율(보험료)은 소득의 9%이며, 근로자의 경우 고용주와 근로자가 절반씩 부담한다. 사회복지제도(사회보험)로서의 기능이 있어 소득계층 간, 현재와 미래세대 간 소득재분배 기능을 한다. 예를 들어 최저소득층의 경우 기여금 대비 수익비(=수령연금총액/기여금총액)는 4배로 최상위 소득층의 1.2배에 비해 높은 수준으로 소득계층 간 소득재분배

기능을 한다. 또한 최상위 소득층조차도 기여금 대비 1배 이상 연금급부를 수령하므로 부족분은 미래세대가 부담해야 하는 세대간 소득재분배 기능이 있다. 이러한 세대간 이전 특성으로 인해 지속적이고 충분한 인구 및 경제성장이 뒷받침되지 않을 경우 국민연금제도의 지속성은 담보될 수 없다.

국민연금의 재정안정화를 위해 국민연금이 목표하고 있는 소득대체율은 두 차례의 개혁을 거쳐 하향 조정되었다. 시행 초기 40년 가입자를 기준으로 70% 수준이던 국민연금의 목표소득대체율은 40%로 축소되었는데, 이에 따라, 국민 스스로 노후를 준비하는 사적연금의 기능이 강조되고 있으며 정부는 여러 가지 세제혜택 제공을 통해 사적연금 가입유인을 제고하고 있다.[1]

Ⅱ. 준공적연금(퇴직연금)

퇴직연금은 기존 퇴직금의 수급권 보호 및 노후소득보장을 위해 2005년 도입되었으며 이는 사적기능에 의한 제도이나 정부정책에 의해 2016년부터 2022년까지 단계적으로 모든 사업장의 퇴직연금 가입이 의무화되었다. 퇴직연금의 가입은 의무사항이나 퇴직연금 적립금의 적립·운용기관은 은행, 증권사, 보험사 등 사적금융기관이다. 따라서 의무가입으로 인한 공적 특징과, 운용기관이 금융기관이라는 사적 특징을 모두 가지고 있는 준공적연금으로 볼 수 있다. 그리고 사적연금의 특성상 연금상품은 가입자의 납입금액 총합이 연금수령금액 총합과 일치하는 수지상등의 원리를 만족시키도록 설계된다.

퇴직연금에서 파생된 개인형퇴직연금(IRP: Individual Retirement Pension)제도는 퇴직연금 적립금 운용의 효율성과 지속성을 제고시키기 위해 2013년부터 도입되었으며, 퇴직 IRP와 적립 IRP로 나눌 수 있다.[2] 기존 퇴직연금 가입자가 55세 이전 퇴직 시 퇴직연금 적립금은 IRP에 적립되며 이를 퇴직 IRP라 한다. 또한 기존 퇴직연금 가입자는 퇴직 이전에 IRP계좌를 개설하여 본인의 의사에 따라 추가적으로 노후 자금을 적립할 수 있으며 이를 적립 IRP라 한다. 기업형 IRP는 퇴직연금을 운용하기 어려운 10인 이하의 사업장에서 근로자에게 IRP를 개설하

---

1) 정원석·임준·김유미(2016), "금융·보험세제연구: 집합투자기구, 보험 그리고 연금세제를 중심으로", 보험연구원(2016. 5), 75-76쪽.
2) 소규모사업장의 퇴직연금 도입을 위한 기업 IRP도 있다. 개인 IRP를 퇴직 IRP와 적립 IRP로 나누는 것은 법률적으로 통용되는 공식용어는 아니고 실무에서 사용하는 용어이다.

여 퇴직연금계좌 대신 이용하여 퇴직연금을 제공할 수 있도록 하는 제도를 말한다. 퇴직 IRP의 경우 세제는 확정기여형 퇴직연금(DC형)의 세제와 유사하다.[3]

Ⅲ. 개인연금

개인연금은 가입이 의무화되어 있는 공적·준공적연금과 달리 가입자의 의사에 따라 임의로 가입하는 연금상품으로 세제적격과 세제비적격 연금상품으로 나눌 수 있다. 세제적격개인연금저축("연금저축")의 경우 은행, 증권사, 보험사에서 연금저축상품에 가입할 수 있다. 이때, 은행상품의 경우 개인연금저축신탁, 증권사 상품의 경우 개인연금저축펀드, 보험사 상품의 경우 개인연금저축보험을 주로 판매한다.[4] 이들에 대한 세제혜택은 동일하여 납입 시 세액공제 혜택이 있으며, 수령 시 원금을 포함한 수령액 전체에 과세한다. 세제비적격 연금상품의 경우("연금보험") 생명보험사에서만 가입이 가능하다. 연금보험상품은 보험금 납입 시 세액공제 혜택이 없으나, 수령 시 역시 원금을 포함한 수령액 전체에 대해 비과세한다.[5]

제2절 퇴직연금

Ⅰ. 의의

퇴직연금제도란 확정급여형 퇴직연금제도, 확정기여형 퇴직연금제도 및 개인형 퇴직연금제도를 말한다(퇴직급여법2(7), 이하 "법"). 즉 퇴직연금제도란 일반적으로 기업이 근로자의 노후 생활의 안정을 위해 재직 중에 현금을 적립하여 정년퇴직 이후 연금급여를 지급하는 제도로서 퇴직저축(Retirement Savings) 또는 기업연금(Corporate Pensions)이라고도 하는데 우리나라의 퇴직연금제도유형으로

---

3) 정원석·임준·김유미(2016), 76-77쪽.
4) 은행은 연금저축 신탁과 함께 연금저축 펀드 및 방카슈랑스를 통한 연금저축 보험을 판매할 수 있고, 증권사 역시 연금저축 신탁을 취급할 수 있다.
5) 정원석·임준·김유미(2016), 77쪽.

는 퇴직급여법에 따라 확정급여형 퇴직연금(Defined Benefit Retirement Pension, DB형), 확정기여형 퇴직연금(Defined Contribution Retirement Pension, DC형), 그리고 개인형 퇴직연금(Individual Retirement Pension, IRP형)이 있다.

Ⅱ. 유형

1. 확정급여형 퇴직연금제도

확정급여형 퇴직연금제도란 근로자가 받을 급여의 수준이 사전에 결정되어 있는 퇴직연금제도를 말한다(법2(8)). 확정급여형 퇴직연금(DB형)은 근로자가 퇴직 후 받을 연금액수와 산정방식이 미리 확정되고, 사용자가 실제 부담할 금액은 적립금 운용결과에 따라 변동될 수 있는 연금제도를 말한다. 즉 근로자가 받을 퇴직연금 금액은 일시금 기준의 퇴직금과 같은 금액이 되도록 산정방식을 정하고, 연금은 퇴직연금규약에서 정한 바에 따라 종신 또는 5년 이상 일정기간으로 분할하여 받게 된다. 사용자는 연금지급을 위해 노사가 퇴직연금규약에서 정한 금융기관(퇴직연금사업자)에 일정 수준 이상의 적립금을 근로자 명의로 입금하고 최종 지급책임을 지며, 금융기관은 사용자와의 계약범위 내에서 자율적으로 적립금을 운용하게 된다. 이러한 DB형은 일반적으로 경영의 안정성 및 영속성이 있는 기업, 퇴직연금수급자를 잘 관리할 수 있는 대기업 등에 적합하다고 할 수 있다.

2. 확정기여형 퇴직연금제도

확정기여형 퇴직연금제도란 급여의 지급을 위하여 사용자가 부담하여야 할 부담금의 수준이 사전에 결정되어 있는 퇴직연금제도를 말한다(법2(9)). 즉 확정기여형 퇴직연금(DC형)은 사용자의 부담금이 미리 확정되는 반면 근로자가 받을 퇴직연금액이 적립금 운용실적에 따라 변동될 수 있는 연금제도이다. 사용자가 연간 임금총액의 1/12 이상의 금액을 노사가 퇴직연금규약에서 선정한 금융기관(퇴직연금사업자)의 근로자 개인별 계좌에 입금하면, 근로자는 금융기관이 선정·제시하는 운용방법을 선택하여 적립금 운용(투자)을 금융기관에 지시하고 금융기관은 그 지시에 따라 운용하여 근로자에게 연금이나 일시금을 지급하게 된다. 이러한 DC형은 경영이 불안정하거나 수명이 짧은 기업, 퇴직연금제도를 자체적으로 설계하기 힘든 중소기업, 연봉제와 매년 퇴직금 중간정산을 하는 기업, 자주 직장을 이동하는 근로자 등에게 적합하다고 할 수 있다.

3. 개인형 퇴직연금제도

개인형 퇴직연금제도란 가입자의 선택에 따라 가입자가 납입한 일시금이나 사용자 또는 가입자가 납입한 부담금을 적립·운용하기 위하여 설정한 퇴직연금 제도로서 급여의 수준이나 부담금의 수준이 확정되지 아니한 퇴직연금제도를 말한다(법2(10)). 개인형 퇴직연금(IRP형)은 이직시 수령한 퇴직급여를 통합하여 적립하고 노후소득의 재원으로 활용할 수 있도록 하는 통산장치(Portability)를 말한다. 즉, 퇴직연금 가입 근로자의 이직시 퇴직급여를 가입자의 IRP형 계좌로 이전하고 연금 수령시까지 적립된 퇴직급여를 과세이연 혜택을 받으며 운용하다가 일시금이나 연금으로 수령하게 된다. 또한 퇴직급여 일시금 수령자나 DB형·DC형 가입자도 추가로 IRP형을 설정할 수 있다. 나아가, 상시근로자 수가 10인 미만인 사업장의 경우에도 근로자대표의 동의를 얻어 근로자전원이 IRP형을 설정하게 할 수 있는데(퇴직급여법25) 이를 기업형 IRP이라 하고 다른 IRP형은 개인형 IRP로 구분하기도 한다.

Ⅲ. 운영구조

퇴직연금의 운영구조를 살펴보면, 퇴직연금사업자는 운용관리 및 자산관리 업무를 수행하며 사용자나 근로자의 운용지시를 받아 적립금을 운용한다. 퇴직연금사업자의 퇴직연금 운영의 근거는 운용관리계약이나 자산관리계약이고 그 성격을 보면 전자는 퇴직연금의 운용관리를 위해 사용자 등이 운용관리기관과 체결하는 것이므로 사무처리를 위탁하는 민법상 위임계약(제680조)과 유사한 반면, 후자는 적립금의 보관 관리 등을 위해 사용자 등이 자산관리기관과 체결하는 것이되 자본시장법 시행령에 따른 특정금전신탁계약이나 보험업법에 따른 특별계정으로 운영하는 보험계약이어야 한다고 법정되어 있다(법29②).

운용관리기관은 운용방법 정보제공, 제도설계 및 연금계리, 적립금 운용현황의 기록·보관·통지, 운용방법의 전달 등의 업무를 수행하고, 자산관리기관은 계좌 설정 관리, 부담금의 수령, 적립금의 보관 관리, 운용지시의 이행, 급여의 지급 등의 업무를 수행한다. 운용관리기관 및 자산관리기관은 은행, 금융투자업자, 보험회사 등 금융기관이 주로 여기에 해당하고 반드시 복수일 필요는 없고 하나의 퇴직연금사업자가 수행할 수 있다.[6] 한편, 퇴직연금상품의 제공기관은 별도이지만 퇴직연금사업자에 의한 겸영이 가능하다.

제3절 개인연금

Ⅰ. 연금저축

1. 의의

"연금저축"의 명칭으로 설정하는 대통령령으로 정하는 계좌("연금저축계좌")(소득세법20의3①(2))란 ⅰ) 자본시장법에 따라 인가를 받은 신탁업자와 체결하는 신탁계약, ⅱ) 자본시장법에 따라 인가를 받은 투자중개업자와 체결하는 집합투자증권 중개계약, ⅲ) 보험계약을 취급하는 기관과 체결하는 보험계약에 따라 "연금저축"이라는 명칭으로 설정하는 계좌("연금저축계좌")를 말한다(소득세법 시행령40의2①(1)).

연금저축이란 개인의 노후생활보장 및 장래의 생활 안정을 목적으로 10년 이상의 기간 동안 개인이 납입한 금액을 적립하여 55세 이후에 연금으로 수령할 수 있는 장기저축상품이다. 이러한 소득공제형 연금저축(세제적격연금)은 2001년 국민의 노후생활안정을 목적으로 국가에서 만들고, 국가에서 위탁한 각 금융사에서 판매하도록 하고 있다. 흔히 은행에서 판매하는 연금저축신탁, 증권사에서 취급하는 연금저축펀드, 보험회사에서 판매하는 연금저축보험으로 구분된다. 국가는 가입자에게 소득공제혜택을 제공하고, 각 금융사는 고유의 투자방법을 통해서 이자수익을 창출해 연금계좌에 적립해준다. 따라서 어느 회사에 가입했건 소득공제혜택은 동일하지만 받는 이자수익은 다를 수 있다. 이러한 연금저축은

---

6) 금융감독원(2018), 「행복한 동행 퇴직연금 - 퇴직연금가이드북」(2018. 9). 21쪽.

매년 납입액에 대해 소득공제혜택(400만원 한도)이 있으므로 가입시 다음의 사항들을 미리 결정해야 한다.

ⅰ) 적립기간: 연금저축은 최소 10년 이상의 기간(예: 10년, 12년, 15년 등) 동안 적립하여야 한다. ⅱ) 적립금액과 방식: 적립금액은 개인에 따라 자유롭게 정할 수 있으나 분기별 300만원으로 적립한도가 정해져 있으며, 적립방식도 매월 일정액을 납입(신탁·보험·펀드)하거나 원하는 때에 자유롭게 납입(신탁·펀드)할 수 있다. ⅲ) 개시시점: 최초로 연금이 지급되는 시점은 최소 만 55세 이상이 되는 시점(예: 55세, 56세, 60세 등)부터 연 단위로 자유롭게 정할 수 있다. ⅳ) 수령기간 및 방식: 연금은 최소 5년 이상의 기간 동안 나누어 수령하여야 하며, 만약 일시금으로 수령할 경우 중도해지시와 동일한 세금(22%)이 부과된다.

2. 유형

(1) 연금저축신탁

연금저축신탁의 경우 납입하는 금액 및 시기를 자유롭게 결정할 수 있는 자유납입방식이고, 적립금 운영성과에 따라 연금액이 결정되는 실적배당형이다. 연금지급방식은 확정기간형이고, 원금보장이 되며 예금자보호법상 예금자보호 대상이다.

(2) 연금저축펀드

연금저축펀드는 채권형, 주식형, 혼합형 등으로 구분되며, 납입액과 시기를 자유롭게 결정할 수 있는 자유납입방식이다. 투자성과에 따라 연금액이 결정되며, 원금이 보장되지 않는 실적배당형이다. 펀드자금을 전 세계 시장의 주식과 채권, 실물자산에 투자하기 때문에 은행과 보험사에 비해 투자대상이 다양하다는 특징을 가지고 있다. 또한 예금자보호법에 의한 보호대상은 아니지만, 자체적으로 안전기금을 적립하여 보호하고 있으며, 연금지급방식은 확정기간형이다.

(3) 연금저축보험

연금저축보험은 일정기간 동안 정해진 금액을 주기적으로 납입하는 정기납입방식이다. 적용금리는 공시이율을 적용하되, 공시이율이 하락하더라도 최저보증이율을 적용하여 원리금이 보장되며, 예금자보호법상 예금자 보호대상이다. 생명보험회사 상품의 경우, 연금지급방식이 확정기간형과 종신형으로 구분되며, 손해보험사 상품은 연금지급방식이 확정기간형이다. 연금저축보험은 보험료를 2회

미납할 경우 계약이 실효되고, 실효 후 정상계약으로 부활하기 위해서는 밀린 보험료 및 경과이자를 전액 납입해야 하며, 실효상태에서 타사 상품으로 바꾸는 것이 불가능하다는 한계점 때문에, 납입자가 경제적 부담을 느끼고 계약해지를 선택하는 비율이 높다는 문제점이 지적되어 왔다. 이를 개선하기 위해 정부는 2014년 4월 1일 이후 출시되는 모든 연금저축보험 상품에 대해 납입유예를 가능하게 하였고, 실효된 계약의 부활을 간소화하고, 이전절차 개선을 통해 계약이전이 활발히 이루어질 수 있도록 방안을 마련하였다.[7]

Ⅱ. 연금보험

1. 의의

연금보험은 세액공제 혜택을 받을 수는 없지만, 10년 이상 유지시에는 연금소득세 비과세가 적용되는 상품이며, 생명보험회사를 통해서만 가입이 가능하다. 세제비적격 연금보험은 계약자가 납입한 보험료를 적립하는 방식에 따라 일반연금보험과 변액연금보험, 자산연계형연금보험 등으로 구분된다. 일시금으로 수령할 경우, 10년 이상 유지 후에는 비과세가 적용되지만, 10년 이내에는 15.4%의 이자소득세(지방소득세 포함)가 부과된다. 또한 생명보험회사에 판매하는 각종 보장성 특약을 통해 경제활동기의 사망, 질병 등 보장을 강화할 수 있다는 장점이 있다.[8]

2. 유형

(1) 일반연금보험

일반연금보험은 계약자가 납입한 보험료 중 일부를 확정금리로 적립하는 금리확정형과 변동금리로 적립하는 금리연동형으로 구분된다. 금리확정형은 추가연금액을 기대할 수 없는 반면, 변동금리형의 경우 적용 금리의 상승 혹은 하락에 따라 연금액이 달라질 수 있다. 일반연금보험의 경우 예금자 보호를 받을 수 있으며, 연금을 안정적으로 수령할 수 있는 장점이 있다.

---

7) 금융위원회(2014), 연금저축 가입자 편의성 제고방안 시행(4. 1.부터 적용), 2014. 2. 17. 보도자료.
8) 금융위원회·금융감독원(2013), 개인연금 활성화 방안, 2013. 8. 6. 보도자료.

(2) 변액연금보험

변액연금보험은 2002년 9월에 도입된 상품으로, 보험료 중 일부를 주식, 채권 등 유가증권에 투자하여 발생한 이익을 연금으로 지급하는 실적배당형 상품이다. 투자성과에 따라 높은 연금액을 기대할 수 있지만, 펀드운영 실적이 좋지 않을 경우, 일반연금보험보다 낮은 수준의 연금액을 지급받거나 연금지급이 조기에 종료될 수도 있다. 계약자가 자신의 투자성향에 따라 자산운용형태를 직접 선택하고, 다양한 부가 특약을 조립할 수 있으며, 펀드로 변경이 가능하다는 장점이 있다.

(3) 자산연계형연금보험

자산연계형연금보험은 2005년에 도입된 상품으로 보험료의 일부를 주가지수 등 특정지표 또는 자산에 연계한 후 그 수익을 연금액에 반영하여 지급하는 연금상품이다. 연계자산에서 발생한 추가 수익을 기대할 수 있으며, 최저보증이율을 설정하고 있어 일반적으로 변액연금보험보다 연금액을 안정적으로 지급받을 수 있다는 장점이 있다.

금융감독원은 연금보험이 예·적금에 비해 초기 수수료가 높고 상품이 복잡하다는 문제점을 지적한 바 있다. 연금보험의 사업비는 선취구조로 계약체결 시 비용을 계약 초기에 먼저 지급하도록 되어 있기 때문에, 가입 초기에 수익률이 낮고, 해약시 환급금이 납입한 보험료보다 낮아지는 제한점이 있다.[9]

---

9) 금융감독원(2013), 연금저축 가입 활성화를 위한 홍보 강화 추진, 2012. 12. 19. 보도자료.

제 9 장

부동산개발금융

제1절 의의와 특징

Ⅰ. 의의

일반적으로 부동산금융이란 토지나 건물 등의 부동산을 담보로 하는 금융기관의 대출을 말한다. 부동산금융은 가장 보편적인 여신형태로 우리나라의 경우 주택 등 부동산을 담보로 한 비중이 매우 빈번하며, 거의 모든 대출이 부동산을 담보로 실행되고 있는 실정에 있다.[1)]

이에 반하여 부동산개발금융이란 토지의 매입이나 건축비용 등 부동산개발에 필요한 대규모의 개발자금을 사업자에게 제공하는 금융으로서 아파트, 주상복합 등의 주거용 부동산뿐만 아니라 상업용 부동산, 택지개발사업 등 다양한 용도의 부동산개발사업에 활용되고 있다. 부동산개발금융은 부동산개발사업을 위하여 부동산 등을 담보로 하여 금융을 제공하는 것을 말하며, 이에 부수적으로 행하여지는 법률적, 경제적인 권리와 의무를 포괄적으로 담보하는 것의 의미까지 포함하고 있다. 부동산금융 중에서 부동산개발과 관련된 금융을 부동산개발금융이라 말할 수 있다.

---

1) 장성환(2013), "부동산개발금융구조(PF)의 개선사례와 발전방향에 관한 연구: 금융기관의 위험분담에 근거한 금융구조를 중심으로", 건국대학교 부동산대학원 석사학위논문(2013. 8), 12쪽.

Ⅱ. 특징

부동산개발금융은 설계단계에서부터 사업의 금융구조와 조건을 결정하게 되므로 추후 모든 개발사업의 추진단계에서 발생가능한 공정을 포함하여 예측 불가능한 변수까지 적절히 대응이 가능하도록 구조화되고 있어 안정적인 자금조 달은 부동산개발에서 가장 중요한 역할을 차지하고 있다고 할 수 있다. 부동산개 발금융은 아래와 같은 공통적인 특징을 보이고 있다.[2]

첫째, 개발사업자 또는 건설업체의 신용도와 규모에 의하여 자금조달의 여 부가 결정된다. 비교적 신용도가 높은 개발업체를 위주로 하여 금융권에서 자금 조달이 이루어지거나 주식과 회사채 발행 등 직접조달방식을 통하여 사업자금을 충당하고 있는 반면, 소규모 개발업체의 경우 공사대금 또는 어음 등을 이용한 자금조달이 빈번하게 이루어지고 있어 개발업체의 신용도 또는 규모에 따라 불 균형한 자금조달 구조가 형성된다.

둘째, 부동산개발사업의 경우 자기자본 비중이 매우 낮아 재무구조가 취약 하고, 다른 산업과 비교할 경우 사업위험이 높다. 부동산개발사업의 경우 시장 경기침체 등으로 인한 사업위험 이외에도 타인자본 비율이 과도하여 금융제한 등에 의해서도 높은 사업위험을 가지고 있다. 하지만, 비소구금융의 성격이 강하 므로 사업실패에 대한 책임을 완화할 수 있는 장점도 있으며, 부외금융을 통한 자금조달 확대가 가능하다는 특징을 보인다.

셋째, 사업초기에 대규모의 자금수요가 집중되어 외부차입금에 큰 의존도를 보이고 있다. 부동산개발사업의 사업초기 토지매입비, 건축공사비 지출을 위한 금융수요가 발생하게 된다. 특히 건축공사비는 분양 일정에 따라 분양수입으로 어느 정도 충당이 가능하나 부지매입을 위한 자금은 장기간에 걸쳐 유동성이 제 약되어 개발사업 초기에 막대한 규모의 자금수요가 발생하게 된다.

넷째, 개발업체가 부동산개발금융을 이용하는 목적은 원활한 자금조달과 함 께 사업위험의 분산에 있어 투자자 또는 금융기관 입장에서는 비교적 고위험, 고 수익의 투자상품이 된다. 부동산개발금융은 위험요소도 높지만 그에 따른 수익 성 또한 높은 편으로 고객의 수요에 적절히 대응할 수 있게 된다. 또한 비교적

---

2) 장성환(2013), 13-14쪽.

장기의 사업으로서 지속적인 사후관리가 요구되며, 위험경감을 위한 전문인력의 확보가 필요하다. 따라서 일반적으로 부동산개발금융은 사업위험에 대한 부담, 장기간의 사후관리 등이 요구되어 다른 대출보다 리스크가 크기 때문에 가산금리 및 차입비용이 높게 책정되고 있다.

제2절 유형

Ⅰ. 의의

부동산개발금융은 부동산개발사업을 시행하려는 시행주체의 위험부담을 참여자들에게 적절히 배분하려는 목적의 금융기법이다. 한국에서 행해지는 부동산개발금융은 크게 직접금융과 간접금융에 의한 조달로 나눌 수 있다.

직접금융은 가장 기본적인 구조로 금융회사로부터 직접 개발자금을 차입하는 PF대출을 말하며, 간접금융은 집합투자기구 등의 자금조달 목적의 특수목적기구(간접투자기구)를 통한 PF를 말한다. 실무상 PF는 그 유형을 별도로 구분하지 않고 하나로 통칭하는 경향이 있으나, 세부 유형별로 다양한 금융기법이 활용되며 그 근거법령, 당사자간 법률관계, 위험부담구조 등에 차이가 존재한다. 따라서 부동산PF를 이해하기 위해서는 먼저 근거법령에 따른 공법적 규제를 살펴본 뒤, 자금이 조달되고 회수되는 과정에서 각 당사자들의 위험부담을 중점으로 살펴볼 필요가 있다.[3]

Ⅱ. 기업금융

기업금융은 시공사 금융이라고도 하며 시행사가 사업부지 매입계약을 한 후에 사업부지 매입의 잔여대금 및 초기 사업비를 시공사가 조달하고 공사 도급의 조건으로 이를 시행사에 대여 및 제공하는 금융방식이다.[4]

---

3) 한소은(2022), "부동산개발금융의 시행규제에 관한 공법적 연구", 서울대학교 대학원 석사학위논문(2022. 2), 6-7쪽.
4) 박종덕(2009), "부동산개발금융에서의 재무적 투자자 참여실태 및 역할에 관한 연구", 단

보통 부동산개발사업의 사업성이 우량하고 공사 물량이 클 경우 초기투입비의 조달 차원에서 시공사가 대여하는 경우이다. 시공사는 자신의 신용으로 금융기관으로부터 차입하여 시행사에게 대여해 준다. 시공사는 대여금의 원리금 확보 차원에서 사업부지에 대한 근저당권 설정 또는 부동산신탁사에 담보신탁 후 받은 수익증서에 대한 질권 설정, 사업이 원활하게 진행되지 않을 경우 사업을 포기하는 시행권포기각서 징구 등을 요구하게 된다.

시행사가 금융기관으로부터 직접 차입하는 경우 시공사가 보증을 제공하기도 한다. 시공사가 위험부담을 안고 시공사 금융을 제공하는 이유는 시공권 확보와 관련이 있으며 시행사는 시공사에게 제공해야 할 공사비 부담이 증가할 수 있다.

Ⅲ. 직접금융 방식의 부동산개발금융: 부동산PF 대출

시행사가 은행, 증권사 등 금융회사로부터 약정을 맺고 자금을 차입하는 전통적인 PF방식이다. 주로 개발사업의 대상 부동산이 담보의 형식으로 제공되며, 시공사가 보증 등으로 신용보강을 하는 경우가 많다. 시공사가 신용보강으로 인하여 최종적인 채무부담을 인수하는 경우, 시공사는 전체 사업의 시행권을 함께 인수하게 되는 경우가 많다.[5]

부동산PF 대출은 시행사의 대출 요청에 따라 시공사 책임준공 및 대출금 보증, 담보신탁 수익권증서를 담보로 하여 대출이 이루어진다. 자금배분은 수분양자로부터 들어오는 분양대금의 수취 및 인출 순서에 따라 배분하게 된다. 사업이익의 정산은 부동산개발사업의 가장 일반적인 형태인 담보신탁 등기 후 수익권증서상 대주단을 1순위 우선수익권자로 하여 발급받는다. 근저당권을 설정할 경우에는 1순위 근저당을 설정한다.[6]

금융기관들이 대출시 대출금의 원활한 회수를 위해 제시하는 일부 조건을 보면 다음과 같다. 즉 ⅰ) 시공사의 책임준공 및 연대보증, 채무인수, 이자지급보증, ⅱ) 시행사 및 시행사 대표이사의 개인 입보, ⅲ) 사업부지 관리처분신탁 및

국대학교 대학원 박사학위논문(2009. 2), 12쪽.

5) 한소은(2022), 7쪽.

6) 박종덕(2009), 13쪽.

수익권증서 1순위 질권설정, iv) 시행사 주식의 양도담보권 설정, ⅴ) 에스크로우 계좌(escrow account) 질권설정 및 자금집행 통제, ⅵ) 준공 후 원리금 미상환시 분양금액 할인 처분권 부여이다.

Ⅳ. 간접투자기구를 통한 부동산개발금융

간접투자기구를 통한 PF는 세 가지 유형이 있다. 부동산투자회사법에 의한 부동산투자회사, 자본시장법에 의한 부동산집합투자기구, 조세특례제한법에 의한 프로젝트금융투자회사(PFV)를 활용한 방식이다. 모두 다수의 투자자로부터 투자자금을 모아 실물 부동산이나 부동산개발사업에 투자·운용하고 발생한 손익을 투자자에게 돌려준다는 점에서 구조가 유사하다. 즉 간접투자기구가 투자자로부터 자금을 모집하여 부동산개발사업에 투자하는 투자도관체 역할을 하는 것이다. 실무상 부동산투자회사는 리츠(REITs: Real Estate Investment Trust), 부동산집합투자기구는 부동산펀드, 프로젝트금융투자회사는 PFV(Project Financing Vehicle)로 불린다.

Ⅴ. 부동산신탁 방식의 부동산개발금융: 부동산신탁

부동산신탁은 신탁구조를 활용하여 부동산을 신탁재산으로 하여 토지소유자인 위탁자로부터 부동산을 수탁받아 관리, 운용, 개발하여 이익을 상환하고 수수료를 받는 형태이다. 부동산신탁에 관하여는 제4장 신탁상품에서 살펴보았다.

제 3 편

금융기관

제 1 장

서 론

제1절 금융기관의 의의 및 기능

I. 금융기관의 의의

금융기관은 금융업을 영업으로 하는 주식회사이다. 여기서 영업으로 하는 것은 영리를 목적으로 금융행위를 반복하는 것이다. 이는 영리성, 계속성, 영업의사를 요소로 하여, 규칙적·조직적으로 영위하는 것이다. 당연상인인 상사회사의 설립에 관하여 상법은 원칙적으로 엄격준칙주의이다. 금융업에 관하여는 영업면허제도를 채택하고 있다. 이렇게 볼 때 개별 법률에 의해 금융업 영위의 인가·허가를 취득하거나 등록한 주식회사를 통칭하여 금융기관이라고 할 수 있다. 주식회사로 운영되기는 하지만 이윤추구만을 목표로 하는 영리법인인 일반 주식회사와는 달리, 금융기관은 예금자의 재산을 보호하고 신용질서 유지와 자금중개기능의 효율성 유지를 통해 금융시장의 안정 및 국민경제의 발전에 이바지해야 하는 공공적 역할을 담당하는 위치에 있기 때문이다.[1]

금융기관은 영리기업으로서 상행위의 한 형태로서 금융업을 영위한다. 금융기관이 영리기업이라는 점에서 "금융회사"로 표현하기도 하지만 여기서는 금융기관의 자산-부채 구조의 특성상 높은 수준의 공공성이 요구되고 있고 국제적으

---

1) 정찬형·최동준·김용재(2009), 11쪽.

로도 Financial Institution 용어가 보편화되어 있으므로 "금융기관"이라는 용어를 쓰기로 한다. 경우에 따라서는 "금융회사"라는 용어도 함께 사용한다.

II. 금융기관의 기능

금융기관은 자금의 공급자와 수요자 사이의 금융거래를 성립시켜 주는 것을 목적으로 금융중개를 하거나 또는 단순히 자금의 공급자와 수요자를 연결하는 기능을 수행한다. 금융기관은 계약의 당사자로서 역할을 수행하기도 하지만 단순한 중개자로서 보조적 역할을 수행하기도 한다. 예를 들면 은행의 경우 계약의 당사자로서 예금자로부터 금전소비대차계약을 통해 자금을 수취하게 되어 예금자의 반환청구에 대한 책임을 부담하고, 대출계약을 통해 차주에게 자금을 융통하는 채권관계를 형성한다. 반면 증권회사와 같이 기업이 회사채를 발행하는 경우 필요한 서비스를 제공하는 경우에는 해당 금융거래의 직접 당사자가 아닌 단순한 중개자나 보조자에 지나지 않는 형태를 띠기도 한다.

이에 따라 간접금융거래를 중개하는 금융기관의 경우 위험을 분담하는데 반해, 직접금융에 참여하는 금융기관은 해당 금융거래에 따른 위험을 부담하지 않기 때문에 개별 금융기관의 특성이 드러난다. 은행의 경우에는 자금중개기능을 본질적 요소로 하고, 증권회사의 경우 위험인수기능을 주된 요소로 하며, 보험회사의 경우에는 위험인수기능과 자금중개기능을 보유한다.

금융기관은 자금공급자와 자금수요자 간의 탐색비용을 줄여주고, 신용정보 획득의 용이성 및 정보 분석 능력을 통해 감시비용을 절감시키는 거래비용 절감기능과 거래기간을 일치시키는 만기변환기능, 여신위험분산 등을 통해 손실위험을 축소시키는 위험변환기능, 소액의 자금을 집적하여 거액의 자금으로 전환하는 금액변환기능, 다양한 지급결제 수단을 지급하고 결제하는 지급결제기능을 수행한다. 금융기관은 이런 역할을 통해 자금의 공급자와 수요자 간의 상충된 이해관계를 조정함으로써 자금의 이전을 원활하게 하여 국민경제의 안정적인 성장과 발전을 지속시키는 데 기여한다.[2]

---

2) 노태석(2012), "금융기관의 부실에 대한 임원의 법적 책임에 관한 연구", 성균관대학교 대학원 박사학위논문(2012. 6), 10쪽.

제2절 금융기관의 구분

금융기관은 금융시장에서 저축자와 차입자 사이에서 저축과 투자를 연결해 주는 기능 등을 수행하며 보통 은행, 비은행예금취급기관, 금융투자업자, 보험회사, 기타 금융기관 등으로 분류할 수 있다.[3] 이러한 분류체계를 중심으로 각 그룹에 포함되는 금융기관을 구체적으로 보면 우선 은행에는 일반은행과 특수은행이 있다. 일반은행은 시중은행, 지방은행 그리고 외국은행 국내지점으로 구성된다. 특수은행은 은행법이 아닌 개별적인 특별법에 의해 설립되어 은행업무를 핵심 업무로 취급하고 있는 금융기관이다. 여기에는 한국산업은행, 한국수출입은행, 중소기업은행, 농협은행 및 수협은행 등이 포함된다.

비은행예금취급기관은 은행과 유사한 여수신업무를 주요 업무로 취급하고 있지만 보다 제한적인 목적으로 설립되어 자금조달 및 운용 등에서 은행과는 상이한 규제를 받는 금융기관이다. 즉 지급결제기능을 전혀 제공하지 못하거나 제한적으로만 제공할 수 있는 등 취급 업무의 범위가 은행에 비해 좁으며 영업대상이 개별 금융기관의 특성에 맞추어 사전적으로 제한되기도 한다. 여기에 분류되는 금융기관으로는 상호저축은행, 신용협동조합·새마을금고·상호금융 등 신용협동기구, 그리고 종합금융회사 등이 있다.

금융투자업자는 직접금융시장에서 유가증권의 거래와 관련된 업무를 주된 업무로 하는 금융기관을 모두 포괄하는 그룹이다. 여기에는 투자매매·중개업자(증권회사 및 선물회사), 집합투자업자, 투자일임·자문업자, 그리고 신탁업자가 있다.[4]

보험회사는 사망·질병·노후 또는 화재나 각종 사고를 대비하는 보험을 인수·운영하는 기관이다. 보험회사는 업무 특성과 기관 특성을 함께 고려하여 생

---

3) 이러한 구분은 업종별 분류에 따른 것이라기보다는 금융기관의 제도적 실체에 중점을 둔 것이다. 즉 은행업, 금융투자업, 보험업 등 금융업무를 구분하고 각 업무별로 해당 업무를 영위하는 기관을 분류한 것이 아니라 각 금융기관의 근거 법률을 중심으로 주된 업무의 성격이 유사한 금융기관을 그룹별로 구분한 것이다(한국은행(2018), 「한국의 금융제도」 (2018. 12), 51쪽 참조).

4) 은행의 경우 국공채 인수·매출 등 일부 증권업무를 수행할 수 있으나 동 업무를 은행의 주된 업무로 간주하기는 곤란하기 때문에 증권 관련 기관에 포함하지 않았다.

명보험회사, 손해보험회사, 우체국보험, 공제기관5) 등으로 구분된다. 손해보험회사에는 일반적인 손해보험회사 이외에 재보험회사와 보증보험회사가 있다.

기타 금융기관은 앞에서 열거한 그룹에 속하는 금융기관의 업무로 분류하기 어려운 금융업무들을 주된 업무로 취급하는 기관을 말한다. 여기에는 금융지주회사, 여신전문금융회사(리스회사, 신용카드회사, 할부금융회사, 신기술사업금융회사), 대부업자 등이 있다.

---

5) 공제기관의 경우 일반인을 대상으로 보험서비스를 판매하고 있는 수산업협동조합공제, 신용협동조합공제, 새마을금고공제 등이 포함된다.

제 2 장

금융투자업자

제1절 개념

I. 금융투자업자의 의의

자본시장법("법")에 의하면 금융투자업자란 금융투자상품의 거래와 관련된 업무를 주된 업무로 하는 금융기관으로 금융투자업에 대하여 금융위원회의 인가를 받거나 금융위원회에 등록하여 이를 영위하는 자를 말한다(법8①). 즉 금융투자업자는 직접금융시장에서 증권의 거래와 관련된 업무를 주된 업무로 하는 금융기관을 모두 포괄하는 용어이다. 여기에는 투자매매·중개업자(증권회사 및 선물회사), 집합투자업자(자산운용회사), 투자자문·일임업자, 신탁업자가 있다.

금융투자업이란 이익을 얻을 목적으로 계속적이거나 반복적인 방법으로 행하는 행위로서 기능에 따라 투자매매업, 투자중개업, 집합투자업, 신탁업, 투자자문업, 투자일임업의 6가지로 구분한다(법6①). 증권업은 집합투자업을 제외한 나머지의 조합으로 이해할 수 있다. 6가지 금융투자업 중 투자자문업과 투자일임업은 등록제이며 나머지 4가지 업종은 인가제가 적용된다. 인가제와 등록제는 투자자가 노출되는 위험의 크기에 따라 기능적으로 구분한 것이다.

자본시장법이 기능별로 분류된 6개의 금융투자업을 한 회사 내에서 모두 수행할 수 있도록 겸영을 허용하면서, 우리나라의 증권사 또는 자산운용사 등도 주요 선진 투자은행(IB: Investment Bank)과 마찬가지로 기업금융업무, 직접투자업무, 증권서비스업무, 자산관리업무 등의 모든 금융투자업을 종합적으로 영위할 수 있도록 하여 투자은행이 영위할 수 있는 모든 업무를 하나의 회사에서 겸영할 수 있게 되었다.

Ⅱ. 기능별 규제

금융투자업자에 대한 분류와 관련하여 종래의 증권회사·선물회사·종합금융회사는 투자매매·중개업자로, 자산운용회사는 집합투자업자로, 투자자문회사 및 투자일임회사는 투자자문업자 및 투자일임업자로, 신탁회사는 신탁업자로 단순히 명칭만 변경된 것으로 오해될 수도 있다. 이는 자본시장법 시행 이후에도 대다수 금융투자업자는 증권회사, 선물회사, 자산운용회사 등 종래 명칭을 그대로 유지하고 있으며 영위하는 업무도 기존과 거의 유사하기 때문이다. 그러나 금융투자업자로의 명칭 변경은 실제로 종래와는 다른 큰 차이를 반영하고 있다. 왜냐하면 자본시장법은 금융투자업자의 진입규제와 관련하여 금융기능별로 진입요건을 정해 놓고, 그 요건의 부합 여부를 심사하는 add-on 방식을 취함에 따라 금융투자업자가 복수의 업무단위를 자유롭게 선택하여 영위할 수 있기 때문이다. 예를 들어 종래의 증권회사는 유가증권의 매매, 위탁매매, 인수·주선 등 현재 투자매매 및 투자중개 업무를 주로 영위하였으나 현재의 증권회사는 원칙적으로 인가취득에 따라 집합투자업 등 모든 금융투자관련 업무를 영위할 수 있다. 여타 선물회사, 자산운용회사 등도 동일하다.

금융기관이 금융투자업을 영위하기 위해서는 금융투자업의 종류, 금융투자상품의 범위, 투자자의 유형[1] 등 금융기능 조합으로부터 설정되는 한 단위의 금융기능을 "인가업무 단위"로 하여 인가업무 단위의 전부나 일부를 선택하여 금융위원회로부터 인가를 받아야 한다(법12①). 다만 자본시장법은 각 금융기능별로 투자자가 부담하는 위험의 크기에 따라 인가제와 등록제로 구분하고 있다. 이

---

1) "전문투자자"란 금융투자상품에 관한 전문성 구비 여부, 소유자산규모 등에 비추어 투자에 따른 위험감수능력이 있는 투자자로서 다음의 어느 하나에 해당하는 자를 말한다. 1. 국가, 2. 한국은행, 3. 대통령령으로 정하는 금융기관, 4. 주권상장법인(다만, 금융투자업자와 장외파생상품 거래를 하는 경우에는 전문투자자와 같은 대우를 받겠다는 의사를 금융투자업자에게 서면으로 통지하는 경우에 한한다), 5. 그 밖에 대통령령으로 정하는 자(법9⑤ 본문)이고, "일반투자자"란 전문투자자가 아닌 투자자를 말한다(법9⑥).

에 따라 고객과 직접 채무관계를 갖거나 고객의 자산을 수탁하는 투자매매·투자중개·집합투자·신탁업은 인가대상으로 하고, 투자자의 재산을 수탁하지 않는 투자일임·투자자문업은 등록만으로 영위할 수 있도록 하고 있다(법12①, 18①). 한편 자본시장법 시행령은 금융투자업의 위험과 투자자 보호 필요성 등에 따라 인가 및 등록 단위별 최저 자본요건을 다르게 설정하고, 취급하려는 인가업무가 늘어나면 그에 해당하는 자기자본 금액을 추가로 보유하도록 함으로써 금융투자업자의 대형화, 겸업화, 전문화 및 진입완화 규제를 유도하고 있다. 업종별로는 투자매매업은 투자중개업에 비해, 신탁업은 집합투자업에 비해, 인가대상 업무는 등록대상 업무에 비해 각각 높은 자기자본을 요구하고 있다. 금융상품별로는 장외파생상품, 증권, 장내 파생상품 순으로, 투자자 유형별로는 일반투자자를 대상으로 하는 경우 높은 자기자본을 요구하고 있다.

제2절 투자매매·중개업자

Ⅰ. 투자매매업자

1. 의의

투자매매업자란 금융투자업자 중 누구의 명의로 하든지 자기의 계산으로 금융투자상품의 매도·매수, 증권의 발행·인수 또는 그 청약의 권유, 청약, 청약의 승낙을 영업으로 하는 금융투자업자를 말한다(법8② 및 법6②). 투자매매업자의 증권의 발행은 일반적으로는 증권의 생산이 아닌 증권의 판매를 말한다. 다만 파생결합증권의 경우에는 증권의 생산도 포함한다.

고유재산운용업무는 "누구의 명의로 하든지 자기의 계산으로 금융투자상품을 매매하거나 소유하는 업무로서 투자매매업이나 기업금융업무(영68②)가 아닌 업무"를 말한다(영50①(1)). 따라서 고유재산운용업무에 대하여는 자본시장법상 투자매매업에 관한 규제가 적용되지 않는다.

2. 금융투자상품의 매매

투자매매업과 투자중개업은 계산의 주체를 기준으로 구분되며 투자매매업은 일반적으로 자기매매 또는 딜러매매라 하고 투자중개업은 위탁매매 또는 브로커매매로 불린다. 자기매매업무(dealing)는 투자매매업무로서 자기계산으로 인적·물적 시설을 갖추고 계속적·반복적으로 금융투자상품을 매매하는 업무를 말한다. 투자매매업자는 자기매매업무를 통해 증권시장 또는 장외거래에서 일시적인 수급불균형을 조정하는 한편 금융투자상품 가격의 연속성을 확보함으로써 시장조성자(market maker)로서의 역할을 수행한다.

투자매매업자를 상대방으로 하거나 투자중개업자를 통하여 금융투자상품을 매매하는 경우는 투자매매업에 포함되지 않는다(법7⑥(2)). 전문사모집합투자업자가 자신이 운용하는 전문투자형 사모집합투자기구의 집합투자증권을 판매하는 경우도 금융투자업으로 보지 않는다(법7⑥(3)). 또한 국가 또는 지방자치단체가 공익을 위하여 관련 법령에 따라 금융투자상품을 매매하는 경우와 한국은행이 공개시장 조작을 하는 경우는 투자매매업으로 보지 않으며(영7④(1)(2)), 환매조건부매매(RP매매) 중 일반투자자를 상대로 하는 경우에는 투자매매업으로 보고, 전문투자자 등 일정한 요건에 해당하는 전문투자자 간의 환매조건부매매는 투자매매업으로 보지 않는다(영7④(3)).

3. 증권의 발행

일반기업이 자금조달 목적으로 주권, 사채 등의 증권을 발행하는 경우를 투자매매업이라고 보기 어려우므로 자본시장법은 자기가 증권을 발행하는 경우에는 투자매매업으로 보지 아니한다(법7① 본문). 다만, ⅰ) 투자신탁의 수익증권, ⅱ) 대통령령으로 정하는 파생결합증권, ⅲ) 투자성 있는 예금계약, 그 밖에 이에 준하는 것으로서 대통령령으로 정하는 계약에 따른 증권, ⅳ) 투자성 있는 보험계약에 따른 증권은 투자매매업으로 규율하고 있다(법7① 단서). 이것은 자기가 증권을 발행하더라도 계속적·반복적으로 영리를 목적으로 증권을 발행하는 경우에는 투자매매업으로 포함시킬 필요가 있기 때문이다. 목차를 바꾸어 살펴본다.

4. 투자매매업으로 보는 경우

(1) 투자신탁의 수익증권

투자신탁의 수익증권을 발행하는 행위는 자금을 조달하여 특정 자산에 투자하고 그 결과를 투자자에게 귀속시키는 것을 목적으로 집합투자증권을 매도하는 행위이므로 투자매매업에 해당한다.

(2) 파생결합증권

자본시장법 제7조 제1항 제2호에서 "대통령령으로 정하는 파생결합증권"이란 ⅰ) 기초자산이 통화 또는 외국통화로서 지급하거나 회수하는 금전등이 그 기초자산과 다른 통화 또는 외국통화로 표시되고, ⅱ) 증권의 발행과 동시에 금융위원회가 정하여 고시하는 위험회피 목적의 거래가 이루어지며, ⅲ) 사업에 필요한 자금을 조달하기 위하여 발행되고, ⅳ) 해당 파생결합증권의 발행인이 전문투자자(시행규칙 1조의2)라는 발행요건 등을 모두 충족하는 파생결합증권을 제외한 파생결합증권을 말한다(영7①). 이는 국내 기업 또는 금융기관이 낮은 비용으로 달러화를 조달하기 위해 "이종통화표시달러결제채권"[2]을 발행하는 관행을 감안한 것으로 생각된다.

(3) 투자성 있는 예금·보험

자본시장법 제7조 제1항 제3호의 "투자성 있는 예금계약, 그 밖에 이에 준하는 것으로서 대통령령으로 정하는 계약에 따른 증권"은 투자매매업에 해당한다. 여기서 "대통령령으로 정하는 계약에 따른 증권"이란 다음의 어느 하나에 해당하는 것("금적립계좌등")을 말한다. 즉 ⅰ) 시행령 제4조 각 호[3]의 어느 하나에 해당하는 자("은행등")가 투자자와 체결하는 계약에 따라 발행하는 금적립계좌 또

---

2) 이종통화표시달러결제채권은 외화표시채권의 하나로서, 표시통화는 이종통화(달러가 아닌 통화)이고 결제통화는 달러인 채권이다. 투자자의 입장에서 실질적인 자금의 투자는 달러로 이루어지고 만기 이후에 이자와 원금에 대한 수취도 달러로 결제되는 구조를 취한다.

3) 1. 다음의 어느 하나에 해당하는 자("은행")
　　가. 은행법에 따라 인가를 받아 설립된 은행(인가를 받은 외국은행의 지점 또는 대리점 포함)
　　나. 수산업협동조합법에 따른 수협은행
　　다. 농업협동조합법에 따른 농협은행
　2. 한국산업은행법에 따른 한국산업은행
　3. 중소기업은행법에 따른 중소기업은행

는 은적립계좌[투자자가 은행등에 금전을 지급하면 기초자산인 금(金) 또는 은(銀)의 가격 등에 따라 현재 또는 장래에 회수하는 금전등이 결정되는 권리가 표시된 것으로서 금융위원회가 정하여 고시하는 기준에 따른 파생결합증권], ⅱ) 그 밖에 증권 및 장외파생상품에 대한 투자매매업의 인가를 받은 자가 투자자와 체결하는 계약에 따라 발행하는 파생결합증권으로서 금융위원회가 투자에 따른 위험과 손익의 구조 등을 고려하여 고시하는 파생결합증권을 말한다. 이는 전형적인 예금과 달리 투자성이 있는 금융투자상품의 매매에 해당하는 점을 감안한 것으로 생각된다.

5. 증권의 인수

인수란 제3자에게 증권을 취득시킬 목적으로 ⅰ) 그 증권의 전부 또는 일부를 취득하거나 취득하는 것을 내용으로 하는 계약을 체결하는 것(제1호), ⅱ) 그 증권의 전부 또는 일부에 대하여 이를 취득하는 자가 없는 때에 그 나머지를 취득하는 것을 내용으로 하는 계약을 체결하는 것(제2호) 중 어느 하나에 해당하는 행위를 하거나 그 행위를 전제로 발행인 또는 매출인을 위하여 증권의 모집·사모·매출을 하는 것을 말한다(법9⑪).

증권의 인수업무(underwriting)는 투자매매업무로서 투자매매업자가 신규 발행된 증권을 매출할 목적으로 취득하는 업무를 말하며 발행형태로는 모집·매출(공모), 사모의 세 가지가 있다. "모집"이란 대통령령으로 정하는 방법에 따라 산출한 50인 이상의 투자자에게 새로 발행되는 증권의 취득의 청약을 권유하는 것을 말하고(법9⑦), "매출"이란 대통령령으로 정하는 방법에 따라 산출한 50인 이상의 투자자에게 이미 발행된 증권의 매도의 청약을 하거나 매수의 청약을 권유하는 것(법9⑨)을 말한다. 한편 "사모"란 새로 발행되는 증권의 취득의 청약을 권유하는 것으로서 모집에 해당하지 아니하는 것을 말한다(법9⑧).

Ⅱ. 투자중개업자

1. 의의

투자중개업자란 금융투자업자 중 누구의 명의로 하든지 타인의 계산으로 금융투자상품의 매도·매수, 그 중개나 청약의 권유, 청약, 청약의 승낙 또는 증권의 발행·인수에 대한 청약의 권유, 청약, 청약의 승낙을 영업으로 하는 금융투자업자를 말한다(법8③ 및 법6③). 투자중개업자는 타인의 계산에 의해 영업이 이루어진다는 점에서 투자매매업자와 구분된다. 투자중개업은 종전의 증권거래법에서 규정하고 있던 위탁매매, 매매의 중개 또는 대리, 국내외 증권시장에서의 매매거래에 관한 위탁의 중개·주선 또는 대리 및 모집·매출의 주선업무를 포함한다.

2. 위탁매매업무

위탁매매업무(brokerage)는 증권 및 파생상품 등 금융투자상품에 대한 투자중개업무로서 고객의 매매주문을 성사시키고 수수료를 받는 업무이다. 위탁매매업무는 위탁매매, 매매의 중개·대리 및 위탁의 중개·주선·대리 세 가지 형태로 이루어진다.

ⅰ) 위탁매매업무는 고객의 매매주문을 받아 투자중개업자의 명의와 고객의 계산으로 금융투자상품의 매매를 하는 업무이다. 매매거래에 따른 손익은 위탁자인 고객에게 귀속되며 투자중개업자는 고객으로부터 일정한 위탁수수료를 받는다. ⅱ) 매매의 중개·대리는 타인간의 금융투자상품의 매매가 성립되도록 노력하거나 고객을 대리하여 매매를 하고 일정한 수수료를 받는 업무를 말한다. ⅲ) 위탁의 중개·주선·대리는 한국거래소의 회원이 아닌 투자중개업자가 수행하는 업무로서 비회원인 투자중개업자는 회원인 투자중개업자를 통해 고객의 위탁매매 주문을 중개·주선·대리해주고 고객으로부터 받은 수수료를 회원인 투자중개업자와 배분한다.4)

3. 펀드판매업무 및 랩어카운트업무(자산관리업무)

펀드는 자본시장법상 집합투자기구를 지칭하며, 펀드판매업무는 증권회사가 투자중개업자로서 펀드에서 발행하는 수익증권 등을 투자자에게 판매하는 업무이다. 자산관리업무는 투자자문 및 투자일임업자로서 투자자에게 랩어카운트(Wrap Account) 및 CMA(Cash Management Account) 서비스 등을 제공하는 업무이다. 랩어카운트는 투자일임업을 경영하는 투자중개업자가 투자중개업무와 투자일임업무를 결합한 자산관리계좌["맞춤식 자산관리계좌(Wrap Account)]이다(금융투

---

4) 한국은행(2018), 246-247쪽.

자업규정4-77(7)).5) 즉 랩어카운트는 증권회사가 고객의 증권거래, 고객에 대한 자문 등의 서비스를 통합해 제공하고 그 대가로 고객예탁재산의 평가액에 비례하여 연간 단일보수율로 산정한 수수료를 받는 업무이다. 랩어카운트에는 자문형과 일임형 두 가지가 있는데 자문형은 예탁재산의 운용에 대하여 자산관리자가 투자자문서비스를 제공하고 최종결정은 고객이 내리는 반면, 일임형은 증권회사가 고객의 성향에 따라 주식이나 채권, 주식형 펀드 등 투자자의 자산 포트폴리오 구성에서 운용까지 모든 자산운용 업무를 대신한다.

4. CMA 업무

CMA(Cash Management Account) 업무는 고객과 사전 약정에 따라 예치자금이 MMF, RP 등 특정 단기금융상품에 투자되도록 설계한 CMA계좌를 고객예탁금 계좌와 연계해 수시입출, 급여이체, 신용카드 결제대금 납부 등의 부가서비스를 제공하는 업무이다. 운용자산의 종류에 따라 RP 투자형 CMA, MMF 투자형 CMA, 투자일임형 CMA, 종금형 CMA, 발행어음형 CMA 등으로 구분된다.

5. 투자중개업으로 보지 않는 경우

투자권유대행인이 투자권유를 대행하는 경우에는 투자중개업으로 보지 아니한다(법7②). 투자권유대행인은 별도로 규제(법51 및 법52)를 받기 때문에 투자중개업으로 보지 않는 것이다. 따라서 등록한 투자권유대행인은 투자중개업 인가를 받지 않고 투자권유대행을 할 수 있다. 거래소가 증권시장 또는 파생상품시장을 개설·운영하는 경우에는 투자중개업으로 보지 않는다(법7⑥(1)). 거래소 회원간의 중개행위는 투자중개업의 규제에서 제외한 것이다. 한국금융투자협회가 증권시장에 상장되지 아니한 주권의 장외매매거래에 관한 업무(법286①(5)) 및 증권시장에 상장되지 않은 지분증권(주권을 제외한 지분증권)의 장외매매거래에 관한 업무(영 307②(5의2))를 하는 경우도 투자중개업으로 보지 않는다(영7④(4)).

---

5) Wrap이란 금융투자회사가 고객의 금융투자상품 거래와 관련한 투자조언, 거래집행, 계좌 및 금융투자상품의 관리 등 일체의 서비스를 단일계약과 단일 수수료체계에 의하여 종합적으로 제공하는 일종의 one-stop service 상품을 지칭하는 실무적 용어로 사용되어 왔다. 2011년 1월 금융투자업규정 개정으로 "투자중개업무와 투자일임업무를 결합한 자산관리계좌"를 "맞춤식 자산관리계좌(Wrap Account)"로 정의하였다.

제3절 집합투자업자

I. 서설

1. 의의

집합투자업자는 2인 이상의 투자자로부터 모은 금전 등을 투자자의 일상적인 운용지시없이 투자대상자산에 운용하고 그 결과를 투자자에게 배분 및 귀속시키는 집합투자를 영업으로 하는 금융투자업자를 말한다(법8④ 및 법6④⑤). 집합투자업자는 투자신탁, 투자회사 등의 방식으로 설정·설립되는 집합투자기구의 재산을 운용하는 것을 주된 업무로 한다. 집합투자업자는 자본시장법에 따른 집합투자를 수행하는 금융기관으로서 자산운용회사에 해당된다.

2. 특징

집합투자의 정의에 해당하는 행위를 영업으로 하는 것은 집합투자업이 되므로, 자본시장법에 따라 집합투자업 라이선스를 가진 자만이 할 수 있다.

집합투자업자는 투자매매·중개업자와 마찬가지로 시장중개기관에 속한다. 집합투자가 비록 투자자로부터 자금 등을 모아 집합투자기구라는 도구를 통해서 재산을 운용하므로 금융중개기관의 외형을 갖추고 있다 하더라도, 결정적으로 자기계산으로 신용 대위를 하지 않기 때문에 금융중개기관이라고 볼 수 없다. 집합투자업자는 투자자로부터 받은 금전 등에 대해 위험부담을 지지 않으며, 손익에 관계 없이 운용에 대해 일정한 보수·수수료만을 취득할 뿐이다. 펀드가 투자한 주식·채권 등이 큰 손실을 본다 할지라도, 집합투자업자는 여전히 일정한 보수·수수료를 취득하며 그 손실에 대해서는 투자자 단독의 부담이 된다.

이렇게 집합투자는 투자자가 아닌 자의 명의6)로 운용된다고 하더라도, 투자자의 계산으로 이루어지기 때문에 금융기관인 집합투자업자는 시장중개기관에 속한다. 그래서 투자자 아닌 자의 지배하에서 운용되는 집합투자 특성은 투자자

---

6) 예컨대 투자신탁형은 집합투자업자가, 투자회사형은 투자회사의 명의로 운용된다.

와 운용자 사이에 중요한 이해상충 문제를 발생시킬 수 있다. 운용자가 운용하지만, 그 손익은 투자자의 몫이 되는 구조에서는 운용자가 투자자의 의사에 반하여 큰 손실을 끼칠 우려가 있다.

Ⅱ. 업무

집합투자업자의 업무를 크게 집합투자기구의 기획, 집합투자재산의 운용의 두 가지로 나누어 보았다.

1. 집합투자기구의 기획업무

집합투자업자는 집합투자를 수행하기 위해 집합투자기구를 설정·설립한다. 투자신탁형태에서 집합투자업자는 신탁업자(신탁회사)와의 신탁계약을 통해서 투자신탁을 설정하고, 회사형인 투자회사·투자유한회사·투자합자회사·투자유한책임회사에서 집합투자업자는 초기 설립시 정관작성의 주체로 참여한다.[7] 조합형에서 집합투자업자는 조합계약(투자합자조합의 경우)이나 익명조합계약(투자익명조합의 경우)을 작성하는 주체로서 집합투자기구를 설립한다.

투자신탁형은 회사형·조합형 집합투자기구와는 달리 스스로 집합투자기구를 설정할 수 없다는 특징이 있다. 즉 투자신탁을 설정하기 위해서 집합투자업자는 반드시 신탁업자인 당사자를 끌어들여야 한다.

2. 집합투자재산의 운용업무

집합투자재산의 운용은 매우 광범위하게 해석하여 단순히 집합투자재산을 취득·처분하는 것뿐만 아니라, 집합투자재산과 관련된 집합투자증권의 발행·판매 및 환매, 집합투자기구의 합병 및 해지·해산과 같은 행위까지도 운용업무에 포함될 수 있다. 적어도 집합투자재산이 집합투자기구에 남아 있는 동안 이루어지는 모든 행위는 집합투자재산의 운용업무라고 보아야 투자자를 두텁게 보호할 수 있다.

여기서는 협의의 운용업무로 한정하여 살펴본다. 운용이란 집합투자재산에

---

7) 투자회사는 집합투자업자가 아닌 자들로 발기인조합이 구성되어 투자회사를 설립하는 것도 가능하다.

직접적인 영향을 미치는 행위로, 집합투자재산의 취득·처분 등의 행위를 말한다. 투자신탁과 투자익명조합을 제외하고는 모두 집합투자기구의 명의로 그 운용을 행하며(법80⑤), 투자신탁은 신탁회사의 명의로, 투자익명조합은 집합투자업자의 명의로 운용한다. 투자신탁에서 집합투자업자는 단지 명의자인 신탁업자로 하여금 그 운용의 지시를 내릴 뿐이다.

투자신탁과 관련하여 살펴보면, 집합투자업자는 신탁업자로 하여금 운용의 지시를 통해서 집합투자재산을 운용하는데, 이는 별도의 신탁관계를 통해서 집합투자 운용이 이루어진다고 볼 수 있다. 즉 집합투자업자는 위탁자로서 수탁자인 신탁업자로 하여금 위탁지시를 통해서 신탁업자의 명의로 투자신탁재산을 운용하는 것이다. 하지만 자본시장법에는 투자신탁이 신탁업자 명의로 운용되지 않는 예외조항도 존재한다. 수탁자가 아닌 집합투자업자(위탁자) 스스로의 명의로 운용할 수 있는 단서 규정(법80① 단서)을 두고 있고, 그에 해당하는 투자행위의 범위도 상당히 넓게 규정하고 있다.

제4절 투자자문·일임업자

Ⅰ. 투자자문업자

1. 의의

투자자문업자란 금융투자업자 중 금융투자상품, 그 밖에 대통령령으로 정하는 투자대상자산("금융투자상품등")의 가치 또는 금융투자상품등에 대한 투자판단(종류, 종목, 취득·처분, 취득·처분의 방법·수량·가격 및 시기 등에 대한 판단)에 관한 자문에 응하는 것을 영업으로 하는 금융투자업자를 말한다(법8⑤ 및 법6⑦).

현재 자본시장에서는 투자매매업·중개업자(증권회사), 집합투자업자(자산운용사) 또는 전업 투자자문사 등이 투자자문업을 영위한다. 투자자문업은 투자매매·중개업 및 집합투자업과 직접적 연관이 있기 때문에 증권사 및 자산운용사는 투자자문업을 겸영하는 것이 일반적이다. 반면 전업 투자자문사는 투자자문업 또는 투자일임업만을 영위하는 회사이다.

2. 투자자문업으로 보지 않는 경우

불특정 다수인을 대상으로 발행 또는 송신되고, 불특정 다수인이 수시로 구입 또는 수신할 수 있는 간행물·출판물·통신물 또는 방송 등을 통하여 조언을 하는 경우에는 투자자문업으로 보지 아니한다(법7③). 투자자문업자 이외의 자가 이러한 조언을 일정한 대가를 받고 행하는 경우 신고만으로 영업을 할 수 있는 유사투자자문업으로 분류된다(영102). 유사투자자문업이란 불특정 다수인을 대상으로 발행 또는 송신되고, 불특정 다수인이 수시로 구입 또는 수신할 수 있는 간행물·출판물·통신물 또는 방송 등을 통하여 투자자문업자 외의 자가 일정한 대가를 받고 행하는 투자조언을 말한다(영102①).

따로 대가 없이 다른 영업에 부수하여 금융투자상품등의 가치나 그 금융투자상품등에 대한 투자판단에 관한 자문에 응하는 경우에는 투자자문업으로 보지 않는다(영7④(8)).

집합투자기구평가회사, 채권평가회사, 공인회계사, 감정인, 신용평가를 전문으로 하는 자, 변호사, 변리사 또는 세무사, 그 밖에 이에 준하는 자로서 해당 법령에 따라 자문용역을 제공하고 있는 자(그 소속단체를 포함)가 해당 업무와 관련된 분석정보 등을 제공하는 경우에는 투자자문업으로 보지 않는다(영7④(9) 및 영7⑤(4) 마목).

Ⅱ. 투자일임업자

1. 의의

투자일임업자란 금융투자업자 중 투자자로부터 금융투자상품등에 대한 투자판단의 전부 또는 일부를 일임받아 투자자별로 구분하여 그 투자자의 재산상태나 투자목적 등을 고려하여 금융투자상품등을 취득·처분, 그 밖의 방법으로 운용하는 것을 영업으로 하는 금융투자업자를 말한다(법8⑥ 및 법6⑧).

투자일임업에는 매매 등 자산의 운용, 자산의 보관 및 관리(배당금과 이자의 수령 등), 자산운용에 따른 각종 보고 등의 업무가 포함된다. 투자일임재산은 투자자문업의 경우와 같이 금융투자상품에 한정되나, 그 운용방법으로는 매매 외에 다양한 방법이 인정된다. 자본시장법은 자산운용방법을 특별히 제한하고 있지 않기 때문에 투자신탁 등 집합투자, 신탁업자에 대한 신탁, 금융기관에의 예치, 단기대출 등의 방법으로 운용하는 것이 가능하다.

투자일임행위가 투자일임업으로 인정되기 위해서는 그에 대한 "보수를 받고" 이를 "영업으로" 하여야 한다. 투자매매·중개업자(증권회사)가 투자자의 매매주문을 처리하는 과정에서 투자자로부터 투자판단의 전부 또는 일부를 일임받는 것은 단지 위탁매매의 실행에 부수하는 것으로서 별도의 보수가 지급되지 않기 때문에 투자일임업으로 보지 않는다.

2. 강화된 등록요건

투자자문은 증권 등 투자자문자산의 가치분석 등에 의하여 투자자에게 투자판단에 관한 조언을 하는 것이고, 투자일임은 그 투자판단을 기초로 고객을 위해 투자의 결정까지 하는 것이다. 양자는 모두 투자판단을 전제로 하는데, 투자자문은 투자결정에 관한 권한이 고객 자신에게 있는 반면, 투자일임업은 투자일임업자에게 이에 관한 재량권이 부여된다. 따라서 자본시장법은 투자일임업에 대해서 투자자문업의 등록요건에 더하여 자기자본, 투자운용 전문인력 등에 있어 한 단계 더 강화된 등록요건을 부과하고 있다. 이러한 특성상 투자일임업은 투자자문업을 전제로 하고, 당연히 투자자문업을 겸하게 된다.

3. 투자일임업으로 보지 않는 경우

투자중개업자가 투자자의 매매주문을 받아 이를 처리하는 과정에서 금융투자상품에 대한 투자판단의 전부 또는 일부를 일임받을 필요가 있는 경우로서 ⅰ) 투자자가 금융투자상품의 매매거래일(하루에 한정)과 그 매매거래일의 총매매수량이나 총매매금액을 지정한 경우로서 투자자로부터 그 지정 범위에서 금융투자상품의 수량·가격 및 시기에 대한 투자판단을 일임받은 경우, ⅱ) 투자자가 여행·질병 등으로 일시적으로 부재하는 중에 금융투자상품의 가격 폭락 등 불가피한 사유가 있는 경우로서 투자자로부터 약관 등에 따라 미리 금융투자상품의 매도 권한을 일임받은 경우, ⅲ) 투자자가 금융투자상품의 매매, 그 밖의 거래에 따른 결제나 증거금의 추가예탁 또는 법 제72조에 따른 신용공여와 관련한 담보비율 유지의무나 상환의무를 이행하지 아니한 경우로서 투자자로부터 약관 등에 따라 금융투자상품의 매도권한(파생상품인 경우에는 이미 매도한 파생상품의 매수권한을 포함)을 일임받은 경우, iv) 투자자가 투자중개업자가 개설한 계좌에 금전을 입금하거나 해당 계좌에서 금전을 출금하는 경우에는 따로 의사표시가 없어도 자동으로 단기금융집합투자기구의 집합투자증권 등을 매수 또는 매도하거나 증권을 환매를 조건으로 매수 또는 매도하기로 하는 약정을 미리 해당 투자중개업자와 체결한 경우로서 투자자로부터 그 약정에 따라 해당 집합투자증권 등을 매수 또는 매도하는 권한을 일임받거나 증권을 환매를 조건으로 매수 또는 매도하는 권한을 일임받은 경우, v) 그 밖에 투자자 보호 및 건전한 금융거래질서를 해칠 염려가 없는 경우로서 금융위원회가 정하여 고시하는 경우에는 투자일임업으로 보지 아니한다(법7④, 영7③). 이 경우는 투자중개업자가 따로 대가 없이 금융투자상품에 대한 투자판단(법 제6조 제7항에 따른 투자판단)의 전부나 일부를 일임받는 경우이다(영7③).

제5절 신탁업자

I. 의의

1. 신탁업자의 의의

신탁업자란 금융투자업자 중 신탁업을 영위하는 금융투자업자를 말한다(법8⑦ 및 법6⑨). 신탁업자는 금전 또는 재산을 고객(위탁자)으로부터 수탁받아 수익자(고객 또는 제3자)의 이익을 위해 운영·관리·처분하는 기능을 담당한다.

신탁업자로는 은행, 금융투자업자(증권회사), 보험회사 등에 의한 신탁겸업사와 부동산신탁회사가 있다. 겸업사의 경우 부동산신탁업무의 범위[8] 등에서 다소 차이가 있는 점을 제외하고는 대부분 동일하다. 겸업사 신탁계정에서는 금전

---

8) 투자매매·중개업자(증권회사)의 경우 신탁업자로서의 대출업무가 제한된다. 부동산 신탁 업무와 관련하여 은행의 경우 토지신탁 업무가, 투자매매·중개업자 및 보험회사는 담보 및 토지신탁 업무가 제한된다.

및 재산을 신탁받아 이를 유가증권, 대출금 등으로 운용하여 그 수익을 분배하는 업무가 이루어진다.

2023년 12월 말 기준 신탁 겸업사는 국내은행 16개9)와 외국은행 국내지점 3개,10) 증권사 20개,11) 보험회사 6개12) 등이 있다. 한편 부동산 신탁회사는 2009년(2개사 인가) 이후 추가 진입없이 11개사13)가 영업 중이었는데, 2019년 3개사14)를 신규인가하여 총 14개사가 영업 중이다.

2. 부동산신탁업자의 의의

부동산신탁업자는 부동산 소유자인 위탁자와 신탁계약을 체결하고 그 부동산을 관리·처분·개발함으로써 나오는 수익을 수익자에게 교부하고 그 대가로 수수료(신탁보수)를 취득한다. 부동산신탁과 유사 개념으로 부동산투자신탁이 있는바, 이는 금전을 신탁받아 부동산에 투자하는 기존의 불특정금전신탁 상품을 일컫는 것으로서 현물인 부동산 자체를 신탁받는 부동산신탁과는 근본적으로 다르다.

부동산의 관리·처분·개발에 신탁제도를 도입한 이유는 신탁재산은 독립성이 보장되고 강제집행 등이 금지되어 수익자 및 신탁재산의 보호에 만전을 기할 수 있기 때문이다. 부동산 신탁제도는 부동산에 대한 전문성을 보유한 신탁회사가 부동산을 관리·개발함으로써 한정된 자원을 효율적으로 이용할 수 있을 뿐만 아니라 부동산 매매가 수반되지 않으므로 양도과정에서의 양도세 및 등록세 등 제반 비용을 절감할 수 있다. 한편 부동산신탁회사는 인가조건으로 그 수탁가능 재산이 부동산 등으로 제한됨에 따라 현재 부동산을 수탁받아 그에 대한 관리·처분·개발을 대행하는 업무를 수행하고 부수업무로서 주로 부동산컨설팅, 대리

---

9) 신한, 우리, SC제일, KEB하나, 씨티, 국민, 대구, 부산, 광주, 경남, 산업, 기업, 농협, 수협, 전북 15개사(인가단위: 종합신탁업), 제주 1개사(인가단위: 금전신탁업).
10) 뉴욕멜론(인가단위: 종합신탁업), 도이치, 홍콩상하이 2개사(인가단위: 금전신탁업).
11) 신한, 교보, 대신, 미래에셋대우, 하나, 유안타, 삼성, 한국투자, KB, 키움, NH투자, 한화, 메리츠, 신영, 유진투자, HMC투자, 동부, SK, IBK 19개(인간단위: 종합신탁업), 하이(인가단위: 금전신탁업).
12) 미래에셋생명, 삼성생명, 한화생명, 흥국생명(인가단위: 종합신탁업), 교보생명, 삼성화재(인가단위: 금전신탁업).
13) 한국토지, KB부동산, 대한토지, 생보부동산, 한국자산, 하나자산, 코람코자산, 아시아, 국제자산, 무궁화, 코리아(인가단위: 부동산신탁업).
14) 대신자산신탁, 신영부동산신탁, 한국투자부동산신탁(인가단위: 부동산신탁업).

사무, 부동산매매의 중개 등을 수행한다.[15]

II. 업무

신탁업무는 신탁관계인, 신탁재산 등의 개념과 수탁자의 권리의무 등 신탁에 관한 일반적인 법률관계를 민사적 차원에서 규정하고 있는 신탁법과 신탁업자 업무의 내용, 감독 등을 규정하고 있는 자본시장법에 의하여 운영된다. 신탁업자가 신탁계약에 따라 인수할 수 있는 재산은 금전, 증권, 금전채권, 동산, 부동산, 지상권·전세권·부동산임차권·부동산소유권 이전등기청구권 및 그 밖의 부동산 관련 권리, 지적재산권 등 무체재산권으로 제한되어 있다. 수탁업무는 이러한 인수재산에 따라 크게 금전신탁과 재산신탁으로 구분된다. 이외에도 담보부사채신탁법, 신탁법 등에 근거를 두고 담보부사채신탁, 공익신탁 등의 수탁업무를 영위하고 있다.

자본시장법은 신탁재산에 속하는 금전의 운용방법을 증권, 장내외 파생상품 등 금융투자상품의 매수, 금융기관에의 예치, 금전채권의 매수, 대출, 어음의 매수, 실물자산의 매수, 무체재산권의 매수, 부동산의 매수 또는 개발, 그 밖에 신탁재산의 안전성·수익성 등을 고려하여 대통령령으로 정하는 방법 등으로 제한하고 있다(법106). 또한 신탁운용자산의 처분은 이익상충 방지를 위해 시장을 통하여 매매함을 원칙으로 하며 특정 신탁상품의 수익률을 제고할 목적으로 운용자산을 편출하거나 편입할 수 없다.

---

15) 한국은행(2018), 268쪽.

제6절 종합금융투자사업자

Ⅰ. 서설

1. 입법배경

국내 증권산업은 대형 증권회사나 중소형 증권회사 모두 위탁매매·단순중개 위주의 동질적인 업무를 주로 수행하고 있어 증권회사의 역량이 글로벌 투자은행(IB)[16)에 비해 절대적으로 낮은 수준이다. 국내 증권회사는 기업공개(IPO), 회사채 인수 등의 전통적인 투자은행 업무에 이제 진입한 단계로 해외 유수의 투자은행이 자본시장에 제공하는 M&A, 프로젝트파이낸싱 등 모험자본의 기능은 부족한 것으로 평가받고 있다. 그 결과 국내 증권회사들은 대형 증권회사와 중소형 증권회사 모두 위탁매매·IPO·회사채 인수 등의 동질적인 업무를 수행하면서 저가 출혈 경쟁을 벌이고 있는 상황으로 볼 수 있다. 반대로 M&A 자문, 구조화증권(주가연계증권 등) 발행 등 고부가가치 업무는 외국계 투자은행에 내주는 등 고착화된 국내 증권산업의 구조 변화가 필요하다는 지적이 제기되어 왔다.[17)

2013년 5월 개정된 자본시장법은 투자은행을 활성화하기 위하여 대형 증권회사를 종합금융투자사업자로 지정하여 신규 업무를 허용하는 것을 주요 내용으로 하고 있다. 종합금융투자사업자제도는 투자은행 활성화를 통해 위탁매매·단순중개 업무에만 치중되어 있는 국내 증권산업의 구조개편과 함께 자본시장의 실물경제 지원을 강화하는 데에 그 목적이 있다.

하지만 종합금융투자사업자 제도 도입 후 현재까지 국내 증권산업은 여전히 중개업 영역에서 크게 벗어나지 못하고 있고, 투자은행으로서의 기능과 경쟁력은 부족하다는 것이 일반적인 평가이다. 이에 정부는 2016년 8월 초대형 투자은행 육성을 위한 종합금융투자사업자 제도의 개선방안[18)을 발표하였으며, 2017년

---

16) 전통적인 투자은행의 개념은 증권의 발행시장에서 인수(underwriting) 등 투자의 형태로 기업에 자금을 중개·공급하는 업무를 의미하지만, 최근 투자은행의 영역은 기업의 설립·성장·변경·구조조정의 과정에서 M&A, 프로젝트파이낸싱 등 금융업무 일체를 주선·자문하는 업무로 확대되었다.

17) 조대형(2018), "종합금융투자사업자 제도의 입법영향에 대한 연구", 은행법연구 제11권 제1호(2018. 5), 123-125쪽.

18) 금융위원회(2016), "초대형 투자은행 육성을 위한 종합금융투자사업자 제도 개선방안"

5월 자본시장법 시행령 개정을 통해 자기자본 규모에 따라 신규 업무를 추가 허용하는 등 증권회사의 대형화를 유도하는 정책을 강화하고 있다. 개정된 자본시장법 시행령은 자기자본 요건에 따라 초대형 종합금융투자사업자가 영위할 수 있는 단기금융업무(4조원), 종합투자계좌업무(8조원)를 추가 허용하는 것을 주요 내용으로 하고 있다.

2. 종합금융투자사업자의 의의와 지정요건

종합금융투자사업자란 투자매매업자 또는 투자중개업자 중 금융위원회의 지정을 받은 자를 말한다(법8⑧). 자본시장법은 금융투자업을 크게 6가지로 분류하여 금융위원회의 인가를 받도록 하고 있는데(법12), 종합금융투자사업자는 인가 제도가 아닌 투자매매업자 또는 투자중개업자가 일정 요건을 구비한 경우 투자은행 업무를 영위할 수 있도록 금융위원회가 지정하는 방식이다(법77의2①). 투자매매업자 또는 투자중개업자가 종합금융투자사업자로 지정받고자 하는 경우 금융위원회에 신청하여야 한다(법77의2②).

투자매매업자 또는 투자중개업자가 금융위원회로부터 종합금융투자사업자로 지정받기 위해서는 다음의 요건을 모두 갖추어야 한다. ⅰ) 상법에 따른 주식회사이어야 한다. 지정요건의 하나로 주식회사의 형태를 요구함으로써 종합금융투자사업자의 자본력 축적을 유도하고 있다. ⅱ) 증권에 관한 인수업을 영위해야 한다. 투자은행의 핵심 업무가 인수(underwriting) 업무라는 것을 감안하여 종합금융투자사업자 지정을 신청하는 투자매매업자 또는 투자중개업자가 인수업을 영위하고 있어야 하는 요건을 부과하고 있다. ⅲ) 3조원 이상으로서 대통령령으로 정하는 금액 이상의 자기자본을 보유하여야 한다. 종합금융투자사업자의 자기자본 3조원 기준은 시장 선도적 대형 투자은행을 육성하려는 정책 목적을 달성하기 위해 충분한 자기자본이 필요하다는 점이 고려되었다. ⅳ) 해당 투자매매업자 또는 투자중개업자의 신용공여 업무수행에 따른 위험관리 능력 등을 고려하여 대통령령으로 정하는 기준을 충족해야 한다(법77의2①).

2023년 12월 기준 금융위원회로부터 종합금융투자사업자로 지정받은 증권회사는 미래에셋대우, NH투자증권, 한국투자증권, 삼성증권, KB증권, 신한금융

(2016. 8. 2) 보도자료.

투자, 메리츠종합금융증권, 하나금융투자 총 8개사이다.[19]

Ⅱ. 업무

1. 전담중개업무

종합금융투자사업자가 프라임브로커(prime broker)로서 전문투자형 사모집합투자기구 등을 대상으로 증권대차, 신용공여, 펀드재산 보관·관리 등의 종합금융서비스를 제공할 수 있도록 전담중개업무를 허용하고 있다(법77의3①).

전담중개업무란 일반 사모집합투자기구, 그 밖에 대통령령으로 정하는 투자자[20]("일반 사모집합투자기구등")에 대하여 ⅰ) 증권의 대여 또는 그 중개·주선이나 대리업무, ⅱ) 금전의 융자, 그 밖의 신용공여, ⅲ) 일반 사모집합투자기구등의 재산의 보관 및 관리, ⅳ) 일반 사모집합투자기구등의 투자자재산(일반 사모집합투자기구등의 재산으로서 전담중개업무의 대상이 되는 투자자재산)의 매매에 관한 청약 또는 주문의 집행업무, ⅴ) 일반 사모집합투자기구등의 투자자재산의 매매 등의 거래에 따른 취득·처분 등의 업무, ⅵ) 파생상품의 매매 또는 그 중개·주선·대리업무, ⅶ) 환매조건부매매 또는 그 중개·주선·대리업무, ⅷ) 집합투자증권의 판매업무, ⅸ) 일반 사모집합투자기구등의 투자자재산의 운용과 관련한 금융 및 재무 등에 대한 자문업무, ⅹ) 다른 투자자의 투자를 유치하거나 촉진하기 위하여 일반 사모집합투자기구에 출자(투자신탁의 경우에는 그 수익증권의 매수를 포함)를 하는 업무를 효율적인 신용공여와 담보관리 등을 위하여 증권의 대여 또는 그 중개·주선이나 대리업무, 금전의 융자, 그 밖의 신용공여, 일반 사모집

---

19) 2013년 10월 30일 금융위원회로부터 미래에셋대우(구 대우증권), NH투자증권(구 우리투자증권), 한국투자증권, 삼성증권, KB증권(구 현대증권)이 종합금융투자사업자로 지정받았으며, 2017년 3월 8일 신한금융투자, 2017년 11월 23일 메리츠종합금융증권, 2019년 7월 10일 하나금융투자가 종합금융투자사업자로 추가 지정받았다.

20) "대통령령으로 정하는 투자자"란 다음의 어느 하나에 해당하는 투자자를 말한다(영6의3 ①).
   1. 전문투자자인 금융기관(영10②)
   2. 법률에 따라 설립된 기금(제10호 및 제11호는 제외) 및 그 기금을 관리·운용하는 법인(영10③(12)), 법률에 따라 공제사업을 경영하는 법인(영10③(13)), 그리고 이에 준하는 외국인
   3. 경영참여형 사모집합투자기구(법9⑲(1))
   4. 법 제279조 제1항에 따른 외국 집합투자기구(법 제9조 제19항에 따른 사모집합투자기구에 상당하는 집합투자기구로 한정)

합투자기구등의 재산의 보관 및 관리(법 제6조 제10항 제1호부터 제3호까지의 업무) 및 위의 업무를 서로 연계하여 제공하는 방법으로 연계하여 제공하는 업무를 말한다(법6⑩, 영6의3③②). 이 경우 금전의 융자, 그 밖의 신용공여, 전문투자형 사모집합투자기구등의 재산의 보관 및 관리(법 제6조 제10항 제2호 및 제3호)의 업무가 포함되어야 한다(영6의3②).

2. 신용공여업무

종합금융투자사업자는 전담중개업무 외에 투자은행 업무 활성화를 위해 기존에 금융투자업자에게 허용되지 않았던 기업에 대한 신용공여업무를 영위할 수 있다(법77의3③(1)). 따라서 종합금융투자사업자는 대출, 기업어음증권에 해당하지 않는 어음의 할인·매입 등의 방법으로 신용공여를 할 수 있다(영77의5①).[21] 종합금융투자사업자가 전담중개업무를 영위하는 경우에는 제72조[22]에도 불구하고 증권 외의 금전등에 대한 투자와 관련하여 전문투자형 사모집합투자기구등에 신용공여를 할 수 있다(법77의3④).

3. 기타 대통령령으로 정하는 업무

(1) 의의

종합금융투자사업자는 자본시장법 또는 다른 금융관련법령에도 불구하고 해당 종합금융투자사업자의 건전성, 해당 업무의 효율적 수행에 이바지할 가능성 등을 고려하여 종합금융투자사업자에게만 허용하는 것이 적합한 업무로서 ⅰ) 상장주권 등의 장외매매업무 등(제1호), ⅱ) 법 제360조에 따른 단기금융업무(제2호), ⅲ) 종합투자계좌업무를 영위할 수 있다(법77의3③(2), 영77의6①).

(2) 상장주권 등의 장외매매업무 등

종합금융투자사업자는 증권시장에 상장된 주권, 증권시장에 상장되지 아니한 주권, 그 밖에 금융위원회가 정하여 고시하는 금융투자상품에 관하여 동시에

---

21) 기업신용공여 업무는 기업에 대한 대출과 어음할인을 의미하며, 전통적으로 은행, 저축은행, 보험사, 여신전문금융회사 등에서 이루어지던 업무이다.

22) 투자매매업자 또는 투자중개업자는 증권과 관련하여 금전의 융자 또는 증권의 대여의 방법으로 투자자에게 신용을 공여할 수 있다. 다만, 투자매매업자는 증권의 인수일부터 3개월 이내에 투자자에게 그 증권을 매수하게 하기 위하여 그 투자자에게 금전의 융자, 그밖의 신용공여를 하여서는 아니 된다(법72).

다수의 자를 거래상대방 또는 각 당사자로 하는 장외매매 또는 그 중개·주선이
나 대리업무로서 ⅰ) 해당 금융투자상품의 매매주문이 금융위원회가 정하여 고
시하는 매매금액 또는 매매수량 기준을 초과하고, ⅱ) 증권시장에 상장된 주권인
경우 그 주권이 상장된 거래소에서 형성된 매매가격에 근거하여 매매가격을 결
정하는데 적합한 업무(영77의6①(1))를 영위할 수 있다.

(3) 단기금융업무

단기금융업무란 1년 이내에 만기가 도래하는 어음의 발행·할인·매매·중
개·인수 및 보증업무와 그 부대업무로서 어음을 담보로 한 대출업무를 말한다
(법360①, 영348①②). 단기금융회사란 단기금융업무를 영위하기 위하여 일정한 요
건을 갖추어 금융위원회의 인가를 받은 자를 말한다(법360①②, 영348①-④). 즉
종합금융투자사업자로서 지정된 후 일정한 요건을 갖추어 금융위원회의 인가를
받은 자가 단기금융회사이다.

(4) 종합투자계좌업무

종합금융투자사업자는 종합투자계좌업무를 영위할 수 있다(영77의6①(3)).[23]
종합투자계좌란 고객으로부터 예탁받은 자금을 통합하여 기업신용공여 등 금융
위원회가 정하여 고시하는 기업금융 관련 자산("기업금융관련자산") 등에 운용하
고, 그 결과 발생한 수익을 고객에게 지급하는 것을 목적으로 종합금융투자사업
자가 개설한 계좌를 말한다(영77의6①(3)).

제7절 겸영금융투자업자

겸영금융투자업자란 은행, 보험회사, 한국산업은행, 중소기업은행, 한국수출
입은행, 증권금융회사, 종합금융회사, 자금중개회사, 외국환거래법에 따른 외국

---

23) 종합투자계좌업무는 고객으로부터 예탁받은 금전을 통합 운용하고 창출된 수익을 고객에
게 지급하는 업무이다. 종합투자계좌업무는 자산운용방식(통합운용), 자산관리방식(신탁)),
고객모집방법(불특정다수 고객을 상대로 한 투자권유)에서 집합투자업 또는 과거 은행이
운용해온 불특정금전신탁 업무와 유사하다고 할 수 있다. 다만 종합투자계좌의 경우 투자
손실 발생시 동 손실을 종합금융투자사업자가 적립한 손실충당금으로 우선 충당하도록
하고 있어, 완전 실적배당 방식인 펀드 등과 차이가 있다.

환중개회사, 한국주택금융공사 등으로 금융투자업을 겸영하는 자를 말한다(법8
⑨, 영7의2).

제8절 온라인소액투자중개업자

Ⅰ. 의의

온라인소액투자중개업자란, 온라인상에서 누구의 명의로 하든지 타인의 계
산으로 온라인소액증권발행인24)이, "대통령령으로 정하는 방법"으로 발행하는
채무증권, 지분증권, 투자계약증권의 모집 또는 사모에 관한 중개("온라인소액투자
중개")를 영업으로 하는 투자중개업자를 말한다(법9㉗). 여기서 "대통령령으로 정
하는 방법"이란 온라인소액투자중개업자의 인터넷 홈페이지[이동통신단말장치에서
사용되는 애플리케이션(Application), 그 밖에 이와 비슷한 응용프로그램을 통하여 온라
인소액투자중개업자가 가상의 공간에 개설하는 장소를 포함＝크라우드펀딩 플랫폼]25)에
게재한 사항에 관하여 온라인소액증권발행인과 투자자 간, 투자자 상호 간에 해
당 인터넷 홈페이지에서 의견의 교환이 이루어질 수 있도록 한 후에 채무증권,
지분증권 또는 투자계약증권을 발행하는 방법을 말한다(영14의4①).

즉 자본시장법 제117조의10 제2항에 의하여 온라인소액증권발행인은 투자
자를 보호하기 위하여 증권의 발행조건과 재무상태, 사업계획서 및 그 밖에 대통
령령이 정하는 사항을 크라우드펀딩 플랫폼에 게재할 의무가 있는바, 본 규정에
의하여 온라인소액증권발행인이 크라우드펀딩 플랫폼에 게재한 핵심정보에 관하
여 의견교환이 이루어지도록 한 뒤에 발행되는 채무증권, 지분증권 또는 투자계
약증권의 모집 또는 사모에 관한 중개를 영업으로 하는 투자중개업자가 온라인
소액투자중개업자에 해당한다. 다시 말하면 온라인소액투자중개업자란 크라우드

---

24) 온라인소액투자중개를 통하여 증권을 발행하는 자를 말한다(법117의7③).
25) "크라우드펀딩 플랫폼"은 법률용어는 아니지만 통용되고 있다. 이는 온라인소액투자중개
   업자가 크라우드펀딩을 중개하는 온라인상의 공간을 말한다. 크라우드펀딩 플랫폼은 이동
   통신단말장치에서 사용되는 애플리케이션, 그 밖에 이와 비슷한 응용프로그램을 통하여
   온라인소액투자중개업자가 가상의 공간에 개설하는 장소를 포함한다(영14의4①).

펀딩 플랫폼에서 온라인소액증권발행인이 발행하는 증권의 모집 또는 사모에 관한 중개를 영업으로 하는 투자중개업자를 의미한다.[26] 온라인소액투자중개업자는 자본시장법상 금융투자업자로서 온라인소액투자중개를 영업으로 하는 투자중개업자에 해당한다.

Ⅱ. 등록

무자격 업체의 난립에 따른 투자자의 피해양상 등 시장질서 교란을 방지하기 위하여 온라인소액투자중개업자는 반드시 자본금, 인적·물적 요건 등 일정 요건을 갖추어 금융위원회에 등록하여야 한다(법117의4①). 온라인소액투자중개업자에 대하여는 일반적인 투자중개업자에 비해 영업범위가 협소하고 투자자의 재산을 직접 관리하지 않는 점 등을 고려하여 진입규제 등 규제수준을 대폭 완화하고 있다(법117의4②). 금융위원회는 온라인소액투자중개업자 등록 여부를 결정할 때 등록요건을 갖추지 못하거나, 등록신청서를 거짓으로 작성하거나, 등록신청서의 보완요구를 이행하지 아니하는 경우를 제외하고는 그 등록을 거부하여서는 안된다(법117의4⑥).

Ⅲ. 업무

온라인소액투자중개업자의 업무인 "모집 또는 사모에 관한 중개"란 새로 발행되는 증권에 대하여 온라인소액증권발행인을 위하여 ⅰ) 투자자에게 그 증권의 취득에 관한 청약을 권유하는 행위, ⅱ) 직접 또는 간접으로 온라인소액증권발행인과 그 증권의 모집 또는 사모를 분담하는 행위, ⅲ) 투자자로부터 그 증권의 취득에 관한 청약을 받아 온라인소액증권발행인에게 전달하는 행위를 말한다(영14의4②).

---

26) 신현탁(2016), "자본시장법상 온라인소액투자중개업자의 법적 지위에 관한 해석론상 문제점", 증권법연구 제17권 제2호(2016. 8), 95-96쪽.

제3장

은 행

제1절 일반은행(은행법상 은행)

Ⅰ. 서설

1. 의의

우리나라 은행은 은행법에 의거 설립·영업하는 일반은행과 개별 특수은행법에 의거 설립·영업하는 특수은행으로 구분한다. 은행은 고유업무 이외에 이와 분리된 별도의 계정(은행신탁계정)으로 자본시장법에 의한 신탁업을 겸영하고 있다.[1]

일반은행(commercial bank)은 예금·대출 및 지급결제 업무를 고유업무로 하고 있어 상업은행으로도 불리며 시중은행(3개 인터넷전문은행[2] 포함), 지방은행 및 외국은행 국내지점 등으로 구분된다.[3] 시중은행(nationwide bank)은 전국을

---

1) 한국은행(2018), 176쪽.
2) 인터넷전문은행은 주로 인터넷 및 모바일을 기반으로 무점포 비대면 거래를 통해 지급결제, 송금 및 대출업무 등을 수행하는 은행을 의미한다. 인터넷전문은행은 디지털기술을 기반으로 한다는 점에서 핀테크의 범주에 속한다고 할 수 있다. 인터넷전문은행 도입 초기에는 완전 무점포형 은행이 주로 설립되었으나 최근에는 오프라인 지점을 활용하는 형태도 일부 있다. 인터넷전문은행은 기존 은행과는 달리 365일 24시간 운영이 가능하며 지점은 보조적인 역할만 수행한다. 다만 지점 유지비용이 별로 들지 않는 대신, IT 인프라 구축, 마케팅 등 초기비용이 크게 소요되는 특성이 있다.
3) 2023년말 현재 8개 시중은행, 6개 지방은행, 38개 외국은행 국내지점 등 총 52개 일반은행이 영업중이다.

영업구역으로 하는 은행이다. 지방은행(local bank)은 지역경제의 발전에 필요한 자금을 공급하는 것을 주목적으로 광역시나 각 도 등에 설립된 은행이다. 외국은행 국내지점이란 외국법령에 의해 설립되어 외국에서 은행업을 영위하는 자의 대한민국 내 영업소를 말한다.

특수은행이란 일반은행이 재원·채산성 또는 전문성 등의 제약으로 인해 필요한 자금을 충분히 공급하지 못하는 특정 부문에 대해 자금을 원활히 공급함으로써 일반 상업금융의 취약점을 보완하고, 이를 통해 국민경제의 균형적인 발전을 도모하기 위해 개별법에 의해 설립된 금융기관이다. 특수은행에 관하여는 후술한다.

2. 은행법상 은행과 은행업

은행이란 은행업을 규칙적·조직적으로 경영하는 한국은행 외의 모든 법인을 말한다(은행법2①(2), 이하 "법"). 여기서 은행은 전국을 영업구역으로 하는 은행을 말한다(법2①(10)(가)). 한국은행과 은행이 아닌 자는 그 상호 중에 은행이라는 문자를 사용하거나 그 업무를 표시할 때 은행업 또는 은행업무라는 문자를 사용할 수 없으며, 은행·은행업 또는 은행업무와 같은 의미를 가지는 외국어 문자로서 대통령령으로 정하는 문자[4]를 사용할 수 없다(법14).

은행업이란 예금을 받거나 유가증권 또는 그 밖의 채무증서를 발행하여 불특정 다수인으로부터 채무를 부담함으로써 조달한 자금을 대출하는 것을 업으로 하는 것이다(법2①(1)). 이러한 은행을 영국에서는 예금은행, 미국에서는 상업은행, 독일에서는 신용은행, 일본에서는 보통은행으로 불린다.

Ⅱ. 은행의 업무 내용

1. 의의

금융업법의 특징 중의 하나는 해당 금융기관의 업무 범위에 대하여 규정하고 있다는 점이다. 금융기관의 업무 범위는 중요한 금융업법의 영역이다. 은행법도 은행의 업무 범위를 고유업무, 겸영업무, 부수업무로 구분하여 정하고 있다.

---

4) "대통령령으로 정하는 문자"란 bank 또는 banking(그 한글표기문자를 포함)이나 그와 같은 의미를 가지는 다른 외국어문자(그 한글표기문자를 포함)를 말한다(영3의4).

고유업무는 업종별로 핵심기능에 해당하는 업무를 말한다. 겸영업무는 원칙적으로 다른 업종의 금융업무를 은행이 하는 것을 말한다. 부수업무는 개별 업종별로 고유업무에 부수하는 비금융업무를 말한다. 고유업무와 부수업무는 금융위원회의 별도 인가 없이 영위할 수 있으나, 일부 겸영업무의 경우 해당 법령에 따라 금융위원회의 겸영인가를 필요로 한다.

2. 고유업무

(1) 범위

은행업무의 범위는 ⅰ) 예금·적금의 수입 또는 유가증권, 그 밖의 채무증서의 발행, ⅱ) 자금의 대출 또는 어음의 할인, ⅲ) 내국환·외국환 업무를 말한다(법27②). 고유업무는 예금·적금 수입, 유가증권 또는 채무증서 발행 등으로 조달한 자금을 대출하는 업무와 내·외국환업무로 구성된다. 은행은 상업금융업무와 장기금융업무를 모두 운영할 수 있다(법31). 상업금융업무란 대부분 요구불예금을 받아 조달한 자금을 1년 이내의 기한으로 대출하거나 금융위원회가 예금총액을 고려하여 정하는 최고 대출한도를 초과하지 아니하는 범위에서 1년 이상 3년 이내의 기한으로 대출하는 업무를 말한다(법2①(3)). 장기금융업무란 자본금·적립금 및 그 밖의 잉여금, 1년 이상의 기한부 예금 또는 사채(社債)나 그 밖의 채권을 발행하여 조달한 자금을 1년을 초과하는 기한으로 대출하는 업무를 말한다(법2①(4)).

(2) 자금조달

(가) 예금

은행법상 은행은 제한 없이 예금을 수입할 수 있다. 그러나 당좌예금에 대해서는 특칙이 있다. 당좌예금은 예금자 입장에서는 출납예금으로서의 기능 외에 어음·수표의 발행을 통한 신용수단이 된다. 은행 입장에서는 당좌대월 등을 통한 신용창조의 원천이 되면서 요구불 예금으로서 항상 지급준비를 요하는 제약이 있다.[5] 이런 점을 고려하여 당좌예금은 단기성예금을 재원으로 단기운용을 하는 상업은행업무를 운영하는 은행만이 취급할 수 있다(법32). 예금에 대한 자세한 내용은 은행상품 중 예금상품을 참조하기 바란다.

---

5) 정순섭(2017), 「은행법」, 지원출판사(2017. 8), 175쪽.

(나) 금융채의 발행

은행은 금융채를 발행할 수 있다(법33①). 금융채의 발행조건 및 발행방법 등에 관하여 필요한 사항은 대통령령으로 정한다(법33②). 일반금융기관의 예금 수입은 단기융자를 위한 자금을 조달하는 수단으로 행하여지나, 금융채의 발행은 장기융자를 위한 자금을 조달하는 수단으로 이용되는 점에 차이가 있다. 금융 채는 발행은행의 채무이다. 상환방법에는 상환기간이 미리 정해져 있는 것, 매입 매각에 의해 수시 상환되는 것 또는 추첨에 의해 기한 전에 상환되는 것 등 여러 가지가 있다. 일반적으로는 무기명채권으로 유통된다.

은행이 발행할 수 있는 금융채는 ⅰ) 상법상 사채, ⅱ) 상각형 조건부자본증 권, ⅲ) 은행주식 전환형 조건부자본증권, ⅳ) 은행지주회사주식 전환형 조건부 자본증권(비상장은행만 발행할 수 있다), ⅴ) 기타 사채를 말한다(법33①(1)-(5)).

(3) 자금운용

대출은 일반은행의 주된 신용공여 수단으로서 취급방식에 따라 어음할인과 대출로 구분되며, 대출은 다시 어음대출, 증서대출 및 당좌대출로 나누어진다. 일반은행은 조달한 자금을 대출에 운용하는 외에 유가증권 투자를 통하여 보유 자산의 다양화와 수익성 제고를 도모한다. 일반은행이 보유하고 있는 유가증권 으로는 국고채, 통화안정증권, 금융채, 지방채, 주식, 사채 등이 있다.

은행법상 자금운용에는 대출이 포함되어야 한다. 대출이 아닌 유가증권 투 자로도 운용할 수 있지만 대출업무를 전혀 하지 않는 경우를 은행이라고 보기 어렵다. 대출에 대한 자세한 내용은 은행상품 중 대출상품을 참조하기 바란다.

(4) 환업무

내국환이란 국내 격지 간의 채권·채무 결제 또는 자금수수를 당사자 간의 직접적인 현금수수 없이 은행을 매개로 결제하는 금융거래를 말한다. 환업무는 예금이나 대출업무와 같이 자금의 조달과 운용에 따르는 이자의 획득을 목적으로 하는 것은 아니다. 그 대신 은행은 환업무를 통하여 수수료 수입을 얻을 뿐만 아니라 송금 또는 추심대전을 단기간 은행에 머물게 함으로써 운용자금의 확대 효과를 누릴 수 있다. 또한 환업무는 현금수수에 따른 위험배제, 시간과 경비의 절감 등을 통해 국민경제 내의 자금유통을 원활히 하는 데도 기여한다.

외국환업무는 국제 간의 대차관계를 현금수송에 의하지 않고 외국환은행의 중개에 의하여 결제하는 업무이다. 외국환은 이와 같은 기능적인 의미 이외에 경우에 따라서는 외국화폐, 외화수표, 외화증권 등 구체적인 대외지급수단 그 자체를 말하기도 한다. 이러한 혼동을 줄이기 위해 외국환거래법에서는 외국환을 대외지급수단, 외화증권 및 외화채권으로 정의하고 있다(외국환거래법3(13)).

3. 겸영업무

겸영업무는 은행업이 아닌 업무로서 은행이 직접 운영하는 업무를 말한다(법28①). 겸영업무는 은행법이 아닌 다른 법령의 규제를 받는 금융업무에 한정된다. 은행이 겸영업무를 직접 운영하려는 경우에는 금융위원회에 신고하여야 한다(법28②).

금융위원회는 겸영업무의 신고내용이 은행의 경영건전성을 해치는 경우, 예금자 등 은행이용자의 보호에 지장을 가져오는 경우, 또는 금융시장 등의 안정성을 해치는 경우 중 어느 하나에 해당할 우려가 있는 경우에는 그 겸영업무의 운영을 제한하거나 시정할 것을 명할 수 있다(법28③).

4. 부수업무

은행은 은행업무에 부수하는 업무("부수업무")를 운영할 수 있다(법27의2①). 은행이 부수업무를 운영하려는 경우에는 그 업무를 운영하려는 날의 7일 전까지 금융위원회에 신고하여야 한다. 다만, 부수업무 중 ⅰ) 채무의 보증 또는 어음의 인수(제1호), ⅱ) 상호부금(제2호), ⅲ) 팩토링(기업의 판매대금 채권의 매수·회수 및 이와 관련된 업무)(제3호), ⅳ) 보호예수(제4호), ⅴ) 수납 및 지급대행(제5호), ⅵ) 지방자치단체의 금고대행(제6호), ⅶ) 전자상거래와 관련한 지급대행(제7호), ⅷ) 은행업과 관련된 전산시스템 및 소프트웨어의 판매 및 대여(제8호), ⅸ) 금융 관련 연수, 도서 및 간행물 출판업무(제9호), ⅹ) 금융 관련 조사 및 연구업무(제10호), ⅺ) 그 밖에 은행업무에 부수하는 업무로서 "대통령령으로 정하는 업무"(제11호)는 신고를 하지 아니하고 운영할 수 있다(법27의2②).

위에서 "대통령령으로 정하는 업무"란 ⅰ) 부동산의 임대(다만, 업무용 부동산이 아닌 경우에는 법 제39조에 따라 처분하여야 하는 날까지의 임대로 한정)(제1호), ⅱ) 수입인지, 복권, 상품권 또는 입장권 등의 판매대행(제2호), ⅲ) 은행의 인터넷 홈페이지, 서적, 간행물 및 전산 설비 등 물적 설비를 활용한 광고 대행(제3호), ⅳ) 그 밖에 법 제27조의2 제4항 각 호의 어느 하나에 해당할 우려가 없는 업무로서 금융위원회가 정하여 고시하는 업무(제4호)를 말한다(영18①).

제2절 특수은행

Ⅰ. 의의

특수은행은 1960년대 들어 국민경제의 취약부문과 전략적 육성이 필요한 부문에 대한 금융지원 강화를 위하여 설립되었으며 주택금융, 중소기업금융, 농·수·축산금융 등과 같이 일반은행만으로는 충분히 뒷받침하기 어려운 분야를 전문적으로 맡아 자금을 공급해 왔다. 한편 특수은행은 그동안 정부의 지원, 채권발행, 외국으로부터의 차입과 같은 방법으로 많은 자금을 조달해 왔으나 최근에는 금융자율화의 진전 및 특수은행에 대한 정부의 지원 축소 등으로 특수은행의 업무 성격이 일반은행과 큰 차이가 없게 되었다. 이에 따라 일부 특수은행은 이미 일반은행으로 전환되었다. 특수은행 중에서는 중소기업은행이 유일하게 한국거래소에 상장되어 있다.[6]

현재 영업 중인 특수은행은 한국산업은행, 한국수출입은행, 중소기업은행, 농협은행과 수산업협동조합중앙회의 신용사업 부문인 수협은행이다.[7] 이들 특수은행은 그 업무의 전문성과 특수성 때문에 개별법에 의해 설립되었으며 이중 한국산업은행, 한국수출입은행, 중소기업은행은 정부계 은행이다.

한편 특수은행은 설립 근거법에 따라 일부 또는 모든 업무에서 한국은행법 및 은행법의 적용을 배제하고 있다. 그 주요 내용으로는 금융통화위원회가 정하는 대출의 최장 기한 및 담보의 종류에 대한 제한, 자회사 출자제한, 이익금 적립에 대한 규제 등을 들 수 있다.

---

6) 한국은행(2018), 179-180쪽.
7) 2012년 3월 농협협동조합중앙회의 금융사업과 경제사업 부문을 분리하여 농협금융지주회사와 농협경제지주회사가 설립되었다. 농협금융지주회사는 중앙회 신용사업 및 공제사업으로부터 분리 설립된 농협은행, 농협생명보험 및 농협손해보험 등 기존 금융회사를 자회사로 지배하면서 금융사업을 총괄하고, 농협경제주지회사는 농산물 유통판매사업과 농업인에 대한 경제활동 지원을 담당하게 되었다. 한편 수협은행은 2016년 12월 수산업협동조합중앙회의 신용사업부문으로부터 분리되었다.

Ⅱ. 특수은행의 종류

1. 한국산업은행

(1) 의의

한국산업은행은 한국산업은행법("법")에 의해 설립된 특수은행이다. 한국산업은행은 공법인으로 자본금은 30조원 이내에서 정관으로 정하되, 정부가 51% 이상을 출자하여야 하고(법5①), 자본금은 주식으로 분할한다(법5②). 한국산업은행의 설립목적은 "산업의 개발·육성, 사회기반시설의 확충, 지역개발, 금융시장 안정 및 그 밖에 지속가능한 성장 촉진 등에 필요한 자금을 공급·관리"하는 것이다(법1).

(2) 업무

한국산업은행은 원칙적으로 은행법의 적용을 받지 않으며, 자금운용과 업무내용에 대해서는 금융위원회의 승인을 받도록 되어 있다. 한국산업은행은 설립목적을 달성하기 위하여 ⅰ) 산업의 개발·육성, ⅱ) 중소기업의 육성, ⅲ) 사회기반시설의 확충 및 지역개발, ⅳ) 에너지 및 자원의 개발, ⅴ) 기업·산업의 해외진출, ⅵ) 기업구조조정, ⅶ) 정부가 업무위탁이 필요하다고 인정하는 분야, ⅷ) 그 밖에 신성장동력산업 육성과 지속가능한 성장 촉진 등 금융산업 및 국민경제의 발전을 위하여 자금의 공급이 필요한 분야에 자금을 공급한다(법18①).

한국산업은행은 자금 공급을 위하여 ⅰ) 대출 또는 어음의 할인(제1호), ⅱ) 증권의 응모·인수 및 투자(다만, 주식의 인수는 한국산업은행의 납입자본금과 적립금 합계액의 2배를 초과할 수 없다((제2호). ⅲ) 채무의 보증 또는 인수(제3호), ⅳ) 제1호부터 제3호까지의 업무를 위하여 ㉠ 예금·적금의 수입, ㉡ 산업금융채권이나 그 밖의 증권 및 채무증서의 발행, ㉢ 정부, 한국은행, 그 밖의 금융기관 등으로부터의 차입. 다만, 한국산업은행이 정부로부터 차입하여 생긴 채무의 변제순위는 한국산업은행이 업무상 부담하는 다른 채무의 변제순위보다 후순위로 한다. ㉣ 외국자본의 차입의 방법으로 하는 자금 조달(제4호), ⅴ) 내국환·외국환 업무(제5호), ⅵ) 정부·공공단체 또는 금융기관이나 그 밖의 사업체로부터 위탁을 받아 수행하는 특정 사업에 대한 경제적·기술적 타당성의 검토 및 계획·조사·분석·평가·지도·자문 등 용역의 제공(제6호), ⅶ) 금융안정기금·기간산업안정기금의 관리·운용 및 자금지원(제7호), viii) 제1호부터 제7호까지의 업무에 딸린 업무로서 금융위원회의 승인을 받은 업무(제8호), ix) 제1호부터 제8호까지의 업무 외에 설립목적을 달성하기 위하여 필요한 업무로서 금융위원회의 승인을 받은 업무(제9호)를 수행한다(법18②).

2. 한국수출입은행

(1) 의의

한국수출입은행("수출입은행")은 한국수출입은행법("법")에 의해 설립된 특수은행이다. 수출입은행은 공법인으로 자본금은 25조원으로 하고, 정부, 한국은행, 한국산업은행, 은행(일반은행), 수출업자의 단체와 국제금융기구가 출자하되, 정부출자는 연차적으로 나누어 현금으로 납입한다. 다만, 필요에 따라 그 일부를 현물로 납입할 수 있다(법4). 수출입은행의 설립목적은 "한국수출입은행을 설립하여 수출입, 해외투자 및 해외자원개발 등 대외 경제협력에 필요한 금융을 제공"하는 것이다(법1).

(2) 업무

수출입은행은 설립목적을 달성하기 위하여 ⅰ) 수출 촉진 및 수출경쟁력 제고(제1호), ⅱ) 국민경제에 중요한 수입(제2호), ⅲ) 중소기업기본법 제2조에 따른 중소기업 및 중견기업 성장촉진 및 경쟁력 강화에 관한 특별법 제2조 제1호에 따른 중견기업의 수출입과 해외 진출(제3호), ⅳ) 해외투자, 해외사업 및 해외자원개발의 활성화(제4호), ⅴ) 정부가 업무위탁이 필요하다고 인정하는 업무(제5호) 분야에 자금을 공급한다(법18①).

수출입은행은 자금을 공급하기 위하여 ⅰ) 대출 또는 어음의 할인(제1호), ⅱ) 증권에 대한 투자 및 보증(제2호), ⅲ) 채무의 보증(제3호), ⅳ) 정부, 한국은행, 그 밖의 금융기관으로부터의 차입(제4호), ⅴ) 외국자본의 차입(제5호), ⅵ) 수출입금융채권과 그 밖의 증권 및 채무증서의 발행(제6호), ⅶ) 외국환 업무(제7호), ⅷ) 정부가 위탁하는 업무(8호), ⅸ) 그 밖에 제1항 각 호의 분야에 따른 자금을 공급하기 위하여 필요하다고 인정하여 기획재정부장관이 승인한 업무(제9호)를 수행한다(법18②).

3. 중소기업은행

(1) 의의

중소기업은행은 중소기업은행법("법")에 의해 설립된 특수은행이다. 중소기업은행은 공법인으로 자본금은 10조원으로 하며(법5①), 자본금은 주식으로 분할한다(법5②). 중소기업은행의 설립목적은 "중소기업자(中小企業者)에 대한 효율적인 신용제도를 확립함으로써 중소기업자의 자주적인 경제활동을 원활하게 하고 그 경제적 지위의 향상을 도모함"을 목적으로 한다(법1). 여기서 "중소기업자"란 중소기업기본법 제2조에 따른 중소기업자(중소기업자로 보는 경우를 포함)를 말하고, 중소기업협동조합법 제3조에 따른 중소기업협동조합과 중소기업자들의 이익 증진을 위하여 조직된 단체는 중소기업자로 본다(법2②).

(2) 업무

중소기업은행은 설립목적을 달성하기 위하여 ⅰ) 중소기업자에 대한 자금의 대출과 어음의 할인(1호), ⅱ) 예금·적금의 수입 및 유가증권이나 그 밖의 채무증서의 발행(제2호), ⅲ) 중소기업자의 주식의 응모·인수 및 사채(社債)의 응모·인수·보증(다만, 주식의 인수는 중소기업은행의 납입자본금을 초과하지 못하며 소유주식 또는 사채는 수시로 매각할 수 있다)(제3호). ⅳ) 내·외국환과 보호예수(제4호), ⅴ) 지급승낙(제5호), ⅵ) 국고대리점(제6호), ⅶ) 정부·한국은행 및 그 밖의 금융기관으로부터의 자금 차입(제7호), ⅷ) 정부 및 공공단체의 위탁 업무(제8호), ⅸ) 제1호부터 제8호까지의 업무에 딸린 업무(제9호), ⅹ) 제1호부터 제9호까지의 업무 외에 설립목적을 달성하기 위하여 필요한 업무로서 금융위원회의 승인을 받은 업무(제10호)를 수행한다(법33).

중소기업은행은 중소기업에 대한 조사연구와 기업지도 업무를 수행한다(법33의3). 중소기업은행의 지급준비금은 금융통화위원회가 다른 금융기관과 구분하여 정하는 비율에 따른다(법33의4). 중소기업에 관한 재정자금은 중소기업은행만이 차입할 수 있다(법34). 중소기업은행은 그 공급하는 자금이 특정한 목적과 계획에 따라 사용되도록 관리하고 공급한 자금을 효율적으로 관리하기 위하여 직원을 파견하거나 그 밖에 필요한 조치를 할 수 있다(법36①).

4. 농협은행

(1) 의의

농협은행은 농업인에 대한 금융지원 목적으로 농업협동조합법("법")에 의해 설립된 특수은행이다. 특별한 설립 인가나 허가 없이 법 자체에 의해 설립된 특수은행이다(법161의11).

농업협동조합의 농정 활동 및 경제사업 충실화를 위해 농업협동조합중앙회("중앙회")의 신용사업 부문과 경제사업 부문을 분리하는 방안이 추진되어 2011년 3월 농업협동조합법 개정으로 2012년 3월 2일 농협금융지주회사와 농협경제지주회사가 신설되고 농협은행이 농협금융지주회사의 자회사로 농협생명보험, 농협손해보험과 함께 신설되었다. 농협금융지주회사가 농협은행에 대해 100% 지분을 보유하고 있다.

중앙회는 지역조합(지역농업협동조합과 지역축산업협동조합)과 품목조합(품목별·업종별 협동조합)을 회원으로 하여 설립된 조직이다(법2). 중앙회는 농업인과 조합에 필요한 금융을 제공함으로써 농업인과 조합의 자율적인 경제활동을 지원하고 그 경제적 지위의 향상을 촉진하기 위하여 신용사업을 분리하여 농협은행을 설립한다(법161의11①).

(2) 업무

농협은행은 예금수입 업무와 대출업무를 영위하므로(법161의11②), 은행법상의 은행에 해당한다. 따라서 농협은행에 대해서는 농업협동조합법에 특별한 규정이 없으면 은행법을 적용한다(법161의11⑧). 농협은행은 ⅰ) 농어촌자금 등 농업인 및 조합에게 필요한 자금의 대출(제1호), ⅱ) 조합 및 중앙회의 사업자금의 대출(제2호), ⅲ) 국가나 공공단체의 업무의 대리(제3호), ⅳ) 국가, 공공단체, 중앙회 및 조합, 농협경제지주회사 및 그 자회사가 위탁하거나 보조하는 사업(제4호), ⅴ) 은행법 제27조에 따른 은행업무(예금 및 대출업무 등의 고유업무), 같은 법 제27조의2에 따른 부수업무 및 같은 법 제28조에 따른 겸영업무(제5호)를 수행한다(법161의11②). 은행법에 따른 업무를 수행하므로 일반은행과 업무에서 차이가 없다. 이는 수협은행도 동일하지만, 다른 특수은행과 다르다. 농협은행은 업무를 수행하기 위하여 필요한 경우에는 국가·공공단체 또는 금융기관으로부터 자금을 차입하거나 금융기관에 예치하는 등의 방법으로 자금을 운용할 수 있다(법161

의11⑤).

농협은행은 조합, 중앙회 또는 농협경제지주회사 및 그 자회사의 사업 수행에 필요한 자금이 ⅰ) 농산물 및 축산물의 생산·유통·판매를 위하여 농업인이 필요로 하는 자금, ⅱ) 조합, 농협경제지주회사 및 그 자회사의 경제사업 활성화에 필요한 자금에 해당하는 경우에는 우선적으로 자금을 지원할 수 있으며, 농림축산식품부령으로 정하는 바에 따라 우대조치를 할 수 있다(법161의11③④).

5. 수협은행

(1) 의의

수협은행은 수산업협동조합법("법")에 의해 설립된 특수은행이다. 수산업협동조합은 중앙회 및 지구별, 업종별 수산업협동조합과 수산물 가공 수산업협동조합이 각각 독립된 법인체로서 회원 조합 및 조합원을 위한 교육·지원사업, 경제사업, 신용사업, 공제사업, 후생·복지사업, 운송사업 등을 영위하다가, 2016년 12월 신용사업부문을 분리하여 수협은행이 설립되었다.[8] 수산업협동조합중앙회가 수협은행에 대해 100% 지분을 보유하고 있다.

수산업협동조합중앙회는 회원의 공동이익의 증진과 건전한 발전을 도모함을 목적으로 한다(법116). 중앙회는 어업인과 조합에 필요한 금융을 제공함으로써 어업인과 조합의 자율적인 경제활동을 지원하고 그 경제적 지위의 향상을 촉진하기 위하여 신용사업을 분리하여 그 사업을 하는 법인으로서 수협은행을 설립한다(법141의4①).

(2) 업무

수협은행은 설립목적을 달성하기 위하여 ⅰ) 수산자금 등 어업인 및 조합에서 필요한 자금의 대출(제1호), ⅱ) 조합 및 중앙회의 사업자금의 대출(제2호), ⅲ) 국가나 공공단체의 업무 대리(제3호), ⅳ) 국가, 공공단체, 중앙회 및 조합이 위탁하거나 보조하는 업무(제4호), ⅴ) 은행법 제27조에 따른 은행업무(고유업무), 같은 법 제27조의2에 따른 부수업무 및 같은 법 제28조에 따른 겸영업무(제5호), ⅵ) 중앙회가 위탁하는 공제상품의 판매 및 그 부수업무(제6호), ⅶ) 중앙회 및 조합 전산시스템의 위탁운영 및 관리(제7호) 업무를 수행한다(법141의9①). 수협

---

8) 2005년 7월 1일 시행된 수산업협동조합법에서는 중앙회의 신용사업 부문만 은행으로 간주되는 것으로 변경되었고, 2016년 수협은행이 설립되면서 동 간주 규정도 삭제되었다.

은행은 은행법에 따른 은행업무, 겸영업무, 부수업무를 영위할 수 있으므로 자본시장법상의 신탁업무, 여신전문금융업법상의 신용카드업 등을 겸영업무로 영위할 수 있어 일반은행의 업무와 차이가 없다.

수협은행은 조합 및 중앙회의 사업 수행에 필요한 자금이 i) 수산물의 생산·유통·가공·판매를 위하여 어업인이 필요로 하는 자금, ii) 조합 및 중앙회의 경제사업 활성화에 필요한 자금에 해당하는 경우에는 우선적으로 자금을 공급할 수 있다(법141의9④). 수협은행은 중앙회의 신용사업특별회계 외의 부문 및 조합에 대하여 자금을 지원하는 경우 대통령령으로 정하는 사업을 제외하고는 다른 신용업무에 비하여 금리 등 거래 조건을 부당하게 우대해서는 아니 된다(법141의9⑤). 수협은행은 업무를 수행하기 위하여 필요한 경우에는 국가·공공단체 또는 금융기관으로부터 자금을 차입하거나 금융기관에 예치하는 등의 방법으로 자금을 운용할 수 있다(법141의9⑥).

제 4 장

보험회사

제1절 보험업과 보험회사

Ⅰ. 보험업의 의의와 종류

보험업법("법")에 의하면 보험업이란 보험상품의 취급과 관련하여 발생하는 보험의 인수, 보험료 수수 및 보험금 지급 등을 영업으로 하는 것으로서 생명보험업·손해보험업 및 제3보험업을 말한다(법2(2)). 보험의 인수는 보험계약의 인수를 말한다. 보험계약을 인수하면 그 효과로서 보험료의 수수와 보험금 지급이 수반된다.

생명보험업이란 생명보험상품의 취급과 관련하여 발생하는 보험의 인수, 보험료 수수 및 보험금 지급 등을 영업으로 하는 것을 말하고(법2(3)), 손해보험업이란 손해보험상품의 취급과 관련하여 발생하는 보험의 인수, 보험료 수수 및 보험금 지급 등을 영업으로 하는 것을 말하며(법2(4)), 제3보험업이란 제3보험상품의 취급과 관련하여 발생하는 보험의 인수, 보험료 수수 및 보험금 지급 등을 영업으로 하는 것을 말한다(법2(5)).

Ⅱ. 보험회사

1. 보험회사의 의의

보험회사란 허가를 받아 보험업을 경영하는 자를 말한다(법2(6)). 보험업을 경영하려는 자는 "보험종목"별로 금융위원회의 허가를 받아야 한다(법4①). 생명보험업의 보험종목은 생명보험, 연금보험(퇴직연금 포함)을 말하고(제1호), 손해보험업의 보험종목은 화재보험, 해상보험(항공·운송보험 포함), 자동차보험, 보증보험, 재보험, 책임보험, 기술보험, 권리보험, 도난·유리·동물·원자력 보험, 비용보험, 날씨보험을 말하며(제2호), 제3보험업의 보험종목은 상해보험, 질병보험, 간병보험을 말한다(제3호).

2. 보험회사의 종류

보험회사의 종류로는 주식회사, 상호회사, 그리고 외국보험회사의 국내지점이 있다(법4⑥). 상호회사란 보험업을 경영할 목적으로 보험업법에 따라 설립된 회사로서 보험계약자를 사원으로 하는 회사를 말하고(법2(7)), 외국보험회사란 대한민국 이외의 국가의 법령에 따라 설립되어 대한민국 이외의 국가에서 보험업을 경영하는 자를 말한다(법2(8)).

보험회사는 그 상호 또는 명칭 중에 주로 경영하는 보험업의 종류를 표시하여야 한다(법8①). 보험업상 보험업의 종류는 생명보험업, 손해보험업, 제3보험업의 세 가지이다. 보험업종 표시의무의 취지는 보험회사가 주로 경영하는 보험업이 무엇인지를 상호 또는 명칭에 표시하게 함으로써 거래상대방이 이에 관하여 오인하지 않게 하자는 취지이다.

제2절 보험회사의 업무범위

Ⅰ. 보험업 경영의 제한

1. 겸영금지의 원칙

보험회사는 생명보험업과 손해보험업을 겸영하지 못한다(법10). 여기서 금지되는 것은 하나의 보험회사가 두 가지 보험업을 모두 허가받아서 자신의 회사 내에서 같이 경영하는 것이다. 이를 사내겸영이라고 한다. 따라서 생명보험회사가 손해보험회사를 자회사로 두거나 손해보험회사가 생명보험회사를 자회사로 두거나(자회사 방식의 겸영), 금융지주회사가 생명보험회사와 손해보험회사를 자회사로 두는 것(지주회사 방식의 겸영)은 허용된다. 즉 사외겸영까지 금지하는 것은 아니다. 또한 보험회사가 생명보험업과 제3보험업, 또는 손해보험업과 제3보험업을 겸영하는 것은 허용된다.

생명보험업과 손해보험업 겸영금지의 취지는 리스크 전이 문제 때문이다. 양자를 비교해 보면, 대체적으로 생명보험은 보험기간이 장기이고 보험사고의 빈도는 높지만 보험금액이 적은 정액보험이고, 이와 달리 손해보험은 상대적으로 보험기간이 단기이고 보험사고의 빈도는 낮지만 보험금액이 큰 실손보험이다. 이와 같은 차이로 인해 생명보험업과 손해보험업의 재무건전성에 미치는 보험위험, 자산운용위험(금리위험, 신용위험, 시장위험 등) 등이 다르다. 따라서 이러한 위험의 전이로부터 보험회사의 재무건전성 및 보험계약자의 권익을 보호하기 위하여 생명보험업과 손해보험업의 겸영을 금지하는 것이다. 앞에서 본 자회사 방식의 겸영이나 지주회사 방식의 겸영에서도 이러한 위험전이 현상은 간접적으로 나타나지만 이를 이유로 겸영을 금지할 수준이라고 보기는 어렵다.[1]

2. 겸영금지의 예외

생명보험업과 손해보험업의 겸영은 원칙적으로 금지되지만 예외적으로 허

---

1) 한기정((2019), 「보험업법」, 박영사(2019. 4), 121쪽.

용되는 경우가 있다(법10).

(1) 일정한 재보험

생명보험의 재보험 및 제3보험의 재보험은 겸영이 허용된다(법10(1)). 재보험은 손해보험업에 속하는 보험종목이어서 생명보험회사나 제3보험회사가 겸영할 수 없다. 그러나 자신이 경영하는 생명보험 또는 제3보험에 대한 재보험은 위험전이의 문제가 크지 않다고 보아 겸영을 허용하고 있다.

(2) 다른 법령상 겸영가능한 보험종목

다른 법령에 따라 겸영할 수 있는 보험종목으로서 연금저축과 퇴직연금은 겸영이 허용된다(법10(2)). 다만, 손해보험업의 보험종목(재보험과 보증보험은 제외) 일부만을 취급하는 보험회사와 제3보험업만을 경영하는 보험회사는 겸영할 수 없다(영15① 단서). 연금저축이나 퇴직연금에 대해서는 일반인의 접근성을 높이기 위해서 겸영을 허용한 것이다. 이러한 연금저축 또는 퇴직연금은 신탁 또는 펀드 등의 형태로 은행, 증권회사 등도 겸영이 가능하다.

연금저축은 생명보험업의 보험종목이지만, 예외규정에 의해 손해보험회사도 겸영이 가능하다. 즉 조세특례제한법 제86조의2에 따른 연금저축은 손해보험회사도 겸영할 수 있다(영15①(1)). 또한 퇴직연금(보험)은 생명보험업의 보험종목이지만, 예외규정에 의해 손해보험회사도 겸영이 가능하다. 즉 근로자퇴직급여보장법 제29조 제2항에 따른 보험계약 및 법률 제7379호 근로자퇴직급여보장법 부칙 제2조 제1항에 따른 퇴직보험계약도 손해보험회사가 겸영할 수 있다(영15①(2)).

(3) 제3보험의 부가보험

질병을 원인으로 하는 사망을 제3보험의 특약 형식으로 담보하는 보험으로서 ⅰ) 보험만기는 80세 이하이고(제1호), ⅱ) 보험금액의 한도는 개인당 2억원 이내이며(제2호), ⅲ) 만기 시에 지급하는 환급금은 납입보험료 합계액의 범위 내(제3호)일 것의 요건을 충족하는 보험은 겸영이 허용된다(법10(3) 및 영15②).

질병을 원인으로 사망("질병사망")하는 것을 보험종목에 부가하는 보험은 겸영이 가능하다. 제3보험상품의 일종인 질병보험으로는 질병사망을 보장할 수 없다. 사망보험은 생명보험업에 속하므로 손해보험회사가 겸영할 수 없지만, 일정 요건을 갖춘 사망보험은 손해보험회사가 겸영할 수 있도록 허용한 것이다. 이 겸영허용은 손해보험회사의 겸영 요청에 의해 정책적으로 결정된 것이

다.[2]

Ⅱ. 보험회사의 겸영업무

보험회사는 주로 보험업을 경영하는 자이다. 보험회사가 보험업 이외에 다른 금융업무를 겸영하는 것이 보험회사의 겸영업무의 문제이다. 보험회사는 경영건전성을 해치거나 보험계약자 보호 및 건전한 거래질서를 해칠 우려가 없는 금융업무로서 일정한 업무를 할 수 있다. 이 경우 보험회사는 그 업무를 시작하려는 날의 7일 전까지 금융위원회에 신고하여야 한다(법11). 보험회사가 다른 금융업무를 겸영하는 경우에는 그 업무를 보험업과 구분하여 회계처리하여야 한다(법11의3). 보험업무와 여타 금융업무를 구분하여 회계처리하게 하는 이유는 이를 통해 보험업무의 경영성과를 정확하게 측정하려는 것이다. 이를 통해 보험업무에 대한 충실도가 감소하거나 보험업무와 여타 금융업무 사이에 위험이 전이되는 문제를 간접적으로 규율할 수 있다.

Ⅲ. 보험회사의 부수업무

보험회사는 보험업 이외에 이에 부수하는 업무를 수행할 수 있다. 보험회사는 보험업에 부수하는 업무를 하려면 그 업무를 하려는 날의 7일 전까지 금융위원회에 신고하여야 한다(법11의2①). 보험업법은 부수업무의 종류를 규정하고 있지 않다. 다만 금융위원회는 부수업무에 관한 신고내용이 ⅰ) 보험회사의 경영건전성을 해치는 경우(제1호), ⅱ) 보험계약자 보호에 지장을 가져오는 경우(제2호), ⅲ) 금융시장의 안정성을 해치는 경우(제3호)에 해당하면 그 부수업무를 하는 것을 제한하거나 시정할 것을 명할 수 있다(법11의2②).

금융위원회는 보험회사가 부수업무를 신고한 경우에는 그 신고일부터 7일 이내에 ⅰ) 보험회사의 명칭(제1호), ⅱ) 부수업무의 신고일(제2호), ⅲ) 부수업무의 개시 예정일(제3호), ⅳ) 부수업무의 내용(제4호), ⅴ) 그 밖에 보험계약자의 보호를 위하여 공시가 필요하다고 인정되는 사항으로서 금융위원회가 정하여 고

---

2) 한기정(2019), 124쪽.

시하는 사항(제5호)을 인터넷 홈페이지 등에 공고하여야 한다(영16의2①). 금융위원회는 부수업무를 하는 것을 제한하거나 시정할 것을 명한 경우에는 그 내용과 사유를 인터넷 홈페이지 등에 공고하여야 한다(영16의2②).

제3절 모집과 모집종사자

I. 모집종사자

대량적·반복적인 보험거래의 특성상 보험계약은 모집을 통해 체결되는 것이 보통이다. 또한 보험상품은 무형의 추상적인 상품으로서 미래에 불확실한 사고가 발생해야 그 효용이 드러나므로 보험소비자 스스로보다는 모집종사자의 권유에 의해 구매하는 경우가 많기 때문에 보험계약은 전통적으로 모집을 통해 체결되는 경우가 많다.[3]

모집이란 보험계약의 체결을 중개하거나 대리하는 것을 말한다(법2(12)). 모집은 보험의 모집, 보험계약의 모집, 보험계약 체결의 모집이라고도 한다. 모집종사자는 보험의 모집을 할 수 있는 자를 말한다. 보험업법은 모집종사자의 종류를 일정하게 제한한다. 그 취지는 건전한 모집질서를 확보하고 보험계약자를 포함한 이해관계자를 보호하고자 하는 것이다. 모집을 할 수 있는 자는 보험설계사, 보험대리점, 보험중개사, 또는 보험회사의 임원(대표이사·사외이사·감사 및 감사위원은 제외) 또는 직원에 해당하는 자이어야 한다(법83①).

II. 보험설계사

보험설계사란 보험회사·보험대리점 또는 보험중개사에 소속되어 보험계약의 체결을 중개하는 자로서 금융위원회에 등록된 자를 말한다(법2(9)). 보험설계사는 법인이 아닌 사단과 재단도 가능하다. 실무상으로는 개인이 아닌 보험설계

---

3) 한기정((2019), 346쪽.

사를 발견하기 어렵다. 보험설계사는 보험계약의 체결을 중개하는 자이다. 이는
보험설계사가 보험계약 체결을 중개하는 권한을 갖는다는 의미다. 따라서 보험
설계사는 원칙적으로 보험계약체결을 대리하는 권한은 없다.

보험회사·보험대리점 및 보험중개사("보험회사등")는 소속 보험설계사가 되
려는 자를 금융위원회에 등록하여야 한다(법84①). 보험설계사의 등록요건은 별
표 3과 같다(영27②).

Ⅲ. 보험대리점

보험대리점이란 보험회사를 위하여 보험계약의 체결을 대리하는 자(법인이
아닌 사단과 재단을 포함)로서 개인과 법인을 구분하여 일정한 절차에 따라 금융위
원회에 등록된 자를 말한다(법2(10)). 보험회사와 보험대리점은 위임(민법680)의
관계에 있고 보험대리점은 보험회사의 수임인이다.

Ⅳ. 보험중개사

보험중개사란 독립적으로 보험계약의 체결을 중개하는 자(법인이 아닌 사단
과 재단을 포함)로서 개인과 법인을 구분하여 일정한 절차에 따라 금융위원회에
등록된 자를 말한다(법2(11)). 보험중개사는 특정한 보험회사로부터 독립하여 불
특정 다수를 대상으로 중개행위를 한다는 점에서 특정한 보험회사를 위하여 계
속하여 중개행위를 하는 보험설계사와 다르다.

제4절 우체국보험

Ⅰ. 의의

우체국예금·보험에 관한 법률("우체국예금보험법", 이하 "법")에 근거하는 우
체국보험이란 체신관서에서 피보험자의 생명·신체의 상해를 보험사고로 하여

취급하는 보험을 말한다(법2(4)). 우체국보험사업은 국가가 경영하며, 과학기술정보통신부장관이 관장한다(법3). 체신관서로 하여금 간편하고 신용 있는 보험사업을 운영하게 함으로써 금융의 대중화를 통하여 국민의 저축의욕을 북돋우고, 보험의 보편화를 통하여 재해의 위험에 공동으로 대처하게 함으로써 국민 경제생활의 안정과 공공복리의 증진에 이바지함을 목적으로 한다(법1)고 해도, 우체국보험의 실질을 공보험이라고 보기는 어렵다. 따라서 민영화의 대상으로 종종 거론되고 있다.

Ⅱ. 업무 등

국가는 우체국보험계약에 따른 보험금 등의 지급을 책임진다(법4). 보험업무의 취급에 관한 우편물은 과학기술정보통신부령으로 정하는 바에 따라 무료로할 수 있다(법9).

계약보험금 한도액은 보험종류별(연금보험은 제외)로 피보험자 1인당 4천만원으로 하되, 보험종류별 계약보험금한도액은 우정사업본부장이 정한다. 다만, 보장성보험 중 우체국보험사업을 관장하는 기관의 장이 국가공무원법 제52조(능률 증진을 위한 실시사항)에 따라 그 소속 공무원의 후생·복지를 위하여 실시하는 단체보험상품의 경우에는 2억원으로 한다(시행규칙36①). 연금보험(소득세법 시행령 제40조의2 제2항 제1호에 따른 연금저축계좌에 해당하는 보험은 제외)의 최초 연금액은 피보험자 1인당 1년에 900만원 이하로 한다(시행규칙36②). 연금보험 중 소득세법 시행령 제40조의2 제2항 제1호에 따른 연금저축계좌에 해당하는 보험의 보험료 납입금액은 피보험자 1인당 연간 900만원 이하로 한다(시행규칙36③). 과학기술정보통신부장관은 계약보험금 한도액을 과학기술정보통신부령으로 정하려면 금융위원회와 협의하여야 한다(법10②).

제 5 장

여신전문금융기관

제1절 서설

Ⅰ. 의의

여신전문금융업법("법")상 여신전문금융회사란 여신전문금융업인 신용카드업, 시설대여업, 할부금융업 또는 신기술사업금융업(법2(1))에 대하여 금융위원회의 허가를 받거나 금융위원회에 등록을 한 자로서 제46조 제1항 각 호에 따른 업무를 전업으로 하는 자를 말한다(법2(15)). 즉 여신전문금융회사는 수신기능 없이 여신업무만을 취급하는 금융기관이다. 여신전문금융회사는 주로 채권발행과 금융기관 차입금 등에 의해 자금을 조달하여 다른 금융기관이 거의 취급하지 않는 소비자금융, 리스, 벤처금융 등에 운용한다.

1. 금융위원회의 허가를 받은 자

신용카드업을 하려는 자는 금융위원회의 허가를 받아야 한다(법3①). 신용카드업의 허가를 받은 자는 신용카드회사이다.

2. 금융위원회에 등록을 한 자

시설대여업·할부금융업 또는 신기술사업금융업을 하고 있거나 하려는 자로서 여신전문금융업법을 적용받으려는 자는 업별(業別)로 금융위원회에 등록하여야 한다(법3②). 시설대여업을 등록한 자는 시설대여업자(리스회사). 할부금융업을 등록한 자는 할부금융업자, 신기술사업금융업을 등록한 자는 신기술사업금융업자이다.

3. 제46조 제1항의 업무를 전업으로 하는 자

여신전문금융회사가 할 수 있는 업무는 ⅰ) 허가를 받거나 등록을 한 여신전문금융업(시설대여업의 등록을 한 경우에는 연불판매업무를 포함)(제1호), ⅱ) 기업이 물품과 용역을 제공함으로써 취득한 매출채권(어음을 포함)의 양수·관리·회수 업무(제2호), ⅲ) 대출(어음할인 포함)업무(제3호), ⅳ) 신용카드업자의 부대업무(신용카드업의 허가를 받은 경우만 해당)인 직불카드의 발행 및 대금의 결제와 선불카드의 발행·판매 및 대금의 결제(제4호), ⅴ) 그 밖에 제1호부터 제4호까지의 규정과 관련된 업무로서 대통령령으로 정하는 업무(제5호), ⅵ) 제1호부터 제4호까지의 업무와 관련된 신용조사 및 그에 따르는 업무(제6호), ⅶ) 그 업무를 함께 하여도 금융이용자 보호 및 건전한 거래질서를 해할 우려가 없는 업무로서 대통령령으로 정하는 금융업무(제6의2호), ⅷ) 여신전문금융업에 부수하는 업무로서 소유하고 있는 인력·자산 또는 설비를 활용하는 업무(제7호) 등으로 제한한다(법46①).

4. 겸영여신업자

겸영여신업자란 여신전문금융업에 대하여 제3조 제3항 단서에 따라 금융위원회의 허가를 받거나 금융위원회에 등록을 한 자로서 여신전문금융회사가 아닌 자를 말한다(법2(16)). 즉 겸영여신업자란 신용카드업·시설대여업·할부금융업·신기술사업금융업을 영위하되, 이들 업무를 전업으로 하지 않는 금융기관을 말한다.

Ⅱ. 업무 범위

1. 부수업무의 신고

여신전문금융회사가 여신전문금융업에 부수하는 업무로서 소유하고 있는 인력·자산 또는 설비를 활용하는 업무(법46①(7))를 하려는 경우에는 그 부수업무를 하려는 날의 7일 전까지 이를 금융위원회에 신고하여야 한다(법46의2① 본문). 금융위원회가 부수업무를 신고받은 경우에는 신고일부터 7일 이내에 ⅰ) 해당 여신전문금융회사의 명칭, ⅱ) 신고일, ⅲ) 신고한 업무의 내용, ⅳ) 신고한 업무의 개시 예정일 또는 개시일 등을 인터넷 홈페이지에 공고하여야 한다(영17의2②). 다만, ⅰ) 금융이용자 보호 및 건전한 거래질서를 해할 우려가 없는 업무로서 금융위원회가 정하는 업무를 하는 경우, ⅱ) 공고된 다른 여신전문금융회사와 같은 부수업무(제한명령 또는 시정명령을 받은 부수업무는 제외)를 하려는 경우에는 신고를 하지 아니하고 그 부수업무를 할 수 있다(법46의2① 단서).

금융위원회는 여신전문금융업에 부수하는 업무로서 소유하고 있는 인력·자산 또는 설비를 활용하는 업무(법46①(7))의 내용이 ⅰ) 여신전문금융회사의 경영건전성을 저해하는 경우(제1호), ⅱ) 금융이용자 보호에 지장을 초래하는 경우(제2호), ⅲ) 금융시장의 안정성을 저해하는 경우(제3호), ⅳ) 그 밖에 금융이용자 보호 및 건전한 거래질서 유지를 위하여 필요한 경우로서 대통령령으로 정하는 경우(제4호)에는 그 부수업무를 하는 것을 제한하거나 시정할 것을 명할 수 있다(법46의2②).

2. 자금조달방법

여신전문금융회사는 ⅰ) 다른 법률에 따라 설립되거나, 금융위원회의 인가 또는 허가를 받거나, 금융위원회에 등록한 금융기관으로부터의 차입(제1호), ⅱ) 사채나 어음의 발행(제2호), ⅲ) 보유하고 있는 유가증권의 매출(제3호), ⅳ) 보유하고 있는 대출채권의 양도(제4호), ⅴ) 그 밖에 대통령령으로 정하는 방법(제5호)으로만 자금을 조달할 수 있다(법47①).

여신전문금융회사는 ⅰ) 개인에 대한 발행 또는 매출(제1호), ⅱ) 공모, 창구매출, 그 밖의 이와 유사한 방법에 의한 불특정 다수의 법인에 대한 발행 또는 매출(제2호)의 방법으로 사채나 어음을 발행하거나 보유하고 있는 유가증권을 매출해서는 아니 된다(영19①). 이는 자금조달방법 중 사채나 어음의 발행 및 보유하고 있는 유가증권의 매출은 그 방법에 따라 수신행위가 될 소지가 있으므로 방법을 제한한 것이다. 다만 ⅰ) 투자매매업의 인가를 받은 자의 인수에 의한 사채의 발행(제1호), ⅱ) 종합금융회사 또는 투자매매업자·투자중개업자의 인수, 할인 또는 중개를 통한 어음의 발행(제2호)의 경우에는 제한을 받지 않는다(영19②).

여신전문금융회사는 주로 차입금과 회사채 발행을 통해 자금을 조달하고 있다. 자금운용은 허가를 받거나 등록한 고유업무를 중심으로 이루어지고 있다.

제2절 신용카드업자(신용카드회사)

Ⅰ. 의의

1. 영업의 허가·등록

신용카드업을 하려는 자는 금융위원회의 허가를 받아야 하는데(법3① 본문), 신용카드업의 허가를 받은 자(법2(2의2))가 신용카드업자이다. 또한 유통산업발전법 제2조 제3호에 따른 대규모점포를 운영하는 자 및 "계약에 따라 같은 업종의 여러 도매·소매점포에 대하여 계속적으로 경영을 지도하고 상품을 공급하는 것을 업(業)으로 하는 자"는 금융위원회에 등록하면 신용카드업을 할 수 있다(법3① 단서, 법3②, 영3②).

다른 법률에 따라 설립되거나 금융위원회의 인가 또는 허가를 받은 금융기관으로서 은행, 농협은행, 수협은행, 한국산업은행, 중소기업은행, 한국수출입은행, 종합금융회사, 금융투자업자(신기술사업금융업을 하려는 경우만 해당), 상호저축은행중앙회, 상호저축은행(할부금융업을 하려는 경우만 해당), 신용협동조합중앙회, 새마을금고중앙회(법3③(1) 및 영3①)는 허가를 받아 신용카드업을 영위할 수 있다(법3③(1)). 다만 위의 금융기관이 "직불카드의 발행 및 대금의 결제"와 "선불카드의 발행·판매 및 대금의 결제"(법13①(2)(3)) 업무를 하는 경우에는 그 업무에 관하여만 신용카드업자로 본다(법2(2의2) 단서).

2. 신용카드업

신용카드업이란 ⅰ) 신용카드의 발행 및 관리(가목), ⅱ) 신용카드 이용과 관련된 대금의 결제(나목), ⅲ) 신용카드가맹점의 모집 및 관리(다목) 업무 중 나목의 업무를 포함한 둘 이상의 업무를 업으로 하는 것을 말한다(법2(2)).

"신용카드회원"이란 신용카드업자와의 계약에 따라 그로부터 신용카드를 발급받은 자를 말하고(법2(4)), "신용카드가맹점"이란 ⅰ) 신용카드업자와의 계약에 따라 신용카드회원·직불카드회원 또는 선불카드소지자("신용카드회원등")에게 신용카드·직불카드 또는 선불카드("신용카드등")를 사용한 거래에 의하여 물품의 판매 또는 용역의 제공 등을 하는 자, ⅱ) 신용카드업자와의 계약에 따라 신용카드회원등에게 물품의 판매 또는 용역의 제공 등을 하는 자를 위하여 신용카드등에 의한 거래를 대행하는 자("결제대행업체")를 말한다(법2(5)).

Ⅱ. 업무

신용카드업자는 기본업무인 신용카드업과 함께 ⅰ) 신용카드회원에 대한 자금의 융통(제1호), ⅱ) 직불카드의 발행 및 대금의 결제(제2호), ⅲ) 선불카드의 발행·판매 및 대금의 결제(제3호)와 같은 부대업무를 할 수 있다(법13①). 다만 금융위원회 등록만으로 신용카드업의 등록을 한 겸영여신업자는 부대업무를 할 수 없다(영6의5①).

신용카드업자는 매 분기 말을 기준으로 신용카드회원에 대한 자금의 융통으로 인하여 발생한 채권(신용카드업자가 신용카드회원에 대한 채권 재조정을 위하여 채권의 만기, 금리 등 조건을 변경하여 그 신용카드회원에게 다시 자금을 융통하여 발생한 채권은 제외)의 분기 중 평균잔액이 ⅰ) 신용카드회원이 신용카드로 물품을 구입하거나 용역을 제공받는 등으로 인하여 발생한 채권(제2조의4 제1항 제1호에 따른 채권액은 제외)의 분기 중 평균잔액(제1호)과 ⅱ) 직불카드회원의 분기 중 직불카드 이용대금(제2호)의 합계액을 초과하도록 해서는 아니 된다(영6의5②). 또한 신용카드업자는 법인 신용카드회원을 상대로 신용카드회원에 대한 자금의 융통과 관련된 자금융통거래를 할 수 없다. 다만, 법인 신용카드회원이 비밀번호 사용을 약정하여 해외에서 현금융통을 하는 경우는 그러하지 아니하다(영6의5③).

제3절 시설대여업자(리스회사)

Ⅰ. 의의

시설대여업자란 시설대여업에 대하여 금융위원회에 등록한 자로서(법2(10의2)) 시설대여 방식으로 기업 설비자금을 공급하는 금융기관이다. 시설대여업이란 "시설대여"를 업으로 하는 것을 말하는데(법2((9)), "시설대여"란 ⅰ) 시설, 설비, 기계 및 기구(제1호), ⅱ) 건설기계, 차량, 선박 및 항공기(제2호), ⅲ) 위 ⅰ) 및 ⅱ)의 물건에 직접 관련되는 부동산 및 재산권(제3호), ⅳ) 중소기업(중소기업기본법 제2조)에 시설대여하기 위한 부동산으로서 금융위원회가 정하여 고시하는 기준을 충족하는 부동산(제4호), ⅴ) 그 밖에 국민의 금융편의 등을 위하여 총리령으로 정하는 물건(제5호)을 새로 취득하거나 대여받아 거래상대방에게 일정 기간 이상 사용하게 하고, 그 사용 기간 동안 일정한 대가를 정기적으로 나누어 지급받으며, 그 사용 기간이 끝난 후의 물건의 처분에 관하여는 당사자 간의 약정으로 정하는 방식의 금융을 말한다(법2(10), 영2①).

여신전문금융업법은 시설대여거래의 사법(私法)상 법리를 규율하기 위해 입법된 것이 아니라 시설대여업에 대한 금융감독이나 행정적 규제의 목적에서 입법된 것이므로 사법(私法)적 문제에 대한 전반적인 해결수단이 되지는 못한다. 그러나 여신전문금융업법 이외에는 특별히 이를 규율하는 법이 없고, 따라서 실무상으로는 대부분 시설대여업자가 작성한 약관에 의하여 계약이 체결된다.

Ⅱ. 업무

리스회사는 시설대여와 연불판매업무를 취급하고 있다(법28). 시설대여란 특정물건을 새로 취득하거나 대여받아 거래상대방에게 일정기간(법인세법 시행령상 내용연수의 20%에 해당하는 기간) 이상 사용하게 하고, 그 사용 기간 동안 일정한 대가를 정기적으로 나누어 지급받으며, 그 사용 기간이 끝난 후의 물건의 처분에 관하여는 당사자 간의 약정으로 정하는 방식의 금융을 말한다(법2(10)). 연

불판매란 특정물건을 새로 취득하여 거래상대방에게 넘겨주고, 그 물건의 대금·
이자 등을 1년 이상 동안 정기적으로 나누어 지급받으며, 그 물건의 소유권 이
전 시기와 그 밖의 조건에 관하여는 당사자 간의 약정으로 정하는 방식의 금융
을 말한다(법2(11)). 이러한 연불판매는 금융리스와 후술하는 할부금융의 중간적
형태이다. 시설대여 기간 종료 후 물건의 처분 및 연불판매시 물건의 소유권 이
전에 관한 사항은 당사자 간의 약정에 따른다.

리스와 연불판매의 차이점은 다음과 같다. ⅰ) 리스의 대상 물건은 리스회
사가 빌린 것이라도 가능하나 연불판매의 대상 물건은 반드시 리스회사가 취득
한 것이어야 한다. ⅱ) 리스료는 일정 기간 동안 물건을 사용하는 데 따른 사용
료이지만 연불판매에 따른 정기 지급금은 물건의 구입 대금과 이자의 분할 상환
금이다. ⅲ) 리스의 경우에는 계약 기간 종료 후 당사자 간의 약정에 의해 물건
을 리스회사에 반환할 수도 있고 또한 고객에게 소유권을 이전할 수도 있으나
연불판매의 경우에는 물건의 소유권이 반드시 고객에게 이전되어야 하고 다만
그 시기만을 당사자 간의 약정에 의해 정한다.[1]

제4절 할부금융업자(할부금융회사)

Ⅰ. 의의

할부금융업자란 "할부금융업"에 대하여 금융위원회에 등록한 자(법2(13의2))
로서 할부금융 이용자에게 재화와 용역의 구매자금을 공여하는 소비자금융[2]을 취
급하는 금융기관이다. 여기서 "할부금융"이란 재화와 용역의 매매계약에 대하여
매도인 및 매수인과 각각 약정을 체결하여 매수인에게 융자한 재화와 용역의 구매
자금을 매도인에게 지급하고 매수인으로부터 그 원리금을 나누어 상환받는 방식
의 금융을 말한다(법2(13)). 또한 할부거래법는 할부금융을 "소비자가 신용제공자

---

1) 한국은행(2018), 300쪽.
2) 물품 대금이 일시에 생산자 또는 제품 판매자에게 직접 지급되어 생산자도 실질적인 수혜
   자이므로 이들에 대한 유통금융의 일종이라고도 할 수 있다.

에게 재화등의 대금을 2개월 이상의 기간에 걸쳐 3회 이상 나누어 지급하고, 재화등의 대금을 완납하기 전에 사업자로부터 재화등의 공급을 받기로 하는 계약"(할부거래법2(1)(나))으로 정의하면서 간접할부계약이라는 용어를 사용하고 있다.

할부금융의 거래당사자는 소비자, 공급자(판매자) 그리고 할부금융사이다. 할부금융을 취급하는 할부금융업은 신용카드사를 제외하고는 현재 금융위원회의 허가가 필요한 인·허가제가 아닌 등록제이다. 따라서 일정한 자본금 요건만 갖추면 등록 후 바로 영업을 개시할 수 있다.

할부금융업의 대표적 회사인 캐피탈사는 수신기능이 없는 여신전문금융회사로서 산업용 기계나 건설장비 등을 취급하는 기업금융과 자동차 및 내구재 등을 취급하는 소매금융을 담당한다. 수신기능이 없기에 자금조달은 은행 대출이나 회사채 발행을 통해서 이루어지며, 이에 은행권에 비해 높은 금리를 적용하고 있다.[3]

II. 업무

할부금융은 할부금융회사가 재화와 용역의 매도인 및 매수인과 각각 약정을 체결하여 재화와 용역의 구매자금을 매도인에게 지급하고 매수인으로부터 그 원리금을 분할상환받는 방식의 금융이다.[4] 따라서 할부금융회사는 할부금융의 대상이 되는 재화 및 용역의 구매액을 초과하여 할부금융 자금을 대출할 수 없다. 또한 할부금융 자금은 목적 이외의 전용을 방지하기 위해 매도인에게 직접 지급한다. 그 밖에 할부금융회사는 기업의 외상판매로 발생한 매출채권을 매입함으로써 기업에 자금을 빌려주고 동 채권의 관리·회수 등을 대행하는 팩토링업무와 가계의 학자금, 결혼자금, 전세자금 등을 신용이나 담보 조건으로 대여하는 가계대출업무를 영위한다.[5]

---

3) 박원주·정운영(2019), "소비자관점에서 본 할부금융의 문제점 및 개선방향", 소비자정책동향 제98호(2019. 6), 5–6쪽.
4) 할부금융은 물건의 구매대금을 분할하여 상환한다는 점에서 리스 및 연불판매와 유사하다. 할부금융과 리스 및 연불판매의 주된 차이점은 형식상 리스는 이용자에게 물건의 소유권이 반드시 이전되지 않을 수도 있으나 할부금융과 연불판매는 소유권이 물건의 인도시 또는 당사자 간의 약정에 의해 반드시 이전된다는 점에 있다. 또한 할부금융은 주로 내구소비재를 대상으로 하는 반면 리스는 시설장비를 대상으로 한다는 점에서 차이가 있을 수 있으나 주요 선진국의 경우 이러한 대상 물건의 차이는 명확하지 않은 편이다.

제5절 신기술사업금융업자(신기술사업금융회사)

Ⅰ. 의의

신기술사업금융업자란 "신기술사업금융업"에 대하여 금융위원회에 등록한 자(법2(14의3))로서 기술력과 장래성은 있으나 자본과 경영기반이 취약한 기업에 대해 자금지원, 경영·기술지도 등의 서비스를 제공하고 수익을 추구하는 회사이다.

Ⅱ. 업무

신기술사업금융업자는 ⅰ) 신기술사업자에 대한 투자(제1호), ⅱ) 신기술사업자에 대한 융자(제2호), ⅲ) 신기술사업자에 대한 경영 및 기술의 지도(제3호), ⅳ) 신기술사업투자조합의 설립(제4호), ⅴ) 신기술사업투자조합 자금의 관리·운용 업무(제5호)를 한다(법2(14) 및 41①). 신기술사업자에 대한 투자는 주식인수나 전환사채·신주인수권부사채 등 회사채 인수를 통해 이루어진다. 신기술사업자에 대한 융자는 일반융자 또는 조건부융자 방식으로 이루어진다. 조건부융자는 계획한 사업이 성공하는 경우에는 일정기간 사업성과에 따라 실시료를 받지만 실패하는 경우에는 대출원금의 일부만을 최소 상환금으로 회수하는 방식이다.

신기술사업금융회사는 다른 여신전문금융회사와 마찬가지로 금융기관 차입, 회사채 또는 어음 발행, 보유 유가증권 매출, 보유 대출채권 양도 등을 통해 자금을 조달한다. 이 밖에 공공자금관리기금, 신용보증기금 등 정부기금으로부터 신기술사업 투·융자에 필요한 자금을 차입할 수 있다.[6]

---

5) 한국은행(2018), 300-301쪽.
6) 한국은행(2018), 306쪽.

제 6 장

서민금융기관

제1절 서설

Ⅰ. 의의와 종류

1. 의의

서민금융기관은 일정한 행정구역 내에 영업기반을 두고 영세상공인, 자영업자, 지역주민 등 서민계층을 대상으로 금융중개를 비롯한 각종 금융서비스를 제공하는 지역밀착형 소규모 금융기관을 말한다. 여기에는 상호저축은행과 조합원의 저축편의 제공과 여수신을 통한 상호 간의 공동이익 추구를 목적으로 설립된 신용협동조합 등의 상호금융기관이 포함된다. 이러한 맥락에서 은행법상 일반은행이 신용도가 높은 기업과 가계금융에 중점을 둔다면, 서민금융기관은 비은행금융기관으로 일정한 행정구역 내에 영업기반을 두고 영세자영업자 및 소상공인, 지역 내 서민가계 및 금융 취약계층을 대상으로 금융중개 및 서비스를 제공하는 지역밀착형 소규모금융기관이라고 할 수 있다.

2. 종류

서민금융기관은 서민금융시장에 자금공급자로 참여하는 주체이며 상호저축은행과 신용협동조합, 새마을금고, 농업협동조합, 수산업협동조합, 산림조합 등

소위 상호금융기관으로 불리는 협동조합형 금융기관이 여기에 속한다. 저신용
계층을 대상으로 무담보 자금을 대여하는 신용카드사나 캐피탈 등의 여신전문금
융회사나 대부업까지를 서민금융기관에 포함하기도 한다.

Ⅱ. 서민금융의 분류

1. 시장성 서민금융

시장성 서민금융을 대표하는 서민금융기관에는 신용협동조합, 새마을금고,
상호금융(농협협동조합, 수산업협동조합), 저축은행, 캐피탈사, 대부업체 등을 들 수
있다. 또한, 서민금융기관을 제도권, 비제도권, 영리, 비영리, 정책금융 등을 기준
으로 분류할 수 있는데, 우리나라에서 서민금융기관이라고 표현할 때는 시장성
서민금융을 지칭하는 것이 일반적이다. 여기서는 서민금융기관을 상호저축은행,
상호금융기관(신용협동조합, 농협, 수협, 산림조합의 각 단위조합, 새마을금고), 우체국
예금, 대부업자 등으로 정의하기로 한다.

시장성 서민금융의 한 축을 담당해온 서민금융기관들은 은행이 기업대출에
전념하던 개발경제 시대에 지역금융을 기반으로 하여 가계대출을 공급하는 역할
을 하였다. 그러나 1997년 IMF 외환위기 이후 은행의 가계금융 취급범위가 확대
되고 상당수의 고객이 은행 창구를 선호하게 되면서 지역금융에 기초한 서민금
융기관의 가계대출 취급기반은 점차 취약해지기 시작했다. 더욱이 2000년대 초
반 신용카드 사태 발생과 2008년 금융위기 이후 상호저축은행, 상호금융기관 등
서민금융기관의 신용대출 부실화 과정이 확대되면서 금융당국의 금융규제가 강
화됨에 따라 이들 서민금융기관을 통한 가계금융, 특히 서민금융 공급은 크게 위
축되었다. 이에 따라 2000년대 후반기에 대부업체 등 사금융 확대가 사회문제로
대두되면서 정부는 이를 해소하고자 2008년 이후 미소금융, 햇살론, 새희망홀씨
등 정책성 서민금융을 본격적으로 도입하기 시작하였다.[1]

2. 정책성 서민금융

정책성 서민금융은 급증하는 서민금융 수요를 시장기능을 통해 해소하지 못

---

1) 정영주(2018), "서민금융기관의 활성화 방안에 관한 연구: 광주전남지역을 중심으로", 목
   포대학교대학원 석사학위논문(2018. 2). 9-10쪽.

해 발생한 시장실패를 해소하기 위하여 정부가 제공한 서민금융을 말한다.

시장성 서민금융을 대표하는 신용협동조합, 새마을금고 등 서민금융기관들은 1997년 외환위기와 2008년 금융위기를 겪으면서 금융규제가 확대되자 신용대출 취급을 회피하고, 손쉬운 담보대출에만 집중하는 대출구조가 정착되면서 서민계층에 대한 신용공급을 위축시켰다. 이러다 보니 고신용자는 낮은 금리로 신용대출을 받을 수 있지만, 저신용자로 가면 금리가 급작스럽게 크게 높아져 상당히 높은 금리를 지불해야 신용대출을 받을 수 있는 금리 단층 현상이 발생하였다. 이에 서민계층은 아예 제도권 금융기관에서 대출을 받지 못함에 따라 대부업 등과 같은 사금융을 이용하는 현상이 점차 확대되는 모습이 나타났다. 이에 서민금융기관의 신용공급 기능 약화가 시장실패의 원인[2]이라고 판단한 정부에서는 이에 대응하여 2009년부터 본격적으로 정책성 서민금융상품을 출시하게 되었다.

정책성 서민금융은 크게 정부부처 및 공공기관이 제공하는 정책성 서민금융제도와 민간자금을 재원으로 2009년 이후 설립된 미소금융, 햇살론, 새희망홀씨 등 정책성 서민금융으로 구분한다. 정책성 서민금융이 처음 도입된 초기에는 상호중복되는 부분도 있었으나, 운영과정에서 특정 기능이나 부문에 특화하면서 상호보완성이 점차 확대되는 모습으로 변화하고 있다.[3]

제2절 상호저축은행

Ⅰ. 의의

상호저축은행은 2001년 3월 상호신용금고법이 개정되면서 종전의 상호신용금고의 명칭이 변경되어 생겨난 금융기관으로, 명칭이 변경되었지만 동일한 종

---

2) 서민금융시장에서 사회적으로 바람직한 수준의 신용이 거래되지 않으면 시장실패가 발생한다. 이를 세 가지 유형으로 구분할 수 있다. 첫째, 차입자의 상환능력에 대한 정보 비대칭성으로 인해 사회적으로 적절한 수준보다 작은 규모의 자금이 공급될 가능성, 둘째, 신용평가모형의 품질이 만족스럽지 못한 경우 신용이 과소하게 공급될 가능성, 셋째, 서민금융시장의 경쟁 결핍으로 인한 신용의 과소 공급 가능성 등이 있다.

3) 정영주(2018), 11-12쪽.

류의 금융기관이다. 상호신용금고("저축은행")는 1972년 정부의 8.3조치에 따라 사금융양성화를 위해 제정된 상호신용금고법에 의해 설립된 금융기관으로서 "서민의 금융편의 도모"4)를 그 목적으로 한다.

상호저축은행법("법")이 설립 근거법인 상호저축은행은 일정 행정구역 내에 소재하는 서민과 중소기업에게 금융편의를 제공하도록 설립된 지역 서민금융기관이다. 상호저축은행 업무를 영위하려면 일정한 요건을 갖추어 금융위원회로부터 상호저축은행의 인가를 받아야 한다(법6, 법6의2). 은행법 제6조는 상호저축은행을 은행으로 보지 아니한다고 규정하여 은행법 적용을 배제한다.

서민금융기관으로서의 본래 취지에 따라 영업지역이나 업무의 범위에 제한이 따르기는 하지만, 금융이용자 쪽에서 본다면 은행과 그 기능에 큰 차이가 없다. 금융기관의 업종을 크게 은행, 금융투자, 보험으로 구분할 때 저축은행을 이러한 금융업종과 구분하여 독립된 영역으로 취급5)하기는 하지만, 예금과 대출이 그 핵심업무라는 점을 고려한다면 사실상 은행과 같은 업무를 하고 있다. 그러나 소규모 서민금융기관이란 점 때문에 저축은행의 경우 시장진입이나, 건전성규제 등에서 은행보다 매우 완화된 기준을 적용하고 있다.6) 특히 은행은 사금고화를 방지하기 위해 산업자본에 의한 은행의 소유를 엄격히 제한하고 있는데 반해 유사한 기능을 영위하는 저축은행에 대해서는 소유제한이 거의 없다.7)

Ⅱ. 영업 구역 제한

저축은행은 또한 지역밀착형 서민금융기관이라는 점에서 영업구역의 제한을 받는다. 상호저축은행법은 전국을 6개의 영업구역으로 구분하고 저축은행은 이 영업구역 내에서 영업함을 원칙으로 하고 있다.8) 저축은행에 대한 영업구역

---

4) 상호신용금고법이 제정되었을 당시에는 "서민의 금융편의 도모"를 그 목적으로 규정(법1)하였으나, "서민과 소규모기업의 금융편의"(1995년 1월 개정) 도모로 개정하였다가, 2001년 3월 개정 시에는 "서민과 중소기업의 금융편의" 도모를 목적으로 변경하여 현재까지 유지되고 있다.

5) 금융감독당국은 비은행(중소서민금융)이란 업종으로 구분하고 있다.

6) 금융기관에 대한 규제는 시장에의 진입과 퇴출, 소유, 자기자본비율, 영업행위 등 여러 측면에서 살펴볼 수 있는데, 저축은행은 이러한 규제에서 은행과 많은 차이가 있다.

7) 최영주(2012), 저축은행 부실화에 있어 대주주의 영향과 법적 규제, 법학연구 제53권 제3호(2012. 8), 194-195쪽.

8) 2010년 상호저축은행법 개정 이전에는 서울특별시, 광역시, 각 도 단위로 영업구역을 설

제한은 지역에 특화된 서민금융기관으로서 기능하도록 하기 위한 조치이며 이 점에서 전국을 영업무대로 하는 은행과 차이가 있다.[9]

상호저축은행의 영업구역은 주된 영업소("본점") 소재지를 기준으로 ⅰ) 서울특별시(제1호), ⅱ) 인천광역시·경기도를 포함하는 구역(제2호), ⅲ) 부산광역시·울산광역시·경상남도를 포함하는 구역(제3호), ⅳ) 대구광역시·경상북도·강원도를 포함하는 구역(제4호), ⅴ) 광주광역시·전라남도·전라북도·제주특별자치도를 포함하는 구역(제5호), ⅵ) 대전광역시·세종특별자치시·충청남도·충청북도를 포함하는 구역(제6호)의 어느 하나에 해당하는 구역으로 한다(법4①). 즉 상호저축은행은 주된 영업소인 본점이 소재한 지역으로 영업구역이 제한된다. 다만 합병상호저축은행 및 계약이전을 받는 상호저축은행은 합병에 의하여 소멸되는 상호저축은행 또는 계약이전을 하는 상호저축은행의 영업구역을 해당 상호저축은행의 영업구역으로 포함시킬 수 있다(법4②).

Ⅲ. 업무 등

1. 업무

상호저축은행은 최초 도입 당시에는 그 업무가 매우 제한적이어서 은행에서 취급하는 예금과 대출 등은 취급할 수가 없었으나, 점진적인 업무범위의 확대로 이제는 사실상 은행이 취급하는 업무와 거의 차이가 없다. 즉 1972년 상호신용금고법 제11조에서는 상호신용금고의 업무범위를 상호신용계업무, 신용부금업무, 할부상환방법에 의한 소액신용대출, 계원 또는 부금자에 대한 어음의 할인만으로 규정하고 있었다. 그러나 현행 상호저축은행법에서는 예금 및 적금의 수입, 자금의 대출, 어음의 할인과 같이 은행의 핵심 여·수신업무를 포함하고 있으며, 내·외국환, 보호예수, 수납 및 지급대행, 기업합병 및 매수의 중개·주선 또는

정하였으나(영6③), 2010년 법 개정으로 영업구역을 6개 구역으로 재편하였다(법4). 또한 하나의 지역 내에 본점만 설치하는 것이 원칙이다. 그러나 영업 구역 내에서는 금융위원회의 인가를 받아 지점·출장소 등을 설치할 수 있으며(법7①), 대통령령이 정하는 경우에는 금융위원회의 인가를 받아 영업구역 외에 지점 등을 설치할 수 있도록 허용하고 있다(법7②).

9) 은행의 경우에도 지방은행은 저축은행과 유사한 영업구역 제한을 해 왔으나, 단계적으로 완화하여 1998년에는 영업구역의 제한을 폐지하였고, 현행 은행법은 지방은행을 "전국을 영업구역으로 하지 아니하는 은행"이라고만 규정(은행법2①(10)(가))하고 있다.

대리 업무 등의 업무도 할 수 있도록 규정하고 있다(법11①).

상호저축은행은 다음과 같은 업무를 영위할 수 있다(법11①). ① 신용계 업무(제1호),10) ② 신용부금 업무(제2호),11) ③ 예금 및 적금의 수입 업무(제3호), ④ 자금의 대출 업무(제4호), ⑤ 어음의 할인 업무(제5호), ⑥ 내·외국환 업무(제6호), ⑦ 보호예수 업무(제7호), ⑧ 수납 및 지급대행 업무(제8호), ⑨ 기업 합병 및 매수의 중개·주선 또는 대리 업무(제9호), ⑩ 국가·공공단체 및 금융기관의 대리 업무(제10호), ⑪ 상호저축은행중앙회를 대리하거나 그로부터 위탁받은 업무(제11호), ⑫ 전자금융거래법에서 정하는 직불전자지급수단의 발행·관리 및 대금의 결제(상호저축은행중앙회의 업무를 공동으로 하는 경우만 해당)(제12호), ⑬ 전자금융거래법에서 정하는 선불전자지급수단의 발행·관리·판매 및 대금의 결제(상호저축은행중앙회의 업무를 공동으로 하는 경우만 해당)(제13호), ⑭ 자본시장법에 따라 금융위원회의 인가를 받은 투자중개업, 투자매매업 및 신탁업(제14호), ⑮ 여신전문금융업법에 따른 할부금융업(거래자 보호 등을 위하여 재무건전성 등 대통령령으로 정하는 요건을 충족하는 상호저축은행만 해당)(제15호), ⑯ 위의 업무에 부대되는 업무 또는 상호저축은행의 설립목적 달성에 필요한 업무로서 금융위원회의 승인을 받은 업무(제16호)이다.

2. 개인과 중소기업에 대한 최저 신용공여 비율

상호저축은행은 업무를 할 때 상호저축은행법과 상호저축은행법에 따른 명령에 따라 서민과 중소기업에 대한 금융 편의를 도모하여야 하고(법11③), 신용공여 총액에 대한 영업구역 내의 개인과 중소기업에 대한 신용공여 합계액의 최소 유지 비율, 그 밖에 상호저축은행이 지켜야 할 구체적인 사항은 대통령령으로 정한다(법11②).

---

10) "신용계업무(信用契業務)"란 일정한 계좌 수와 기간 및 금액을 정하고 정기적으로 계금(契金)을 납입하게 하여 계좌마다 추첨·입찰 등의 방법으로 계원(契員)에게 금전을 지급할 것을 약정하여 행하는 계금의 수입과 급부금의 지급 업무를 말한다(법2(2)).

11) "신용부금업무"란 일정한 기간을 정하고 부금(賦金)을 납입하게 하여 그 기간 중에 또는 만료 시에 부금자에게 일정한 금전을 지급할 것을 약정하여 행하는 부금의 수입과 급부금의 지급 업무를 말한다(법2(3)).

제3절 상호금융기관

Ⅰ. 상호금융의 의의

상호금융이란 동일 생활권 등 공동유대를 가진 사람들이 자발적으로 조합을 구성하여 조합원으로부터 여유자금을 예치받고 이를 필요로 하는 조합원에게 대출함으로써 조합원 상호 간에 자금 과부족을 스스로 해결하는 금융이다. 따라서 상호금융기관은 일정 공동유대 범위 내에서 상호부조의 성격을 갖는 조합형 금융기관이다. 상호금융기관은 은행이 담당하기 곤란한 지역 및 틈새시장의 특화된 금융 수요를 배경으로 태동하여 제도권 금융기관으로 정착하였으며, 현재 신용협동조합법에 의한 신용협동조합, 농업협동조합법에 의한 지역농업협동조합과 지역축산업협동조합, 수산업협동조합법에 의한 지구별 수산업협동조합, 산림조합법에 의한 지역산림조합, 새마을금고법에 의한 새마을금고가 있다. 기관이 영세하고 서민을 상대로 한 금융이라는 점을 감안하여 각국 정부는 상호금융기관에 대하여 일정 부분 제도적 지원정책을 실시하고 있다.[12]

Ⅱ. 신용협동조합

1. 의의 및 종류

(1) 의의

신용협동조합법("법")에 의하면 신용협동조합("조합")은 지역·직장·단체 등 상호유대를 가진 개인이나 단체간의 협동조직을 기반으로 하여 자금의 조성과 이용을 도모하는 비영리 금융기관을 말한다. 신용협동조합은 비영리법인으로서 (법2(1)) 조합을 설립하려면 일정한 요건을 갖추어 금융위원회의 인가를 받아야 한다(법7, 법8). 신용협동조합의 업무를 지도·감독하며 그 공동이익의 증진과 건전한 발전을 도모하기 위하여 조합을 구성원으로 하는 신용협동조합중앙회("중앙

---

12) 이용찬(2009. 9), "상호금융기관별 설립근거법상 건전성 규제제도 개선방안에 관한 연구", 금융법연구 제6권 제1호(2009. 9), 101쪽.

회")를 두는데(법61), 중앙회는 조합의 공동이익을 도모하기 위하여 신용협동조합법에 따라 설립된 비영리법인이다(법2(2)).

(2) 신용협동조합의 분류 및 조합원의 자격

(가) 공동유대에 따른 분류

조합의 공동유대는 행정구역·경제권·생활권 또는 직장·단체 등을 중심으로 하여 정관에서 정한다(법9①). 공동유대의 범위와 종류에는 지역 신용협동조합, 직장 신용협동조합, 단체 신용협동조합이 있다. ⅰ) 지역 신용협동조합의 공동유대 구역은 "같은 시·군 또는 구에 속하는 읍·면·동"이다. 다만 생활권 또는 경제권이 밀접하고 행정구역이 인접하고 있어 공동유대의 범위 안에 있다고 인정되는 경우로서 공동유대의 범위별로 재무건전성 등의 요건을 충족하여 금융위원회가 승인한 경우에는 같은 시·군 또는 구에 속하지 아니하는 읍·면·동을 포함할 수 있다(영12①(1)). ⅱ) 직장 신용협동조합은 같은 직장을 공동유대로 하여 설립된다. 이 경우 당해 직장의 지점·자회사·계열회사 및 산하기관을 포함할 수 있다(영12①(2)). ⅲ) 단체 신용협동조합은 교회·사찰 등의 종교단체, 시장 상인단체, 구성원간에 상호 밀접한 협력관계가 있는 사단법인, 그리고 국가로부터 공인된 자격 또는 면허 등을 취득한 자로 구성된 같은 직종단체로서 법령에 의하여 인가를 받은 단체(영12①(3))를 공동유대의 범위로 하여 설립된다.

(나) 조합원의 자격

조합원은 조합의 공동유대에 소속된 자로서 제1회 출자금을 납입한 자로 하는데(법11①), 지역 신용협동조합의 경우에는 정관이 정하는 공동유대안에 주소나 거소가 있는 자(단체 및 법인을 포함) 및 공동유대안에서 생업에 종사하는 자이고(영13①(1)), 직장 신용협동조합 및 단체 신용협동조합의 경우에는 정관이 정하는 직장·단체 등에 소속된 자(단체 및 법인을 포함)이다(영13①(2)).

다만 예외적으로 위의 조합원 자격 요건에 해당하지 않더라도 조합은 조합의 설립목적 및 효율적인 운영을 저해하지 아니하는 범위에서 해당 공동유대에 소속되지 아니한 자 중 대통령령으로 정하는 자를 조합원에 포함시킬 수 있다(법11②). 1조합의 조합원의 수는 100인 이상이어야 한다(법11③).

2. 업무

조합은 그 목적을 달성하기 위하여 신용사업, 복지사업, 조합원을 위한 공제사업, 조합원의 경제적·사회적 지위 향상을 위한 교육, 중앙회가 위탁하는 사업, 국가 또는 공공단체가 위탁하거나 다른 법령에서 조합의 사업으로 정하는 사업 등을 한다(법39①).

이 중 금융업과 관련이 있는 신용사업의 범위는 ⅰ) 조합원으로부터의 예탁금·적금의 수납(가목), ⅱ) 조합원에 대한 대출(나목), ⅲ) 내국환(다목), ⅳ) 국가·공공단체·중앙회 및 금융기관의 업무 대리(라목), ⅴ) 조합원을 위한 유가증권·귀금속 및 중요 물품의 보관 등 보호예수 업무(마목), ⅵ) 어음할인(바목), ⅶ) 전자금융거래법에서 정하는 직불전자지급수단의 발행·관리 및 대금의 결제(신협중앙회의 업무를 공동으로 수행하는 경우로 한정)(사목), ⅷ) 전자금융거래법에서 정하는 선불전자지급수단의 발행·관리·판매 및 대금의 결제(신협중앙회의 업무를 공동으로 수행하는 경우로 한정)(아목) 업무이다(법39①(1)). 다만 비조합원도 신용협동조합을 이용할 수 있으나 비조합원에 대한 대출 및 어음할인은 당해 사업연도 대출 및 어음할인 신규 취급분의 1/3을 초과하지 않아야 한다(법40①, 영16의2).

Ⅲ. 지역농업협동조합과 지역축산업협동조합

1. 개관

농업협동조합법("법")의 적용 대상인 상호금융기관은 지역농업협동조합과 지역축산업협동조합이다. 신용협동조합법도 이러한 조합의 신용사업에 대해서는 신용협동조합으로 본다. 즉 농업협동조합법에 따라 설립된 지역농업협동조합과 지역축산업협동조합(신용사업을 하는 품목조합[13]을 포함)이 신용사업 및 국가 또는 공공단체가 위탁하거나 다른 법령에서 조합의 사업으로 정하는 사업을 하는 경우에는 신용협동조합법에 따른 신용협동조합으로 본다(신용협동조합법95①(1)).

2. 지역농업협동조합

(1) 의의

지역농업협동조합("지역농협")의 구역은 지방자치법 제2조 제1항 제2호에 따른 하나의 시·군·구에서 정관으로 정한다. 다만 생활권·경제권 등을 고려하여

---

13) "품목조합"이란 농업협동조합법에 따라 설립된 품목별·업종별 협동조합을 말한다(법 2(3)).

하나의 시·군·구를 구역으로 하는 것이 부적당한 경우로서 농림축산식품부장관의 인가를 받은 경우에는 둘 이상의 시·군·구에서 정관으로 정할 수 있다(법14①). 지역농협은 정관으로 정하는 기준과 절차에 따라 지사무소를 둘 수 있다(법14②). 조합원은 지역농협의 구역에 주소, 거소나 사업장이 있는 농업인이어야 하며, 둘 이상의 지역농협에 가입할 수 없다(법19①). 지역농협을 설립하려면 그 구역에서 20인 이상의 조합원 자격을 가진 자가 발기인이 되어 정관을 작성하고 창립총회의 의결을 거친 후 농림축산식품부장관의 인가를 받아야 한다(법15①).

(2) 업무

지역농협은 그 목적을 달성하기 위하여 교육·지원 사업, 경제사업, 신용사업, 복지후생사업, 국가, 공공단체, 중앙회, 농협경제지주회사 및 그 자회사, 농협은행 또는 다른 조합이 위탁하는 사업 등의 전부 또는 일부를 수행한다(법57①). 이 중 신용사업은 ⅰ) 조합원의 예금과 적금의 수입(가목), ⅱ) 조합원에게 필요한 자금의 대출(나목), ⅲ) 내국환(다목), ⅳ) 어음할인(라목), ⅴ) 국가·공공단체 및 금융기관의 업무 대리(마목), ⅵ) 조합원을 위한 유가증권·귀금속·중요물품의 보관 등 보호예수 업무(바목), ⅶ) 공과금, 관리비 등의 수납 및 지급대행(사목), ⅷ) 수입인지, 복권, 상품권의 판매대행(아목) 업무이다(법57①(3)).

3. 지역축산업협동조합

(1) 의의

지역축산업협동조합("지역축협")의 구역은 행정구역이나 경제권 등을 중심으로 하여 정관으로 정한다. 다만, 같은 구역에서는 둘 이상의 지역축협을 설립할 수 없다(법104). 조합원은 지역축협의 구역에 주소나 거소 또는 사업장이 있는 자로서 축산업을 경영하는 농업인이어야 하며, 조합원은 둘 이상의 지역축협에 가입할 수 없다(법105①). 지역축협을 설립하려면 농림축산식품부장관의 인가를 받아야 한다(법107, 법15).

(2) 업무

지역축협은 그 목적을 달성하기 위하여 교육·지원 사업, 경제사업, 신용사업, 조합원을 위한 의료지원 사업 및 복지시설의 운영, 국가, 공공단체, 중앙회, 농협경제지주회사 및 그 자회사, 농협은행 또는 다른 조합이 위탁하는 사업 등의 전부 또는 일부를 수행한다(법106). 이 중 신용사업은 ⅰ) 조합원의 예금과 적금의 수입(가목), ii) 조합원에게 필요한 자금의 대출(나목), iii) 내국환(다목), iv) 어음할인(라목), v) 국가·공공단체 및 금융기관의 업무의 대리(마목), vi) 조합원을 위한 유가증권·귀금속·중요물품의 보관 등 보호예수 업무(바목), vii) 공과금, 관리비 등의 수납 및 지급대행(사목), viii) 수입인지, 복권, 상품권의 판매대행(아목) 업무이다(법106(3)).

Ⅳ. 지구별 수산업협동조합

1. 의의

수산업협동조합법("법")에 의해 설립되는 지구별 수산업협동조합("지구별수협")도 상호금융기관이다. 신용협동조합법도 지구별 수산업협동조합의 신용사업에 대해서 신용협동조합으로 본다. 즉 수산업협동조합법에 따라 설립된 지구별 수산업협동조합(법률 제4820호 수산업협동조합법중개정법률 부칙 제5조에 따라 신용사업을 하는 조합을 포함)이 신용사업 및 국가 또는 공공단체가 위탁하거나 다른 법령에서 조합의 사업으로 정하는 사업을 하는 경우에는 신용협동조합법에 따른 신용협동조합으로 본다(신용협동조합법95①(2)). 지구별수협을 설립하려면 해당 구역의 조합원 자격을 가진 자 20인 이상이 발기인이 되어 정관을 작성하고 창립총회의 의결을 거친 후 해양수산부장관의 인가를 받아야 한다(법16①).

2. 영업구역 및 조합원 자격

지구별 수산업협동조합("지구별수협")의 구역은 시·군의 행정구역에 따른다. 다만, 해양수산부장관의 인가를 받은 경우에는 그러하지 아니하다(법14①). 지구별수협은 정관으로 정하는 바에 따라 지사무소를 둘 수 있다(법14②).

조합원은 지구별수협의 구역에 주소·거소 또는 사업장이 있는 어업인이어야 한다. 다만, 사업장 외의 지역에 주소 또는 거소만이 있는 어업인이 그 외의 사업장 소재지를 구역으로 하는 지구별수협의 조합원이 되는 경우에는 주소 또는 거소를 구역으로 하는 지구별수협의 조합원이 될 수 없다(법20①). 「농어업경영체 육성 및 지원에 관한 법률」 제16조와 제19조에 따른 영어조합법인과 어업회사법인으로서 그 주된 사무소를 지구별수협의 구역에 두고 어업을 경영하는 법인은 지구별수협의 조합원이 될 수 있다(법20②).

3. 업무

지구별수협은 그 목적을 달성하기 위하여 교육·지원 사업, 신용사업, 공제사업, 후생복지사업, 운송사업, 어업통신사업, 국가, 공공단체, 중앙회, 수협은행 또는 다른 조합이 위탁하거나 보조하는 사업, 다른 경제단체·사회단체 및 문화단체와의 교류·협력, 다른 조합·중앙회 또는 다른 법률에 따른 협동조합과의 공동사업 및 업무의 대리, 다른 법령에서 지구별수협의 사업으로 정하는 사업, 위의 사업에 관련된 대외무역, 차관사업 등의 전부 또는 일부를 수행한다(법60 ①). 이 중 신용사업은 ⅰ) 조합원의 예금 및 적금의 수납업무(가목), ⅱ) 조합원에게 필요한 자금의 대출(나목), ⅲ) 내국환(다목), ⅳ) 어음할인(라목), ⅴ) 국가, 공공단체 및 금융기관 업무의 대리(마목), ⅵ) 조합원의 유가증권·귀금속·중요물품의 보관 등 보호예수 업무(바목)이다(법60①(3)).

Ⅴ. 지역산림조합

1. 의의

산림조합법("법")에 의해 설립된 지역산림조합도 상호금융기관이다. 신용협동조합법도 지역산림조합의 신용사업에 대하여 신용협동조합으로 본다. 즉 산림조합법에 따라 설립된 산림조합이 신용사업 및 국가 또는 공공단체가 위탁하거나 다른 법령에서 조합의 사업으로 정하는 사업을 하는 경우에는 신용협동조합법에 따른 신용협동조합으로 본다(신용협동조합법95①(3)). 조합을 설립하려면 해당 구역의 30인 이상의 조합원 자격을 가진 자가 발기인이 되어 정관을 작성하고 창립총회의 의결을 받은 후 산림청장의 인가를 받아야 한다(법14①).

2. 영업구역 및 조합원 자격

지역산림조합("지역조합")의 구역은 특별자치시·특별자치도·시·군·구(구는 자치구를 말하며, 이하 "시·군·구"라 한다)의 구역으로 한다. 다만, 시·군·구의 구역으로 조직하는 것이 부적당한 경우에는 산림청장의 승인을 받아 따로 구역을 정할 수 있다(법13①). 같은 구역에서는 지역조합을 둘 이상 설립할 수 없다(법13③). 조합은 그 구역에 주된 사무소를 두며, 정관으로 정하는 기준과 절차에 따라 지사무소를 둘 수 있다(법13④).

지역조합은 ⅰ) 해당 구역에 주소 또는 산림이 있는 산림소유자(1호), ⅱ) 해당 구역에 주소 또는 사업장이 있는 임업인(2호)에 해당하는 자를 조합원으로 한다. 다만 조합원은 둘 이상의 지역조합의 조합원이 될 수 없다(법18①).

3. 업무

지역조합은 그 목적을 달성하기 위하여 교육·지원 사업, 경제사업, 산림경영사업, 조합원을 위한 신용사업, 임업자금 등의 관리·운용과 자체자금 조성 및 운용, 공제사업, 복지후생사업 등의 전부 또는 일부를 한다(법46①). 이 중 조합원을 위한 신용사업은 ⅰ) 조합원의 예금과 적금의 수납(가목), ⅱ) 조합원에게 필요한 자금의 대출(나목), ⅲ) 내국환(다목), ⅳ) 조합원의 유가증권, 귀금속, 중요물품의 보관 등 보호예수업무(라목), ⅴ) 국가, 지방자치단체 등의 공공단체와 금융회사 등의 업무대행(마목) 업무이다(법46①(4)).

Ⅵ. 새마을금고

1. 의의

(1) 의의

새마을금고법("법")에 의해 설립된 새마을금고("금고")도 상호금융기관이다. 새마을금고는 일정한 요건을 갖추어 행정안전부장관의 인가를 받아 그 주된 사무소의 소재지에서 설립등기를 함으로써 성립한다(법7, 법7의2). 새마을금고중앙회("중앙회")는 모든 금고의 공동이익 증진과 지속적인 발전을 도모하기 위하여 설립된 비영리법인(법2③)으로 금고의 업무를 지도·감독하며 그 공동 이익의 증진과 건전한 발전을 도모하기 위하여 금고를 구성원으로 하고(법54①), 중앙회는 1개를 두며 서울특별시에 주된 사무소를 두고 정관으로 정하는 바에 따라 분사무소를 둘 수 있다(법54②).

(2) 공동유대의 범위

"지역금고"란 새마을금고 중 동일한 행정구역, 경제권 또는 생활권을 업무 구역으로 하는 금고를 말한다(법2②). 새마을금고의 업무범위는 정관에서 정해진 다(법9①). 공동유대의 범위를 자치법규인 정관에서 정할 수 있다는 점에서 같은 상호금융기관인 신용협동조합이 법령에서 시·군·구에 한정되어 있는 점에 비해 훨씬 자율성이 강하다. 새마을금고의 회원은 그 금고의 정관으로 정하는 업무구 역에 주소나 거소가 있는 자 또는 생업에 종사하는 자로서 출자 1좌 이상을 현금 으로 납입한 자로 한다(법9①). 금고는 정당한 사유 없이 회원이 될 수 있는 자격 을 가진 자의 가입을 거절할 수 없으며, 가입에 관하여 필요한 사항은 정관으로 정한다(법9③). 출자 1좌의 금액은 정관으로 정하며, 한 회원이 가질 수 있는 출 자좌수의 최고한도는 총출자좌수의 15%를 초과할 수 없다(법9④). 회원은 출자좌 수에 관계없이 평등한 의결권과 선거권을 가진다(법9⑤).

2. 업무

금고는 설립목적을 달성하기 위하여 신용사업, 문화 복지 후생사업, 회원에 대한 교육사업, 지역사회 개발사업, 회원을 위한 공제사업, 중앙회가 위탁하는 사업, 국가나 공공단체가 위탁하거나 다른 법령으로 금고의 사업으로 정하는 사 업, 그 밖에 목적 달성에 필요한 사업으로서 주무부장관의 승인을 받은 사업의 전부 또는 일부를 행한다(법28①). 이 중 신용사업은 ⅰ) 회원으로부터 예탁금과 적금 수납(가목), ⅱ) 회원을 대상으로 한 자금의 대출(나목), ⅲ) 내국환과 외국 환거래법에 따른 환전 업무(다목), ⅳ) 국가, 공공단체 및 금융기관의 업무 대리 (라목), ⅴ) 회원을 위한 보호예수(마목), ⅵ) 어음할인(바목), ⅶ) 상품권의 판매대 행(사목) 업무이다(법28①(1)). 금고는 회원의 이용에 지장이 없는 범위에서 비회 원에게 사업을 이용하게 할 수 있다(법30).

제4절 우체국예금

Ⅰ. 의의

우체국예금·보험에 관한 법률("우체국예금보험법")에 근거하는 우체국예금이란 우체국예금보험법("법")에 따라 체신관서에서 취급하는 예금을 말한다(법2(1)). 우체국예금사업은 국가가 경영하며, 과학기술정보통신부장관이 관장한다(법3). 우체국예금은 민간금융이 취약한 농어촌 지역까지 저축수단을 제공하기 위해 전국에 고루 분포되어 있는 체신관서를 금융창구로 활용하는 국영금융으로, 농어촌 및 도시 지역 가계에 소액 가계저축수단을 제공하는 등 서민금융 역할을 수행하고 있으나 서민전문금융기관으로 분류하지는 않는다.

Ⅱ. 업무 등

국가는 우체국예금(이자를 포함) 등의 지급을 책임진다(법4). 우체국은 대출업무를 영위할 수 없다. 예금업무의 취급에 관한 우편물은 과학기술정보통신부령으로 정하는 바에 따라 무료로 할 수 있다(법9).

예금은 요구불예금과 저축성예금으로 구분한다(법11①). 예금의 종류와 종류별 내용 및 가입대상 등에 관하여 필요한 사항은 과학기술정보통신부장관이 정하여 고시한다(법11②). 과학기술정보통신부장관은 예금의 종류와 종류별 내용 및 가입대상 등에 관한 고시에 관한을 우정사업본부장에게 위임한다(영11①(5). 이에 따라 예금의 종류는 우정사업본부가 고시한 "우체국예금에 관한 사항"에서 정하고 있다.

제5절 대부업자

I. 개관

대부란 일반적으로 동산과 부동산 또는 개인의 신용을 담보로 일정기간 동안 돈을 빌려주고 이 기간 동안에 정해진 이자를 받는 거래행위를 말한다. 따라서 대부업이란 이런 거래행위를 영업으로 하는 금융업의 일종인데, 주로 소액자금을 신용도가 낮은 이용자에게 대부하거나 이러한 금전의 대부를 중개하는 것을 말한다.

대부업시장은 우리나라 고유의 시장이 아니라 1997년 외환위기 이후 일본 대금업이 진출하여 새롭게 형성된 시장이다. 우리나라에 본격적으로 대부업이 금융업으로 자리매김한 것은 1997년 외환위기를 거치고 나서부터이다. 1960년대 이후 경제성장과 더불어 기업의 자금 수요가 크게 증가하면서 제도권 금융에서 조달되지 못한 자금의 공급원으로 사채시장이 형성되었다. 사채업자의 대부분은 수요자가 많은 기업금융이 중심이었고, 소액대출은 일부 중소업체만 취급하는 제한적인 시장이었다. 이러한 소액대출시장은 외환위기 이후 급성장하게 되는데 그 원인을 제공한 것이 이자제한법의 폐지였다. 우리나라 정부는 외환위기로 인해 가계의 경제 여건이 크게 악화된 데다 IMF의 권고로 인해 고금리로 인한 서민피해를 방지하고자 1962년 제정되어 유지되어왔던 당시 이자제한법을 폐지하였다. 이자제한법이 폐지되면서 사금융시장에는 연 1,000%를 초과하는 초고금리의 상품까지 등장하게 되었고, 외환위기라는 당시의 경제상황과 맞물려 초고금리에도 불구하고 오히려 이용자가 증가하는 현상까지 발생하였다. 이처럼 과다한 이자징수로 인한 사금융이용자들의 피해가 심각해지자, 2002년 8월 "대부업 등의 등록 및 금융이용자 보호에 관한 법률"(대부업법)을 제정하였다. 당시 대부업법은 불법 사채업자를 양성화하고 불법 추심행위를 억제하는 데는 긍정적인 효과를 거두었으나, 적용된 금리수준이 너무 높아 대부업 이용자의 금리부담이 크다는 것이 문제점으로 지적되었다. 이에 정부는 2007년 이자제한법을 부활시키면서 금리상한 범위를 40% 이내로 규제하였다.[14]

Ⅱ. 대부업자 및 대부중개업자(대부업자등)

1. 대부업자

대부업법("법")에 의하면 대부업자란 대부업을 영위하려고 하는 자로서 특별시장·광역시장·특별자치시장·도지사 또는 특별자치도지사("시·도지사") 또는 금융위원회에 등록한 자를 말한다(법3①②). 대부업이란 "금전의 대부(어음할인·양도담보, 그 밖에 이와 비슷한 방법을 통한 금전의 교부를 포함)를 업(業)으로 하거나" "ⅰ) 대부업의 등록을 한 대부업자(가목), 또는 ⅱ) 여신금융기관(나목)으로부터 대부계약에 따른 채권을 양도받아 이를 추심("대부채권매입추심")하는 것을 업으로 하는 것"을 말한다(법2(1) 본문). 위에서 "여신금융기관"이란 대통령령으로 정하는 법령에 따라 인가 또는 허가 등을 받아 대부업을 하는 금융기관을 말한다(법2(4).

다만 대부의 성격 등을 고려하여 다음의 경우는 제외한다(법2(1) 단서). ⅰ) 사업자가 그 종업원에게 대부하는 경우(제1호), ⅱ) 노동조합 및 노동관계조정법에 따라 설립된 노동조합이 그 구성원에게 대부하는 경우(제2호), ⅲ) 국가 또는 지방자치단체가 대부하는 경우(제3호), ⅳ) 민법이나 그 밖의 법률에 따라 설립된 비영리법인이 정관에서 정한 목적의 범위에서 대부하는 경우(제4호)는 대부업법 적용이 배제된다(영2).

2. 대부중개업자

대부중개업자는 대부중개업을 영위하려는 자로서 특별시장·광역시장·특별자치시장·도지사 또는 특별자치도지사("시·도지사") 또는 금융위원회에 등록한 자를 말한다(법3①②). 대부중개업이란 대부중개를 업으로 하는 것을 말한다(법2(2)).

---

14) 한재준·이민환(2013), "한일 대부업시장의 형성과정과 향후 정책적 과제", 경영사연구(경영사학) 제28집 제1호(2013. 3), 38-39쪽.

Ⅲ. 대부업법과 대출

1. 대부업자의 이자율 제한

대부업자가 개인이나 소기업(중소기업기본법 제2조 제2항)에 해당하는 법인에 대부를 하는 경우 그 이자율은 연 27.9% 이하의 범위에서 연 20%를 초과할 수 없다(법8①, 영5②). 미등록대부업자가 대부를 하는 경우의 이자율은 연 20%를 초과할 수 없다(법11①, 이자제한법2①). 대부업자가 대부업법에서 제한하는 이자율을 위반하여 대부계약을 체결한 경우 초과하는 부분에 대한 이자계약은 무효로 한다(법8④). 이와 관련하여 대부업자를 제외한 여신금융기관도 대부업자와 동일하게 연 20%를 초과할 수 없다(법15①, 영9①). 여기서 "여신금융기관"이란 대통령령으로 정하는 법령에 따라 인가 또는 허가 등을 받아 대부업을 하는 금융기관을 말한다(법2(4)).

이자율을 산정할 때 사례금, 할인금, 수수료, 공제금, 연체이자, 체당금(替當金) 등 그 명칭이 무엇이든 대부와 관련하여 대부업자가 받는 것은 모두 이자로 본다. 다만, 해당 거래의 체결과 변제에 관한 부대비용으로서 담보권 설정비용 및 신용조회비용(신용정보법 제4조 제1항 제1호의 업무를 허가받은 자에게 거래상대방의 신용을 조회하는 경우만 해당)의 경우는 이자로 보지 않는다(법8②, 영5④). 이자율의 산정과 관련한 내용은 대부업자뿐만 아니라 여신금융기관에도 준용한다(법15②).

2. 과잉대부의 금지

대부업법은 대부의 한도와 관련하여 대부를 받으려는 금융소비자의 소득 등에 따라 개별적으로 설계하도록 규정하고 있다(법7). 이는 금융소비자가 필요 없거나 상환능력이 부족함에도 불구하고 대부업자가 필요 또는 상환능력을 초과하는 대부를 하여 금융소비자의 금융건전성을 악화되는 것을 방지하지 위함이다. 따라서 대부업자는 대부계약을 체결하려는 경우에는 미리 거래상대방으로부터 그 소득·재산 및 부채상황에 관한 것으로서 대통령령으로 정하는 증명서류를 제출받아 그 거래상대방의 소득·재산 및 부채상황을 파악하여야 한다. 다만, 대부금액이 대통령령으로 정하는 금액 이하인 경우에는 그러하지 아니하다(법7①).

대부업자는 거래상대방의 소득·재산·부채상황·신용 및 변제계획 등을 고려하여 객관적인 변제능력을 초과하는 대부계약을 체결하여서는 아니 된다(법7②).

3. 대부조건의 게시와 광고

대부업자는 등록증, 대부이자율, 이자계산방법, 변제방법, 연체이자율, 대부업 등록번호, 대부계약과 관련한 부대비용의 내용을 일반인이 알 수 있도록 영업소마다 게시하여야 한다(법9①, 영6①). 대부업자가 대부조건 등에 관하여 표시 또는 광고를 하는 경우에는 ⅰ) 명칭 또는 대표자 성명(제1호), ⅱ) 대부업 등록번호(제2호), ⅲ) 대부이자율(연 이자율로 환산한 것을 포함) 및 연체이자율(제3호), ⅳ) 이자 외에 추가비용이 있는 경우 그 내용(제4호), ⅴ) 채무의 조기상환수수료율 등 조기상환조건(제5호), ⅵ) 과도한 채무의 위험성 및 대부계약과 관련된 신용등급의 하락 가능성을 알리는 경고문구 및 그 밖에 대부업자의 거래상대방을 보호하기 위하여 필요한 사항(제6호)으로서 대통령령으로 정하는 사항을 포함하여야 한다(법9②).

제 4 편

금융시장

제 1 장

서 론

제1절 의의와 기능

Ⅰ. 금융시장의 의의

금융시장이란 가계, 기업, 정부 등 경제주체들이 금융상품을 거래하여 필요한 자금을 조달하고 여유자금을 운용하는 조직화된 장소를 말한다. 조직화된 장소란 반드시 증권거래소와 같이 구체적인 형체를 지닌 시장(장내시장)만을 의미하는 것은 아니며, 거래가 체계적·계속적·반복적으로 이루어지는 장외시장과 같은 추상적 의미의 시장도 포함한다.

금융시장은 거래되는 금융상품의 성격에 따라 일반적으로 예금·대출시장, 집합투자증권(펀드)시장, 보험시장, 단기금융시장(자금시장), 자본시장, 파생상품시장, 외환시장으로 구분된다. 파생상품시장과 외환시장에서는 자금의 대차거래가 이루어지지 않지만, 자금이 운용되고 있는 점에서 금융시장의 범주에 포함시킨다.

단기금융시장은 통상 "만기 1년 이내의 금융상품"(단기금융상품)이 거래되는 시장으로 참가자들이 일시적인 자금수급의 불균형을 조정하는 시장이다. 콜시장, 환매조건부매매시장(RP시장), 양도성예금증서시장(CD시장), 기업어음시장(CP시장), 전자단기사채시장(ABSTB) 등이 이에 해당된다. 자본시장은 장기금융시장이라고도 하며 주로 일반기업·금융기관 등이 만기 1년 이상의 장기자금을 조달하는 시장으로 주식시장과 채권시장 등이 여기에 속한다.

외환시장은 서로 다른 종류의 통화가 거래되는 시장으로 거래당사자에 따라 외국환은행 간 외환매매가 이루어지는 은행간시장과 은행과 비은행 고객간에 외환매매가 이루어지는 대고객시장으로 구분할 수 있다. 은행간시장은 금융기관, 외국환중개기관, 한국은행 등이 참가하는 시장으로 외환거래가 대량으로 이루어지는 도매시장의 성격을 가지며 일반적으로 외환시장이라 할 때는 은행간시장을 의미한다.[1]

파생상품시장은 금융상품을 보유하는 데에 따르는 금리·주가·환율의 변동위험을 회피하기 위하여 형성된 시장으로서, 이곳에서는 단기금융시장과 자본시장 및 외환시장 거래에서 발생하는 위험을 회피하기 위한 금리선물·통화선물·주가지수선물·옵션 등의 거래가 이루어진다.

II. 금융시장의 기능

금융시장의 기능은 다음과 같다.

i) 금융시장은 국민경제 내 자금의 공급부문과 수요부문을 직·간접적으로 연결함으로써 원활한 생산활동을 지원하는 한편 효율적인 자원 배분을 통하여 경제주체들의 후생 증진에도 기여한다.[2]

ii) 금융시장은 가계에 여유자금을 운용할 수 있는 수단을 제공하고 이러한 여유자금을 생산 및 투자를 담당하는 기업 등으로 이전시킴으로써 국가경제의 생산활동을 지원한다. 또한 금융시장은 소비주체인 가계에 적절한 자산운용 및 차입기회를 제공하여 가계가 소비 시기를 선택하는 것을 가능하게 함으로써 소비자 효용을 증진시킨다.

iii) 금융시장은 시장참가자들이 투자위험을 분산시킬 수 있는 환경을 제공한다. 즉 투자자들은 금융시장에 존재하는 다양한 금융상품에 분산하여 투자하거나 파생금융상품과 같은 위험 헤지수단을 활용함으로써 투자위험을 줄일 수 있다.

iv) 금융시장은 부동산 등 실물 투자자산과 달리 현금화가 쉬운 유동성 수

---

1) 한국은행(2016b), 5쪽.
2) 한국은행(2016b), 2-4쪽.

단을 제공한다. 일반적으로 금융상품의 가격은 유동성 수준을 반영하여 결정된다. 예를 들어 투자자는 유동성이 떨어지는 금융상품을 매입할 경우에는 향후 현금으로 전환하는데 따른 손실을 예상하여 일정한 보상, 즉 유동성 프리미엄을 요구하게 된다.

v) 금융시장은 금융거래에 필요한 정보를 수집하는 데 드는 비용과 시간을 줄여준다. 금융거래 당사자가 거래상대방의 신용도, 재무상황 등에 관한 정보를 직접 파악하려 한다면 비용과 시간이 많이 들 뿐 아니라 때로는 불가능할 수도 있다. 그런데 금융시장에서는 이러한 정보들이 주가나 회사채 금리 등 여러 가격변수에 반영되므로 투자자들은 이를 통해 투자에 필요한 기본적인 정보를 손쉽게 파악할 수 있다.

제2절 금융시장의 구조

금융거래가 금융중개기관을 통해 이루어지느냐 여부에 따라 금융시장을 직접금융시장과 간접금융시장으로, 금융상품의 신규발행 여부에 따라 발행시장과 유통시장으로, 거래규칙의 표준화 여부에 따라 장내시장(증권거래소시장)과 장외시장으로 구분하기도 한다. 또한 금융시장을 금융거래 당사자의 거주성 및 거래발생 장소에 따라 국내금융시장과 국제금융시장으로, 금융상품의 표시통화에 따라 원화금융시장과 외화금융시장으로 구분하기도 한다.

Ⅰ. 국내금융시장

1. 간접금융시장과 직접금융시장

(1) 간접금융시장

간접금융시장은 자금공급자와 자금수요자가 직접적인 거래의 상대방이 되지 않고 은행과 같은 중개기관이 거래당사자로 개입하여 자금의 중개 기능을 하는 금융시장이다. 간접금융시장에서는 은행과 투자신탁회사와 같은 금융중개기관이 예금증서나 수익증권과 같은 간접증권(indirect or secondary security)을 발행하여 조달한 자금으로 자금의 최종 수요자가 발행하는 직접증권을 매입하여 자금을 공급하는 방법으로 금융이 이루어진다. 간접금융시장에는 다음과 같은 시장이 있다. 예금·대출시장은 금융중개기관(대표적인 것으로 은행이 있다)을 통해 예금상품 및 대출상품이 거래되는 시장이다. 집합투자증권(펀드)시장은 펀드상품이 거래되는 시장이고, 신탁시장은 신탁상품이 거래되는 시장이며, 보험시장은 보험상품이 거래되는 시장이다.

(2) 직접금융시장

직접금융시장에서는 자금공급자와 자금수요자가 직접 거래의 상대방이 된다. 직접금융시장에는 ⅰ) 단기금융시장(자금시장), ⅱ) 자본시장(주식시장, 채권시장), ⅲ) 외환시장, ⅳ) 파생금융상품시장 등이 있다.

직접금융시장 가운데 가장 중요한 자본시장에서 거래되는 대표적인 금융상품은 주식과 채권(債券)이다. 주식은 주식회사가 발행하지만 채권은 주식회사가 발행하는 회사채 이외에도 국가, 지방자치단체, 공기업 등이 발행하는 국채, 지방채, 공채도 있다. 자본시장법에서는 주식은 지분증권에 속하고 채권은 채무증권에 속한다. 전통적인 회사채 이외에 파생상품적 요소가 가미된 파생결합사채도 일정한 요건을 갖추면 채무증권에 속한다. 회사채에 특수한 조건을 붙인 경우로는 만기가 없는 영구채(perpetual bond), 채권의 순위가 일반 채권자보다 후순위인 후순위채(subordinated bond), 원리금 감면 또는 주식전환 조건을 특별히 정한 조건부자본증권 등을 들 수 있다. 파생상품시장에서는 파생상품이 거래된다.[3]

2. 발행시장과 유통시장

(1) 발행시장

자본시장(증권시장)은 발행시장과 유통시장으로 구분되며, 두 시장은 상호보완 관계에 있다. 발행시장은 증권이 발행인 또는 보유자로부터 최초의 투자자에게 매도되는 시장으로서 자금의 수요자인 발행 주체가 증권을 새로 발행하거나 특정인(예: 대주주)이 보유하고 있는 증권을 투자자에게 매각함으로써 증권시장에 새로운 증권을 공급하고 자금을 조달하는 추상적인 시장이다. 새로운 증권이 최

---

3) 박준·한민(2019), 19쪽.

초로 출현하는 시장이라는 점에서 1차 시장(Primary Market)이라고도 한다. 이에 반해 유통시장(2차 시장: Secondary Market)은 이미 발행되어 있는 증권을 투자자 상호 간에 매매하는 구체적·현실적인 시장을 말한다. 즉 발행시장은 발행인과 투자자 사이에 이루어지는 종적 시장, 장소적 개념이 없는 추상적 시장인 데 반해, 유통시장은 투자자 사이에 이루어지는 횡적 시장, 장소적 개념을 전제로 하는 구체적인 시장이다.

발행시장은 증권의 발행인이 자금을 조달하는 시장이다. 발행시장은 원칙적으로 증권거래소와는 아무런 관련이 없다. 발행인은 증권을 직접 투자자들에게 매각하는 것이 아니라, 인수인(underwriter)이라는 중개기관을 통해서 매각한다. 여기서 인수인과 투자자 사이의 매매는 증권거래소 밖에서 이루어진다. 따라서 상장되어 있는 증권의 경우에만 공모발행이 가능한 것은 아니다. 물론 주식이 이미 증권거래소에 상장되어 있다면 신규로 발행하는 주식의 가격은 거래소의 시세에 따라 결정될 것이다. 그러나 그 경우에도 발행되는 주식은 증권거래소를 통하지 않고 인수인으로부터 투자자에게 직접 넘어간다. 거래 규모면에서 발행시장은 유통시장에 비하여 훨씬 왜소하다.[4]

(2) 유통시장

유통시장은 이미 발행된 증권이 투자자와 투자자 사이에서 거래되는 시장을 말한다. 따라서 유통시장은 회사가 새로운 자금을 조달할 수 있는 시장은 아니지만, 투자의 유동성을 제공함으로써 회사의 자금조달에 간접적으로 이바지한다. 투자자가 자신의 투자를 다시 쉽게 회수할 수 있는 유통시장이 없다면, 투자자들은 당초에 발행시장에 들어가는 것을 주저할지도 모른다. 이러한 의미에서 원활한 유통시장의 존재는 발행시장의 발달에 필수적인 조건이다.[5] 발행시장에서 증권의 발행이 완료되면 발행된 증권은 유통시장에서 다수의 투자자들 사이에 매매가 이루어지게 된다.

3. 장내시장과 장외시장

(1) 장내시장(거래소시장)

금융투자상품거래는 그 거래가 이루어지는 장소에 따라 장내거래와 장외거

---

4) 이상복(2012), 「기업공시」, 박영사(2012. 6), 31-32쪽.
5) 김건식·송옥렬(2001), 「미국의 증권규제」, 홍문사(2001. 7), 37쪽.

래로 구분한다. 그리고 장내거래시장의 개설 주체는 거래소와 다자간매매체결회사이고, 거래소가 개설하는 금융투자상품시장을 "거래소시장"이라고 한다(자본시장법8의2③, 이하 "법")). 거래소시장을 장내시장이라고 한다. 거래소시장은 거래대상 상품에 따라 증권의 매매를 위한 증권시장과 장내파생상품의 매매를 위한 파생상품시장으로 구분한다(법8의2④).

(2) 장외시장

장외시장이란 거래소시장 및 다자간매매체결회사 이외의 시장을 말한다(금융투자업규정5-1조(1)). 자본시장법은 장외거래를 거래소시장 및 다자간매매체결회사 외에서 증권이나 장외파생상품을 매매하는 경우(영177)로 규정하고 있는데, 이러한 장외거래가 이루어지는 시장이 장외시장이다. 본래 증권의 거래는 수많은 증권보유자가 다양한 필요에 의해 다양한 방식으로 이루어지므로 정형화된 거래소시장만으로는 그 수요를 만족시키기는 어렵고 이러한 필요에 의해 장외시장의 존재는 불가피하다.

Ⅱ. 국제금융시장

1. 국제금융시장의 의의

국내거주자들 사이에 소요자금의 조달과 보유자금의 운용이 이루어지는 것을 국내금융이라고 한다면, 이와 같은 자금의 조달 및 운용이 비거주자를 상대로 국경을 넘어 이루어지는 경우를 국제금융이라고 한다. 국제금융에서 "국제"란 국가 사이란 의미도 있지만, 국제금융거래의 주체는 한쪽이 반드시 비거주자이기 때문에 거주자와 비거주자 간 또는 비거주자 간이라는 의미도 갖는다. 국제금융시장이란 이러한 국제금융이 이루어지는 장소로, 국가간에 장단기자금의 거래가 지속적으로 이루어지면서 자금의 수급이 국제적 차원에서 효율적으로 연계되는 장소 또는 거래 메커니즘을 총칭하는 개념이다.

전통적으로 국제금융시장은 국내 거주자 간에 자금의 대차가 이루어지는 국내금융시장과 대칭되는 개념으로 이용되어 왔다. 또한 구체적 장소의 개념으로서 국제금융시장은 런던, 뉴욕 등 주요 국제금융 중심지나 이 지역에서 운영되고 있는 증권거래소, 선물옵션거래소 등을 의미한다. 그러나 오늘날에는 각국의 금융시장이나 외환시장에서 규제가 크게 완화 또는 철폐되고 정보통신기술이 급속히 발전하면서 금융시장의 범세계적 통합화 현상이 가속화됨에 따라 국제금융시장은 거주성이나 장소적 구분을 초월하여 각국의 금융시장이나 유로시장 그리고 외환시장을 포괄하는 총체적인 거래 메커니즘으로 이해되고 있다.[6]

2. 국제금융시장의 기능

(1) 순기능

일반적으로 자유무역이 세계자원의 효율적 배분과 이용을 촉진하듯이 효율적이고 완전한 국제금융시장은 세계금융자산의 최적배분을 촉진하게 한다. 한 국가의 재무상태에 따라 국가 전체적인 재무환경이 좋지 않을 때는 국제금융시장을 통하여 자금을 차입할 수 있고, 반대로 재무환경이 좋은 시기에는 동 시장을 통하여 자금을 대여할 수 있다. 기업 입장에서는 이용 가능한 자금이 증대되어 궁극적으로 자본비용을 절감할 수 있게 된다. 미시적으로 국제금융시장은 자금수급자 모두에게 보다 높은 유동성과 수익성 그리고 안정성을 제공한다. 거시적으로도 시장의 경쟁시스템에 따라 금융자산의 효율적 배분은 결국 각국의 실물자산의 생산성을 높이고 세계무역의 확대나 직접투자의 증대를 가져오게 함으로써 세계경제의 지속적 발전에 기여하게 된다.

국제금융시장은 세계적 차원에서 자금을 효율적으로 배분시켜 자본의 생산성을 제고하고, 무역 및 투자를 확대하며, 국제유동성을 조절함으로써 세계경제 발전을 촉진하고 있다. 자본을 수입함으로써 국내투자와 성장을 촉진시킬 수 있게 된다. 국제증권시장이 발달하는 경우에는 금융기관 간 상호경쟁을 촉진하여 더욱 효율적인 금융시스템을 가져오게 만들고, 기업공개비용을 낮추는 효과도 가져올 수 있다.[7]

(2) 역기능

오늘날 국제금융의 특징 중의 하나는 금융의 범세계화가 진행되면서 금융기관 간 치열한 경쟁이 이루어지고 있다는 점이다. 이 과정에서 금융기관들은 고수익·고위험 자산에 투자를 증가시켜 경영면에서 불안정성이 높아졌다. 한 금융기

---

6) 김희준(2011), "국제금융시장을 통한 회사자금조달의 법적 문제점과 해결방안: 회사법·자본시장법·세법을 중심으로", 고려대학교 대학원 박사학위논문(2011. 12), 7-8쪽.

7) 김희준(2011), 20쪽.

관의 도산이 다른 금융기관으로 즉시 확산되는 시스템 리스크로 인해 국제금융
제도의 불안정성도 크게 높아졌다. 리스크의 확산은 금융기관 간의 문제에 그치
지 아니하고, 국제금융시장의 발전으로 한 국가의 금융위기가 인접국을 넘어 세
계경제 전체를 경제적 충격에 빠트릴 수 있기 때문에 규제의 신중과 국가간 공
조체제의 유지가 필요하다.[8]

제3절 금융정책과 금융시장

금융정책은 금융시장에서 구체적으로 시현된다. 금융행정기관은 시장규율
에 맞추어 규제수준과 감독방식을 설정하고, 시장규율은 금융정책으로 환원되어
반영되는 관계로 금융행정기관은 항상 금융시장을 관찰(monitoring)한다.[9]

Ⅰ. 통화정책과 금융시장

1. 통화정책과 금융시장의 연계성

통화정책은 독점적 발권력을 지닌 중앙은행이 통화량이나 금리에 영향을 미
쳐 물가안정, 금융안정 등 최종목표를 달성함으로써 경제가 지속가능한 성장을
이룰 수 있도록 하는 정책을 말한다. 중앙은행은 통화정책의 최종목표와 밀접한
관계가 있는 통화량, 환율, 물가상승률 등과 같은 지표를 선택하여 목표수준을
결정한 다음, 이를 달성할 수 있도록 통화정책을 수행한다. 하지만 이런 지표들
은 일반적으로 중앙은행이 직접적으로 제어하기 어렵다. 따라서 중앙은행은 다
른 변수의 영향을 받지 않고 직접적으로 그 수준을 통제할 수 있는 지표인 단기
시장금리나 지급준비금 등을 운용목표를 활용한다. 중앙은행은 운용목표의 적정
수준을 설정하고 공개시장조작, 지급준비제도, 여수신제도 등의 정책수단을 활용
하여 이를 유지함으로써 궁극적으로 최종목표를 달성하고자 노력한다.[10]

---

8) 김희준(2011), 21쪽.
9) 정찬형·최동준·김용재(2009), 31쪽.
10) 한국은행(2016b), 8-9쪽.

금융시장은 중앙은행의 통화정책이 파급되는 통로가 된다. 중앙은행이 단기 금융시장에서 콜금리 등 운용목표를 직접적으로 제어·조정하며 그에 따른 영향이 자본시장 등 금융시장 전반으로 파급되어 소비·투자 등 실물경제로 이어지기 때문이다. 이러한 통화정책의 파급경로가 원활하게 작동하기 위해서는 금융거래가 활발히 이루어지면서 금융시장의 기능이 효율적으로 작동하여야 한다.

중앙은행과 금융시장 간 커뮤니케이션도 통화정책이 효과적으로 파급되는데 매우 중요하다. 금융시장 참가자들은 금융거래시 통화정책을 주요 요소로 고려하며 금리와 같은 금융시장 가격변수에는 미래의 통화정책에 대한 기대가 반영되어 있다. 따라서 중앙은행과 시장 간 커뮤니케이션이 원활하지 못할 경우 시장의 기대와 통화정책 방향 간 괴리로 금융시장의 변동성이 확대되고 통화정책의 유효성이 저하될 수 있다. 이와 같이 금융시장은 통화정책의 중요한 파급경로로서 시장참가자를 비롯한 경제주체들에게 정책 내용과 방향을 효과적으로 전달하는 등 중앙은행의 정책수행에 매우 중요한 의미를 가진다.

2. 통화정책 운영체계

우리나라의 통화정책 운영체계는 기준금리 조정 등을 통해 정부와의 협의하에 설정된 물가안정목표를 달성하는 물가안정목표제이다. 한국은행은 다양한 정보변수를 활용하여 장래의 인플레이션을 예측하고 실제 물가상승률이 목표치에 수렴할 수 있도록 통화정책을 운영하고 있다. 그러나 글로벌 금융위기 이후 금융안정 없이는 경제의 지속적이고 안정적인 성장이 어렵다는 공감대가 확산됨에 따라 한국은행은 금융안정에도 유의하는 가운데 경제성장을 지원하는 방향으로 통화정책을 수행하고 있다.[11]

한국은행은 국내외 금융·경제 여건을 종합적으로 고려하여 정책금리인 한국은행 기준금리를 결정하며 공개시장조작, 지급준비제도, 여수신제도 등과 같은 통화정책 수단들을 이용하여 콜금리가 기준금리 수준에서 크게 벗어나지 않도록 관리한다. 이를 위한 시중 유동성 조절은 주로 일상적인 공개시장조작을 통해 지급준비금 예치의무가 있는 은행들의 지준규모를 변경하는 방식으로 이루어진다.

한국은행은 통화정책 수단으로 공개시장조작을 주로 활용하고 있다. 이는

---

11) 한국은행(2016b), 9–10쪽.

공개시장조작이 단기금융시장이나 채권시장과 같은 공개시장에서 금융기관을 상대로 시장친화적으로 이루어져 시장왜곡이 적은 정책수단인 데다 시기 및 규모도 비교적 신축적으로 조정할 수 있어 정책효과가 뛰어나기 때문이다. 기조적인 유동성 흡수를 위해서는 장기물 통화안정증권 발행 또는 증권 단순매각을, 일시적인 유동성 조절을 위해서는 RP매매, 통화안정계정 또는 단기물 통화안정증권 발행·환매를 주로 활용한다. 그 이후에도 유동성 과부족이 해소되지 않을 경우 금융기관들은 한국은행의 대기성여수신제도인 자금조정대출 및 예금을 활용한다. 우리나라에서는 경상수지 흑자 지속으로 국외부문에서 기조적인 초과유동성이 발생함에 따라 주로 유동성을 흡수하는 방향으로 공개시장조작을 실시하고 있다.

Ⅱ. 재정정책과 금융시장

적절한 재정 및 경제구조 정책(fiscal and structural policy)은 금융불안의 발생 가능성을 낮추는 데 매우 중요하다. 이는 시스템리스크가 대내외 거시경제 불균형과 경제구조의 비효율성에 의해서도 축적될 수 있기 때문이다. 예를 들어 만성적인 경상수지 적자로 해외자본이 지속적으로 유출되고 이로 인해 국내에서 신용팽창이 발생하는 경우 거시건전성정책을 통해 대외자본 유출입을 통제하는 것만으로는 시스템리스크를 완화하는 데 한계가 있다. 이 경우 지속적인 경상수지 적자를 초래하는 근본적인 원인을 해소하는 경제구조정책이 병행된다면 더욱 효과적으로 리스크를 관리할 수 있을 것이다. 한편 재정부문의 건전성은 대외부채의 안전성을 유지하고 국가부도위험(sovereign risk)에 따른 금융시장의 혼란을 방지하는 데 필수적이다. 거시건전성정책 담당자는 거시경제의 잠재 리스크와 불균형이 시스템리스크에 미치는 영향을 모니터링하고 관련 정보를 재정 및 경제구조 정책 관련 기관에 제공함으로써 적절한 조치가 이루어지는 데 도움을 줄 수 있다.[12]

조세정책이 시스템리스크를 유발하는 편의(bias)의 원인으로 작용할 경우 거시건전성 정책기관이 금융안정의 목적을 달성하는 데 어려움을 겪을 수 있다. 법

---

12) 한국은행(2015), 「한국의 거시건전성정책」, 한국은행(2015. 5), 139-140쪽.

인세 제도는 일반적으로 기업들로 하여금 자기자본보다 부채로 자금을 조달하는 유인을 제공한다. 수익에서 차감되는 지급이자는 세금을 경감시키는 반면 배당금은 절세효과가 없기 때문에 발생하는 부채편의(debt bias) 때문이다. 주택관련 세제도 부채편의를 유발할 수 있다. 대부분의 국가들의 소득세제가 주택담보대출에 대해 세제 혜택을 주는 반면 주택소유자의 귀속임대료를 인정하지 않고 있다. 이는 가계가 투자나 소비 목적으로 주택담보대출을 적극적으로 이용하도록 하는 경제적 동기를 제공한다.

한편 조세정책이 시스템리스크에 대한 직접적인 대응수단으로 활용될 수도 있다. 대표적인 예가 IMF가 제안한 바 있는 금융안정분담금(FSC: Financial Stability Contribution)이다. 이 제도는 금융기관들의 지나친 레버리지 확대와 시장성자금조달을 억제하는 한편 신뢰성 있고 효과적인 정리절차를 위한 재원을 마련하는 데 의의가 있다. 또 다른 예는 자산시장에 대한 조세정책이다. 예를 들어 세금부담을 부동산가격의 급등기에 늘리는 반면 부동산가격의 급락이 예상될 때는 낮춤으로써 부동산시장의 경기순응성을 완화할 수 있다. 홍콩, 싱가포르 등의 국가들은 외국자본의 부동산투자 증가에 따른 가격 급등에 대해 취득세 인상으로 대응한 바 있다. 다만 이와 같은 경기대응적(countercyclical) 조세정책은 관련 법령의 제·개정에서 실제 시행이 이루어지기까지 일정 시일이 소요되기 때문에 정책의 적시성이 낮을 수 있다.

제 2 장

단기금융시장(자금시장)

제1절 서설

Ⅰ. 의의

　　단기금융시장은 경제주체들이 단기적인 자금 과부족을 조절하기 위해 보통 만기 1년 이내의 단기금융상품을 거래하는 시장으로 자금시장이라고도 한다. 단기금융시장은 단기금융상품이 발행되는 발행시장과 이들 상품이 거래되는 유통시장으로 구분된다. 유통시장에는 특정한 장소를 중심으로 매매거래를 하는 거래소 거래 방식과 딜러들이 여러 장소에서 전화 등을 이용하여 매매거래를 하는 장외거래 방식이 있다. 단기금융상품은 주식이나 일반채권과는 달리 정형화된 거래소가 존재하는 경우가 드물며, 주로 전화나 전자적 플랫폼(electronic plat-form)을 통하여 장외시장 거래가 이루어지고 거래빈도도 상대적으로 높지 않다. 거래단위가 주로 10억 원 이상의 큰 규모로 형성되기 때문에 개인의 참여는 제한적이며 은행, 증권사, 보험사 등의 금융기관이 주된 시장참가자인 딜러간 시장(inter-dealer market)이다. 콜시장 등 일부 단기금융시장의 경우 유통시장이 전혀 없거나 거의 일어나지 않을 수 있어 모든 단기금융상품에 대해 항상 유통시장이 형성되는 것은 아니다.

　　단기금융시장은 만기가 짧고 유동성이 높은 증권이 거래되는 시장으로 금융기관이나 일반기업이 단기성 자금을 조달하거나 운용하는 금융시장의 중요한 구성요소이다. 단기금융시장 증권의 발행 및 거래단위가 관행적으로 매우 크게 형성되고, 발행일로부터 1년 이하의 만기를 가지는데 대개의 경우 만기가 120일 이내이다. 만기가 짧고 시장참여 주체가 주로 기관투자자, 대형 금융기관 및 대기업이기 때문에 일반적으로 부도위험이 상대적으로 낮다. 이러한 특성으로 인해 단기금융상품은 현금에 준하는 금융상품으로 간주되는 경향이 있다. 유동성이 높다는 것은 쉽게 현금화가 가능하다는 의미이다.[1]

단기금융시장에는 정부를 포함한 모든 경제주체들이 참가하고 있다. 일반은행은 양도성예금증서 발행, 콜머니(콜차입, call money), 환매조건부매도 등을 통해 자금을 조달하고 일시적으로 남는 자금은 콜론(콜대여, call loan), 환매조건부매수 등으로 운용한다. 증권회사, 자산운용회사 등은 주로 환매조건부매매시장 등을 통해 부족자금을 조달하거나 여유자금을 운용하며, 기업은 기업어음이나 전자단기사채를 발행하여 단기 부족자금을 조달하고 여유자금은 환매조건부매수, 양도성예금증서 매입 등으로 운용한다. 한편 한국은행은 환매조건부매도(매수) 등을 통해 시중의 유동성을 환수(공급)하는 등 통화정책을 수행하기 위하여 단기금융시장에 참가한다. 이 밖에 가계도 일시적인 여유자금을 운용하기 위하여 단기금융시장에 참가하고 있다.

Ⅱ. 특징

금융시장에서의 충격이 단기금융시장에서부터 전파된다는 측면에서 단기금융시장은 전체적인 금융시스템의 안정성 제고에 핵심적인 요소 가운데 하나이다. 단기금융시장이 금융시스템의 안정성 및 효율성 제고에 중요한 이유 가운데 하나는 자본시장에서와는 달리 단기금융시장에서는 시장참가자의 자금조달 및 운용이 지속적으로 이루어진다는 것이다. 즉 자본시장에서의 충격에 비해 단기금융시장에서의 충격은 시장참가자에게 즉각적인 영향을 미치게 된다.[2] 금융위기

---

1) 황세운·김준석·손삼호(2013), "국내 단기금융시장 금리지표의 개선에 관한 연구", 재무관리연구 제30권 제3호(2013. 9), 232쪽.

2) 물론 단기금융시장과 자본시장은 명확히 구분되지 않으며 서로 유기적으로 연계되어 있으므로 두 시장에서의 충격을 분리하는 것은 사실상 불가능하다. 그러나 단기금융시장에서의 문제는 일상적인 재무활동에 영향을 미친다는 점에서 자본시장에서의 문제보다 더 심각하다고 할 수 있다.

가 발생하는 경우 각 참가자에 대한 영향은 자본시장보다 크게 나타날 수 있다. 이는 시장참가자의 신용위험 변화와 관련이 있다.[3]

금융위기가 발생하면 일부 시장참가자의 신용위험이 급격히 확대되는 경우가 빈번하며, 이는 곧바로 신용경색으로 연결된다. 즉 거래상대방의 신용위험의 불확실성이 급격히 확대됨에 따라 거래상대방을 불문하고 자금공급을 기피하는 현상이 나타나면서 신용경색이 발생하게 된다. 이에 따라 단기금융시장에서 자금을 조달하지 못하는 시장참가자는 심각한 유동성위험에 직면하게 되며, 신용경색이 지속되는 환경에서 유동성위험은 빈번히 파산위험으로 확대된다. 특히 단기금융시장은 기업이 투자목적상 부정기적으로 간혹 자금을 조달하는 자본시장과는 달리 참가자들이 일상적으로 자금을 조달하는 시장이라는 측면에서 이 시장의 경색은 경제에 즉각적인 영향을 미친다.

단기금융시장은 일반대중에 대한 노출 정도가 낮은 시장이지만, 전체 금융시장 및 국가 경제에 미치는 영향력은 결코 무시할 수 없다.[4]

Ⅲ. 기능

단기금융시장은 단기차입 수단, 통화정책 수단, 유동성 조절 수단, 단기금리지표의 산출 등의 기능을 수행한다.

1. 단기차입 수단

경제주체들은 단기금융시장에서 단기자금을 조달·운용함으로써 단기자금 과부족을 효율적으로 해결하고 있는데, 이는 경제주체들이 금융자산을 보유함으로써 가지게 되는 유동성위험을 관리할 수 있게 해주며, 유휴자금에 대해서도 자금 운용을 하게 해주어 금리손실을 어느 정도 만회할 수 있게 해준다.

2. 통화정책 수단

단기금융시장은 한국은행의 통화정책수단이 되는 시장이며, 그에 따른 정책

---

3) 박동민·이항용(2011), "전자단기사채제도 도입을 통한 기업어음시장 개선에 관한 연구", 한국증권학회지 제40권 1호(2011. 2), 110쪽.
4) 황세운·김준석·손삼호(2013), 232쪽.

효과가 시작되는 역할을 하고 있다. 단기금융시장은 중앙은행의 통화신용정책의 파급경로 역할을 한다. 따라서 단기금융시장의 발달은 금융시스템의 효율성 제고에 중요하다. 단기금융시장의 중요성은 중앙은행의 통화정책과도 관련이 있다. 일반적으로 중앙은행은 상업은행의 지준거래시장의 금리를 정책목표로 삼아 이를 조정함으로써 통화정책을 수행한다. 단기금융시장은 중앙은행에 의한 통화정책의 변경 효과가 가장 우선적으로 나타나는 통로이다. 중앙은행의 기준금리 결정에 직접적인 영향을 받으며, 이로부터 순차적으로 자본시장 및 전체 금융시장으로 금리변경의 영향이 퍼져나가게 된다. 그 과정에서 전반적인 이자율 기간구조가 형성됨은 당연한 결과이다. 우리나라의 경우 중앙은행인 한국은행은 콜금리 조정을 통해 단기금융시장의 금리를 변화시키고 나아가 장기금융상품의 금리, 통화량, 환율 등 금융시장과 거시경제 지표에 영향을 미친다. 이러한 면에서 단기금융시장에서 특히 콜시장은 중앙은행의 통화정책의 효과가 전파되는 시발점이라 할 수 있다.[5]

3. 유동성 조절 수단

단기금융시장은 기업이나 금융기관의 유동성 관리에 중요한 수단을 제공한다. 일시적인 여유자금을 가진 기업이나 금융기관은 단기금융시장을 통하여 대규모의 자금운용을 하게 된다. 최근 기업경영에 있어서 다른 목적을 위하여 집행될 일시적인 여유자금이라도 현금이나 매우 낮은 이자율을 지급하는 은행예금에 비해 다소 높은 수익률을 제공하는 단기금융상품의 형태로 보유하려는 유동자산이나 순운전자본 관리의 경향이 관찰된다. 단기금융시장이 유동성의 기회비용을 줄이는 효과적인 수단이 되기 때문이다. 일시적인 자금을 필요로 하는 기업이나 금융기관도 단기금융시장을 통하여 자금수요를 유리한 비용으로 해결할 수 있다. 일시적인 자금부족을 상대적으로 간편한 절차와 적절한 금리비용을 가진 단기금융시장에서 해결할 수 있기 때문이다. 물론 일시적인 자금의 운용이나 조달은 은행을 통해서도 가능하다. 사실 은행이 가진 중요한 기능 중의 하나가 바로 단기자금의 수신과 여신에 있음은 주지의 사실이다. 은행은 예금자 또는 차입자와 오랜 기간에 걸친 자금거래 관계를 유지하는 경향이 강해서 고객들에 관한 정보수

---

5) 박동민·이항용(2011), 110-111쪽.

집에 있어서는 단기금융시장에 비해 우수한 면이 있다. 금융시장의 중요 이슈 중의 하나인 정보비대칭의 문제에 있어서 좀 더 유리한 위치를 점하고 있는 것이다. 그러나 유통시장을 통한 위험의 분산과 규제비용 측면에서는 단기금융시장이 은행에 비해서 우위를 가진다. 단기금융시장은 기본적으로 1년 이내의 만기를 가진 상품들이 거래된다는 점에서 자본시장과는 구별되지만, 만기 이외의 측면에서는 자본시장과 유사한 특성을 가지며 수많은 기관이 시장에 참여하고 있기 때문에 위험의 분산기능에 있어서 은행시스템에 비하여 상대적으로 우수한 편이다. 규제측면에 있어서도 단기금융시장에서 거래되는 상품들은 지준적립이나 여신규제 등으로부터의 제한이 적어 조달과 운용 양쪽에서 다양한 전략의 구사가 가능하다는 장점이 있다.[6]

4. 단기금리지표의 산출

단기금융시장의 중요한 기능 중의 하나는 단기금리지표의 산출이다. 단기금리지표는 국내 가계와 기업의 대출에서 높은 비중을 차지하고 있는 변동금리부 대출의 준거금리로 사용된다. 또한 파생상품시장에서도 중요한 역할을 하는데, 국내 장외파생상품시장에서 가장 거래가 활발한 종목 중의 하나인 이자율스왑(IRS) 시장에서도 단기금리지표가 중요한 가격지표로 사용된다. 대출시장과 파생상품시장의 중요 가격변수로 작용하는 단기금리지표의 변화는 가계와 기업의 의사결정에 일정 부분 영향을 미친다. 이는 결국 소비와 기업 경영활동의 패턴에 변화를 주고 자원 배분의 양상을 바꾸게 된다.[7]

Ⅳ. 종류

단기금융시장에서 거래되는 상품의 종류는 크게 콜(call), 환매조건부채권(RP 또는 Repo), 양도성예금증서(CD), 기업어음(CP), 전자단기사채(ABSTB) 등으로 구분할 수 있다. 경우에 따라 표지어음(cover bill)[8]이나 통화안정증권[9]을 단기금융

---

6) 황세운·김준석·손삼호(2013), 232-233쪽.
7) 황세운·김준석·손삼호(2013), 233쪽.
8) 표지어음이란 금융기관이 할인하여 보유하고 있는 상업어음, 무역어음, 팩토링어음 등을 분할 또는 통합하여 새로이 발행한 약속어음으로 일반적으로 만기 1년 이내인 원어음의 남은 만기를 기초로 하여 발행되고 있어 단기금융상품으로 분류된다.

상품으로 분류하기도 하지만, 표지어음은 전체 단기금융시장에서 차지하는 비중
이 미미하고, 통화안정증권은 2년물 중심의 시장으로 자리 잡아감에 따라 단기
금융시장의 논의에서는 일반적으로 제외하는 경향이 있다.[10]

　　언론에서 단기금융상품에 관한 기사가 보도될 때 CMA[11]나 MMF[12]와 같은
상품들이 언급되기도 한다. CMA나 MMF의 경우 엄밀한 의미에서 단기금융상품
으로 보기 어려우며, 오히려 여기서 설명하고 있는 단기금융상품들을 담아서 운
용하는 증권사 계좌이거나 운용기구로 보아야 하므로 단기금융상품 논의에서 제
외한다. 동일한 이유에서 MMDA,[13] MMT[14] 등의 은행계정, 신탁도 논의에서 제

---

9) 통화안정증권의 발행만기는 최단 14일에서 최장 2년이다. 따라서 통화안정증권시장은 자
금시장과 자본시장의 성격을 모두 가지고 있다고 볼 수 있다.

10) 황세운·김준석·손삼호(2013), 233~234쪽.

11) CMA(Cash Management Account: 자산관리계좌)는 본래 어음관리계좌로 부르는 상품으
로 일반고객을 위하여 종합금융회사가 다수의 고객으로부터 자금을 조달하여 이 자금을
주로 기업어음 및 통화조절용 국공채 등 단기금융상품에 직접 투자하여 운용한 후 그 수
익을 예탁기간에 따라 투자자에게 차등지급하는 단기 저축상품으로 현재 종합금융회사에
서 취급하고 있다. 가입대상과 예탁금액에는 제한이 없으며 수시입출금이 허용되면서도
실세금리 수준의 수익을 올릴 수 있는 장점을 가지고 있다.

12) MMF(Money Market Fund)는 자본시장법 제229조 제5호에 따른 단기금융집합투자기구를
말한다. MMF는 복수의 투자자들로부터 모은 자금의 전부를 채권, 기업어음(CP), 예금, 양
도성예금증서(CD), 환매조건부매수(RP매수), 콜론 등 단기금융상품에 투자하는 집합투자
기구(펀드)이다. MMF는 콜, RP, CD, CP 및 전자단기사채 시장 등 단기금융시장에서 주
요 자금공급주체로서의 역할을 수행하고 있다. 이로 인해 MMF의 수신규모와 투자방식의
변화는 단기금리에 큰 영향을 미치게 된다. MMF의 운영구조를 보면 펀드판매는 은행, 증
권사 등 판매회사가, 펀드자금의 운용은 자산운용사(집합투자업자)가, 운용지시의 실행
및 자금관리는 은행, 증권금융 등 수탁회사가, 기준가격 산정 등은 사무관리회사가 각각
나누어 수행하고 있다.

13) 수시입출금식 저축성예금(MMDA: Money Market Deposit Account)은 은행의 수시입출
및 결제기능을 가진 요구불 예금에 시장금리를 지급하는 예금이다. 1997년 7월 요구불예
금에 대한 수신금리가 자유화되면서 처음 실시한 상품으로 시장 실세금리에 의한 고금리
가 적용되고 수시입출 및 각종 이체 및 결제기능이 가능한 단기상품이다. 실적배당상품과
같이 변동된 시장금리를 지급하며 일반적으로 특정증권의 수익률이나 특정지수에 연계된
다. 취급기관은 투자신탁회사에서 주로 취급한다.

14) MMT(Money Market Trust; 수시입출금특정금전신탁)는 일반적으로 위탁자가 신탁재산의
운용방법과 조건을 정하고 수탁자는 위탁자의 지시에 따라 운용하는 특정금전신탁 중에
서 중도해지 수수료 없이 수시입출금이 가능한 신탁상품이다. 고객별, 신탁계약 기간별
별도 펀드를 구성하여 관리·운용하므로 고객의 투자성향, 투자기간, 투자금액 등에 따라
맞춤형 투자가 가능한 신탁상품이다. 고객이 운용대상(주식, 채권, 부동산, 펀드 등), 운용
방법, 운용조건 등을 지정하고 신탁업자는 고객이 지시한 대상물을 편입하여 운용 후 실
적배당한다. MMT는 MMF와 달리 당일 입출금이 가능하고 위탁자가 운용방법과 조건을
정할 수 있어 정부 기금 및 기업 등의 단기자금 운용수단으로 활용된다. 위탁자와 수탁자
간 개별 계약에 기초하는 신탁의 특성을 반영하여 MMT에는 특별한 운용규제가 없다.

외한다.

단기금융시장에서 거래되는 단기금융상품은 듀레이션[15]이 짧아 가격변동위험이 낮으며 상대적으로 신용위험도 낮은 안정적인 투자수단이다. 즉 금리변동이 심화되는 경우에도 시장위험은 거의 무시할 수 있는 수준으로 낮다. 일반적으로 단기금융시장에서 자금을 조달하는 경제주체의 신용도는 일정 수준 이상으로 단기금융상품의 신용위험도 낮은 편이다. 통상적으로 CP는 우량기업 또는 신용도가 높은 비은행금융기관이 발행하며, CD는 신용위험이 상대적으로 낮고 실질적으로 유동성에 문제가 없는 것으로 간주될 수 있는 은행이 발행한다. RP는 발행기관과 대상채권 발행기관이 동시에 파산되어야 지급불능이 된다는 측면에서 파산위험으로부터 이중으로 보호된다. 또한 단기금융상품은 만기가 짧고 유통시장이 비교적 잘 발달되어 있어 유동성위험도 낮은 편이다.[16]

단기금융상품은 주로 정부기관, 금융기관, 신용도가 높은 대기업 등이 발행하고 있어 높은 안전성을 가지고, 발행인의 신용등급, 권리이전의 용이성, 거래규모, 상품의 규격화 또는 동질성 여부에 따라 그 유동성 수준에 차이가 있다. 여기서는 국내 단기금융시장에서 거래되는 상품을 기준으로 시장을 세분하여 상품의 기본 특성과 시장의 일반구조에 대해 살펴본다.

제2절 콜(call)시장

I. 의의

콜시장은 일시적인 자금과부족을 해결하기 위해 금융기관 간에 초단기(1일물 등)로 자금을 대여·차입하는 시장을 말한다. 콜시장에서의 자금대여(공급)기

---

15) 듀레이션(duration)이란 채권에서 발생하는 현금흐름의 가중평균만기이다. 듀레이션은 채권의 현금흐름 발생기간에 각 시점 현금흐름의 현재가치가 채권가격에서 차지하는 비중을 가중치로 곱하여 산출하는데 이는 채권투자액의 현재가치 1원이 회수되는 데 걸리는 평균회수기간을 의미한다. 채권의 발행만기는 최종 현금지급시점을 나타내는 데 비해 듀레이션은 만기 이전에 발생하는 모든 현금흐름을 감안한 평균회수기간이기 때문에 만기 이전에 현금흐름이 발생하는 이표채권의 듀레이션은 항상 채권의 발행만기보다 짧다.

16) 박동민·이항용(2011), 110쪽.

능을 콜론(call loan), 자금차입기능을 콜머니(call money)라고 한다. 금융기관에서는 일시적인 자금이 남아 운용을 하지 못할 경우 비용만 발생하게 되어 단기적으로 유동성을 필요로 하는 다른 금융기관에 대여해 주는 거래로 대부분 1일물로 거래되고 있으며 은행, 증권회사, 자산운용회사, 보험회사 등이 주로 참여하고 있는 시장으로 가장 낮은 금리로 조달·운용이 가능한 시장이라 할 수 있다. 콜시장에 참여한 금융기관 입장에서는 단기자금을 조달·운용할 수 있으므로 일시적인 유동성 자금을 관리하는 데 효율적인 시장이다.

Ⅱ. 특징과 기능

콜거래는 90일 이내의 금융기관 등 간의 단기자금거래를 말한다(자본시장법 시행령 346②). 지급준비제도 적용대상 금융기관들이 지급준비금("지준") 과부족을 주로 콜거래를 통해 조정하고 있다는 점에서 콜시장은 지준시장으로서의 의미도 갖는다.

콜거래는 일시적 자금과부족을 조절하는 거래이기 때문에 만기가 최대 90일 이내에서 일별로 정할 수 있으나 실제 거래에서는 초단기(예: 1일물) 거래가 대부분을 차지한다. 따라서 매일의 자금수급 상황에 따라 콜거래에 적용되는 금리도 새로이 결정되고 금리 수준은 다시 단기자금 수급에 영향을 미친다. 이러한 금리파급경로로서 중앙은행은 금융기관의 단기유동성 및 콜금리에 영향을 미침으로써 국내 경기를 바람직한 방향으로 유도한다. 일반적으로 콜금리의 변동은 장단기 금리차를 이용한 재정거래를 통해 CD, CP 등의 단기금리 변동으로 이어진다. 단기금리의 변동은 이어서 회사채 금리나 은행여수신 금리 등 장기금리의 변화로 이어지고 궁극적으로 소비·투자 등 실물경제 활동에 파급된다.

Ⅲ. 참가기관 등

1. 참가기관

콜거래(90일 이내의 금융기관 등 간의 단기자금거래)의 중개·주선 또는 대리를 할 수 있는 기관은 은행, 한국산업은행, 중소기업은행, 한국수출입은행, 그 밖에 금융기관 등 간의 원활한 자금거래를 위하여 필요하다고 인정하여 금융위원회가 정하여 고시하는 자이다(자본시장법 시행령346②).

자금중개회사는 자금중개를 할 경우에는 단순중개(자금중개회사가 일정한 수수료만 받고 자금대여자와 자금차입자 간의 거래를 연결해 주는 것)를 하여야 한다(자본시장법 시행령346③ 본문). 다만, 콜거래중개의 경우에는 원활한 거래를 위하여 금융위원회가 정하여 고시하는 최소한의 범위에서 매매중개(금융위원회가 정하여 고시하는 매매거래 형식의 중개)를 할 수 있다(자본시장법 시행령346③ 단서).

2. 콜론 · 콜머니기관

콜시장의 자금대여(공급)자인 콜론 기관은 자산운용회사, 국내은행 및 외국은행 국내지점 등이다. 자산운용회사는 펀드 환매에 대비하여 보유하는 고유동성 자산을 콜론으로 운용하며 국내은행은 지준잉여자금을 콜론으로 공급한다.

콜시장의 자금차입자인 콜머니 기관은 국내은행 및 외국은행 국내지점, 증권회사(PD · OMO 대상기관) 등이다. 국내은행은 콜자금을 공급하기도 하지만 지준자금 조절을 위한 콜머니 수요가 보다 많은 편이다. 외국은행 국내지점은 수신기반이 취약하여 주로 본지점 차입이나 콜머니를 통해 영업[17]자금을 조달해야 하므로 콜자금의 공급보다는 차입이 많은 편이다. 자금조달수단이 고객예탁금, RP매도 등으로 제한되는 증권회사도 자금 조달 · 운용상의 불일치 조정 등을 위해 콜자금을 차입하고 있다.[18]

콜차입 거래의 경우 증권사의 콜차입 한도를 설정한 후 단계적으로 축소하였으며 2015년 3월부터는 국고채전문딜러(PD: Primary Dealer) 및 한국은행 공개시장운영(OMO: Open Market Operation) 대상기관 증권사에 대해서만 자기자본의 15% 이내 범위에서 허용하고 있다. 콜론 거래의 경우 2015년 3월 이후 자산운용사에 대해 총 집합투자재산의 2% 이내로 허용하고 있다. 여타 비은행금융기관의 콜시장 참가는 전면 배제되고 있다.[19]

---

17) 외국은행 국내지점은 단기 채권매매 또는 내외금리차를 이용한 재정거래를 주된 영업으로 하고 있다.
18) 한국은행(2016b), 34쪽.
19) 한국은행(2016b), 41쪽.

3. 중개기관

현재 한국자금중개(주), 서울외국환중개(주), KIDB자금중개(주) 등 3개의 자금중개회사가 콜거래 중개업무를 영위하고 있다. 이들 자금중개회사의 콜거래중개는 단순중개20)를 원칙으로 하고 있으며 거래의 원활화를 위해 필요한 최소한의 범위에서 매매중개21)를 할 수 있다(자본시장법 시행령346③, 금융투자업규정8-81②). 그러나 자금중개회사가 매매중개를 하는 경우는 거의 없다. 자금중개회사는 단순중개를 제공하는 대가로 중개수수료를 거래 쌍방으로부터 각각 받는다.

제3절　환매조건부매매(RP)시장

I. 환매조건부매매의 의의

환매조건부매매(RP)란 "증권을 일정기간 경과 후 원매도가액에 이자 등 상당금액을 합한 가액으로 환매수할 것을 조건으로 하는 매도"(조건부매도) 또는 "증권을 일정기간 경과 후 원매수가액에 이자 등 상당금액을 합한 가액으로 환매도할 것을 조건으로 하는 매수"(조건부매수)하는 조건부매매를 말한다(금융투자업규정5-1(6)).

증권의 매매가 처음 이루어지는 시점과 이후 환매매가 이루어지는 시점을 각각 매입일(purchase date)과 환매일(repurchase date)이라 하며, 매입일의 증권매매가격은 매입가(purchase price), 환매일의 매매가격은 환매가(repurchase price)라고 부른다. 또한 매입일에 매입가를 수취하고 증권을 매도하는 것을 "RP매도"라 하며, 매입가를 지급하고 증권을 매입하는 것을 "RP매수"라 한다.22)

---

20) 자금중개회사가 일정 수수료만 받고 자금대여자와 자금차입자 간의 거래를 연결해 주는 것을 말한다.
21) 자금중개회사가 자기계산으로 거래에 직접 참가하는 것을 말한다.
22) 한국은행(2016b), 50쪽.

II. 환매조건부매매의 법적 성격

법적으로 RP거래는 약정기간 동안 대상증권의 법적 소유권이 RP매도자에서
RP매수자로 이전되는 증권의 매매거래이다. 따라서 RP매도자가 파산 등으로 약
정 사항을 이행하지 못할 경우 RP매수자는 대상증권을 정산할 권리를 갖게 된
다. 채무자회생법에서도 기본계약에 근거하여 이루어진 RP거래는 회생 및 파산
절차상의 해제, 해지, 취소 및 부인의 대상에서 제외(채무자회생법120③)됨으로써
매매거래로서의 성격을 강화하고 있다.[23)

이러한 법적 성격에도 불구하고 경제적 실질 측면에서 RP거래는 일정 기간
동안 RP매도자가 RP매수자에게 증권을 담보로 제공하고 자금을 차입하는 증권
담보부 소비대차로서 기능한다. 이러한 측면에서 RP매수자와 RP매도자는 각각
자금대여자 및 자금차입자이며, 매매 대상증권은 차입담보에 해당된다. 또한 환
매가와 매입가의 차이는 대출이자로, 매매 대상증권의 시가와 매입가의 차이는
초과담보로 볼 수 있다.

III. 환매조건부매매의 유형

환매조건부매매는 거래주체를 기준으로 i) 일정한 범위의 전문투자자(영7
④(3))[24)에 해당하는 기관 간에 이루어지는 "기관간조건부매매"(기관간RP: 금융투
자업규정5-1(7)), ii) 투자매매업자등[투자매매업자(겸영금융투자업자를 제외), 투자매
매업 인가를 받은 은행, 증권금융회사 및 종합금융회사]이 일정한 범위의 전문투자자

---

23) 한국은행(2016b), 51쪽.
24) 다음의 어느 하나에 해당하는 자 간 환매조건부매매 하는 경우(영7④(3)).
　　가. 은행, 한국산업은행, 중소기업은행, 한국수출입은행, 농업협동조합중앙회, 수산업협동
　　　　조합중앙회, 보험회사, 금융투자업자(겸영금융투자업자 제외), 증권금융회사, 종합금
　　　　융회사, 자금중개회사, 금융지주회사, 여신전문금융회사, 상호저축은행 및 그 중앙회,
　　　　산림조합중앙회, 새마을금고연합회, 신용협동조합중앙회, 기타 위의 기관에 준하는 외
　　　　국 금융기관(영10②)
　　나. 예금보험공사 및 정리금융회사, 한국자산관리공사, 한국주택금융공사, 한국투자공사
　　　　(영10③ 1호부터 4호까지), 그리고 집합투자기구, 신용보증기금, 기술보증기금, 법률
　　　　에 따라 설립된 기금(신용보증기금 및 기술보증기금 제외) 및 그 기금을 관리·운용하
　　　　는 법인, 법률에 따라 공제사업을 경영하는 법인(영10③ 9호부터 13호까지)
　　다. 그 밖에 금융위원회가 정하여 고시하는 자

(영7④(3))에 해당하는 기관 이외의 법인 또는 개인과 행하는 "대고객조건부매매"(대고객RP: 금융투자업규정5-1(8)), iii) 한국은행의 공개시장조작 수단으로서 한국은행과 금융기관 간에 이루어지는 한국은행RP[25]로 구분된다.

RP유형 중 단기금융시장에 가장 중요한 영향을 미치는 유형은 기관간RP인데 금융기관의 단기자금조달을 통한 유동성 관리와 단기금융시장과 자본시장의 연결이라는 측면에서 기관간RP는 핵심적인 역할을 담당한다. 기관간RP의 주된 매도기관(즉 자금조달기관)은 증권사와 증권사 신탁계정이다.[26] 국내은행과 기타 여신기관들로부터 일정 수준의 매도가 이루어지고는 있지만, 매도량의 절반 이상이 증권사와 증권사 신탁계정에 의한 것으로 나타난다. 이는 증권사들이 콜머니 차입 제한조치에 대응하면서 단기자금을 조달하기 위하여 보유하고 있는 채권들을 적극적으로 활용하고 있기 때문이다. 사실 기관간RP 시장의 급격한 성장은 제2금융권에 대한 콜머니 차입제한 조치에 힘입은 바가 크다.[27]

Ⅳ. 환매조건부매매시장의 기능

환매조건부매매시장은 국채 등 담보자산에 대해 여타 부차적인 조건 없이 즉시 유동성을 공급한다는 측면에서 전당포와 유사한 역할을 은행에 제공하고 있으며, 은행들의 단기유동성 확보를 위한 필수적인 신용조달 채널로 자리 잡고 있다. 은행 등 금융기관들은 일상적으로 환매조건부매매시장을 통해 단기금융펀드(MMF)나 여타 잉여 유동성을 보유하고 있는 금융기관들로부터 최단기적인 익일물 신용(overnight loan)을 확보하고 있다.

RP거래의 가장 큰 기능은 채권을 담보로 하기 때문에 자금회수 가능성을 높임으로써 금융기관 간 장기 자금거래 가능성을 높인다는 점이다. 그 이유는 거래상대방위험보다는 담보채권의 가치에 거래의 위험성이 결정되기 때문에 무거래기관과의 장기 자금거래도 가능하게 된다. RP거래는 장기상품인 채권과 연계

---

25) 한국은행 RP에 관하여는 공개시장운영규정에서 정하고 있다.
26) 증권사 신탁계정은 신탁업 인가를 받은 증권사가 고객(위탁자)으로부터 위탁받은 재산(주로 금전)을 관리하기 위하여 증권사의 고유계정과는 별도로 설정한 계정을 말한다. 신탁업을 겸업하는 증권사는 신탁계정의 재산을 증권사 고유계정의 재산과는 엄격히 분리하여 관리해야 한다.
27) 황세운·김준석·손삼호(2013), 237-238쪽.

하여 이루어지는 거래라는 고유의 특성을 가지고 있어, RP거래를 이용한 금융기법을 통해 다양한 효과를 기대할 수 있다. RP시장이 활성화되면 단기시장금리와 채권수익률의 격차를 이용한 차익거래, 채권의 현·선물시장과 연계된 차익거래 등을 활용하여 금융시장 간 연계를 강화시킬 수 있다. RP시장이 활성화되면 단기금융시장을 대상으로 하는 중앙은행 통화정책의 효과가 채권시장 등 장기금융시장으로 원활히 파급되면서 통화정책의 효율성이 높아진다. 미국의 경우 미연준이 공개시장조작을 통해 공급한 자금이 RP시장을 통해 금융기관에 배분되면서 페더럴펀드 시장과 채권시장이 긴밀하게 움직인다.[28)]

한국은행은 공개시장조작 수단의 하나로 환매조건부매매(RP)를 이용하고 있다. 한국은행은 일시적인 유동성 과부족을 조절하기 위한 수단으로 RP매매를 활용하기 때문에 통화안정증권, 통화안정계정에 비해 단기로 운용된다. RP매매는 RP매도와 RP매수로 구분되는데 한국은행은 유동성을 흡수하기 위해서는 RP매도를 실시하고 유동성을 공급하기 위해서는 RP매수를 실시한다. 미국, 유럽중앙은행(ECB), 영란은행 등 유로지역 등 주요 선진국 중앙은행들은 환매조건부매매를 주된 공개시장조작 수단으로 활용하고 있다. 이는 RP매매가 증권을 담보로 하기 때문에 신용위험이 작고, 유동성 상황에 따라 유동성조절 방향과 규모, 만기, 금리 등을 탄력적으로 조정할 수 있기 때문이다.

제4절 양도성예금증서(CD)시장

I. 서설

1. 의의

양도성예금증서(CD)는 은행의 정기예금증서에 양도성이 부여된 단기금융상품이다. CD에 관한 법규정은 없으며 한국은행 금융통화위원회가 제정한 「금융기관 지급준비규정」과 「양도성예금증서의 발행조건」에 근거를 두고 발행되고 있

---

28) 김영도(2013), "국내 단기금융시장의 발전과 향후 과제: 단기지표금리 개선 과제를 중심으로", 한국금융연구원 금융리포트(2013. 3), 14-15쪽.

다. CD는 무기명 할인식으로 발행되고 양도가 가능하다. CD의 만기는 30일 이상(중도해지 불가능. 다만, 2002년 6월 30일 이전에 발행되고 토요일에 만기가 도래하는 경우 직전 영업일에 해지 가능)으로 제한되어 있는데, 1년 이상의 만기를 가진 CD의 발행은 거의 없으며, 만기 6개월 미만의 CD발행이 주를 이룬다. CD는 투자주체에 따라 은행 간 CD와 대고객 CD로 구분할 수 있는데, 현재 국내은행의 CD발행은 대고객 CD 중심으로 이루어지며 은행간 CD의 발행은 지극히 미미한 편이다.

2. 법적 성격

CD는 예금이다. CD는 한국은행법상 지급준비금 적립대상[29]이 되는 예금채무에 해당한다. 다만 은행을 상대로 발행하는 CD는 지급준비금 적립대상에서 제외[30]된다. 일반 고객을 대상으로 하는 CD거래는 예금채무에 해당되어 한국은행에 지급준비금을 예치할 의무가 있지만, 은행예금과는 달리 예금자보호 대상은 아니다(예금자보호법2(2) 단서 및 동법 시행령3②(2)).[31]

CD는 권리의 이전과 행사를 위해 증권의 소지가 필요하다는 점에서 상법상 유가증권이다. CD는 만기 전 양도되는 경우 시중금리에 따라 원본손실위험이 있으므로 투자성이 인정되나 ⅰ) 만기가 짧아 금리변동에 따른 가치변동이 미미한 점, ⅱ) 통상 은행에서 거래되는 CD를 금융투자상품으로 파악하면 기존의 금융업종 간 업무 배분에 혼란이 초래되는 점을 고려하여 정책적으로 제외한 것이다(자본시장법3①(1)). 반면 외화표시 CD는 환율변동에 따라 가치변동이 클 수 있어 투자자보호 차원에서 자본시장법상 금융투자상품에 포함된다.

---

29)「금융기관 지급준비규정」제2조 제1항 제2호에 따라 대고객 CD는 정기예금, 정기적금, 상호부금, 주택부금 등과 함께 2.0% 이상의 지급준비금 적립대상에 해당한다.

30)「금융기관 지급준비규정」제2조 제2항에 따르면 한국은행에 지급준비금 보유의무가 있는 금융기관을 상대로 발행된 양도성예금증서 발행채무는 지급준비금 적립대상 채무에서 제외된다.

31) 예금보험대상이라 함은 금융기관이 영업정지나 파산 등으로 고객의 예금을 지급하지 못하게 될 경우 예금보험공사가 금융기관을 대신하여 예금자를 보호하게 되는데, 이때 보호대상이 되는 금융상품을 의미한다. 일반적으로 보통예금, 정기예금, 정기적금 등과 같은 예금상품들은 예금보험의 대상이 되지만 은행에서 취급하더라도 CD나 실적배당형 상품인 투자신탁 등은 보호대상이 아니다.

3. 기능

CD시장은 CD가 발행·유통되는 단기금융시장으로서 발행기관, 중개기관 및 매수기관으로 구성된다. 발행기관인 은행(예금은행)의 입장에서는 대출 등 자금 수요에 따라 발행 규모를 조절함으로써 탄력적인 자금조달이 가능하다. 중개기관(증권사, 종합금융회사, 자금중개회사)은 발행기관과 매수기관을 연결하여 수수료를 받을 수 있을 뿐 아니라 자기계산으로 매매에 참여하여 시세차익을 얻을 수도 있다. 매수기관들은 만기 1년 이하 단기자금 운용수단으로서 CD를 매입하고 있다.[32]

Ⅱ. 거래조건

CD는 중도해지할 수는 없으나 양도가 가능하므로 매수자가 보유 CD를 현금화하고자 하는 경우 매각할 수 있다. 최저 액면 금액에 대한 제한은 없으나 은행들은 내규 등을 통해 5백만원 또는 1천만원으로 설정하여 운영하고 있다.

CD는 할인방식으로 발행된다. 할인이자는 "액면금액×할인율×(만기시까지의 일수/365)"로 계산된다. 매수자는 CD를 살 때 예치기간 동안의 이자를 뺀 금액만을 지급하고 만기에 액면금액을 받게 된다. 다만, 은행에서는 여타 금융상품과 수익률을 비교할 수 있도록 할인율 대신에 수익률로 금리를 고시하고 있다. CD 발행금리(수익률)는 일반적으로 은행채 등 다른 시장금리, 발행금액 및 만기 등을 감안하여 결정되는데 은행별 신용도에 따라 금리수준이 다르다.[33]

Ⅲ. 참가기관

1. 발행기관

CD를 발행할 수 있는 금융기관은 한국은행에 예금지급준비금 예치의무가 있는 금융기관이다. CD시장은 은행에 의해 무기명식으로 할인발행(발행시장)되어 거래(유통시장)되는 시장이다.

---

32) 한국은행(2016b), 91쪽.
33) 한국은행(2016b), 94쪽.

2. 중개기관

CD거래 중개업무는 증권회사, 종합금융회사 및 3개 자금중개회사[34]가 담당하고 있다. 중개기관은 단순중개와 매매중개를 모두 할 수 있으나 현재 자금력 부족 등으로 대부분 발행시장에서의 단순중개에만 치중하고 있다.[35]

3. 매수기관

CD는 매수 주체에 따라 대고객 CD와 은행 간 CD로 구분된다. 대고객 CD는 다시 은행 창구에서 직접 발행되는 창구 CD(또는 통장식 CD)와 중개기관의 중개를 통해 발행되는 시장성 CD로 구분된다. 개인, 일반법인, 지방자치단체 등은 주로 발행은행 창구에서 직접 매입하는 반면 자산운용회사, 보험회사 등 금융기관은 중개기관을 통해 매입한다.

은행간 CD는 일반적으로 중개기관을 통하지 않고 발행은행과 매수은행 간 직접 교섭에 의해 발행된다. 은행 간 CD는 은행 상호 간 자금의 과부족을 해소하기 위한 수단으로 발행되며, 지급준비금 적립대상에서 제외되는 대신 양도가 엄격히 금지되고 있다.[36]

제5절　기업어음(CP)시장

Ⅰ. 서설

1. 의의

CP시장은 신용상태가 양호한 기업이 상거래와 관계없이 자금운용에 필요한 단기자금을 조달하기 위하여 자기신용을 바탕으로 발행하는 만기 1년 이내의 융통어음이 발행되고 거래되는 시장이다. CP는 발행기업, 할인·매출기관 및 매수

---

34) 한국자금중개, SMB외국환중개, KIDB자금중개.
35) 한국은행(2016b), 94-95쪽.
36) 한국은행(2016b), 95쪽.

기관으로 구성되어 있으며, 할인·매출기관은 할인 CP를 매수기관에 매출하면서 매매익을 얻고, 매수기관은 만기 1년 이하의 단기자금을 운용할 수 있다. 주 발행기관은 은행을 제외한 제2금융기관, 일반기업, 공사 등이 단기조달 수단으로 널리 사용되며 회사채와 달리 등록되지 않는 특성이 있다. 또한 일반적으로 은행대출보다 금리면에서 유리하다. 금리는 신용도 및 만기 등에 의해 결정되며 할인 발행되는 것이 일반적이다.

CP는 발행절차가 간편하고 담보없이 신용으로만 발행되기 때문에 기업의 신속한 자금조달의 수단으로 활용되고 있다. 반면 발행기업에 대한 정보가 시장에 충분히 제공되지 않기 때문에 투자자는 CP가 신용사건에 대한 잠재적인 도화선이 될 수 있다.[37]

어음법상의 특성으로 인하여 발행에 있어서는 신속성과 간편성을 확보하고 있지만, 유통의 측면에서는 불편함이 존재한다. 기업어음은 아직도 실물발행의 의무가 존재하며, 권면액 이하로 분할양도가 불가능하다. 액면분할이 허용되지 않는 것은 CP의 운용상에 있어서 특히 문제가 되고 있다. 관행상 100억 원 단위로 발행되는 CP를 특정펀드에 편입하였을 때 고객의 환매에 대응하여 펀드 내의 운용자산 중 해당 CP를 100억 원 이하로 유지해야 할 경우 CP의 액면분할이 원칙적으로 불가능하기 때문에 해당 CP를 매각해야 하는 상황이 발생한다. 물론 실무에서는 편법적인 방법으로 CP를 액면분할하는 관행이 관찰되고 있지만 어음법을 엄격히 적용할 경우 이러한 분할행위는 모두 불법적인 행위이며 감독당국의 의지에 따라 규제를 강화해야할 여지가 있는 영역이다. CP의 실물과 대금의 결제가 분리되어 있다는 점도 어음법 적용상의 문제점이다. 결제인프라의 발전으로 인하여 대부분의 증권거래가 동시결제(DVP)방식[38]에 의하여 처리되고 있음에도 불구하고 CP는 아직도 동시결제가 아니라 실물과 대금의 분리결제방식을 따르고 있어 거래당사자는 불필요한 신용리스크에 노출되어 있다.[39]

---

37) 기업의 편리한 자금조달 수단이기는 하지만, 한국 금융시장의 경우 CP로 인하여 여러 문제가 발생한 경험이 있는데, 대우사태, SK글로벌, 카드사태 등이 문제가 발생하기 이전에 해당 기업이 CP발행을 급격히 늘려서 시스템문제가 발생한 사례였다.

38) 예탁결제원에 의해 증권결제되는 유가증권은 동시결제(DVP)방식으로 결제가 진행된다.

39) 황세운·김준석·손삼호(2013), 241쪽.

2. 법적 성격

CP는 어음법상 융통어음인 동시에 자본시장법상의 기업어음증권이다. 자본시장법이 도입되기 이전부터 CP는 증권거래법상의 유가증권으로 정의되었으며, 자본시장법은 증권거래법을 받아들이면서 CP를 채무증권으로 정의(법4③)하였다. 그런데 자본시장법은 증권거래법상 존재하던 CP에 대한 요건을 대폭으로 완화하였으며, 발행주체(상장법인 등), 만기(1년), 최저액면(1억 원), 신용등급(기업어음등급 B 이상) 등에 관한 요건이 모두 사라졌다. 이중에서 특히 문제가 되는 부분은 만기의 제한이 없어졌다는 사실인데, 증권거래법상 CP는 만기 1년 이내에서만 발행이 가능하였으나 현행 자본시장법에서는 CP의 만기에 대해 침묵하고 있어 사실상 CP의 만기에 제한이 없다. 만기에 대한 제한이 없을 경우 1년 이상의 만기를 가진 CP가 발행될 수 있고 실제로 1년 이상의 만기를 가진 장기 CP들이 상당수 발행되고 있다. 장기 CP는 잠재적으로 회사채의 발행을 구축할 수 있으며, 이는 공모 회사채시장이 가진 다양한 정보전달기능을 잠식할 가능성이 높다.[40]

3. 기능

CP는 주식, 채권과 달리 이사회 의결, 발행기업등록, 증권신고서 제출 등의 절차 없이 간편하게 발행이 가능하며 대부분 사모로 발행됨으로서 등록 및 공시의무가 면제된다. 1개월 미만의 초단기 CP가 주종을 이루는 선진국과 달리 우리나라에서는 만기가 3개월 또는 6개월 이상의 CP 비중이 상대적으로 높게 나타나고 있는데, 이는 현재 우리나라 CP제도 자체의 문제점과 더불어 앞서 언급한 비은행금융기관 등의 콜시장 참가에 기인하는 것으로 추정된다. 발행기업의 입장에서 볼 때, CP의 가장 큰 장점은 간편한 발행절차라고 할 수 있다. CP는 어음법상 약속어음의 요건만 충족되면 발행가능하며, 금액과 만기를 조절할 수 있고, 금리도 발행기업의 신용도와 시장상황에 따라 협상에 의해 결정된다. CP의 또 다른 장점은 신용에 의한 자금조달이 가능하다는 것이다. CP는 발행단위가 거액이고 대부분 무담보 매출이어서 신용리스크를 부담해야 하므로 투자자의 대부분은 기관투자가들이다. 이들 기관투자가들은 CP를 단기운용펀드에 편입하여 일반

---

40) 황세운 · 김준석 · 손삼호(2013), 241−242쪽.

에게 간접매출을 하는 기능을 수행한다.[41]

Ⅱ. 발행조건

CP 발행기업의 요건과 발행조건은 할인금융기관에 따라 상이하다. 증권회사 고유계정이 할인 매입하는 CP의 경우 대상기업, 만기 및 액면금액 등에 대한 제한이 없다. 그러나 증권회사 고유계정이 장외시장에서 CP를 매매, 중개·주선 또는 대리하는 경우에는 2개 이상의 신용평가기관으로부터 신용평가를 받은 CP만을 대상으로 무담보매매·중개방식으로 할인을 할 수 있다.[42] 그러나 CP에 대한 직·간접의 지급보증을 할 수 없다(자본시장법 시행령183①(2)).

종합금융회사가 할인·매입하는 경우에는 만기 1년 이내 CP에 한해서만 할인·매매·중개를 할 수 있다(자본시장법336①(1) 참조). 한편 종합금융회사가 기업을 대상으로 어음할인을 하기 위해서는 해당 기업을 적격업체로 선정해야 한다(자본시장법 시행령327①). 따라서 종합금융회사는 CP 할인 전 발행기업에 대한 신용조사와 함께 재무구조 및 경영상황 등을 분석하여 적격업체로 선정 여부를 결정한 후 동일인 여신한도(자본시장법342④=20%) 이내에서 적정 할인 한도를 설정한다.

국내 CP의 신용등급 체계는 A1을 최우량등급으로 하고, 그 다음으로 A2, A3, B, C, D의 순으로 구성되어 있다. 이 중 투자등급은 A1~A3등급이며, 투기등급은 B등급 이하이다. A2~B등급에 대해서는 동일등급 내에서 우열을 나타내기 위하여 +, - 부호를 부가하여 세분하고 있다. 한편 ABCP의 경우에는 상기 신용등급에 구조화 금융상품을 의미하는 'sf(structured finance)'를 추가하여 표시한다.[43]

Ⅲ. 참가기관

1. 발행기관

CP는 민간기업, 공기업, 증권사, 카드사, 특수목적회사(SPC)[44] 등이 발행하

---

41) 박동민·이항용(2011), 112쪽.
42) 한국은행(2016b), 115-116쪽.
43) 한국은행(2016b), 116쪽.

고 있다.

2. 할인 및 매출기관

CP의 할인 및 매출은 주로 증권회사와 종합금융회사가 담당하고 있다. 종합금융회사는 매출뿐만 아니라 자체 보유목적으로도 CP를 할인한다. 반면 수신기능이 제한적인 증권사는 일반적으로 CP를 할인한 후 자체보유하지 않고 매출한다.

한편 은행, 자산운용회사 및 보험회사 등의 CP 할인은 활발하지 않다. 은행의 경우 CP 할인이 대출로 간주되어 동일인 여신한도(은행법35 및 35의2: 동일계열 여신한도는 자기자본의 25%, 동일인 여신한도는 자기자본의 20%)의 제한을 받는 데다 당좌대출, 상업어음할인 등 CP 할인 외의 다양한 형태로 기업에 단기자금을 공급할 수 있기 때문이다. 자산운용회사나 보험회사, 여신전문금융회사의 경우에는 CP 발행기업에 대한 독자적인 심사기능을 갖추지 못하고 있는 데다 할인·매출기관을 통하여 CP를 매입하더라도 수수료 부담이 크지 않기 때문에 할인보다는 주로 증권회사와 종합금융회사를 통한 매입을 선호하고 있다.[45]

3. 매수기관

자산운용회사의 MMF, 종합금융회사, 은행신탁, 증권신탁 등이 주요 CP 매입 주체이다.[46] 자산운용회사는 주로 증권회사와 종합금융회사가 중개한 CP를 매수하며 은행신탁은 할인·매출기관이 중개한 CP를 매입할 뿐만 아니라 직접 할인하여 매입하기도 한다.[47]

---

44) SPC는 통상 자산유동화를 목적으로 설립되며, 자산유동화증권의 일종인 자산담보부 기업어음(ABCP)을 발행한다.

45) 한국은행(2016b), 117~118쪽.

46) 한편 개인들은 CP를 직접 매입하기보다는 은행의 특정금전신탁 또는 증권사 종금형 CMA 등을 통하여 간접적으로 투자하고 있다.

47) 한국은행(2016b), 118쪽.

제6절 전자단기사채(ABSTB)시장

Ⅰ. 의의

전자단기사채(ABSTB)는 기업이 단기자금을 조달하기 위하여 발행하는 만기 1년 미만의 사채로서 실물이 아닌 전자증권으로 발행·유통되는 단기금융상품이다. 이는 CP의 편리성은 유지하면서도 CP가 가지고 있던 불편함을 개선하여 발행·유통의 편리성을 제고한 상품이다. 즉 ABSTB는 CP를 대체하기 위하여 2013년 1월에 도입된 새로운 상품으로 1972년에 도입된 CP가 거래의 투명성과 효율성 등 현대 자본시장의 니즈에 맞는 새로운 상품으로 재설계된 것이다.[48]

전자단기사채의 법적 성격은 어음이 아닌 사채권이지만 경제적 실질은 기존의 CP와 동일하다. 다만 CP는 실물로 발행·유통되지만 ABSTB는 실물 없이 전자등록기관의 전자등록계좌부에 전자등록되는 방식으로 발행·유통되는 점이 다르다. 전자등록이란 주식등의 종류, 종목, 금액, 권리자 및 권리 내용 등 주식등에 관한 권리의 발생·변경·소멸에 관한 정보를 전자등록계좌부에 전자적 방식으로 기재하는 것을 말한다(전자증권법2(2)).

CP의 문제를 해결하기 위하여 2013년 1월 전자단기사채법을 시행하였다. 전자단기사채법은 CP의 법적 형식을 약속어음에서 사채로 전환하고(CP의 사채화), 그 사채의 발행·유통을 전자화한 것이다(사채의 전자화). 상법의 특별법인 전자단기사채법은 CP와 같은 상품성을 갖는 단기사채라는 새로운 종류의 사채를 정의하고, 이 단기사채가 CP와 같은 상품성을 유지하고 사채권 없이 전자적으로 발행·유통되도록 상법상 사채와는 다른 특례를 규정하였다.

2019년 9월 16일부터 시행된 전자증권법의 제정에 따라 전자단기사채법은 폐지되었다(전자증권법 부칙2②). 전자증권법에서는 전자단기사채법의 규정 중에서 전자단기사채등의 정의 규정과 상법에 대한 특례 규정을 옮겨서 규정하고 있다. 다만 명칭을 전자단기사채 대신 단기사채등으로 하고 있다.

---

48) 박철영(2013), "전자단기사채제도의 법적 쟁점과 과제", 상사법연구 제32권 제3호(2013. 11), 9쪽.

Ⅱ. 도입배경

전자단기사채의 도입배경은 크게 두 가지 측면에서 살펴볼 수 있다.

ⅰ) 전자단기사채는 기업어음을 대체해 나가기 위해 도입되었다. 기업어음은 그동안 일반기업과 금융기관의 단기자금 조달수단으로의 역할을 담당해 왔으나 그 과정에서 여러 구조적인 문제점도 노출하였다. 어음법과 자본시장법을 모두 적용받는 이중 법적 지위[49]로 인해 운영상의 불편함이 있었으며, 어음의 특성상 발행절차는 간편[50]하지만 공시의무가 없어 시장 투명성과 투자자 보호를 위한 제도적 장치는 미흡하다는 지적을 받아 왔다. 아울러 증권과 대금의 동시결제가 이루어지지 않아 발행회사가 신속하게 발행대금을 사용하기 어려우며 이는 기업어음이 1일물과 같은 초단기물로 발행되는 것을 제약하는 요인으로 작용하였다.[51] 이러한 기업어음의 문제점을 해소할 뿐만 아니라 발행 및 유통의 편의성을 한층 제고하는 한편 단기자금 조달이라는 본연의 목적에도 보다 부합하는 새로운 자금조달수단으로 전자단기사채가 도입되었다.[52]

ⅱ) 증권사 등 비은행금융기관들의 단기자금 조달수요가 주로 콜시장에 집중되어 있던 현상을 완화할 필요가 있었던 점도 전자단기사채의 도입배경이 되었다. 우리나라의 콜시장은 은행 간 시장으로 출범하였으나 점차 비은행금융기관까지 참가하는 대규모 초단기 신용시장으로 변화되었다. 은행보다 신용도가 상대적으로 떨어지는 비은행금융기관들의 콜시장 참가 확대가 개별 금융기관 입장에서는 효율적일 수 있으나, 금융시장 전체적으로는 시스템리스크를 증대시키는 요인으로 작용할 수 있다. 이에 정부는 비은행금융기관의 과도한 콜시장 참가를 제한하는 한편 콜시장을 통한 단기자금 조달 및 운용 수요를 흡수해 나가기 위해 전자단기사채제도를 도입하였다.[53]

---

49) 기업어음은 어음법상의 약속어음과 자본시장법상의 사채권으로의 성격을 모두 지닌다. 그런데 어음법은 어음에 대해 발행을 비교적 자유롭게 허용하고 유통을 제한하고 있는 반면 자본시장법은 사채권에 대해 발행은 까다롭게, 유통은 비교적 자유롭게 허용하고 있어 서로 상충되는 측면이 있다.

50) 기업어음의 경우 발행기업이 이사회의 의결이나 등록절차 없이 발행할 수 있기 때문에 자금이 필요한 경우 언제라도 즉시 발행할 수 있다.

51) 이외에 기업어음은 어음이기 때문에 일부배서, 즉 액면분할이 허용되지 않는(어음법12②) 점도 기업어음의 운용을 제약하는 요인으로 지적된다.

52) 한국은행(2016b), 136쪽.

53) 한국은행(2016b), 138쪽.

Ⅲ. 발행조건

전자단기사채란 사채 또는 법률에 따라 직접 설립된 법인이 발행하는 채무증권에 표시되어야 할 권리로서 일정한 요건을 갖추고 전자등록된 것을 말한다. 여기서 일정한 요건이란 ⅰ) 각 사채등의 금액이 1억원 이상이어야 하고. ⅱ) 만기가 1년 이내이어야 하며, ⅲ) 사채등의 금액을 한꺼번에 납입하여야 하고, ⅳ) 만기에 원리금 전액을 한꺼번에 지급한다는 취지가 정해져 있어야 하며, ⅴ) 사채등에 전환권, 신주인수권, 그 밖에 다른 권리로 전환하거나 다른 권리를 취득할 수 있는 권리가 부여되지 아니하여야 하고, ⅵ) 사채등에 담보부사채신탁법 제4조에 따른 물상담보를 붙이지 아니하여야 한다(전자증권법59).

최소금액 요건은 발행뿐만 아니라 계좌간 대체 등록, 액면 분할시에도 적용되며, 만기를 1년 이내로 제한54)한 것은 회사채시장과의 경합 가능성을 최소화하기 위해서다. 일시납입, 만기 전액 일시상환, 주식관련 권리 및 담보설정 금지 요건은 전자단기사채와 경제적 실질이 동일한 기업어음과 같이 권리·의무관계를 단순화하기 위함이다.55) 한편 기업어음과 동일하게 투자매매업자 또는 투자중개업자가 전자단기사채를 장외에서 매매하거나 중개·주선 또는 대리하는 경우에는 2개 이상의 신용평가회사로부터 해당 전자단기사채에 대해 신용평가를 받아야 한다(자본시장법 시행령183③).

그리고 단기사채등에 대해서는 상법 제469조 제4항에도 불구하고 이사회가 정하는 발행 한도(미상환된 단기사채등의 발행 잔액을 기준으로 한다) 이내에서 대표이사에게 단기사채등의 발행 권한을 위임할 수 있다. 또한 상법 제488조에도 불구하고 사채원부를 작성하지 아니하며, 사채권자집회에 관한 규정 다수도 적용이 배제된다(전자증권법59, 60, 61).

---

54) CP의 경우에는 만기제한이 없다. 그 영향으로 회사채 수요예측제도가 시행된 2012년 4월부터 2013년 4월까지는 동 제도를 회피하기 위해 만기가 1년 이상인 CP가 다수 발행되면서 CP가 회사채시장을 일부 잠식한다는 비판이 있었다. 다만 2013년 5월 이후로는 만기 1년 이상 CP에 대해 증권신고서 제출의무를 부과한 것이 사실상 만기를 제한하는 효과를 나타내고 있다.

55) 한국은행(2016b), 138쪽.

제3장

주식시장

제1절 서설

Ⅰ. 자본시장의 의의와 기능

자본시장이란 기업, 정부, 지방자치단체, 공공기관 등이 장기자금을 조달하는 시장으로 넓은 의미에서는 은행의 시설자금대출 등 장기대출시장을 포함하기도 하나 통상적으로는 국채, 회사채, 주식 등이 거래되는 증권시장을 의미한다. 여기서는 자본시장의 범위를 주식시장과 채권시장으로 제한하여 살펴본다.

자본시장은 다음과 같은 기능을 수행하고 있다.

ⅰ) 가계 등의 여유자금을 기업 등에 장기투자재원으로 공급함으로써 국민경제의 자금잉여부문과 자금부족부문의 자금수급 불균형을 조절한다.[1]

ⅱ) 자금의 배분이 효율적으로 이루어지도록 한다. 미래 수익성이 높고 성장성이 기대되는 기업으로 자본이 집중되도록 하여 이들 기업이 다른 기업보다 낮은 비용으로 필요한 자금을 조달하고 생산능력을 확충할 수 있게 한다. 이에 따라 국민경제는 이들 기업을 중심으로 생산효율이 극대화되고 산업구조의 고도화가 촉진되면서 경제전체의 부(富)도 늘어난다.

---

[1] 한국은행(2016b), 150-151쪽.

iii) 다양한 투자수단을 제공한다. 투자자의 입장에서 주식, 채권 등은 유용한 투자수단이 되며 자본시장 발달과 함께 증권의 종류가 다양화·고도화되면서 투자자는 더욱 다양한 포트폴리오를 구성할 수 있는 기회를 갖게 된다. 자본시장에서 거래되는 금융투자상품은 금리변동에 따른 자본손실위험 및 신용위험이 비교적 커서 이들 상품의 수익률이 단기금융상품에 비해 높은 것이 일반적이다. 최근 경제주체들의 금리민감도가 높아진 가운데 위험선호도가 높은 투자자를 중심으로 주식과 채권에 대한 수요가 확대되고 있으며 전체 금융상품 중 이들 장기금융상품의 비중도 높아지는 추세에 있다.

iv) 자본시장은 중앙은행의 통화정책이 실물경제에 영향을 미치는 매개기능을 수행한다. 중앙은행이 정책금리를 변경하면 여러 경로를 통해 자본시장의 장기수익률에 영향을 미치고 기업의 자금조달비용을 변동시킴으로써 궁극적으로 기업의 투자결정에 영향을 미친다. 동시에 채권 및 주식의 자산가치 변동으로 인한 부의 효과(wealth effect)를 통해 가계소비에도 영향을 미치게 된다.

Ⅱ. 주식시장의 의의와 구분

주식시장은 주식회사의 지분권을 표시하는 증권인 주식이 거래되는 시장이다. 주식시장은 기업공개 및 유상증자 등을 통해 주식이 새롭게 공급되는 발행시장과 이미 발행된 주식이 투자자 간에 거래되는 유통시장으로 나누어진다. 유통시장은 장내시장과 장외시장으로 구분되는데, 장내시장(거래소시장)은 유가증권시장, 코스닥시장, 코넥스시장으로 분류되고, 장외시장은 금융투자협회가 관리하는 K-OTC시장 등이 있다.

유가증권시장은 한국거래소에서 개설하는 시장으로 동 시장의 시가총액이 우리나라의 대표주가지수인 코스피의 산출기준이 되므로 코스피시장이라고도 한다. 코스닥시장은 유가증권시장과 더불어 거래소에 개설된 시장이며 유망 중소기업, 벤처기업 등에게 자본시장을 통한 자금조달 기회를 제공하는 한편 투자자에게는 고위험·고수익 투자수단을 제공하는 역할을 한다. 코넥스시장은 유가증권시장, 코스닥시장에 이은 제3의 거래소시장으로 중소기업기본법상 중소기업만 상장이 가능하다. K-OTC시장은 비상장 주식의 매매를 위해 한국금융투자협회가 자본시장법에 따라 개설·운영하는 장외시장이다.

제2절 발행시장

주식의 발행은 주식회사가 설립자본금을 조달하거나 자본금을 증액할 때 이루어진다. 자본금 증액을 위한 주식발행에는 금전의 출자를 받아 자본금을 증가시키는 유상증자 이외에 무상증자, 주식배당 및 전환사채의 주식전환 등이 포함된다. 발행시장은 새로운 주식이 최초로 출시되는 시장이라는 점에서 제1차 시장이라고도 한다.[2]

Ⅰ. 기본구조

발행시장은 자금수요자인 발행인, 자금공급자인 투자자, 주식발행사무를 대행하고 발행위험을 부담하는 인수인으로 구성된다. 발행인에는 기업 등이 포함된다. 투자자는 일반투자자와 전문투자자로 구분되며 인수인의 역할은 투자매매업자가 담당한다. 여기서 전문투자자는 금융상품에 대한 전문성 구비 여부, 소유자산 규모 등에 비추어 투자에 따른 위험감수능력이 있는 투자자로서 국가, 한국은행, 대통령이 정하는 금융기관 및 그 밖에 대통령이 정하는 자 등이다(자본시장법9⑤). 일반투자자는 전문투자자가 아닌 투자자를 말한다(자본시장법9⑥).

Ⅱ. 발행형태

주식의 발행은 기업공개, 유상증자, 무상증자, 주식배당 등 여러 가지 형태로 이루어진다.

1. 기업공개(IPO)

기업공개(IPO)란 주식회사가 신규 발행주식을 다수의 투자자로부터 모집하거나, 이미 발행되어 대주주 등이 소유하고 있는 주식을 매출하여 주식을 분산시

---

2) 한국은행(2016b), 261-264쪽.

키는 것을 말한다. 기업공개를 추진하는 기업은 먼저 금융위원회에 등록하고 증권선물위원회가 지정하는 감사인에게 최근 사업연도 재무제표에 대한 회계감사를 받아야 한다. 그리고 대표주관회사3)를 선정하고 수권주식수, 1주의 액면가액 등과 관련한 정관 개정 및 우리사주조합 결성 등의 절차를 진행한다. 이후 금융위원회에 증권신고서 제출, 수요예측 및 공모가격 결정,4) 청약·배정·주금납입, 자본금 변경등기, 금융위원회에 증권발행실적보고서 제출 등의 절차를 거쳐 한국거래소에 상장신청 후 승인을 받으면 공개절차가 마무리된다.

2. 유상증자

유상증자란 기업재무구조 개선 등의 목적으로 회사가 신주를 발행하여 자본금을 증가시키는 것을 말한다. 유상증자시 신주인수권의 배정 방법에는 주주배정증자, 주주우선공모증자, 제3자배정증자, 일반공모증자 등이 있다. 주주배정증자는 주주와 우리사주조합에 신주를 배정하고 실권주가 발생하면 이사회의 결의에 따라 그 처리방법을 결정하는 것이다. 주주우선공모증자는 주주배정증자와 거의 동일하나 실권주 발생시 불특정다수인을 대상으로 청약을 받은 다음 청약이 미달되면 이사회의 결의에 따라 그 처리방침을 정한다는 점에서 차이가 있다. 제3자배정증자는 주주 대신 관계회사나 채권은행 등 제3자가 신주를 인수하도록 하는 방식이며 일반공모증자는 주주에게 신주인수 권리를 주지 않고 불특정다수인을 대상으로 청약을 받는 방식이다. 유상증자의 절차를 보면 주주배정증자방식의 경우 이사회의 신주발행 결의, 금융위원회에 증권신고서 제출, 신주발행 및 배정기준일 공고, 신주인수권자에 신주배정 통지, 신주청약 접수, 실권주 처리, 주금납입 및 신주발행등기, 신주 상장신청 순으로 이루어진다. 유상증자시 신주발행가액은 기준주가5)에 기업이 정하는 할인율6)을 적용하여 산정한다.

---

3) 대표주관회사란 상장신청인에게서 직접 증권의 인수를 의뢰받아 인수조건 등을 정하는 금융투자회사를 말한다.
4) 수요예측은 공모가격 결정을 위해 공모주 청약을 받기 전에 기관투자자 등으로부터 사전에 희망매수가격과 수량을 조사하는 것을 말하며, 공모가격은 수요예측 결과를 감안하여 대표주관회사와 발행사가 협의하여 정한다.
5) 제3자배정증자방식 및 일반공모증자의 경우 청약일 전 과거 제3거래일부터 제5거래일까지의 가중산술평균주가(그 기간 동안 증권시장에서 거래된 해당 종목의 총거래금액을 총거래량으로 나눈 가격)이다.
6) 제3자배정증자방식은 10% 이내, 일반공모증자방식의 경우에는 30% 이내로 제한된다.

3. 무상증자

무상증자란 주금납입 없이 이사회의 결의로 준비금 또는 자산재평가적립금을 자본에 전입하고 전입액만큼 발행한 신주를 기존 주주에게 소유주식 수에 비례하여 무상으로 교부하는 것이다.

4. 주식배당

주식배당이란 현금 대신 주식으로 배당함으로써 이익을 자본으로 전입하는 것을 의미한다. 상법에서는 주식배당을 배당가능이익의 50% 이내로 제한하고 있다. 배당가능이익은 대차대조표상의 순자산액에서 자본금, 자본준비금 및 이익준비금을 차감하여 구한다.

Ⅲ. 발행방식

주식의 발행방식은 주식의 수요자를 선정하는 방법에 따라 공모발행과 사모발행으로, 그리고 발행에 따르는 위험부담과 사무절차를 담당하는 방법에 따라 직접발행과 간접발행으로 구분된다.[7)]

1. 공모발행과 사모발행

공모발행이란 발행회사가 투자자에 제한을 두지 않고 동일한 가격과 조건으로 주식을 다수의 투자자(50인 이상)에게 발행하는 방식으로 자본시장법상 모집과 매출이 이에 해당한다. 모집이란 50인 이상의 투자자에게 새로 발행되는 증권의 취득 청약을 권유하는 것이며(자본시장법9⑦), 매출은 50인 이상의 투자자에게 이미 발행된 증권의 매도 또는 매수 청약을 권유하는 것(자본시장법9⑨)을 말한다. 사모발행은 발행회사가 특정한 개인 및 법인을 대상으로 주식을 발행하는 방법이다(자본시장법9⑧).

---

7) 일반적으로 공모발행은 간접발행방식을 취하며, 사모발행은 직접발행방식을 취한다.

2. 직접발행과 간접발행

직접발행은 발행회사가 자기명의로 인수위험 등을 부담하고 발행사무도 직접 담당하는 방식으로 직접모집 또는 자기모집이라고도 한다. 이 방식은 미청약분이 발생하면 발행규모를 축소하거나 재모집해야 하므로 발행규모가 작고 소화에 무리가 없는 경우에 주로 이용된다. 간접발행은 발행회사가 전문적인 지식, 조직 및 경험을 축적하고 있는 금융투자회사를 통해 주식을 발행하는 방식이다. 이 경우 발행회사는 주식발행과 관련한 위험을 금융투자회사에 부담시키고 그 대가로 수수료를 지급하게 된다. 기업공개 및 유상증자는 간접발행을 통해 이루어진다.

한편 간접발행은 금융투자회사의 발행위험 부담 정도에 따라 다시 모집주선, 잔액인수 및 총액인수로 구분한다. 모집주선이란 발행회사가 발행위험을 부담하고 발행사무만 금융투자회사에 위탁하는 방법이다. 잔액인수란 응모총액이 모집총액에 미달할 경우 금융투자회사가 미소화분의 인수 의무를 부담하는 방법이다. 총액인수는 발행금액 전액을 금융투자회사가 인수하는 방식이다. 총액인수의 경우 인수에 따른 자금소요 및 위험부담이 큰 만큼 이를 분산시키고 발행주식의 매출을 원활히 하기 위해 통상 여러 금융투자회사가 공동으로 참가한다.

제3절 유통시장

유통시장은 이미 발행된 주식이 매매되는 시장으로 제2차 시장이라고도 한다. 유통시장은 발행된 주식의 시장성과 환금성을 높여 주고 자유경쟁을 통해 공정한 가격을 형성하는 기능을 한다.

Ⅰ. 장내시장(거래소시장)

자본시장법상 "거래소"란 증권 및 장내파생상품의 공정한 가격 형성과 그 매매, 그 밖의 거래의 안정성 및 효율성을 도모하기 위하여 금융위원회의 허가를 받아 금융투자상품시장을 개설하는 자를 말한다(법8의2②). "거래소시장"이란 거래소가 개설하는 금융투자상품시장을 말한다(법8의2③). 거래소시장을 장내시장이라고도 한다.

거래소시장은 거래대상 상품에 따라 증권의 매매를 위한 증권시장과 장내파생상품의 매매를 위한 파생상품시장으로 구분한다(법8의2④). 증권시장이란 증권의 매매를 위하여 거래소가 개설하는 시장(법8의2④(1))으로서, 한국거래소가 운영하는 증권시장은 상장증권8)을 거래하는 조직적이고 구체적인 유통시장을 의미한다. 한국거래소의 증권시장에는 유가증권시장, 코스닥시장, 코넥스시장 등이 있다.

유가증권시장이란 자본시장법 제4조 제2항 각 호의 증권(채무증권·지분증권·수익증권·투자계약증권·파생결합증권·증권예탁증권)의 매매거래를 위하여 개설하는 시장을 말한다. 코스닥시장은 유가증권시장에 상장되지 아니한 증권의 매매를 위하여 개설하는 시장을 말한다. 코넥스시장은 코스닥시장의 상장요건보다 완화된 요건이 적용되는 시장으로 코스닥시장과 별도로 개설·운영되는 시장을 말한다.

Ⅱ. 장외시장

1. 서설

(1) 장외시장의 의의

장외시장이란 거래소시장 이외의 시장을 말한다(금융투자업규정5-1조(1)). 자본시장법은 장외시장에서 금융투자상품을 매매, 그 밖의 거래를 하는 경우 그 매매, 그 밖의 거래방법 및 결제의 방법 등 필요한 사항은 대통령령으로 정한다(법166)고 규정하고 있다. 순수하게 개인 간에 이루어지는 금융투자상품거래에 대하여는 민법 등 사법의 영역으로 자본시장법이 개입할 여지가 없다. 그러나 거래소시장 수준에 이르지는 않지만 계속적으로 금융투자상품거래가 이루어져서 시장에 가까운 기능을 수행하는 경우에는 적어도 금융투자업자(투자매매업자 또는 투

---

8) 한국거래소의 상장증권의 종류에는 주식(지분증권), 외국주식예탁증권(DR), 채무증권, 상장지수집합투자기구 집합투자증권(ETF), 상장지수증권(ETN), 주식워런트증권(ELW), 신주인수권증권, 신주인수권증서, 수익증권 등이 있다.

자중개업자)로서의 라이선스 문제가 있고, 또한 조직적인 거래가 이루어지는 경우에는 거래질서 및 투자자 보호를 위해 일정한 규제를 하는 것이 필요하다.

(2) 장외거래의 의의와 방법

장외거래란 거래소시장 또는 다자간매매체결회사 외(장외시장)에서 금융(투자)상품을 매매, 그 밖의 거래를 하는 경우를 말한다(법166). 넓은 의미의 장외거래는 금융투자업자를 통하지 않고 거래당사자 간의 합의에 의하여 성립하는 거래(직접거래·대면거래)도 포함하지만, 이러한 의미의 장외거래에 대하여는 불공정거래 외에는 자본시장법 적용이 특별히 문제되지 않는다.

장외시장에서 증권이나 장외파생상품을 매매하는 경우에는 단일의 매도자와 매수자 간에 매매하는 방법으로 하여야 한다. 즉 상대거래를 원칙으로 한다. 장외시장에서의 거래원칙을 상대거래로 함으로써 매매대상의 규격화, 매매방식의 표준화 등에 의해 경쟁매매를 원칙으로 하는 거래소시장과 구분하고 있다. 그러나 최근 ATS 등 과거의 장외시장으로 분류되던 시장이 다수의 시장참가자와 경쟁매매적 요소를 통해 거래소시장과 유사한 시장 메커니즘을 가짐에 따라 매매방식에 의한 시장 구별은 그 의미가 적어지고 있다. 이미 자본시장법은 금융투자협회를 통한 매매거래의 경우(영178①)와 채권중개전문회사를 통한 매매거래(영179)에 대하여는 상대거래 원칙의 예외를 인정하고 있다(영177).

2. K-OTC시장

K-OTC시장은 2000년 3월 제3시장으로 출범해서 2005년 7월 프리보드로 명칭을 변경한 후 2014년 8월 이를 또다시 확대 개편하며 재출범한 금융투자협회("협회") 산하의 조직화된 장외주식시장이다. 금융투자협회의 「K-OTC시장 운영규정」("운영규정")에 의하면 "K-OTC시장"이란 증권시장에 상장되지 아니한 주권의 장외매매거래를 위하여 협회가 운영하는 금융투자상품시장을 말한다(운영규정2①(1)).

3. K-OTCBB시장

"K-OTCBB"란 금융투자회사(금융위원회로부터 지분증권에 대한 투자매매업 또는 투자중개업을 인가받은 금융투자업자에 한함)의 신청에 따라 비상장주권의 장외거래의 호가 및 매매체결내용 등을 공표하기 위하여 협회가 운영하는 전산시스템을 말한다(K-OTCBB 운영 시행세칙2(1)).

4. K-OTC PRO시장

"K-OTC PRO"란 증권시장에 상장되지 아니한 지분증권("비상장주권 등")의 장외매매거래와 관련하여 협회가 운영하는 정보통신망(Korea Over-The-Counter Professional, K-OTC PRO)을 말하고, "K-OTC PRO 시스템"이란 비상장주권 등의 장외거래 등을 위하여 호가를 게시하고 거래협상 등을 할 수 있도록 협회가 운영하는 전산시스템을 말한다((K-OTC PRO 운영 시행세칙1 및 2(1)).

제4장

채권시장

제1절 서설

Ⅰ. 의의

자본시장의 근간을 구성하는 기본적인 축은 주식 및 채권시장이라고 할 수 있다. 채권시장은 국가 또는 기업이 자금을 조달하는 시장으로서 매우 중요한 역할을 한다. 채권시장은 주식시장에 비해 다양한 경제주체의 금융행위가 이루어지는 구조를 가지고 있다. 채권시장은 민간부문의 자금융통은 물론 국가, 지방자치단체와 공기업 등 공공부문의 자금조달 창구일 뿐만 아니라, 각종 정책수단의 장으로도 활용된다. 특히 국채시장에서 형성되는 국채수익률은 국가 재정정책 및 금융정책 수행에 수반되는 비용적 측면을 반영할 뿐만 아니라 그 밖의 모든 경제주체들의 금융행위의 준거 금리로 사용되고 있다.

채권시장은 발행시장과 유통시장으로 나뉜다. 발행시장은 채권이 자금수요자에 의해 최초로 발행되는 시장이며 유통시장은 이미 발행된 채권이 투자자들 사이에서 매매되는 시장이다. 채권 투자자는 채권을 발행시장에서 인수하거나 유통시장에서 매수할 수 있으며 이자소득 외에 가격변동에 따른 자본이득(capital gain)을 기대할 수 있기 때문에 채권은 자산 포트폴리오를 구성하는 중요한 투자수단이 된다.[1]

Ⅱ. 특징

채권이란 일반적으로 정부, 금융기관, 민간기업 등이 비교적 장기로 불특정 다수인으로부터 거액의 자금을 조달하기 위하여 정해진 이자와 원금의 지급을 약속하면서 발행하는 증권을 말한다. 채권은 매 기간 투자자에게 일정 금액의 이자가 지급된다는 점에서 고정소득증권으로 불린다. 채권은 만기 전에 매도할 경우 가격변동에 따라 자본이득 또는 손실이 발생할 뿐만 아니라 발행인이 부도를 내면 원리금 회수가 곤란해지기 때문에 투자시점에서 수익이 확정되는 것은 아니다.

채권의 발행 주체 및 한도는 관련 법률에 의하여 정해진다. 국채의 경우 국회의 동의, 회사채 등은 금융위원회에 증권신고서 제출 등의 절차를 거쳐서 발행된다. 국채, 지방채, 법률에 따라 직접 설립된 법인이 발행한 채권(특수채) 등은 증권신고서 제출의무가 면제된다. 다만 은행과 같이 채권을 수시로 발행해야 할 필요성이 있는 경우에는 발행할 때마다 증권신고서를 제출하는 대신 사전에 일괄신고서를 제출하고 발행시점에 일괄신고추가서류를 제출함으로써 증권신고서 제출을 갈음할 수 있다.

채권은 발행 주체에 따라 정부가 발행하는 국고채권("국고채"), 국민주택채권 등 국채, 지방자치단체가 발행하는 지방채, 한국전력공사·예금보험공사 등 법률에 의해 직접 설립된 법인이 발행하는 특수채, 상법상의 주식회사가 발행하는 회사채 등으로 구분할 수 있다.

제2절 발행시장

채권시장에서는 많은 발행인이 채권을 발행한다. 채권을 단순하게 바라보면 자금이 필요한 발행인이 자금을 조달하기 위해 발행하는 증권으로 볼 수 있지만, 그 실상을 들여다보면 단순히 자금조달의 차원을 넘어 다양한 이유와 특징을 가지고 있다.

---

1) 한국은행(2016b), 154쪽.

Ⅰ. 국채

1. 의의

국채시장은 한 국가의 지표채권이 거래되는 시장이다. 대부분의 국가에서 신용위험이 없는 국채 중 가장 최근에 발행되어 유동성이 제일 높은 국채가 지표채권으로 통용되고 있다. 국채는 지표채권으로서 국민경제 및 금융시장의 발전에 여러 가지 중요한 역할을 담당한다. 우선 지표채권이 형성하는 수익률 곡선은 회사채 등 다른 금융상품의 가격을 결정하는 기준이 되어 자산의 적정가격 형성을 돕는다. 또한 이를 통해 새로운 자산운용 기법 등이 발달할 수 있는 기회를 제공한다. 그리고 지표채권의 발달은 통화정책의 효과를 실물경제로 파급시키는 효율적인 경로를 제공하여 통화정책의 실효성을 증대시킨다. 아울러 국채가 지표채권으로서의 기능을 활발히 수행하게 되면 국채발행비용의 절감이라는 파생효과도 유발된다.[2]

2. 국채의 발행 방법 및 절차

(1) 국채법 관련 규정

국채법("법")에 따른 국채는 국회의 의결을 받아 기획재정부장관이 발행한다 (법5①). 국채는 공개시장에서 발행하는 것을 원칙으로 한다(법5②). 그러나 기획재정부장관은 제13조(국채 상환기일 이전의 매입·교환) 또는 다른 법률에 따라 특정인으로 하여금 국채를 매입하게 하거나 특정인에게 현금을 지급하는 대신 국채를 발행할 수 있다(법5③ 전단). 이 경우 그 국채의 이자율은 그 발행목적에 부합하는 범위에서 상환기한과 발행 당시의 시장금리를 고려하여 적정 수준으로 정하여야 한다(법5③ 후단).

국채법 제4조 제1항 제2호(=다른 법률에 특별한 규정이 있는 경우 그 법률에 따라 회계, 다른 기금 또는 특별계정의 부담으로 발행하는 국채)에 따른 국채의 경우 다른 법률에 따라 회계, 다른 기금 또는 특별계정을 관리하는 중앙행정기관의 장이 대통령령으로 정하는 바에 따라 기획재정부장관에게 그 발행을 요청하여야 한다 (법5④).

---

2) 김학겸·안희준·장운욱(2015), "국고채시장의 시장조성활동이 가격발견기능과 유동성에 미치는 영향", 한국증권학회지 제44권 1호(2015. 2), 54쪽.

국채는 액면금액 또는 할인의 방법으로 발행한다(국채법 시행규칙2① 본문, 이하 "시행규칙"). 다만, 금융시장의 자금사정 등의 동향에 따라 액면을 초과하거나 액면에 미달하는 가액으로 발행할 수 있다(시행규칙2① 단서). 기획재정부장관은 국채를 그가 지정하는 자에게 위탁하거나 인수시키는 방법으로 발행할 수 있다(시행규칙2②). 이에 의하여 국채를 발행하는 경우에는 발행금액의 1%의 범위 안에서 위탁받은 자 또는 인수한 자에게 수수료를 지급할 수 있다(시행규칙2③).

국고채권의 발행과 국채 원금의 상환 등 국채에 관한 사무는 기획재정부령으로 정하는 바에 따라 한국은행이 처리한다(법15①). 이에 따라 한국은행이 처리하는 국채에 관한 사무 중 국채 발행에 따라 수입되는 자금과 국채 원금의 상환 및 이자 지급을 위한 자금 등의 출납과 보관에 관하여는 「국고금 관리법」제36조 제4항 및 제5항3)을 준용한다(법15②).

국고채권의 발행, 상환, 교환, 원리금 지급 및 이와 관련된 공고, 입찰, 등록, 상장신청 등 발행사무는 국채법에 따라 한국은행이 대행한다. 실무적으로는 한은금융결제망(BOK－Wire＋)으로 이루어지며, 입찰 참가기관은 BOK－Wire＋ 단말기를 이용하여 입찰정보의 조회, 응찰, 낙찰결과 수신 및 확인, 낙찰대금 납부, 등록신청 등을 수행한다.4)

(2) 법령에 의한 의무발행

법령에 의한 강제발행 국채로는 주택도시기금법("법")에 의해 첨가소화되는 제1종국민주택채권과 제2종국민주택채권이 있다. 국민주택채권은 다음과 같이 구분하여 발행한다(주택도시기금법 시행령5①, 이하 "영").

제1종국민주택채권은 국가 또는 지방자치단체로부터 면허·허가·인가를 받는 자, 국가 또는 지방자치단체에 등기·등록을 신청하는 자, 그리고 국가·지방자치단체 또는 공공기관운영법에 따른 공공기관 중 "대통령령으로 정하는 공공기관"과 건설공사의 도급계약을 체결하는 자가 매입한다(영5①(1)). 여기서 공공기관 중 "대통령령으로 정하는 공공기관"이란 정부가 납입자본금의 50% 이상을 출자한 공공기관을 말한다(영8① 본문). 다만, 주택도시보증공사, 한국산업은행, 중소기업은행, 한국수출입은행, 은행, 인천국제공항공사, 한국공항공사는 제외한

---

3) ④ 한국은행등은 그 취급한 국고금의 출납에 관하여 감사원의 검사를 받아야 한다.
⑤ 한국은행등과 한국은행등을 대리하는 금융회사등이 국고금의 출납·보관에 관하여 국가에 손해를 끼친 경우 배상책임에 관하여는 민법과 상법을 적용한다.
4) 한국거래소(2019a), 91쪽.

다(영8① 단서). 제1종국민주택채권을 매입하여야 하는 자와 그 매입기준은 별표와 같다(영8②). 제2종국민주택채권은 주택법에 따라 건설·공급하는 주택을 공급받는 자가 매입한다(영5①(2)).

정부는 국민주택사업에 필요한 자금을 조달하기 위하여 기금의 부담으로 국민주택채권을 발행할 수 있다(법7①). 국민주택채권은 국토교통부장관의 요청에 따라 기획재정부장관이 발행한다(법7②). 국민주택채권의 발행기간은 1년을 단위로 하고, 발행일은 매출한 달의 말일로 한다(영5②). 국민주택채권은 증권을 발행하지 아니하고 전자증권법에 따른 전자등록기관에 전자등록하여 발행한다(영5② 전단). 이 경우 채권자는 이미 전자등록된 국민주택채권에 대하여 그 증권의 교부를 청구할 수 없다(영5② 후단).

(3) 국고채전문딜러에 의한 입찰발행

국고채전문딜러("전문딜러")라 함은 국고채의 원활한 발행과 유통을 위하여 국채딜러[자본시장법에 의하여 국채에 대한 투자매매업(인수업 포함) 인가를 받은 자] 중에서 기획재정부장관이 지정하는 자를 말한다(국고채권의 발행 및 국고채전문딜러 운영에 관한 규정2(1), 이하 "운영규정"). 예비국고채전문딜러("예비전문딜러")라 함은 전문딜러로 지정받기 위하여 국고채 유통시장에서 시장조성자로서 전문딜러의 자격을 갖추고 전문딜러의 의무를 수행하는 국채딜러 중에서 기획재정부장관이 지정하는 자를 말한다(운영규정2(2)).

(가) 국고채의 종목

국고채의 만기는 3년, 5년, 10년, 20년, 30년, 50년으로 한다(운영규정3① 본문). 다만, 재정자금 수요 및 국채시장 상황 등을 고려하여 기타의 만기로 발행할 수 있다(운영규정3① 단서). 3년 만기 국고채는 매년 6월 10일과 12월 10일에 신규종목을 발행한다(운영규정3②). 5년 만기 국고채는 매년 3월 10일과 9월 10일에 신규종목을 발행한다(운영규정3③). 10년 만기 국고채는 매년 6월 10일과 12월 10일에 신규종목을 발행한다(운영규정3④ 본문). 다만, 10년 만기 물가연동국고채[5]의 신규종목은 격년으로 6월 10일에 발행한다(운영규정3④ 단서). 20년 만기 국고채는 매년 9월 10일에 신규종목을 발행하고, 30년 만기 국고채는 매년 3월 10일에 신규종목을 발행한다(운영규정3⑤). 50년 만기 국고채는 기획재정부 장관이 재

---

5) "물가연동국고채"라 함은 원금 및 이자지급액을 물가지수에 연동시킨 국고채를 말한다(운영규정2(6)).

정운용 상황과 시장 여건 등을 고려하여 발행여부 등 발행과 관련된 사항을 별도로 정한다(운영규정3⑥). 변동금리부국고채는 국채시장 상황을 고려하여 만기와 발행일을 결정한다(운영규정3⑦).

(나) 발행 계획 및 입찰 일정

기획재정부장관은 국고채 발행에 관하여 연간 계획과 월간 계획을 공표한다(운영규정5① 전단). 이 경우 월간 계획에 따른 국고채 발행규모는 연간 계획 및 월별 균등발행원칙에 따라 정하되 재정자금 수요 및 시장상황 등을 고려하여 조정할 수 있다(운영규정5① 후단). 월간 국고채 발행계획은 전월 말일까지 공표하며 만기물별 발행액, 입찰일 등에 관한 사항을 포함한다(운영규정5② 본문). 다만, 특별하게 재정자금 소요 등을 확정하지 못하는 경우 등에는 예외적으로 특별한 사유가 해소되는 즉시 만기물별 발행액, 입찰일 등을 공표할 수 있다(운영규정5② 단서). 기획재정부장관은 입찰일 3일 전까지 입찰일, 입찰시간, 발행액, 표면금리, 기준금리 및 대금결제 등에 관한 사항을 포함하는 입찰 계획을 공고한다(운영규정5③ 본문). 다만, 긴급한 자금수요 등의 사유가 있는 경우에는 입찰 직전일에 입찰 계획을 공고할 수 있다(운영규정5③ 단서).

3년 만기 국고채는 매월 첫째 월요일, 5년 만기 국고채는 매월 둘째 월요일, 10년 만기 국고채는 매월 셋째 월요일, 20년 만기 국고채는 매월 넷째 월요일, 30년 만기 국고채는 매월 첫째 화요일을 정기 입찰일로 한다(운영규정6① 본문). 다만, 재정자금 수요 및 국채시장 상황 등에 따라 수시 입찰을 하거나 입찰일을 변경할 수 있다(운영규정6① 단서). 입찰시간은 원칙적으로 입찰일 10:40부터 11:00까지로 한다(운영규정6② 본문). 다만, 발행월(발행일이 속하는 달을 말한다) 전에 입찰이 이루어지는 선매출종목6)의 경우에는 09:40부터 10:00까지로 하고, 변동금리부국고채7)의 경우에는 10:20부터 10:40까지로 한다(운영규정6② 단서). 입찰은 한국은행 금융결제망을 통해 전산으로 처리한다(운영규정6③ 본문). 다만, 입찰 전 또는 입찰 중 정전 또는 전산 장애 등 불가피한 사유로 정상적인 입찰이 어려울 경우 입찰일 11:20부터 11:40까지 모사전송(팩스) 또는 전자우편에 의한 입찰을 실시한다(운영규정6③ 단서).

---

6) "선매출종목"이라 함은 발행일 전에 매출이 이루어진 국고채를 말한다(운영규정2(14)).
7) "변동금리부국고채"라 함은 기준금리의 변동에 따라 지급이자율이 달라지는 국고채를 말한다(운영규정2(7)).

(다) 입찰 참가

국고채의 입찰에는 전문딜러, 예비전문딜러 및 일반인(전문딜러 및 예비전문딜러를 제외한 개인, 금융기관, 기타 법인 등)이 참가할 수 있다(운영규정7). 전문딜러별 응찰한도는 경쟁입찰 발행예정금액의 30% 이내, 예비전문딜러별 응찰한도는 15% 이내로 한다(운영규정8① 본문). 다만, 변동금리부국고채는 그러하지 아니하다(운영규정8① 단서). 응찰최저금액은 10억원으로 하고, 10억원의 정수배로 증액한다(운영규정8②).

(4) 일반인 대상 발행

일반인은 전문딜러를 통하여 입찰하여야 한다(운영규정12①). 일반인이 응찰신청을 하기 위해서는 입찰대행 전문딜러에게 계좌를 개설하여야 한다(운영규정12② 본문). 다만, 이미 계좌를 개설한 자는 그 계좌를 이용할 수 있다(운영규정12② 단서). 입찰에 참여하고자 하는 자는 입찰 공고일부터 입찰 전일까지 입찰대행 전문딜러에게 매입희망금액을 기재한 응찰서를 제출하고 매입희망금액의 액면총액을 입찰보증금으로 납부하여야 한다(운영규정12③). 일반인의 응찰최저금액은 10만원으로 하고, 10만원의 정수배로 증액하되 10억원을 넘지 못한다(운영규정12④). 일반인은 응찰금리를 제출할 수 없다(운영규정12⑤). 입찰대행 전문딜러는 일반인의 응찰내역을 입찰일 당일 10:00까지 입찰업무를 처리하는 한국은행에 제출하여야 한다(운영규정12⑥ 본문). 단, 발행월 전에 입찰이 이루어지는 선매출종목의 경우에는 09:00까지 실시한다(운영규정12⑥ 단서). 일반인이 입찰에 참가한 경우 경쟁입찰 발행예정금액의 20%범위 내에서 일반인의 총 응찰금액 상당액을 일반인에게 우선 배정한다(운영규정12⑦). 일반인의 총 응찰금액이 제7항의 규정에 의한 배정금액을 초과하는 경우에는 응찰금액에 비례하여 배정한다(운영규정12⑧). 일반인이 낙찰받은 국고채는 입찰대행 전문딜러의 명의로 교부하고, 입찰대행 전문딜러는 이를 일반인의 고객계좌에 기재한다(운영규정14②).

3. 국고채권의 통합발행

기획재정부장관은 국채의 유동성 조절 등을 위하여 필요한 경우에는 3년 이내의 범위에서 일정한 기간을 정하여 같은 종목으로 취급할 수 있도록 이자율과 상환기한 등이 같은 국고채권을 그 일정한 기간 동안 통합하여 발행할 수 있다(법7①). 기획재정부장관은 국채시장의 안정적 관리 등을 위하여 필요하다고 인정하는 경우에는 통합하여 발행한 국고채권에 대하여 그 일정한 기간이 끝난 후에도 해당 국고채권을 다시 발행할 수 있다(법7②).

즉 통합발행이란 일정기간 내에 발행하는 채권의 만기와 표면금리 등 발행조건을 동일하게 하여 이 기간 동안 발행된 채권을 단일 종목으로 취급하는 제도를 말한다. 예를 들어 2020년 6월 10일에 신규로 발행된 3년 만기 국고채는 2020년 4월 2일, 4월 30일, 5월 28일, 7월 2일, 7월 30일, 8월 27일, 10월 1일, 10월 29일에 동일한 조건으로 통합발행되어 발행시기는 다르지만 유통시장에서는 동일종목으로 거래되는 것이다.

통합발행의 목적은 종목당 발행물량을 증가시켜 유동성을 제고시킴으로써 정부의 이자비용을 절감하고 신뢰성 있는 지표금리를 형성하는 것이다. 채권의 유동성은 일반적으로 종목당 물량에 비례하고, 발행금리는 유동성에 반비례하기 때문이다. 통합발행제도의 도입으로 국고채의 종목당 발행금액이 지속적으로 증가하고 이와 더불어 거래량도 많아져 지표채권으로서의 위치가 확고해졌다. 또한 유동성 확대로 인해 유동성 프리미엄을 낮추어 발행비용을 절감하는 효과도 거둘 수 있게 되었다.[8]

4. 국고채전문딜러제도

국고채전문딜러(Primary Dealer)는 국고채에 대한 투자매매업 인가를 받은 기관 중 자금력과 시장운영의 전문성을 갖춘 자로서 국고채에 대한 시장조성기능을 담당한다. 국채의 원활한 발행 및 국채유통시장 활성화를 위해 은행, 증권회사 중에서 재무건전성, 국채거래 실적 등이 우수한 기관을 대상으로 기획재정부장관이 지정·운영하고 있다. 전문딜러는 국고채 발행시장에서 국고채 인수 등에 관하여 우선적인 권리를 부여받는 대신 국채전문유통시장에서 시장조성자로서 호가제시, 거래 등의 업무를 수행한다.

전문딜러의 수에는 특별한 제한은 없으나, 우리나라 국고채시장의 규모를 고려하여 통상 20개사 내외에서 지정하고 있다. 2018년 12월말 현재 금융투자업자 10개사, 은행 7개사 총 17개사의 국고채전문딜러가 활동하고 있다.[9]

---

8) 한국거래소(2019a), 94쪽.
9) 한국거래소(2019a), 96쪽.

Ⅱ. 지방채

1. 의의

지방채는 공유재산의 조성 등 소관 재정투자사업과 그러한 사업에 직접적으로 수반되는 경비의 충당 등을 위하여 자금을 차입하면서 부담하는 채무이며, 지방채증권 또는 차입금의 형식을 취한다(지방재정법11, 이하 "법"). 지방채증권은 지방자치단체가 증권을 발행하면서 차입하는 지방채이며, 차입금은 지방자치단체가 증서로 차입하는 지방채이다(지방재정법 시행령7, 이하 "영").

지방채는 일정 한도 내에서 행정안전부장관의 승인 없이 지방의회의 의결을 거쳐 발행할 수 있는데, 이를 지방채 발행한도액이라고 하며, 행정안전부장관이 매년 자치단체의 채무규모, 채무상환 일정 등 재정상황을 고려하여 해당 자치단체의 전전년도 예산액의 10% 범위 내에서 정하도록 하고 있다(법11②, 영10①).

이러한 지방채(채권 또는 차입금)는 채무부담행위, 보증채무부담행위액 중 이행책임액과 함께 지방채무를 구성한다(법2(5)). 즉 지방채무는 금전의 지급을 목적으로 하는 지방자치단체의 의무를 말한다.

2. 지방채 발행방법

(1) 모집발행

지방자치단체가 모집의 방법으로 지방채증권을 발행하는 때에는 지방자치단체의 명칭, 지방채증권의 발행총액, 지방채증권의 발행목적, 지방채증권의 권면금액, 지방채증권의 발행가액 또는 최저가액, 지방채증권의 이율, 지방채증권의 상환과 이자지급의 방법 및 기한, 지방채증권에 대하여 수회에 걸쳐 분할 납부할 것을 정한 때에는 그 분납금액과 시기, 지방채증권을 기명식 또는 무기명식으로 한정한 때에는 그 뜻, 지방채증권 모집의 위탁을 받은 회사가 있는 때에는 그 상호와 주소, 지방채증권의 응모액이 발행총액에 달하지 못한 경우에 그 잔액을 인수할 것을 약정한 자가 있는 때에는 그 뜻, 명의개서 대리인을 둔 때에는 그 성명·주소 또는 영업소, 지방채증권의 청약기한을 기재한 지방채증권청약서를 작성하여야 한다(영13①).

모집발행은 불특정 다수를 대상으로 투자자를 모집하여 현금의 납입을 받은 후에 발행하는 경우를 말한다. 모집발행의 방법으로는 공모발행과 사모발행이 있다. 공모발행은 지방자치단체가 증권시장을 통해 투자자를 공개모집하는 방법을 말하고, 사모발행은 지방자치단체가 은행, 보험회사, 자산운용회사 등 금융기관과 계약을 체결하고 발행하는 것을 말한다.

(2) 매출발행

지방자치단체가 매출의 방법에 의하여 지방채증권을 발행하는 때에는 지방자치단체의 명칭, 지방채증권의 발행총액, 지방채증권의 발행목적, 지방채증권의 권면금액, 지방채증권의 이율, 지방채증권의 상환과 이자지급의 방법 및 기한, 지방채증권을 기명식 또는 무기명식으로 한정한 때에는 그 뜻, 명의개서 대리인을 둔 때에는 그 성명·주소 또는 영업소, 지방채증권의 매출기간, 지방채증권의 매출가액, 지방채증권매출의 위탁을 받은 회사가 있는 때에는 그 상호와 주소 등을 공고하여야 한다(영18).

매출발행은 지방자치단체가 특정 역무를 제공받는 주민 또는 법인을 대상으로 주로 지하철, 상하수도, 도로 등의 사업을 위하여 특정한 인허가, 등기, 등록 시에 첨가하여 소화시키는 발행방법으로 준조세적 성격을 갖고 있으며, 매입시기나 지역 간 형평성을 위하여 이자율 등 발행조건을 동일하게 하여 발행하고 있다. 대부분의 지방채가 매출발행으로 발행되고 있으며, 대표적으로 지역개발채권(17개 광역자치단체 발행)과 도시철도채권(서울, 부산, 대구) 등이 있다.

(3) 교부발행

지방채증권은 지방자치단체의 채무이행에 갈음하여 지방채증권을 교부하는 방법으로 발행할 수 있다(영8①). 교부발행은 지방자치단체가 공사대금 또는 보상금을 지급하는 대신 후년도에 지급을 약속하는 채권을 발행하여 채권자에게 교부하는 경우로서 채권발행 시 자금의 이동이 발생하지 않는다. 지방채의 교부발행은 모집발행과 매출발행이 활성화되지 못했던 과거에 주로 이용되었으나, 교부당사자인 시공업체 또는 토지소유자가 지방채 인수를 기피함으로써 현재는 거의 이용되지 않는다.[10]

---

10) 한국거래소(2019a), 122쪽.

3. 지방채의 발행절차

(1) 발행 전 절차

행정안전부장관은 매년 7월 1일까지 지방채발행 한도액 산정기준을 포함한 다음 연도 지방채발행계획 수립기준을 각 지방자치단체의 장에게 통보해야 한다 (영11①). 통보를 받은 지방자치단체의 장은 해당 지방자치단체의 다음 연도 지방 채발행 한도액을 정하여 7월 15일까지 행정안전부장관에게 통보해야 한다(영11 ②). 이에 따라 행정안전부장관은 지방자치단체의 장이 통보한 지방채발행 한도 액에 대한 타당성을 검토하고 필요한 경우 보완을 요구할 수 있다(영11③ 전단). 이 경우 행정안전부장관은 지방자치단체의 장에게 타당성 검토를 위하여 지방채 발행 한도액의 산정에 관련된 자료의 제출을 요구할 수 있다(영11③ 후단).

지방자치단체의 장이 다음 연도에 외채를 발행하거나 지방자치단체조합의 장 이 다음 연도에 지방채를 발행하려는 경우에는 지방채발행계획 수립기준에 따라 작성한 다음 연도의 지방채발행계획안을 8월 31일까지 행정안전부장관에게 제출 하여 승인을 요청해야 한다(영11④). 지방자치단체의 장이 다음 연도에 지방채발 행 한도액의 범위를 초과하여 지방채를 발행하려는 경우에는 지방채발행계획 수 립기준에 따라 작성한 다음 연도의 지방채발행계획안에 지방채의 발행액 등이 포 함된 자료를 첨부하여 8월 31일까지 행정안전부장관에게 제출하여 협의를 요청 해야 한다(영11⑤ 본문). 다만, 지방채발행 한도액의 범위를 초과하여 지방채를 발 행할 경우 다음 연도의 예산대비 채무비율이 25%를 초과하게 되는 경우에는 행 정안전부장관에게 승인을 요청해야 한다(영11⑤ 단서). 행정안전부장관은 요청을 받은 경우 관계 중앙관서(국가재정법 제6조 제2항11)에 따른 중앙관서)의 장과 협의하 여 10월 31일까지 협의 결과 또는 승인 여부를 결정·통보해야 한다(영11⑦).

시장·군수 및 자치구의 구청장이 다음 연도 지방채발행 한도액을 통보하거 나 다음 연도의 지방채발행계획안을 제출하는 경우에는 시·도지사를 거쳐야 한 다(영11⑥).

(2) 첨가소화지방채 발행절차

지방채(도시철도채권, 지역개발채권 등)는 대부분 첨가소화의 방법으로 발행되

---

11) ② 이 법에서 "중앙관서"라 함은 헌법 또는 정부조직법 그 밖의 법률에 따라 설치된 중앙 행정기관을 말한다.

며, 인·허가, 등기·등록 시에 매입해야 하는 준조세적 성격을 가지고 있으므로 일반채권의 발행방법과는 다른 특징을 갖고 있다.[12]

Ⅲ. 특수채

1. 의의

특수채는 법률에 의해 직접 설립된 법인이 발행하는 채권을 말하며, 자본시장법 제4조 제3항에서 규정하고 있다. 특수채는 한국은행이 발행하는 통화안정증권, 특별법에 의해 설립된 특수은행이 발행하는 금융특수채와 특수은행을 제외한 특별법에 의해 설립된 기관이 발행하는 비금융특수채로 구분된다.

2. 특수채의 종류별 발행방법

(1) 통화안정증권

(가) 의의

한국은행이 통화량을 조절하기 위해 금융통화위원회 결정에 따라 한국은행법 제69조 및 한국은행 통화안정증권법에 근거하여 금융기관과 일반인을 대상으로 발행하는 특수채이며 공개시장운영규정 제12조에서 발행한도를 매 3개월마다 금융시장 여건과 시중 유동성 사정을 감안하여 금융통화위원회에서 결정하는 것을 원칙으로 한다. 다만 금융경제 여건상 부득이한 경우에는 3개월이 경과하기 전이라도 발행한도를 변경할 수 있다.

한국은행은 경상수지 흑자(적자) 또는 외국인투자자금 유입(유출) 등으로 시중의 유동성이 증가(감소)하여 이를 구조적으로 환수(공급)할 필요가 있을 경우에 통화안정증권을 순발행(순상환)하여 유동성을 흡수(공급)하게 된다. 통화안정증권은 공모 또는 상대매출로 발행한다(공개시장운영규정13①). 공모발행은 모집, 매출 또는 경쟁입찰로 한다(공개시장운영규정13② 본문). 다만, 모집 또는 매출의 방법으로 발행하는 경우에는 제2조 제2항에 따른 대상기관에게 위탁하거나 인수시켜 발행할 수 있다(공개시장운영규정13② 단서).

공모발행 통화안정증권의 만기는 ⅰ) 할인발행시에는 14일, 28일, 63일, 91

---

12) 한국거래소(2019a), 126쪽.

일, 140일, 182일, 364일, 371일, 392일, 546일로 하고, ⅱ) 액면발행시에는 1년,
1년 6개월, 2년으로 한다(공개시장운영규정14①). 그러나 일상적 유동성조절과 관
련하여 상대매출로 발행하는 통화안정증권의 만기는 2년 이내에서 총재가 정한
다(공개시장운영규정14②). 통화안정증권은 통합발행할 수 있다(공개시장운영규정14
의2①). 통합발행하는 기간, 통합발행 대상증권의 만기 등은 총재가 정한다(공개
시장운영규정14의2②).

통화안정증권을 이표채 방식으로 액면발행하는 경우 이자는 발행일로부터
3개월마다 지급한다(공개시장운영규정18의2). 통화안정증권의 종류는 1백만원권, 5
백만원권, 1천만원권, 5천만원권, 1억원권으로 한다(공개시장운영규정22).

(나) 경쟁입찰방식

경쟁입찰로 통화안정증권을 발행하는 경우 낙찰자 및 낙찰금액은 입찰자가
응찰한 금리를 기준으로 한국은행에 유리한 순서로 결정하되, 동일한 입찰금리
로 경합된 입찰자의 낙찰금액은 응찰금액에 비례하여 배분한다(공개시장운영규정
17① 본문). 다만, 총재는 필요하다고 인정하는 경우 입찰자별 응찰금액을 제한할
수 있다(공개시장운영규정17① 단서). 낙찰금액을 응찰금액에 비례하여 배분하는
경우 비례배분에 관한 끝수 조정방식은 총재가 정한다(공개시장운영규정17②). 경
쟁입찰에서 경합된 입찰금리 이하로 응찰한 금액의 합이 발행예정금액을 초과하
는 때에는 총재가 정하는 범위에서 발행예정금액을 초과하여 낙찰시킬 수 있다
(공개시장운영규정17③). 총재는 경쟁입찰에서 응찰률이 현저히 낮거나 응찰금리
가 시장금리와 과도하게 괴리되는 경우 발행금액을 조정할 수 있다(공개시장운영
규정17④).

한국은행과 「통화안정증권 거래에 관한 약정」을 맺은 금융기관인 거래상대
기관[13]을 대상으로 한국은행금융결제망(BOK–Wire+)을 통해 전자입찰방식으로
실시하며, 한국은행과 거래약정을 맺지 않은 금융기관들은 경쟁입찰 참가기관을
통해 간접적으로 입찰 참여가 가능하다. 경쟁입찰은 통상 입찰일 직전 영업일에
통화안정증권 발행예정금액을 결정하여 한국은행금융결제망(BOK–Wire+)을 통
해 통보하고 한국은행 홈페이지 및 언론매체에 입찰내역을 공고함으로써 시작된

---

[13] 한국은행이 재무건전성 등 선정요건을 충족하는 금융기관 중에서 공개시장 조작 거래 참
여 실적, 통화안정증권 거래실적 및 공개시장 조작 관련 업무협조도 등을 감안하여 매년
거래대상기관을 선정한다.

다. 입찰은 통상 BOK－Wire＋에서 10분간 실시되고, 낙찰결과를 참가기관에 통보 및 언론에 공표하며 완료된다. 경쟁입찰 시 낙찰은 한국은행이 시장금리 수준을 감안하여 내부적으로 정해 놓은 금리수준을 상한으로 낮은 금리로 응찰한 부분부터 이루어지며, 발행금리는 입찰참가기관들의 적극적인 입찰참여 유도를 위해 단일금리결정방식(Dutch Auction)[14]을 채택하고 있다.[15]

(다) 모집방식

모집으로 통화안정증권을 발행하는 경우의 낙찰결정은 제7조 제2항·제3항을 준용한다(공개시장운영규정17⑥ 전단). 이 경우 응모금액이 발행예정금액을 초과하는 때에는 총재가 정하는 범위에서 발행예정금액을 초과하여 낙찰시킬 수 있다(공개시장운영규정17⑥ 후단). 모집으로 통화안정증권을 발행하는 경우 응모자의 낙찰금액은 응모금액으로 하되, 응모금액이 발행예정금액을 초과하는 경우에는 응모금액에 비례하여 배분한다(공개시장운영규정17⑥ 전단, 동규정7② 본문). 다만, 총재는 필요하다고 인정하는 경우 응모자별 응모금액을 제한할 수 있다(공개시장운영규정17⑥ 전단, 동규정7② 단서). 낙찰금액을 응찰금액 또는 응모금액에 비례하여 배분하는 경우 비례배분에 관한 끝수 조정방식은 총재가 정한다(공개시장운영규정17⑥ 전단, 동규정7③).

모집방식은 미리 정한 발행예정금액과 발행금리를 공고한 후 입찰참가자(거래대상기관으로 제한)들의 응모금액에 따라 물량을 배분하는 방식을 말하는 것이다. 필요시 응모자별 응모금액은 제한될 수 있으며 응모금액이 발행예정금액을 초과할 경우 응모금액에 따라 안분배분하고, 응모금액이 발행예정금액 이하일 경우는 각 기관의 응모금액이 낙찰금액이 된다.

(라) 매출방식

발행금리가 사전에 결정되어 공시되며, 발행예정금액 범위 내에서 매입신청 순서에 따라 신청자에게 배분되며, 거래상대기관이 아니라도 참여할 수 있다. 그

---

14) 단일금리결정방식이란 매입기관에게 유리하도록 낙찰자가 제시한 금리 중 최고금리를 모든 입찰자에게 똑같이 적용하는 방식으로 복수금리결정방식과 대조된다. 반면 복수금리결정방식이란 낙찰자가 입찰 시 제시한 금리(가격) 중 가장 낮은 금리(가장 높은 가격)를 제시한 입찰자 순으로 각각을 낙찰금리로 하여 낙찰시키는 방식으로, 가장 낮은 금리로 국채 입찰에 응찰한 기관이 성공적으로 인수할 수 있지만 인수가격면에서 여타 낙찰기관보다 손해를 보는 현상(winner's curse)이 있어 응찰기관이 적극적으로 입찰에 참가하지 않는 경향이 있다.

15) 한국거래소(2019a), 130쪽.

러나 2009년 6월 모집발행이 도입되면서 잠정 중단되었다.[16]

(마) 상대매출방식

상대매출은 유동성조절 또는 통화신용정책의 운영을 위하여 필요할 때에 특정 금융기관 또는 정부 출자·출연기관을 상대로 행한다(공개시장운영규정13③ 전단). 이 경우 증권의 만기 및 발행금리는 공모발행할 때와 다르게 적용할 수 있다(공개시장운영규정13③ 후단). 일상적 유동성조절과 관련하여 통화안정증권을 상대매출할 경우에는 총재가 따로 정하는 금리로 발행할 수 있다(공개시장운영규정21).

(2) 금융특수채

금융특수채는 특별법에 의해 설립된 특수은행이 발행하는 채권을 말하며, 특수은행에는 한국산업은행, 한국수출입은행, 중소기업은행, 농협은행, 수협은행 등이 있다. 발행방법은 매출발행 형식의 직접발행과 인수발행 방식의 간접발행이 있다. 발행한도는 각각 설립 근거법에 명시되어 있다.

한국산업은행이 발행할 수 있는 산업금융채권의 발행액은 납입자본금과 적립금을 합한 금액의 30배를 초과할 수 없다(한국산업은행법23③). 수출입은행이 수출입금융채권을 발행할 수 있는 한도는 납입자본금과 적립금을 합한 금액의 30배로 한다(한국수출입은행법23). 중소기업은행이 발행하는 중소기업금융채권의 발행액은 자본금과 적립금을 합한 금액의 20배를 초과할 수 없다(중소기업은행법 36의2②). 농협은행은 각각 자기자본의 5배를 초과하여 농업금융채권을 발행할 수 없다(농업협동조합법153②). 수협은행은 자기자본의 5배를 초과하여 수산금융채권을 발행할 수 없다(수산업협동조합법156②).

(3) 비금융특수채

비금융특수채란 공사·공단의 설립 근거법에 의거하여 발행되는 채권을 말한다. 발행방법은 인수기관을 통한 간접발행과 교부발행 방식의 매출발행이 있다. 대부분의 공사·공단에서 간접발행 방식을 채택하고 있다. 채권의 발행한도는 개별 설립 근거법에 명시되어 있다.

---

16) 한국거래소(2019a), 131쪽.

Ⅳ. 회사채

1. 의의

회사채는 1년 이상의 장기자금을 직접금융시장에서 조달하는 채무증권이다. 즉 회사채는 신규투자, 기업운영 및 기 발행 회사채의 차환 등에 필요한 자금을 조달하기 위해 민간기업이 발행하는 채권이다. 기업이 자금을 조달하는 방법에는 간접금융 방식과 직접금융 방식으로 나누어지며, 은행 등 금융회사의 대출, 해외차관 등이 전자에 속하고 회사채 또는 주식발행은 후자에 속한다.

2. 발행 방법 및 조건

회사채는 공모발행과 사모발행으로 구분된다. 공모발행의 경우 인수기관인 증권회사, 한국산업은행 등이 총액을 인수하여 발행하며 사모발행의 경우에는 발행기업이 최종매수인과 발행조건을 직접 협의하여 발행하게 된다. 회사채는 정관에서 정하는 바에 따라 이사회 결의가 없이도 발행이 가능하며,[17] 순자산액의 4배까지였던 발행한도도 폐지되었다. 한편 공모발행을 하는 경우 증권신고서를 금융위원회에 제출해야 한다.[18]

만기를 보면 일반적으로 1, 2, 3, 5, 10년 등으로 발행되는데 대체로 3년 이하가 주종을 이루고 있다. 표면금리는 발행기업과 인수기관 간 협의에 의해 자율적으로 결정되는데 2003년 이후 시장금리 수준이 낮아지면서 표면금리와 유통수익률 간의 괴리가 0.5%p 이내로 좁혀졌으며, 표면금리를 유통수익률에 맞추어 발행하는 경우도 많아졌다. 이 경우 발행가격과 액면가격이 거의 동일하게 된다.[19]

3. 발행절차

발행회사는 발행주관회사(주로 증권회사)를 선정하여 발행사무를 위임하며 인수기관은 발행 회사채를 총액인수한 후 당일 매수자(은행, 자산운용회사, 보험회사 등 기관투자자)에게 매출한다. 발행주관회사는 금융투자협회의 프리본드 시스

---

17) 이사회는 대표이사에게 사채의 금액 및 종류를 정하여 1년을 초과하지 아니하는 기간 내에 사채를 발행할 것을 위임할 수 있다(상법469③).
18) 모집가액 또는 매출가액이 10억원 이상인 경우 증권신고서를 금융위원회에 제출해야 한다(자본시장법119①).
19) 한국은행(2016b), 176쪽.

템을 통하여 수요예측을 진행하게 되고 수요예측의 결과에 따라 발행사채의 수량, 가격, 매수자 등을 발행기업과 협의하여 최종결정한다. 매수자는 지정된 청약일시에 발행주관회사에 청약서를 제출하고 수탁은행에 청약내용을 통보하여 발행주관회사에 대금지급을 지시하며, 발행주관회사는 청약 당일에 발행자금을 발행기업의 주거래은행에 입금한다. 한편 회사채의 인수도는 발행주관회사가 회사채를 매수자 명의로 한국예탁결제원에 개설된 계좌에 등록함으로써 끝난다.[20]

IMF 외환위기 이후 우리나라의 회사채는 대부분 무보증사채로 발행된다. 또한 공모발행(모집·매출)의 경우 대부분 인수인이 발행물량 전액을 인수한 후 투자자에게 모집·매출하는 총액인수 방식으로 발행된다. 여기서 "무보증사채란 자본시장법 시행령 제362조 제8항 각 호의 어느 하나에 해당하는 금융기관등[21]이 원리금의 지급을 보증한 보증사채, 담보부사채신탁법에 따라 발행되는 담보부사채 및 이중상환채권법에 따라 발행되는 이중상환청구권부 채권을 제외한 사채를 말한다(증권 인수업무 등에 관한 규정2(1)).

4. 회사채 신용평가제도

신용평가기관이 부여한 회사채 신용등급은 투자자에게 원리금 회수 가능성 정도에 대한 정보를 제공함으로써 회사채 발행금리 결정에 결정적인 영향을 미친다. 회사채 발행기업의 입장에서는 신용평가 수수료의 부담에도 불구하고 객관적인 신용등급을 획득[22]함으로써 잠재 투자자를 확보할 수 있기 때문에 총 자금조달비용이 낮아지는 효과가 있다.

현재 무보증회사채 발행기업들은 2개 이상의 신용평가회사로부터 기업의 사업성, 수익성, 현금흐름, 재무안정성 등을 기초로 회사채 상환능력을 평가받고 있다. 회사채 평가등급은 AAA-D까지 10개 등급으로 분류되는데 AAA-BBB는 원리금 지급능력이 양호하다고 인정되는 투자등급, BB 이하는 지급능력이 상대적으로 의문시되는 투기등급을 나타낸다.[23]

---

20) 한국은행(2016b), 178-179쪽.
21) 은행, 한국산업은행, 중소기업은행, 보험회사, 투자매매업자, 증권금융회사, 종합금융회사, 신용보증기금(신용보증기금이 지급을 보증한 보증사채권에는 「민간투자법」에 따라 산업기반신용보증기금의 부담으로 보증한 것을 포함), 기술보증기금.
22) 신용평가회사들은 회사채 발행시점에서 발행내용이 확정된 경우 신용등급을 공시하고 발행 후 통상 1년마다 새로 발표되는 재무제표를 근거로 신용평가등급을 조정하고 있다.
23) 한국은행(2016b), 176-177쪽.

제3절 유통시장

Ⅰ. 개요

채권 발행시장을 통해 채권을 취득한 투자자는 만기 이전에 채권 발행인에게 원금상환을 요청할 수 없으므로, 만기 전 채권 현금화를 위해서는 별도의 유통시장이 필요하게 된다. 채권 유통시장은 이미 발행된 채권이 거래되는 제2차 시장으로 채권의 매매거래를 통한 투자원본의 회수와 투자수익의 실현, 적정 가격발견기능 등을 수행한다. 채권 유통시장은 거래상대방을 찾는 방식에 따라 직접탐색시장, 브로커시장, 딜러시장, 경매시장으로 나뉘고, 시장운영 주체에 따라 장내시장인 거래소시장과 장외시장으로 구분할 수 있다.

Ⅱ. 장내시장(거래소시장)

조직적 시장인 거래소시장은 장내시장으로 불리며, 한국거래소에서는 시장의 개설목적 및 시장참여자에 따라 도매시장인 국채전문유통시장(KTS시장), 환매조건부채권시장(RP시장), 소액채권시장, 일반채권시장을 운영하고 있다.

1. 국채전문유통시장

국채전문유통시장이라 함은 국채딜러[24] 간 매매거래 및 증권회사를 통한 위탁매매거래를 위하여 거래소가 개설한 시장을 말한다(국고채권의 발행 및 국고채 전문딜러 운영에 관한 규정2(5), 이하 "운영규정").

전자거래시스템을 이용한 경쟁매매시장은 브로커를 통한 거래상대방 탐색 및 협상을 거치지 않고 익명으로 가격경쟁에 의해 거래가 체결되는 시장이다. 경쟁매매시장에서는 모든 호가가 스크린으로 집중되기 때문에 시장참가자는 브로커의 중개 없이 스크린에 제시된 호가만을 가지고 실시간으로 매매거래를 수행

---

24) "국채딜러"라 함은 국채증권에 대하여 투자매매업의 인가를 받은 자를 말한다(업무규정55 ①).

할 수 있다. 전자거래시스템은 거래비용을 절감시키고, 실시간으로 금리를 공표하여 지표금리를 제시할 뿐만 아니라 실제 체결가능한 호가가 공개됨으로써 시장투명성을 증대시키는 장점이 있다. 우리나라에서는 채권 전자거래시스템을 통한 경쟁매매시장을 활성화하기 위해 정부의 정책적인 지원하에 1999년 3월 한국거래소가 전자거래시스템(KTS: KRX Trading System for Government Securities)을 기반으로 한 국채전문유통시장을 개설하였다.[25]

주요 시장참가자는 거래소의 채무증권전문회원 인가를 취득한 은행과 금융투자회사(국채딜러)이다. 딜러회사는 별도의 전산투자 없이 한국거래소가 개발한 매매프로그램을 거래담당자의 PC에 설치하고 인터넷을 통해 한국거래소의 국채매매시스템(KTS)에 직접 접속하여 거래를 수행한다.

국채전문유통시장은 자본시장법에 의해 국채에 대한 투자매매업 인가를 받은 국채딜러가 참여하는 딜러 간 시장이며, 각각의 딜러가 제출하는 매도·매수주문의 내역이 시스템에 집중되어 공시된다.

2. 환매조건부채권시장(RP시장)

RP(Repurchase Agreement)란 현재시점(매매일)에 현물로 유가증권을 매도(매수)함과 동시에 사전에 정한 미래의 특정시점(환매일)에 동 증권을 환매수(환매도)하기로 하는 2개의 매매계약이 동시에 이루어지는 유가증권의 매도·매수계약을 말한다. 채권, 주식, CP, CD, MBS 등 다양한 유가증권이 RP거래의 대상이 될 수 있으나, 통상 채권만이 주류를 이루기 때문에 우리 말로는 환매조건부채권매매거래("환매채거래") 또는 RP거래로 불린다.[26]

3. 소액채권시장

소액채권시장은 일반 국민들이 주택구입·부동산등기·자동차등록 등 각종인·허가시에 의무적으로 매입한 국공채(첨가소화채권)의 환금성을 높이기 위하여 개설된 특수목적의 시장이다. 채권을 의무적으로 매입한 채권매입자는 매출은행 창구나 금융투자회사를 통해 매입채권의 매도주문을 낼 수 있다.

소액채권시장에는 소액채권매입의무자, 소액채권매출대행기관, 소액채권매

25) 한국거래소(2019a), 150-151쪽.
26) 한국거래소(2019a), 170쪽.

출대행회원, 소액채권조성회원 등 다른 시장에는 없는 시장참여자들이 있다.

4. 일반채권시장

거래소에 상장된 모든 채권이 거래되는 시장으로서 거래소 내 다른 채권시장(국채전문유통시장, RP시장, 소액채권시장)과 구별하기 위하여 일반채권시장이라고 부른다.

거래대상채권은 국채, 지방채, 특수채, 회사채 등 거래소에 상장된 모든 채권을 거래대상으로 하며, 주로 회사채와 주권관련사채권(전환사채, 신주인수권부사채, 교환사채 등) 및 제1·2종 국민주택채권 등의 거래가 많다. 일반채권시장에서 매매되는 채권 중 전환사채의 매매는 공정한 가격형성 및 유동성 제고를 위해 반드시 거래소시장을 통해야 한다(유가증권시장 업무규정43(1)).

Ⅲ. 장외시장

1. 의의

장외시장은 거래소 이외의 곳에서 비조직적으로 거래되는 시장을 말한다. 주로 금융투자회사 창구를 중심으로 협의매매 방식의 거래가 이루어지며, 딜러 시장(Dealer Market),[27] 브로커 시장(Broker Market),[28] 직접 탐색시장(Direct Search Market) 등을 통칭한다. 거래소시장(장내시장)이 투자자 보호와 투명성 강화 등을 실현하기 위해 중앙 집중적으로 제도화된 시장인데 반하여 장외시장은 자생적으로 생성된 시장을 사후적으로 제도화하여 관리하는 시장으로 거래관행의 영향력이 큰 시장이다.

우리나라의 채권 장외시장은 1976년 장외거래를 금지했던 증권거래법이 개

---

27) 딜러란 자신이 직접 고객의 거래상대방이 되어 위험을 부담하면서 자기계정으로 채권거래를 하는 금융기관을 말한다. 딜러를 통해 거래가 이루어지는 딜러시장에서는 딜러가 자신이 제시한 호가에 따라 즉시 채권을 매매할 수 있는 장점이 있다. 딜러의 이익은 매도호가와 매수호가 간의 스프레드로 실현된다.
28) 브로커시장이란 투자자들이 거래상대방을 찾기 위하여 중개인(Broker)에게 매매를 위임하여 간접적으로 참가하는 형태이다. 브로커는 딜러와 달리 자기계정의 포지션을 갖지 않고 거래의 중개만을 담당한다. 자기 고객을 위하여 거래상대방을 찾아가서 거래가격을 협상하고 그 대가로 수수료를 받는다. 우리나라의 채권시장은 딜러 시장 중심으로 발달한 미국 및 유럽의 채권시장과는 달리 브로커시장 중심으로 발달하였다.

정되어 국채의 장외거래가 허용되면서 시작되었고, 1980년대 경제발전과 함께 채권의 발행종목 및 시장참여자가 증가하면서 점차 유통시장의 한 축으로 성장하였다. 특히 1984년 정부가 채권시장의 대중화를 위해 모든 채권의 장외거래를 허용하고, 「채권 장외거래에 관한 규정」을 제정하여 장외시장을 제도화하면서 발전기반이 구축되었다.[29]

2. 특징

주식과는 달리 채권은 대부분의 국가에서 주로 장외에서 유통된다. 채권의 유통이 장외시장에서 주로 이루어지는 근본적인 이유는 경쟁매매가 활발히 전개될 수 없도록 작용하는 요인들이 채권시장에 내재되어 있기 때문이다. 채권은 동일한 주체가 발행하더라도 발행일, 만기, 상환조건 등 발행조건에 따라 서로 다른 종목이 되므로 비표준화 특성을 가진 상품이다. 따라서 종목 수는 많으나 종목당 금액은 크지 않은 채권은 전통적으로 중앙 집중화된 거래소시장 대신 장외시장에서 주로 거래되어 왔다.

채권은 발행조건에 따라 서로 다른 종목이 되는 특성을 갖기 때문에 종목 수가 지나치게 많다. 개별 채권 종목별로 분할된 채권시장의 유동성은 극히 빈약하여 매수 및 매도 호가의 경쟁이 발생하기 어려운 상태가 된다. 즉 채권시장에서는 불특정 다수의 호가 간 경쟁을 바탕으로 하는 거래소의 경쟁매매 시스템이 원활히 작동하기 위한 최소한의 유동성 수준이 형성되지 못하는 경우가 일반적이다. 이러한 유동성 부족 상태에서는 거래상대방을 찾아주는 브로커 또는 유동성을 공급해 줄 수 있는 딜러의 기능이 필수적으로 요구되기 때문에 채권은 거래소를 중심으로 한 장내시장보다 브로커/딜러를 중심으로 한 장외시장에서 거래되는 것이 일반적이다. 이러한 장외시장 중심의 채권시장은 장내시장 중심의 주식시장에 비해서 시장 분할의 정도가 높아서 주식시장에 비해서 유동성, 투명성 및 효율성 수준이 낮은 것이 일반적이다.[30]

---

29) 한국거래소(2019a), 259-260쪽.
30) 권기혁(2018), "한국 장외채권시장의 투명성 규제 제도 및 개선방안에 관한 연구", 연세대학교 경제대학원 석사학위논문(2018. 6), 1-2쪽.

3. 매매거래 구조

채권은 주식과 달리 대규모로 거래되기 때문에 개인투자자보다는 금융기관이나 연기금 등 기관투자자 간의 대량매매가 많고, 기관투자자는 거래상대방 탐색비용을 줄이기 위해 브로커(증권회사)를 통한 상대매매(협의매매) 형태로 거래에 참여하고 있다. 장외채권시장에서는 증권회사 상호 간, 증권회사와 고객 간, 또는 고객 상호 간에 상장 및 비상장 채권 구분 없이 모든 채권이 거래대상이 된다. 장외시장은 거래 및 장소, 거래대상채권, 조건 등 거래소시장에서 표준화하여 거래하기 곤란한 채권에 유동성을 부여함으로써 다양한 채권의 유통 원활화에 기여하고 있다. 매매수량단위는 통상적으로 액면 100억원의 정수배이고, 매매거래시간은 특별한 제한이 없으나 일반적으로 현·선물 차익거래 및 위험회피거래(선물헷지) 등 선물시장과의 거래 연계 등 사유로 한국거래소 국채선물시장의 거래시간(08:00-15:45)을 전후하여 거래가 이루어진다.

대부분의 장외채권거래는 중개업무(brokerage)를 수행하는 증권회사를 통하여 이루어진다. 증권회사의 채권업무는 일반적으로 채권운용과 채권영업으로 구분된다. 채권운용은 증권사 고유 자금과 채권으로 투자자와 직접 거래하여 운용수익을 높이는 업무로서 자본시장법상 투자매매업에 해당하며, 채권영업은 고객의 채권 매도주문이나 매수주문을 접수한 후 이에 부합하는 거래상대방을 탐색하여 매매거래를 성립시켜 주고 중개수수료를 받는 업무로서 자본시장법상 투자중개업에 해당한다.

장외시장에서 증권회사가 연기금·은행·보험사·운용사 등 금융기관과 채권거래를 하는 경우 주로 채권거래전용시스템(K-Bond) 메신저, 전화, 보이스박스(Voice Box)라는 쌍방향 의사소통수단을 이용한다. 예를 들어 딜러(기관투자자)는 브로커(증권사)와 메신저를 통해 매매거래 정보를 실시간으로 주고받으며 거래하고자 하는 채권의 종류·가격 및 수량 등에 대해 메신저에서 1차 합의가 이루어지면 전화 등 유선상으로 채권정보와 결제 내역을 상호 확인한 후 매매를 최종 확정하는 거래구조를 가지고 있다.[31]

---

31) 권기혁(2018), 20-22쪽.

제 5 장

외환시장

제1절 외환시장의 의의와 구조

Ⅰ. 외환시장의 의의

1. 외환시장의 개념

외환시장(FX market)은 상품, 용역, 그리고 금융자산의 국제거래로 인해 발생하는 외환(또는 외국환, 이하 양자를 호환적으로 사용한다)을 다른 통화표시 외환으로 교환하는[1] 매매시장이며 시장참여자는 환율변동에 따른 환리스크를 부담하게 된다.

외환시장은 좁은 의미에서 외환의 수요와 공급이 연결되는 시장을 의미하나, 넓은 의미에서는 외환거래의 형성 및 결제 등 외환거래와 관련된 일련의 메커니즘을 포괄한다. 외환시장은 두 통화간 매매가 수반되고 환율이 매개변수가 된다는 점에서 금리를 매개변수로 하여 외환의 대차거래가 이루어지는 외화자금시장(foreign currency money market)[2]과는 구별되나 넓은 의미로는 외환시장에

---

1) 포괄적 외환시장은 외국통화와 자국통화 간 거래와 외국통화 간 거래를 모두 포함하며, 이종통화 간 거래는 시장에서 통상 외국통화 간 FX거래를 지칭하므로 원/달러 외환시장만을 의미하는 설명이 아니기 때문에 이같이 표현하였다.

2) 외화자금시장에는 외환 및 통화 스왑시장도 포함된다. 외환 및 통화 스왑거래는 법적으로는 외환의 매매 형식을 취하고 있으나 경제적 실질면에서는 금리를 매개로 하여 여유통화를 담보로 필요통화를 차입하는 것이므로 자금대차거래라고 볼 수 있다.

외화자금시장이 포함되는 것으로 볼 수 있다.[3]

외환시장과 외화자금시장은 서로 다른 개념이지만 서로 독립적으로 완전하게 별개의 양상을 보일 수는 없다. 외환시장은 "환율"을 매개로 두 통화 간 교환이 이루어지는 시장이며, 외화자금시장은 "금리"를 매개로 외국통화의 대차가 이루어지는 시장이다. 다시 말하면 외환시장은 환율을 기준으로 외국환을 매매하는 시장이고, 외화자금시장은 금리를 기준으로 외화자금의 대차가 이루어지는 대차시장이다. 두 시장 모두 외국통화라는 특수하며 개념적으로 복잡성을 띤 자산이 거래되며, 두 시장이 서로 독립적으로 움직이지는 않으며 강한 연계성을 갖고 작동하고 있다.[4]

2. 외환시장의 기능

외환시장은 국가경제에서 다음과 같은 기능을 한다.

(1) 구매력 이전기능

외환시장은 한 나라의 통화로부터 다른 나라 통화로의 구매력 이전을 가능하게 한다. 예를 들어 수출업자가 수출대금으로 받은 외화를 외환시장을 통하여 자국통화로 환전하면 외화의 형태로 가지고 있던 구매력이 자국통화로 바뀌게 된다.[5]

(2) 청산기능

외환시장은 무역 등 대외거래에서 발생하는 외환의 수요와 공급을 청산하는 역할을 한다. 예를 들면 외환의 수요자인 수입업자나 외환의 공급자인 수출업자는 환율을 매개로 외환시장을 통하여 그들이 필요로 하는 대외거래의 결제를 하게 된다. 이러한 외환시장의 대외결제 기능은 국가 간 무역 및 자본거래 등 대외거래를 원활하게 해준다.

(3) 국제수지 조절기능

변동환율제도에서는 환율이 외환의 수급 사정에 따라 변동함으로써 국제수지의 조절기능을 수행하게 된다. 즉 국제수지가 적자를 보이면 외환의 초과수요가 발생하므로 자국통화의 가치가 하락(환율상승)하는데, 이 경우 수출상품의 가

---

3) 한국은행(2016a), 97쪽.
4) 서영숙(2013), "은행 외화차입과 주식시장 및 외환시장의 변동성에 관한 연구", 숭실대학교 대학원 박사학위논문(2013. 6), 8쪽.
5) 한국은행(2016a), 98쪽.

격경쟁력이 개선되어 국제수지 불균형이 해소될 수 있다.

(4) 환위험 대처기능

외환시장은 기업이나 금융기관 등 경제주체들에게 환율변동에 따른 환위험을 회피할 수 있는 수단을 제공한다. 경제주체들은 외환시장에서 거래되는 선물환, 통화선물, 통화옵션 등 다양한 파생상품거래를 통하여 환위험을 헤지할 수 있다. 아울러 외환시장에서는 투기적 거래도 가능하며 이를 통해 환차익을 얻거나 환차손을 볼 수 있다.

3. 외환시장의 특징

외환시장은 다음과 같은 특징을 보인다.

(1) 범세계적 시장이며 24시간 시장

지리적 시차로 거래시간이 중복되어 연결됨으로써 세계 전체적으로는 하루 종일 종장(close)이 없는 "해가 지지않는 시장"이다. 외환시장은 외환규제의 완화 및 정보통신기술의 발달에 힘입어 전세계를 아우르는 시장이 되고 있으며, 국제 외환시장은 호주 외환시장에서부터 뉴욕 외환시장에 이르기까지 24시간 체제로 거래되고 있다.[6] 각국의 화폐가 교환되는 곳이 바로 외환시장이다. 세계 3대 외환시장으로는 런던·뉴욕·도쿄시장을 꼽을 수 있다

(2) 장외시장이며 제로섬시장

외국환거래는 거래소를 중심으로 한 장내거래보다는 전화나 컴퓨터 단말기를 통한 장외거래가 대부분을 차지하며, 외환시장은 승자와 패자가 공존하는 시장, 즉 제로섬 게임(Zero Sum Game)의 성격이 강한 시장이다. 외환시장 참여자 사이에서 한쪽에서 환차익을 보면 다른 한쪽에서는 반드시 이에 상응하는 환차손을 보게 되어있다. 이는 중앙은행이 외환시장에 개입하는 경우[7]에도 마찬가지이다.

---

[6] 국제 외환시장의 공식적인 거래시간은 시드니 시간 월요일 오전 5시로부터 뉴욕 시간 금요일 오후 5시까지이다(서울 외환시장 행동규범38(1)).

[7] 중앙은행은 주로 외환수급의 불균형이 발생하여 환율의 불안정성이 발생하거나 환율이 적정 수준에서 벗어나 경상수지에 악영향을 미치는 경우 환율의 안정과 적정 수준의 유지라는 정책적 목적을 위해 외환시장에 개입한다. 중앙은행이 외환시장에 개입하는 방식은 환율제도의 형태에 따라 그리고 자본 및 금융시장의 개방 정도에 따라 다르게 나타날 수 있다.

(3) 도매시장이며 이중가격시장

소규모의 개인 간 거래보다는 대규모의 은행 간 거래가 전체거래의 90% 이상을 차지하며, 우리 외환시장의 경우 최소 거래단위가 100만 달러(100만 달러 단위로 추가)이지만 뉴욕 등의 외환시장은 최소 거래단위가 100만 달러(표준 거래단위가 약 500만 달러)에 이르는 도매시장의 특징을 갖는다. 또한 이중가격시장(two way market)으로 매도율(offer rate)[8]과 매입율(bid rate)[9] 두 가지 환율이 동시에 고시되는 시장이다.[10]

(4) 금융거래시장

전체 외환거래 중 무역이나 직접투자 등 실물경제와 관련된 비중은 미미하며, 대부분 금융거래에 속하는 것으로 파악되고 있다. 정확한 통계는 알 수 없으나, 통상 시장에서는 실수요 관련 거래가 30%, 투기적 거래가 70% 비율이라는 얘기가 있는데, 실물경제 관련 거래 비중은 적은 편이다.

Ⅱ. 외환시장의 구조

1. 외환시장 참가자

외환시장에는 기업이나 개인 등 고객, 외국환은행, 외국환중개회사(외환중개인), 중앙은행 등이 다양한 목적을 위하여 참가하고 있다.

(1) 고객

고객이란 수출입거래 또는 금융거래를 하는 기업이나 해외여행을 하는 개인 등 재화 및 서비스 거래를 위하여 외환시장에 참가하는 자를 말한다. 수출업자들은 수출대금을 국내통화로 환전하기 위하여 외환시장에 참여하고, 수입업자들은 수입대금을 지불하기 위하여 외환시장에 참여한다. 또한 외국인들이 국내주식을 매입하는 경우에도 외환시장에서 국내통화로 환전해야 하며, 내국인들이 외국주식을 매입하는 경우에도 외환시장에 참가한다. 이와 같이 외환시장에서는 다양한

---

8) 매도율(offer rate, ask rate)은 은행이나 외환딜러가 외환을 고객에게 매도하는 가격을 말한다. 고객의 입장에서는 매입하는 가격이 된다.
9) 매입률(bid rate)은 은행이나 외환딜러가 외환을 고객으로부터 매입하는 가격을 말한다. 고객의 입장에서는 매도하는 가격이 된다.
10) 이중가격제시(two way quotation)는 [매입율(bid Rate) – 매도율(offer Rate)]의 형태로 매입가격과 매도가격을 동시에 고시하는 것을 말한다(예: USD/KRW 1,205.10-20).

목적을 가진 참가자들이 있으며, 이들이 외환에 대한 수요와 공급을 나타낸다.

수출업자들은 외환의 공급자 역할을 하는 반면 수입업자들은 외환의 수요자에 해당된다. 또한 해외여행객이 자국통화를 여행국 통화로 환전하게 되면 외환시장에서 외환을 필요로 하는 수요자가 된다. 수출기업이나 해외여행객 등은 환율변동에 따른 단기적인 환차익을 획득하기 위해 외환거래를 하기보다는 무역거래나 해외송금, 여행 등 경제활동의 필요에 의해 외환의 공급자와 수요자 역할을 하므로 외환의 실수요자라고 할 수 있다.11) 정부 또한 외환정책을 담당하는 외환당국을 제외하고는 대외거래를 위하여 고객으로서 외환시장에 참가한다.12)

(2) 외국환은행

외환시장과 외화자금시장의 핵심 주체는 외국환은행이다. 두 시장의 연계성이 강하기 때문이다. 외환시장에서의 외국환의 매각 또는 매입을 필요로 하는 은행 이외에 다양한 주체, 즉 개인, 기업, 금융투자업자, 보험회사, 외국인투자자 등이 있으나 외환시장에서 주요 주체는 은행 및 외국은행 국내지점을 포함한 외국환은행이 외환딜러로서 거래의 중추적 역할을 수행하고 있다. 금융투자업자는 투자매매업자, 투자중개업자, 투자일임업자, 신탁업자가 외국환업무를 취급업무별로 수행하고 있으나 외국환은행에 비하여 제한적이다.

외국환은행은 고객과의 외환거래에 있어 거래상대방으로서의 역할을 할 뿐만 아니라 대고객거래 결과 발생하는 은행 자신의 외국환포지션(외화자산-외화부채) 변동을 은행 간 (장외)시장13)을 통하여 조정하는 과정에서도 적극적으로 외환거래를 하게 된다. 외국환은행은 환율전망을 바탕으로 환차익을 얻기 위한 외환거래도 활발하게 하고 있다. 특히 대형은행의 경우 외환시장에서 시장조성자로서의 역할을 수행하는데, 전세계 외환시장에서 특정 통화에 대한 매입가격과 매도가격을 동시에 제시(two way quotation)하면서 24시간 외환매매를 하고 있다. 이들이 제시하는 매도가격과 매입가격의 차이인 스프레드는 은행들의 수입원이 되는 동시에 외환시장 내 가격결정을 선도해 나가는 역할을 하고 있다.14)

---

11) 환차익 획득을 위한 투기적 거래를 주로 하는 헤지펀드도 외환시장의 고객으로 볼 수 있다.

12) 한국은행(2016a), 98쪽.

13) 국내은행은 고객과의 외환파생상품거래시 통상 당일 중으로 다른 외국환은행과 반대거래를 함으로써 고객과의 거래에서 노출된 위험을 헤지한다.

14) 한국은행(2016a), 98-99쪽.

외국환은행은 외국환거래법에 따라 모든 외국환업무를 취급할 수 있다. 다만, 외국환거래법상 외국환은행에 대하여는 외국환의 매입 및 매각 포지션에 한도를 제한하는 등의 규제가 있으며, 외환시장 거래로 인한 외국환 순포지션 상쇄를 위한 원화 또는 외화 자금을 외화자금시장에서 조달해야 하므로 두 시장의 연계성은 강할 수밖에 없다.

외환 딜러(dealer)는 은행 등에 소속되어 외국환, 증권, 파생상품 등을 전문적으로 거래하는 자를 말한다, 미국에서는 트레이더(trader)라고도 한다. 딜러는 소속기관으로부터 거래한도, 책임 및 권한 등을 위임받아 자신의 의도에 따른 포지션 및 위험을 보유한다. 또한 거래하는 자산의 시장조성(market making)을 위해 지속적으로 거래에 참여한다. 이에 비해 브로커는 딜러 또는 고객의 주문을 받아 장내시장 또는 장외시장에서 거래를 체결하며 수수료를 받는 중개업무를 주로 영위하는 자를 말한다.

(3) 외국환중개회사(외환중개인): 외환 브로커

외환중개인(foreign exchange broker)은 중개수수료[15]를 받고 은행 간 거래를 중개해주는 자를 말한다. 외환매매거래를 하는 은행들은 전세계 외환시장에서 시시각각으로 형성되는 최적의 매도·매입 가격을 파악하는 데에는 시간과 비용이 많이 드는 데다 한 은행이 특정 거래상대방과 직접거래를 할 경우 자기 은행의 포지션이 거래상대방에게 노출될 수 있다. 따라서 은행들은 중개수수료를 지불하고 외국환중개회사가 제공하는 정보를 바탕으로 외환매매거래를 하게 된다. 외환중개인은 은행들이 제시하는 매입환율과 매도환율을 다른 은행에 실시간으로 제공하는 중개업무만을 하고 외환거래를 직접 행하지 않기 때문에 환위험에 노출되지 않으며 중개에 따른 수수료 수입만을 얻는다는 점에서 은행과 상이하다.[16]

외국환중개회사는 2002년 10월부터 기존 방식인 전화주문과 함께 전자중개시스템(EBS: Electronic Brokering System)을 통해서도 거래주문을 접수하고 있다. 전자중개시스템은 외국환은행의 딜러가 전용단말기를 이용하여 직접 매매주문을 입력하면 중개회사의 전산망을 통해 거래가 자동적으로 체결되는 외환거래 방식

---

15) 외국환중개회사의 중개수수료 수준에 대한 제한은 없으나 중개회사가 중개수수료를 결정하거나 변경할 경우 한국은행에 보고하도록 되어 있다.
16) 한국은행(2016a), 99쪽.

이다. 이 방식은 전화주문 폭주시의 주문지연 현상을 해소하고 딜러가 직접 주문을 입력함으로써 전화통화 과정에서 발생할 수 있는 착오를 방지할 수 있는 장점이 있다. 반면 중개회사를 경유하지 않는 은행 간 직거래는 주로 로이터(Reuters) 단말기의 딜링 머신 등을 통해 딜러 간 가격 및 거래조건이 결정된다.[17]

(4) 중앙은행

각국의 중앙은행은 자국 및 세계의 외환시장의 동향을 항상 모니터링하고, 인위적으로도 환율을 안정시킬 필요가 있을 때에는 직접 매매에 참여하기도 함으로써 시장참여자가 된다. 예를 들어 외환시장에서 환율이 지나치게 빠른 속도로 하락(상승)할 경우에는 외환시장 안정을 위하여 자국통화를 대가로 외환을 매입(매도)한다. 또한 외환보유액(대외지급준비자산)의 운용, 정부 외환거래의 대행, 국제기구와의 외환거래를 위해서도 중앙은행은 시장에 참여한다.

외환시장의 구조는 아래와 같다.[18]

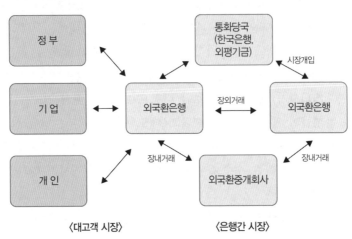

외환 시장의 구조

---

17) 한국은행(2016a), 101–102쪽.
18) 임영진(2018), "우리나라 외환거래제도의 이해", 한국은행 금요강좌 발표자료(2018. 11), 18쪽.

2. 외환시장의 구분

(1) 장외시장과 장내시장

(가) 장외시장

외환시장은 수백 명의 딜러(대부분 은행)가 외국통화로 표시된 자금을 매입하고 매도하는 장외시장의 형태로 조직되어 있다. 장외 외환시장은 거래당사자에 따라 은행간시장과 대고객시장으로 구분할 수 있다.

1) 은행간시장

은행간시장은 좁은 의미에서의 외환시장을 의미하는 것으로 도매시장의 성격을 갖는다. 은행간시장은 외환중개인이 외환거래를 중개하여 은행간 거래가 이루어지거나 또는 외환중개인 없이 은행간 직거래가 이루어지는 도매시장이다. 중앙은행이 외환거래를 하여 시장개입을 하는 경우도 은행간시장을 통하여 이루어진다.[19]

외국환중개회사를 통한 은행간시장의 거래 방법 및 절차를 살펴보면 우선 거래시간은 매일 오전 9시부터 오후 3시 30분까지이다. 거래통화[20]는 미달러화 및 중국 위안화[21]이고 거래금액은 각각 최소 100만 달러 및 100만 위안이며, 거래단위는 100만 달러 및 100만 위안의 배수이다. 거래주문가격의 단위금액은 원/달러 거래의 경우 10전 단위, 원/위안 거래의 경우에는 1전 단위이고, 결제일은 익익일물결제(value spot)로 되어 있다. 한편 외환시장 거래관행은 은행, 중개회사 등 외환시장 참가기관의 자율운영기구인 서울외환시장운영협의회에서 논의를 거쳐 개선되고 있다.[22]

---

19) 외환중개인의 경유 여부와 상관없이 외환거래를 거래소에서 이루어지는 경우와 그렇지 않은 장외거래로 구분할 수 있는데 외환거래는 통화선물거래, 통화옵션거래 등 일부를 제외하고는 장외거래 형태를 띠고 있다.

20) 우리나라는 1996년 원화와 엔화 간의 거래를 위해 원/엔 시장을 개설하였으나 유동성 부족으로 1997년 1월 이후 거래가 자연적으로 소멸되었다

21) 2014년 12월 1일 원/위안 직거래시장이 개설되었다.

22) 서울외환시장운영협의회는 「외환시장 거래관행 개선조치」(2002년 8월)에 따라 원/달러 현물환거래의 최소 거래금액 50만 달러, 거래단위 10만 달러의 배수에서 최소 거래금액 100만 달러, 거래단위 50만 달러의 배수로 상향조정하였으며, 현물환거래의 결제일도 종전의 당일물(value today), 익일물(value tomorrow) 및 익익일물(value spot) 결제로 세분화되어 있던 것을 국제관행에 따라 익익일물결제로 일원화하였다. 이후 「외환시장 선진화를 위한 제도 및 관행 개선」(2013년 11월)에 따라 거래불편, 국제관행 등을 고려하여 현물환 거래단위를 50만 달러에서 100만 달러로 상향조정하였다.

2) 대고객시장

대고객시장은 일종의 소매시장 성격을 가지며 은행, 개인, 기업 등 고객 간
의 외환거래가 이루어지는 시장을 말한다. 대고객거래의 결과 은행들은 외국환
포지션에 변동이 발생하며 은행간시장을 통해 이를 조정하는 과정에서 대고객시
장과 은행간시장의 연계가 이루어진다. 예를 들어 기업이 수출대금으로 1억 달
러를 해외로부터 수취하였다고 가정해 보자. 이 기업은 수출대금을 국내에서 사
용하기 위해 대고객시장에서 외화를 은행에 매각하고 원화를 수취하게 된다.[23]
이 경우 은행은 외화자산이 1억 달러 늘어나게 되므로 외국환포지션이 양(＋)의
방향으로 증가하여 매입초과포지션 상태가 된다. 만약 원화가치가 상승(환율하락)
하면 환차손을 입게 되므로 은행은 외국환포지션이 일정 한도 이상으로 증가하
지 않도록 외국환포지션을 조정하는 데 은행간시장에서 보유하고 있는 외화자산
을 매각함으로써 외국환포지션 변동에 따른 환위험을 최소화한다.[24]

(나) 장내시장

은행간시장 및 대고객시장으로 구성된 장외 외환시장 이외에 한국거래소의
통화상품 거래, 장외 FX 마진거래까지 외환시장 거래라 할 수 있으며, 이들 시장
을 기타 외환시장으로 분류하기도 한다. 한국거래소 파생상품시장의 통화상품인
미국달러선물, 엔선물, 유로선물, 위안선물, 미국달러옵션이 거래되는 외환시장
을 장내 외환시장이라고 한다.[25]

(2) 현물환시장과 선물환시장

외환시장은 거래형태에 따라 현물환시장(FX Spot Market)과 선물환시장(FX
Forward Market: 선도환시장으로도 불림)으로 구분된다. 현물환시장이란 외환매매계
약과 동시에(거래일＋2영업일 이내 결제) 외환의 거래(즉 인수·인도 및 결제)가 이루
어지는 시장이며, 선물환시장은 외환매매계약을 체결하고 나중에(거래일＋2영업일
초과 결제) 외환의 거래가 이루어지는 시장을 말한다.

---

23) 수출기업은 은행에 외화를 매각하지 않고 거주자외화예금의 형태로 금융기관에 예치할 수
도 있다. 이 경우 수출대금으로 벌어들인 외화가 은행간시장에 공급되지 않기 때문에 당
장은 환율하락 요인으로 작용하지 않는다.
24) 한국은행(2016a), 100쪽.
25) 빈기범·강원철(2009), "외환시장과 외화자금시장의 구분 및 KRX 통화시장 역할의 중요
성", 자본시장연구원(2009. 8), 16쪽.

(3) 외화자금시장

외화자금시장은 통상 90일 이내의 외화콜 시장과 90일 초과-1년 이내의 단기물 시장을 통칭하며, 외환스왑(FX Swap)과 통화스왑(Currency Swap) 시장이 넓은 의미의 외화자금시장 범주에 포함된다.

외화자금시장은 금리를 매개변수로 하여 대출과 차입 등 외환의 대차거래가 이루어지는 시장을 말한다. 대표적인 외화자금시장으로는 스왑(외환 및 통화스왑) 시장이 있다. 스왑거래의 경우 외환의 매매형식을 취하고 있으나 실질적으로는 금리를 매개로 하여 여유통화를 담보로 필요통화를 차입한다는 점에서 대차거래로 볼 수 있다.

(4) 통화선물시장과 통화옵션시장

통화선물시장은 선도(물)환시장의 거래를 활성화시키고 표준화하기 위하여 탄생하였는데 주가지수선물시장이 주가지수에 연동하여 움직이는 시장이라면 통화선물시장은 환율에 연동하여 움직이는 시장이다. 통화옵션시장은 환율의 불리한 변동으로부터 보호받는 동시에 환율의 유리한 변동으로 말미암은 이익을 동시에 실현시킬 수 있는(물론 이런 장점 때문에 통화옵션을 살 경우 프리미엄이라는 대금을 지불) 시장으로 그 원리면에서는 기타의 다른 옵션시장과 동일하다.

(5) 국제 자금시장과 국제 자본시장

국제 자금시장은 일반적으로 만기일이 1년 이내의 금융자산이 거래되는 시장이다. 예를 들어 환매조건부채권(RP), 양도성예금증서(CD), 단기재정증권(T-Bill), 은행인수어음(BA), 기업어음(CP) 등의 단기금융자산이 거래되는 시장이다. 국제 단기금융시장이라고도 한다. 국제 자본시장은 일반적으로 만기일이 1년 이상의 금융자산이 거래되는 시장으로 국제 주식시장과 국제 채권시장이 있다. DR, 유로채, 외국채, 신디케이트대출(syndicated loan) 등이 거래되는 시장이다.

3. 외환시장과 외국환

외국환(외환)은 외환시장에서 거래되며, 국내 자금시장과 국제 금융시장을 상호 연결시켜 주는 역할을 한다. 국내 자금시장에서 자금을 조달·운용하여 외환시장에서 필요한 외환을 매입하거나 매도할 수 있으며, 국제 금융시장에 외화로 투자하거나 외화를 조달하게 된다. 이렇게 연결된 국제 금융시장에서 유통되는 통화의 금리 변화에 따라 자금의 유입과 유출이 발생하게 된다. 반면 외환시장에서는 외환이 자국통화를 기준으로 한 환율에 의하여 거래되며, 환율과 금리의 변동에 따라 외국통화의 상대적 가치인 환율이 변동하게 되며, 이러한 환율의 변동에 따라 환위험이 발생한다.

국제간 교역이나 금융행위로 인하여 발생한 채권·채무를 결제할 때 사용하는 외환으로 대표적인 것이 국제기축통화, 금, 그리고 외국환어음이다. 여기서 외국환어음은 교환성 통화인 국제통화로 표시되어야 한다. 왜냐하면 외국통화로 표시된 채권·채무라고 해서 모두 외환이라고 할 수 없기 때문이다. 또한 외국환어음은 환어음으로서 환어음의 당사자들 중에 한 사람이 외국에 소재하고 있는 경우에 발생한다. 즉 환어음의 당사자들 중에 한 사람이 비거주자로 되어 있고, 환어음의 발행지나 지급지가 외국으로 되어 있으며, 외화로 표시되어 있는 어음을 말한다. 외국환어음은 주로 무역의 결제업무에 이용되고 있다.

Ⅲ. 우리나라 외환시장의 특징

1. 높은 환율 변동성

국내 외환시장은 1997년 IMF 외환위기시 달러 대비 2,000원까지 가치가 하락하였고, 2008년 글로벌 금융위기시에는 1,600원까지 가치가 하락하였다. 전세계적으로 정책금리 인하로 환율 변동성이 확대되고 있다.

우리나라를 포함한 24개국[26]의 중앙은행은 2014년-2015년 국제적 정책 공조 없이 자국의 경제상황에 따라 금융완화정책을 추진하였다. 이렇게 상반된 통화정책을 수행하였을 때 일반적인 수준보다 강한 유로화 및 엔화 약세 추세가 형성되며, 우리나라 역시 환율 변동성이 크게 나타나고 있다. 환율의 변동성이 크다는 것은 자국의 경제 상황에 맞게 통화정책을 완화함으로써 환율에도 영향을 미치고 있다는 것이다.

달러화가 강세를 보일 경우 원화는 약세를 보이고 있고, 이러한 현상은 1997년 IMF 외환위기와 2007년 하반기부터 2008년 글로벌 금융위기 당시 나타났다. 그리고 원화환율 하락시에는 상승시와 반대로 달러화뿐만 아니라 엔화, 유

---

26) 정책금리조정(20개국): 유로, 한국, 중국, 호주, 태국, 베트남, 이스라엘, 멕시코, 칠레, 페루, 불가리아, 폴란드, 헝가리, 노르웨이, 스웨덴, 스위스, 덴마크, 아이슬란드, 캐나다 / 양적완화 방식(4개국): 터키, 인도네시아, 인도, 러시아.

로화 등 주요 통화에 대해서도 동반 하락하는 양상을 보였다.

외환위기인 1997년 말 2,000원에 육박했던 환율은 1998년부터 하락세로 전환하여 2008년에는 1,100원까지 하락하였으며, 2008년 금융위기로 1997년 외환위기 이후 최대 폭으로 폭등하여 1,600원까지 상승하였으나, 2012년 들어와서는 1,100원 수준을 지속적으로 유지함으로써 금융위기 이전의 수준으로 회복되었다.[27)]

2. 경제규모에 비해 작은 외환거래 규모

우리나라의 세계 무역규모 순위는 한국무역협회 발표 기준 세계 7위를 차지하지만, 외한시장의 거래규모는 영국 40.9%, 미국 18.9%, 싱가포르 5.7%, 우리나라 0.7%로 15위를 기록하고 있으며,[28)] GDP 대비 총 외환거래비율(2013년 기준)이 싱가포르 146%, 홍콩 113%, 영국 85%, 호주 18.2% 대만은 5.8%인 반면 한국은 5.3%에 그치고 있다. 이는 우리나라의 외환시장이 규모가 작아 흡수능력 부족으로 경제 전체가 외부충격에 취약하고, 작은 외환 수급상의 충격에도 시장이 심하게 변동할 수 있는 특징을 보여주고 있다.

3. 외환거래시 높은 외국인 비중

우리나라 외환시장은 외국인의 높은 거래 비중으로 외국인의 움직임에 의해 좌우되는데, 이는 역외 차액결제선물환(NDF) 거래라고 해도 과언이 아니다. NDF는 역외시장에서 거래되며 외국은행이나 외국인 투자자가 환헤지나 투기의 목적으로 거래에 참여한다. 국내 외환시장에서의 외국환거래 규제를 피하기 위한 선물환거래보다는 역외시장에서 NDF를 이용하여 거래하며, NDF의 거래량 증가의 주원인은 외국인의 주식투자이다.

---

27) 김래복(2015), "해운기업의 외환손익 영향분석과 대응방안에 관한 실증연구: 국적 외항선사를 중심으로", 한국해양대학교 해양금융물류대학원 석사학위논문(2015. 6), 8-10쪽.
28) 국제결제은행(BIS)의 2019년 거래규모 조사에 의하면 2019년 4월 기준 우리나라보다 거래규모가 큰 국가는 영국 43.1%, 미국 16.5%, 싱가포르 7.6%, 홍콩 7.6%, 일본 4.5%, 스위스 3.3%, 프랑스 2.0%, 중국 1.6%, 독일 1.5%, 호주 1.4%, 캐나다 1.3%, 네덜란드 0.8%, 덴마크 0.8%, 룩셈부르크 0.7%이다.

4. NDF 거래의 영향 증대

NDF 거래는 일반선물환 거래와는 달리 만기에 차액만을 지정통화(통상 미달러화)로 정산하는 선물환거래를 말한다. 즉 통상 달러로 정산하기 위해 [선물환계약금액 × (계약시 선물환율 - 만기시 현물환율)] ÷ 만기시 현물환율이다. NDF 거래는 일반선물환 거래에 비해 차액만을 결제하므로 결제위험이 상대적으로 낮고, 소요자금이 적어 투기거래에 이용될 수 있다. 국내 외환당국의 행정력이 미치지 않는 비거주자를 중심으로 이루어지므로 정책당국이 통제하기 대단히 곤란하다.

NDF 거래가 원화 환율에 미치는 경로를 보면 ⅰ) 최초 계약시: 비거주자의 NDF 매도의 경우는 국내 외국환은행의 NDF 매입(매입초과 포지션) → 포지션 조정(환리스크 헤지)을 위해 현물환 매도 → 국내 현물환율 하락압력, ⅱ) NDF 만기 도래시: 만기 차액정산의 경우는 국내 외국환은행의 선물환포지션 소멸 → 포지션 조정(환리스크 헤지)을 위해 현물환 매입 → 국내 현물환율 상승압력의 경로를 갖는다.

투기성이 높고 비거주자 중심으로 거래가 이루어지는 NDF 거래량이 급속도로 증대되어 환율 정책의 교란 요인으로 작용하기도 한다.

5. 외환시장의 외부충격 흡수능력 부족

외환시장의 규모가 작아 외부충격 흡수능력 부족으로 거시경제 전체가 외부충격에 취약하고 약간의 외환 수급상의 충격에도 외환시장이 심하게 변동하기도 한다. 외국인의 주식투자자금 유입에 원화 환율이 많은 충격을 받기도 하며, 정책당국이 통제할 수 없는 NDF 시장에서 국내 외국환은행과 비거주자 간 거래에서 자연히 발생하는 국내 외국환은행의 헤지용 거래 등이 원화 환율에 많은 영향을 미치기도 한다.

6. 외환 관련 파생금융시장의 미발달

통화선물과 통화옵션 등 외환파생상품시장이 발달하지 못하여 환위험을 헤지할 수 있는 다양한 수단을 제공하지 못함에 따라 기업과 금융기관의 환위험 관리에 애로를 겪기도 한다. 외환시장의 폭과 깊이가 작아 헤지거래에 필요한 유동성 확보가 곤란하며, 유동성 부족으로 환리스크 헤지를 위한 외환거래마저도 국외로 이탈(예: NDF 시장)하기도 한다. 외환거래의 이탈은 다시 국내 외환시장의 유동성 부족을 가져와 빈곤의 악순환이 되풀이되기도 한다.

은행간시장에서 선도적인 시장조성자의 역할이 미흡하다. 국내 은행간시장은 외환거래가 소규모로 분산되어 있기 때문에 개별은행은 price taker로서 수동적 역할만 분담(외국의 경우 10여개의 선도은행이 외환거래에 주도적 역할을 담당)하며, 선진국 외환시장에서 일반화된 이중가격제시(two way quotation)가 잘 이루어지지 못하고 있으며, 원활한 재정거래를 통한 외환시장의 효율성도 떨어지고 있다.

이종통화거래 및 원/엔 거래도 외환거래를 주도할 수 있는 선도은행의 부재와 유동성의 부족으로 거래가 이루어지고 있지 않아 기업과 금융기관의 거래비용을 증가시키고 있기도 하다.

제2절 현물환시장 및 선물환시장

I. 개요

원화는 아직 국제화되지 않았기 때문에 원화의 실물 인수도가 일어나는 현물환 및 선물환이 매매되는 통화시장은 우리나라 외환시장에 국한되며, 현물환 및 선물환 시장은 외국환거래법상 외국환은행이 외환딜러로서 역할을 수행하는 딜러시장 또는 은행간시장을 근간으로 발달되어 왔다. 원화의 실물 인수도가 일어나는 외환거래는 현물환거래와 선물환거래이다. 선물환이라는 용어는 한국거래소의 장내 선물과 혼동할 수 있으나 선물환은 장외시장의 선도환임을 유의할 필요가 있다.[29]

현물환을 현물(spot)로, 선물환을 선물(futures)로 이해해서는 아니 된다. 현물환 및 선물환 거래는 반드시 원화와 외환의 실물 인수도가 수반된다. 현물환계

---

29) 빈기범·강원철(2009), 14, 18쪽.

약과 선물환계약은 엄밀하게는 선도계약(forward)이다. 현물환거래는 인도·결제일이 매우 가까운 선도거래(2일 이내)이며, 선물환거래는 인도·결제일이 비교적 먼 선도거래(3일 이후)이다. 현물환거래에서 T일 계약이 체결되면, 당일물은 T일, 익일물은 T+1일, 익익일물은 T+2일 결제되며, 익익일물이 국제표준이다. 선물환거래에서 T일 계약이 체결되면 T+2+s(s>0)일 결제되는데, 주로 1개월물 T일 +2일+1개월 결제일 거래가 주종을 이루고 있다.

현물환 및 선물환 거래는 장외거래로 중간에서 강제적으로 결제를 이행 및 보장해 주는 기관이 없어 결제불이행위험, 즉 거래상대방위험에 노출되며, 이에 서로 전적으로 신뢰할 수 있는 당사자들끼리 거래하고 있다. 따라서 통화시장은 역사적 경험과 전통을 바탕으로 서로 신뢰할 수 있는 참가자들만의 시장인 딜러시장의 형태로 발달하게 되는 것이 일반적이다.

II. 현물환시장

1. 의의

우리나라의 경우 달러/원 현물환거래를 할 수 있는 금융기관은 대부분 시중은행, 지방은행, 외국계은행이고 일부 증권회사가 참여하고 있다. 달러/원 현물환의 거래는 서울외국환중개와 한국자금중개가 당국으로부터 인가를 받아 중개를 하고 있으며,[30] 딜러들은 양 중개사가 제공하는 단말기를 설치하고 동 단말기를 통해 주문을 내거나 올라와 있는 주문을 보고 거래를 체결시킨다.[31]

현물환거래란 계약일로부터 2영업일 이내에 외환 및 원화의 인수도와 결제가 이루어지는 외국환거래이다. 계약일은 거래당사자간 거래금액, 만기, 계약 통화 등 거래조건이 결정되는 일자를 말하며, 결제일은 거래계약 후 실제로 외환의 인수도와 결제가 일어나는 일자를 의미한다. 계약 당일에는 거래당사자간 거래금액, 만기, 통화 등 계약조건이 결정될 뿐 실제 자금이동은 결제일까지 일어나지 않는다. 은행간시장에서 외국환중개회사를 경유한 거래가 현물환거래의 가장 일반적인 형태이다.

---

30) 현물환 중개 인가기관은 2개사(서울외국환중개, 한국자금중개)이다.
31) 정대인(2017), "한국의 달러/원 외환시장과 원화단기자금시장의 관계 분석: 글로벌 금융위기 전후의 비대칭성을 중심으로", 연세대학교 경제대학원 석사학위논문(2017. 12), 10쪽.

현물환거래는 외환시장에서 가장 일반적이며 기본적인 거래로서 결제일의 통화 간 교환비율을 나타내는 현물환율은 외환시장의 기본 환율로 여타 환율 산출시 기준이 된다.[32] 현물환시장의 가격인 현물환율은 현물환의 수요와 공급에 의해 변동한다.

2. 익익일물 계약의 거래과정

계약체결과 동시에 외환 및 원화의 인수도·결제가 일어나는 거래를 당일물, 계약체결 후 1영업일 후(T+1) 인수도·결제가 일어나는 거래를 익일물, 계약체결 후 2영업일 후(T+2) 인수도·결제가 일어나는 거래를 익익일물이라 한다. 현물환의 국제표준은 익익일물이며, 국내 외환시장에서 외국환중개회사 경유 거래상의 현물환거래는 익익일물 거래로 통일되어 있다.

현물환거래의 익익일물 계약의 거래 및 결제 과정을 예로 들어본다. A은행과 B은행 간 2020년 9월 7일(월)에 익익일물 현물환율 1,200원에/달러에 A은행 현물환 매입(long)과 동시에 B은행 현물환 매도(short) 계약이 1백만 달러어치 체결된 경우, 9월 9일(수)에 A은행은 B은행에 원화 12억원을 이체하고, B은행은 A은행에 미화 1백만 달러를 이체하여 이 현물환거래를 종결한다.

3. 현물환거래의 특징

현물환거래 중 당일물을 제외한 익익물, 익익일물 거래는 주로 은행간시장에서 이루어지며, 당일물은 주로 대고객시장에서 이루어진다. 은행간 현물환거래에서는 담보 없이 100% 신용을 바탕으로 이루어지는 것이 원칙이지만, 은행 대 고객의 현물환(당일물 제외) 거래에서는 거래상대방위험을 고려하여 신용도에 따라 담보를 요구하고 있다. 은행 대 고객의 현물환거래로 외환 매입·매도 익스포져가 높아진 은행은 은행간시장에서 다른 은행과 반대거래 또는 대고객시장에서 반대 포지션을 통해 상쇄하여 포지션을 적정 수준으로 유지해야 한다.[33]

---

32) 한국은행(2016a), 137-138쪽.
33) 빈기범·강원철(2009), 20-21쪽.

Ⅲ. 선물환시장

1. 의의

선물환거래는 순수하게 선물환 매입·매도거래만 발생하는 Outright Forward 거래와 선물환거래가 스왑거래의 일부로 일어나는 Swap Forward 거래로 구분할 수 있다. Outright Forward 거래는 ⅰ) 결제일에 원화 및 외환 실물의 인수도가 일어나는 일반선물환거래와 ⅱ) 결제일에 원화 및 외환 실물의 인수도 없이 차액만을 정산하는 차액결제선물환(NDF: Non-Deliverable Forward) 거래로 구분된다.

선물환거래 구조는 현물환거래의 구조와 거의 동일하지만, 단지 결제일이 현물환거래에 비해 멀다는 차이만 있을 뿐이다. 그러나 결제일이 멀다는 사실 자체가 양 거래 간 중요한 차이를 가져올 수 있다. 즉 현물환에 비해 선물환은 결제불이행의 불확실성이 크며, 이에 은행의 거래상대방에 대한 담보 요구가 현물환거래에 비해 클 수 있다. 은행간시장에서는 현물환과 마찬가지로 전적으로 신용으로 선물환거래를 하는 것이 원칙이지만, 금융경색 발생시 은행간시장에서도 담보요구 가능성을 배제할 수 없다.

선물환거래 규제는 금융회사의 선물환포지션 또는 현물환포지션을 별도로 규제하여 선물환거래를 통한 단기차입을 제한하자는 것이다.

2. 일반선물환시장

(1) 의의

선물환거래라 함은 대외지급수단의 매매계약일의 제3영업일 이후 장래의 약정한 시기에 거래당사자 간에 매매계약시 미리 약정한 환율에 의하여 대외지급수단을 매매하고 그 대금을 결제하는 거래로서 자본시장법에 따른 파생상품시장 또는 해외파생상품시장에서 이루어지는 거래를 제외한 거래를 말한다(외국환거래규정1-2(11)).

선물환시장도 현물환시장과 마찬가지로 은행간시장과 대고객시장으로 구성된다. 우리나라 외환시장에서 은행간시장에서는 일반선물환 거래가 일어나지 않으며, 외국은행 국내지점과 국내 은행간 외화-원화 자금조달을 위한 외환스왑거래가 빈번하게 일어난다.

대고객시장에서는 수출입기업(특히 조선사)과 국내 은행 간 일반선물환 거래 및 외환스왑거래, 그리고 비거주자와 국내 은행 간 NDF 거래가 활발히 일어나고 있다. 대고객시장에서 은행은 선물환거래의 결제일이 상대적으로 먼 미래임을 고려하여, 거래상대방의 신용도에 따라 선물환거래에 대한 담보를 요구할 수 있다.

(2) 일반선물환 거래의 거래과정

선물환거래란 계약일로부터 일정기간 경과 후[(T+3)일 이상] 특정 결제일에 외환 및 원화 실물의 인수도·결제가 이루어지는 외국환거래이다. 선물환은 현물환에 대한 파생거래로 보지 않는 것이 이해하는 데 편리하다. 특히 "현물환-선물환 관계"는 현물-선물 관계가 아니다. 현물환 및 선물환은 일종의 선도환이며, 그 구분은 T+2일 기준으로 결제일이 그 이전이면 현물환이고, 그 이후이면 선물환으로 보는 것이 거래를 이해하기 쉽다.[34]

일반선물환 거래의 거래과정을 예를 들어 보면 다음과 같다. 2020년 9월 4일(금) A은행이 B은행으로부터 1백만달러를 선물환율 1,202원에 1개월 후 매입하기로 하는 계약을 체결하였다고 하자. 이 경우 결제일인 10월 8일(목)에 A은행은 B은행에 12억2백만원(=1,202원×1,000,000달러)을 지급하고 B은행은 A은행에 1백만달러를 지급함으로써 거래가 종결된다.[35]

(3) 거래구조

(가) 선물환거래 메커니즘

은행간시장에서의 선물환거래 메커니즘은 기본적으로 현물환거래 구조와 동일하다. 다만 만기가 계약일로부터 3영업일 이상이고, 거래주문시 제시가격은 절대 환율수준이 아니라 선물환율과 현물환율의 차이인 스왑포인트(swap point)로 호가하며 거래가 체결되면 직전 체결된 현물환율을 기준으로 실제 거래환율이 결정된다는 점 등에서 차이가 있다. 예를 들어 1개월 선물환거래가 3.0원에 체결되었다면 선물환율은 직전에 체결된 현물환율(1,200원으로 가정)에 3.0원을 가산한 1,203원으로 결정된다.

(나) 선물환거래의 결제일

선물환거래 결제일의 종류는 2영업일을 초과한 1주일, 1개월, 2개월, 3개월, 6개월, 1년 등 표준적인 날을 결제일로 하는 표준결제일(fixed date) 방식과 거래

---

34) 빈기범·강원철(2009), 21-23쪽.
35) 한국은행(2016a), 146-150쪽.

당사자 간의 계약에 따라 주·월·년 단위가 아닌 특정일을 결제일로 정하는 비표준결제일(odd date) 방식이 있다. 대고객거래 및 은행간 직접거래 시장은 결제조건이 정형화되어 있지 않으나, 외국환중개회사를 통한 은행간시장의 경우는 거래의 원활화를 위해 표준결제일 방식으로 거래되는 것이 일반적이다. 우리나라 은행간시장에서 거래되고 있는 선물환거래의 종류는 1주일물, 2주일물, 1개월물, 2개월물, 3개월물, 6개월물, 9개월물, 1년물 등이 있다.

선물환거래 결제일은 현물환 결제일(spot date)을 기준으로 기산하며, 여기에 선물환 기간을 더하여 해당월의 같은 날짜로 결정된다. 예를 들면 2020년 10월 27일(화)에 1개월물 선물환거래가 이루어졌다면 기산일은 현물환거래의 결제일인 10월 29일(목)이 되고 1개월 선물환거래의 결제일은 11월 29일(일)이 되어야 하나 휴일인 관계로 익영업일인 11월 30일(월)로 순연된다.

(다) 선물환거래 결제의 특징

선물환거래 결제는 현물환거래와는 다르게 월을 바꾸지 못하는 원칙 및 끝날거래(end to end)의 원칙이 추가 적용된다. 예를 들면 위의 거래에서 11월 30일이 휴일이라면 결제일이 순연되어 영업일 기준으로 12월 1일이 되어야 하나 선물환거래의 결제일은 11월 말부터 역산하여 가장 가까운 첫 번째 영업일인 11월 27일(금)이 된다. 또한 끝날거래 원칙을 적용할 경우 선물환거래의 기산일이 되는 현물환 결제일이 특정월의 최종 영업일이면 선물환거래의 결제일도 해당월의 최종영업일이 된다. 예를 들면 2020년 5월 27일(수)에 2개월물 선물환거래를 체결한 경우 현물환 결제일은 5월 29일(금)이 되고 만일 이 날이 5월의 최종 영업일이면 동 선물환의 결제일은 7월 29일(수)이 아니라 7월의 마지막 영업일인 7월 31일(금)이 된다.

3. 차액결제선물환시장

(1) 의의

NDF 거래란 만기에 계약원금의 상호교환이 없이 계약한 선물환율과 만기시의 현물환율과의 차이액만을 기준통화(주로 미달러화)로 정산하는 선물환계약을 말한다. (만기비정산) 차액결제선물환거래로서 "만기에 계약원금의 상호 지급이 없는(Non-Delivery)" 선물환거래란 의미이다. 즉 선물환거래이기는 하지만 일반선물환 거래와는 달리 특수한 형태로서의 거래 형식 또는 상품이다.

NDF 거래는 만기에 실물의 인수도·결제 없이 약정환율인 NDF환율과 만기시 현물환율인 지정환율(fixing rate) 간 차액만큼만 거래당사자 간에 지정통화로 결제하는 거래이다. 즉 일반선물환 거래와는 달리 만기시 당초 약정환율과 만기 결제환율 간의 차액을 계약당사자 간에 수수하는 선물환거래를 말한다.

역외 USD/KRW NDF시장의 경우 1997년 비거주자들이 한국 내 증권투자에서 발생하는 환위험 헤지 또는 환투기 목적으로 홍콩, 싱가포르에서 거래하기 시작하였다. 1999년 4월 국내 외국환은행의 역외 NDF 거래가 허용된 이후 거래규모가 크게 증가하였다. 주로 비거주자와 국내 외국환은행 간 거래가 대부분이다. 국내 USD/KRW 선물환시장의 경우 유동성이 풍부하지 못하여 역외시장이 인기를 끌고 있다.

(2) NDF 거래의 장점

NDF 거래는 NDF환율과 만기일 현물환율 간 차액만 결제하기 때문에 계약 전액을 인수도하고 결제해야 하는 일반선물환 거래에 비해 결제불이행위험이 작다. 또한 결제불이행위험이 작기 때문에 현물환이나 일반선물환에 비해 담보요구가 작아 적은 금액으로 거래가 가능하므로 레버리지 효과가 크다.

거래대상 통화가 국제통화가 아니어도 역외시장에서 거래할 수 있다. 결제는 국제통화로 하면 된다. NDF 계약의 결제통화는 주로 미달러화(따라서 NDF 계약의 기초자산은 원화)로 이루어지고 있어 원화와 같이 국제화되지 않은 통화일지라도 비거주자가 해당 통화를 보유하거나 환전할 필요 없이 자유롭게 선물환거래를 할 수 있다.

신흥국에 투자한 외국인 투자자들이 환위험 관리를 위해 선물환거래를 하게 된다. 신흥국 통화에 대한 NDF는 통화발행국의 역외에서 비거주자 간 거래에 해당한다. 예를 들어 주식매수 후 매도에 대비 환위험(환율상승 위험)을 헤지하기 위해, 즉 주식 매수시 현물환매도(달러→원) & 선물환매수(원→달러)를 한다.

국제 투자자들에게 유리한 환투기 수단(NDF 거래의 편의성)이 되기도 한다. 세금 등 신흥국 내 선물환거래의 각종 규제를 피할 수 있는 규제를 받지 않는 시장(unregulated market)이다.

제3절 외화자금시장

Ⅰ. 서설

1. 외화자금시장의 의의

외화자금시장은 금리를 매개변수로 하여 외환(주로 달러화)의 대차거래가 이루어지는 시장을 말한다. 은행의 외화자금 조달 및 운용은 장기와 단기로 이루어지나, 일반적으로 장기보다는 단기로 차입한다. 하지만 일시적으로 자금이 부족할 경우 초단기로 자금을 차입하는 경우가 빈번하다. 1년 미만으로 은행들 사이에 외화자금을 조달·운영하는 시장이 외화자금시장이다.[36]

정부, 금융기관, 대기업의 외화조달은 크게 장기 외화조달과 단기 외화조달로 구분된다. 따라서 외화자금시장 역시 장기 외화자금시장과 단기 외화자금시장으로 구분할 수 있다. 통상적인 의미의 외화자금시장은 후자를 의미하나 전자와 후자에서 가장 근간이 되는 금리는 한국 정부의 장기 외화조달 금리, 즉 외평채 금리이다. 장기 외화자금시장은 국제 자본시장의 영역이며, 단기 외화자금시장은 국제 자금시장의 영역이다. 금융경색이 일어나는 경우 짧은 시간 내에 외국인의 외화유동성의 회수가 일어나는 시장은 단기 외화자금시장이다.[37]

2. 장기 외화자금시장: 국제 자본시장

장기 외화조달은 신용도가 높은 한국 정부, 국내 수출 대기업이나 금융기관이 국제 자본시장에서 중장기 외화채권을 발행하거나 해외 증권거래소에 주식을 상장하여 이루어지게 된다. 정부는 외국환평형기금 운용을 위해 국제 자본시장에서 외화표시 외평채를 발행하여 장기 외화조달을 도모하고 있다. 정부는 외국환평형기금을 이용하여 외환보유고, 은행의 외화유동성, 외환시장 환율 등을 관리하고 있다.

---

36) 서영숙(2013), 14-15쪽.
37) 빈기범·강원철(2009), 44-45, 47-48쪽.

3. 단기 외화자금시장: 국제 자금시장

(1) 개요

단기 외화조달은 국내은행들이 주로 외화자금 과부족을 해소하기 위해 외화를 단기 외화자금시장에서 외국은행으로부터 차입하는 것이다. 주로 국내은행이 외화 차입자(차주), 상대적으로 외화유동성이 풍부한 해외 은행 또는 해외 본점으로부터 외화차입이 용이한 외국은행 국내지점이 외화 대부자(대주)이다. 은행은 수출입 기업의 수출입대금 결제, 외화대출, 외환시장에서 은행 간 외환거래, 대고객 외환거래, 외화채권 발행 및 상환 등에 따라 일시적인 외화 과부족이 자주 발생한다. 이때 단기 외화조달이 필요한 경우 단기 외화자금시장을 이용한다. 또는 장기 외화조달이 용이하지 않은 경우, 단기 외화조달을 통해 연속적으로 차환(roll-over)해 나갈 수 있다.

우리나라의 단기 외화자금시장은 은행 간의 단기 외화 과부족 현상을 조정하기 위한 거래가 이루어지는 시장으로 볼 수 있다. 은행 간 외화예치거래도 넓은 의미에서 외화자금시장으로 볼 수 있으나 런던이나 싱가포르와 같은 국제금융중심지와는 달리 우리나라의 경우 외화예치거래가 활발하지 않은 편이다. 여기서는 스왑시장, 외화콜시장, 단기대차시장을 중심으로 살펴본다.

(2) 스왑시장(외환스왑 및 통화스왑 거래)

외환시장의 주요 거래로 살펴볼 외환스왑 및 통화스왑 거래도 거래 당사자 간 원화와 외화를 서로 조달하는 성격을 가지므로 단기 외화자금시장의 거래로 볼 수 있다. 외환스왑보다는 통화스왑이 외화자금시장 거래의 성격이 강하다.

스왑거래의 경우 외환매매의 형식을 취하고 있으나 실질적으로는 금리를 매개로 하여 여유통화를 담보로 필요통화를 차입한다는 점에서 대차거래라고 볼 수 있다.[38] 외환스왑거래는 형식적인 면에서는 외환 매매거래로 볼 수 있으나, 실질적인 면에서는 두 개의 통화 사이에 자금의 과부족을 조정하는데 활용되는 자금거래이다. 외환스왑은 일정기간 동안 어느 한 통화에 대한 대가로써 다른 통화를 사용하는 것이므로, 거래상대방이 서로 자금을 공여하는 것으로 볼 수 있기 때문이다.

---

38) 한국은행(2016a), 156쪽.

(3) 외화콜시장

외화콜시장은 초단기(통상 30일 이내) 외화 대차거래가 이루어지는 시장이다. 원화 콜시장에서와 마찬가지로 외화콜시장에서도 은행들 사이에 초단기(90일)로 외화의 차입 및 대여가 이루어진다. 단기거래는 외화자금이 구조적으로 부족하거나 여유를 가지고 있는 은행 간에 주로 이용되며 자금의 장기 조달·운용이 어려워지는 시기에 단기대차거래의 규모가 늘어나게 된다.

(4) 단기대차시장

1년 이내(3개월, 6개월, 9개월, 1년) 동안 외화 대차거래가 이루어지는 "단기대차시장"도 외화자금시장의 범주에 속한다. 단기대차시장에서는 신용대차인 "일반대차거래"와 채권 담보의 "RP거래"의 2가지 유형의 거래가 일어난다.

4. 외화자금시장과 적용 금리

장기 및 단기 외화자금시장에서 외화차입에 적용되는 각각의 금리는 달러화의 경우 i) 외평채는 미국 T-Note + 외평채 가산금리, ii) 외화콜은 싱가포르시장 초단기 금리(미국 연방기금금리에 연동)$\pm\alpha$, iii) 단기 외화대차의 경우는 LIBOR[39] + 외평채 가산금리에 금융기관 신용을 감안한 추가적 가산금리이며, 금융기관의 장기 및 단기 외화대차 가산금리는 한국 정부 외평채가산금리와 강하게 연동된다.

5. 외화차입 금리의 기능

외화자금시장에서 거래기준이 되는 외화차입 금리는 매우 중요한 정보를 내포하고 있다. 주로 외화를 차입하는 우리나라 정부, 국내 금융기관의 채무불이행위험(default risk)이 외화차입금리에 반영된다. 국내 주체의 외화차입 금리의 기저는 한국 정부의 부도위험을 나타내는 외평채 가산금리이다. 기타 통화스왑(CRS: Currency Swap) 스프레드 거래 주체의 부도위험에 대한 주요 지표가 된다.

채권에서 채무불이행위험을 분리하여 이를 거래하는 것이 신용파생상품이며, 대표적인 것으로 신용부도스왑(CDS) 거래가 가장 큰 비중을 차지하고 있다. CDS거래는 외화자금시장 거래는 아니다. 이 거래는 국제 자본시장에서의 거래로 채권의 신용위험을 분리하여 이를 대상으로 하는 거래이므로, 보장매수인과

---

39) LIBOR: 런던 은행간 대출금리를 말하는데, 런던 국제 금융시장에 소재한 16개 주요 은행들의 대출금리를 기초로 산출한다(서울 외환시장 행동규범 부록).

보장매도인 간 CDS 계약의 매개변수인 CDS 프리미엄이 부도 확률에 대한 직접적인 지표라 할 수 있다. 한국 정부가 발행한 외화채권에 대한 CDS 프리미엄이 "국가 CDS 프리미엄"이다.

물론 궁극적으로 외환시장에서 통화교환 비율, 원화의 달러화로 환산한 가치인 원/달러 환율에도 국가 및 금융기관 채무불이행위험이 반영되지만, CDS 프리미엄이나 외화차입 금리가 반영하는 것보다는 간접적이다. 즉 정부나 금융기관의 채무불이행위험을 반영하는 데 있어, CDS 프리미엄이나 외화차입 금리가 상대적으로 외생적이고 선결적(predetermined)이라 할 수 있으며, 환율이 이에 대하여 상대적으로 내생적이라 할 수 있다. 외환거래에서 원/달러 환율이 원화를 부채로 행한 한국은행의 채무불이행위험을 반영한다고 보기는 어렵다.

6. 국내 외환시장 및 외화자금시장의 역할

국내 외환시장 및 외화자금시장은 국내 금융시장(자본시장, 자금시장)과 국제 금융시장(국제 자본시장, 국제 자금시장)의 경계 영역에서 중첩되면서 이 두 시장을 연결하는 역할을 수행한다. 원화가 국제화되어 있지 않기 때문에 외국인 투자자에 의한 국내 자본시장과 국제 금융시장 간의 자본이동은 반드시 국내 외환시장에서의 통화교환(실물 원화와 외환의 교환)을 거쳐야 한다. 물론 내국인 해외투자자에 의한 국내 금융시장과 국제 자본시장 간 자본이동에서도 국내 외환시장을 반드시 경유해야 한다. 원화가 국제화되어 국제 통화시장에서 원화가 거래된다면, 국내 외환시장 및 외화자금시장의 의의, 역할, 중요성은 크게 감소할 것이며, 역내외 자본유출입시 국내 외환시장을 거칠 필요가 없다. 원화 국제화가 실현된다면, 국내외에서 원화가 거래되는 통화시장은 국내외 금융시장으로 흡수될 것이다.

Ⅱ. 스왑시장

1. 서설

(1) 외화조달과 환위험

국내은행이든 외국은행 국내지점이든 외화는 글로벌은행에서 차입하는 경우가 대부분이다. 글로벌은행은 국제 금융시장에서 외화를 조달하여 가산금리를 더해 우리나라에 대출한다. 이때 글로벌은행이 외화를 조달하는 금리는 LIBOR 금리이다. 우리나라 은행이 충분히 규모가 크고 국제경쟁력이 있다면 국제 금융 시장에서 바로 LIBOR금리로 조달할 수 있겠지만 현재 그렇지 못하기 때문에 가산금리를 지불하고 조달하는 것이다. 국내은행이나 외은지점은 조달한 외화를 가계나 기업에 가산금리를 받고 빌려주거나 또는 국채에 투자할 수 있다. 외화를 직접 빌려주는 경우 단순히 가산금리만을 받아 수익을 올리면 되는 문제이나 국채에 투자할 경우에는 환위험이 발생할 가능성이 있다. 이를 방지하기 위해 스왑시장에서 선물환을 거래하여 환위험을 헤지한다.[40] 이와 관련 선물환 매입의 한도를 은행의 자기자본 대비 일정 수준으로 제한함으로써 단기자금이 급격히 유입되는 것을 방지하고자 하는 정책이 선물환포지션 한도 규제이다.

(2) 국제 스왑시장의 역할

외화자금시장에서는 이종통화 간의 자금 대차가 외환 및 통화 스왑의 형태로 이루어지고 있다. 외환스왑 및 통화스왑 거래는 거래당사자 간 원화와 외화를 서로 조달하는 성격을 지니고 있어 각각 단기 및 중·장기 외화자금시장의 거래로 볼 수 있다. 국제 금융시장에서도 외환 및 통화스왑시장은 매우 활발한 거래가 이루어지고 유동성이 가장 풍부한 시장 중 하나이다. 국제 스왑시장은 매우 효율적인 시장으로 거래 상대 기관에 대한 유동성 및 신용정보가 실시간으로 스왑금리에 반영되기 때문에 금융위기의 전조를 예견하는 중요한 역할을 한다. 실제로 2007년 중반 이후 런던을 비롯한 국제 금융시장에서 스왑시장의 불균형이 심화되는 모습을 보였고, 마찬가지로 국내에서도 외환 및 통화 스왑시장에 극심한 달러 유동성 고갈 현상이 나타나 불균형이 심화되는 동조화 현상을 보였다. 불균형 발생시 균형의 회복은 외화자금시장의 안정을 의미하기 때문에 외환 및 통화 스왑의 균형에 대한 개념과 거래 메커니즘을 이해하는 것이 중요하다.[41]

(3) 국내 스왑시장의 역할

외환·통화 스왑시장은 외화자금시장에서 스왑 당사자들의 자금조달비용 비교우위에 기반을 두고 이종통화간의 교환이 이루어지는 시장으로 외환시장에 현물환 및 선물환의 주요 공급 및 수요 요인으로 작용한다. 국내 수출입업체 등의

---

40) 권순채(2016), "외환건전성 규제 정책 효과분석", 한양대학교 대학원 석사학위논문(2016. 2), 3-4쪽.
41) 이인형·이윤재(2011), "한국 외화자금시장 유동성 위기의 특징과 외환시장에의 영향 분석", 자본시장연구원(2011. 2), 8-9, 16쪽.

대규모 선물환 수요에 대응한 외은지점들의 달러 조달 및 공급이 주로 스왑시장을 통해 이루어져 오고 있다.

(4) 국내 자금시장과 해외 자금시장의 연결 통로 역할

외환스왑은 외국환업무취급기관이 달러를 현물환시장에 매도(매수)함과 동시에 선물환시장에서 매수(매도)한다. 이때 현선물 간의 프리미엄이 환헤지 비용이 된다. 반면 통화스왑은 스왑시장에서 차입한 달러를 약정된 환율로 원화로 교환하고 만기시 다시 동일한 환율로 달러로 교환하게 된다. 이 경우는 CRS 금리와 외화 자금조달 금리차가 환헤지 비용이 된다.[42] 외환·통화 스왑시장은 국내외 자금조달비용의 비교우위를 바탕으로 상대적으로 저렴한 곳에서 자금조달을 가능하게 한다. 따라서 국내 자금시장과 해외 자금시장을 연결하는 통로 역할을 한다.

2. 외환스왑시장

(1) 외환스왑거래의 의의

(가) 외환스왑거래의 개념

외환스왑시장은 특정 계약기간 동안 두 통화 간 교환거래가 금리의 일종인 외환스왑레이트를 매개로 이루어지며, 시장참여자는 계약기간 동안 금리변동에 따른 위험을 부담하게 된다.

외환스왑거래는 현물환거래를 통하여 외환을 매입(매도)하고 환위험을 회피하기 위하여 선물환거래를 통해 해당 외환을 매도(매입)하기로 외환매입일에 약정하는 거래를 말한다. 즉 외환스왑거래란 거래당사자가 시간적 차이를 두고 2가지 종류의 현물환과 선물환의 반대 포지션 매매에 대한 계약으로 현물환거래와 선물환거래가 동시에 이루어지는 거래이다. 근일물(현물환 또는 선물환) 환율에 따라 통화를 교환한 후, 원일물(현물환 또는 선물환) 환율에 따라 이미 교환된 통화를 재교환하는 거래이다.

다음의 3가지 외환스왑거래가 가능하다. 즉 ⅰ) 현물환-선물환 스왑(spot-forward swap), ⅱ) 선물한-선물환 스왑(forward-forward swap), 이 경우 선물환은 결제일이 상이한 2가지 선물환을 의미한다. ⅲ) 현물환-현물환 스왑(spot-spot

---

42) 이인형·이윤재(2011), 11, 36쪽.

swap, back swap), 이 경우 Overnight(O/N)(당일물-익일물) 계약과 Tomorrow Next (T/N)(익일물-익익일물) 계약이 있다.[43]

(나) 외환스왑거래에서의 포지션

외환스왑거래에서의 포지션은 ⅰ) sell & buy 포지션: 달러화 기준으로 근일물 계약에서 달러화 매도, 원일물 계약에서 달러화 매입, ⅱ) buy & sell 포지션: 달러화 기준으로 근일물 계약에서 달러화 매입, 원일물 계약에서 달러화 매도를 말한다. 즉 외환스왑거래에 있어서 매입·매도는 원일물(far date) 거래를 기준으로 구분하는데 매입거래는 근일물(near date)을 매도하고 원일물을 매입하는 sell & buy swap거래를 말하고, 매도거래는 근일물을 매입하고 원일물을 매도하는 buy & sell swap거래를 말한다. 이처럼 외환스왑거래는 거래의 형태에 있어서는 외환매매의 형식을 취하게 되나, 실제로는 보유 중인 여유통화를 담보로 필요통화를 차입하는 거래이므로 단기금융시장의 자금대차 거래와 유사한 형식의 거래라 할 수 있다.[44]

(2) 외환스왑의 거래과정

외환스왑의 거래과정을 살펴보면 다음과 같다. 은행 A는 buy & sell 포지션, 은행 B는 sell & buy 포지션으로 1백만 달러에 대하여 근일물 현물환율 1,200원/달러, 원일물 1개월 선물환율 1,300원/달러로 외환스왑 계약을 체결한 경우 다음의 과정을 거쳐 외환스왑거래가 종결된다.

ⅰ) 현물환에 대해서 은행 A는 long, 은행 B는 short을 취하고, 선물환에 대해서 은행 A는 short, 은행 B는 long을 취하고 있는 셈이다. ⅱ) (T+2)일을 결제일로 하는 은행 A와 은행 B간 현물환거래: 은행 A는 은행 B로부터 1백만 달러를 인도받고, 원화 12억원(=1,200원/달러 ×1백만 달러)을 지급한다. ⅲ) (T+2)일 이후 1개월이 지난 시점을 결제일로 하는 은행 A와 은행 B간 선물환거래: 은행 A는 은행 B에게 1백만 달러를 지급하고, 원화 13억원(=1,300원/달러×1백만 달러)를 수취한다. 이 경우 A은행은 단기적으로 부족한 원화유동성을, B은행은 외화유동성을 각각 확보하게 된다.[45]

---

43) 빈기범·강원철(2009), 26-27쪽.
44) 서영숙(2013), 9-10쪽.
45) 한국은행(2016a), 157-158쪽.

(3) 외환스왑시장의 기능과 역할

(가) 외환시장과 외화자금시장의 특성 반영

달러 자금조달의 수단이 되는 외환스왑은 외환시장과 외화자금시장의 특성을 동시에 반영한다. 즉 외환스왑거래(buy & sell 거래)를 하면 당장 달러를 조달하고 만기에 달러를 상환하며, 이때의 환율은 고정되어 있기 때문에 당장 달러를 조달하되 만기에 고정된 원화금액에 해당하는 달러로 상환하는 거래가 된다.

(나) 외환스왑시장의 가격고시 관행과 가격결정요인

외환스왑시장의 가격고시 관행과 가격결정요인을 살펴본다. 외환스왑거래에서 선물환율과 현물환율의 차이를 나타내주는 스왑포인트(선물환율-현물환율)로 가격을 고시한다. 이것은 현재의 환율은 관찰되므로 미래에 교환할 달러와 원화의 비율인 선물환율만 정해지면 외환스왑거래가 가능하기 때문이다. 이론적 선물환율은 현물환율과 내외국 간 금리의 차이를 이용한 무차익(無差益, No Arbitrage) 가정에 의해 구할 수 있다. 이에 따르면 금리가 높은 나라에서는 선물환율이 현물환율보다 높고 금리가 낮은 나라에서는 그와 반대이다. 우리나라에서는 선물환율이 현물환율보다 높은 경우를 프리미엄,[46] 낮은 경우를 디스카운트라고 한다.[47][48]

(다) 선물환율과 외화자금시장의 수급

한편 실제 시장의 선물환율은 외화자금시장의 수급이 중요한 결정요소가 되기도 한다. 예를 들어[49] 지금 달러를 1천 원에 사고 1개월 뒤에 1달러를 1천 50원에 파는 "buy & sell", 즉 현물환을 사고 선물환을 파는 거래를 생각해 보자. 이 외환스왑거래를 통해 거래자는 현재 달러를 수취하게 되며 1개월 뒤에 1천 50원의 환율로 달러를 갚아야 한다. 여기서 1개월 동안의 이자는 선물환율에 반영된다. 한편 국내에 달러가 부족해 "buy & sell"을 하는 수요가 많을 경우 선물환율은 하락하게 됨을 알 수 있다.

---

46) 금리가 낮은 국가의 통화를 premium currency, 그리고 금리가 높은 국가의 통화를 discount currency라고 한다.

47) 김용환(2011), "국내은행의 외화자금조달 분석", KAIST 금융공학연구센터 & 농협경제연구소 주관 외환제도발전방안(2011), 6-7쪽.

48) Premium: 현물환가격과 선물환가격의 차이가 선물환가격 > 현물환가격를 말하고, Discount: 선물환가격 < 현물환가격를 말하며, Par: 선물환가격 = 현물환가격를 말한다(서울 외환시장 행동규범 부록).

49) 보통 국내의 은행간거래에서는 외환스왑거래를 할 때 현물환율과 스왑포인트를 사용한다.

3. 통화스왑시장

(1) 통화스왑거래의 의의

(가) 통화스왑거래의 개념

통화스왑(CRS: cross currency swap)거래란 양 당사자간 서로 다른 통화를 교환하고 일정기간 후 원금을 재교환하기로 약정하는 거래를 말한다. 즉 통화스왑이란 한 국가의 통화기준(예: 달러)에 의해 차입한 원금 및 이자액을 다른 국가의 통화기준(예: 파운드)에 의해 차입한 원금 및 이자액과 교환하는 거래를 말한다.

통화스왑의 가장 단순한 형태는 이자액이 미리 사전에 정해진 고정금리에 의해 지급되는 방식이다. 예를 들어 A기업과 B기업이 달러화와 파운드화로 스왑계약을 체결하였다면, 원금은 스왑 개시일과 만기일에 교환되고, 정해진 이자지급 시점에 각국의 통화로 표시된 고정금리를 지급하는 방식이다. 이 밖에도 사전에 정해진 변동금리 적용방식을 기준으로 쌍방간에 변동금리를 지급하는 방식이 있을 수 있다. 그리고 한 통화의 변동금리가 다른 통화의 고정금리와 교환되기도 하는데, 이를 통화간 금리스왑(cross-currency interest rate swap)이라 한다.

(나) 통화스왑금리

통화스왑은 고정금리와 고정금리, 변동금리와 변동금리 또는 고정금리와 변동금리를 교환하는 세 가지로 크게 분류할 수 있다. 보통 국내의 통화스왑은 고정금리와 변동금리를 교환하는 통화스왑을 말하며, 이때 변동금리는 6개월 미국 달러 LIBOR금리를 사용하고, 고정금리는 원화에 대한 고정금리이며 이를 통화스왑금리(LIBOR와 교환되는 원화고정금리)라고 한다. 이와 같은 통화스왑을 거래할 때 통화스왑금리는 통화스왑거래의 가격을 고시하는 기준이 된다.

통화스왑금리는 외환스왑의 스왑포인트의 주요 결정요인과 마찬가지로 달러에 대한 수급상황, 내외국 간의 금리차이, 그리고 거래자의 신용도가 주요 결정 변수이다. 달러가 필요한 경우 통화스왑거래를 통해 달러를 받고 원화를 주며 거래상대방에게 6개월마다 달러 이자를 주고 원화 이자를 받는다. 달러 자금의 수급상황과 관계없이 통화스왑거래에서 달러에 대한 이자는 LIBOR라는 변동금리로 정해져 있다. 따라서 달러를 필요로 하는 수요가 많을수록 고정금리에 해당하는 원화에 대한 이자를 보다 낮게 받을 수밖에 없으므로 통화스왑금리는 하락

하게 된다.[50)]

(다) 이자교환방식

통화스왑거래 양 당사자 간 이자교환은 매 6개월 또는 3개월마다 이루어진다. 이자교환방식은 2가지 있는데, ⅰ) 양 통화에 대해서 고정금리를 지급하는 fixed-for-fixed 방식이 있으며, ⅱ) 달러화에 대해서 6개월 만기 LIBOR 변동금리 지급 및 기타 통화는 고정금리를 지급하는 fixed-for-floating 방식이 있다.

현물환율로 통화를 교환하고 일정기간 경과 후 원금은 그대로 재교환(양 통화 par bond 개념)하게 된다. 대부분의 원-달러 통화스왑계약의 경우 계약기간 동안 통상 달러화 원금에 대해서는 주로 6개월 만기 LIBOR 기준의 금리로 변동이자가 지급되며, 원화 원금에 대해서는 이른바 CRS 금리(CRS rate)로 고정이자가 지급되는 fixed-for-floating 방식의 이자교환이 이루어진다.

통화스왑에서 서로 교환하는 원금의 원천은 외부로부터 차입한 자금이므로, 주로 달러화 차입이 유리한 외국은행 국내지점과 원화 차입이 유리한 국내 외국환은행간 거래가 활발하며, 이들은 서로간에 교환한 이자를 다시 자금 대부자에게 지급하게 된다.[51)]

(2) 외환스왑거래와의 비교

통화스왑과 외환스왑은 환매조건부 성격의 매매거래라는 점에서는 서로 유사한 면이 있으나, 스왑이 진행되는 기간과 이자의 지급방법과에서 차이가 있다. 외환스왑은 1년 이하의 단기자금 조달 및 환리스크 헤지 수단으로 이용되는 데 반하여, 통화스왑은 1년 이상의 기간에 대한 환리스크 및 금리 리스크의 헤지 수단으로 활용된다. 외환스왑은 기간 중 해당 통화에 대해 서로 이자를 교환함이 없이 만기시점에 양 통화 사이의 금리차이가 반영된 환율로 원금을 다시 교환한다. 통화스왑은 계약기간 동안 분기 또는 반기 단위로 발생하는 이자를 서로 교환한다.[52)]

(3) 통화스왑의 거래과정

통화스왑의 거래과정을 살펴보면 다음과 같다. 은행 A(CRS receive)와 은행 B(CRS pay) 간 3년물, 현물환율 1,200원/달러, LIBOR 6M 3.09%, CRS 금리 3.58%

---

50) 김용환(2011), 6-7쪽.
51) 빈기범·강원철(2009), 29-30쪽.
52) 서영숙(2013), 10-11쪽.

의 1백만 달러 통화스왑계약을 체결했다. 거래과정은 다음과 같다.

ⅰ) 초기에 은행 A와 은행 B간 환율 1,200원에 1백만 달러와 12억원 교환(은행 A는 은행 B로부터 달러를 차입하고, 은행 B에게 원화를 대부)한다. ⅱ) 만기에 이르기 전까지 원화를 차입한 측(은행 B)은 CRS 금리로 이자를 지급하고, 달러화를 차입한 측(은행 A)은 LIBOR 금리로 이자를 지급한다. 여기서 CRS 스프레드 = CRS 금리 - LIBOR 금리이다. ⅲ) 만기에 은행 A와 은행 B는 통화스왑거래 초기 교환했던 원화와 달러화를 다시 재교환한다.

Ⅲ. 외화콜시장

기본적으로 콜시장은 은행의 지급준비금 과부족으로 인한 1일물 거래이나, 외화콜시장은 지급준비금과는 관계가 없다. 초단기 외화자금 대차란 의미에서 외화콜이란 용어을 사용하는 것으로 보인다. 원화콜거래와는 달리 외화콜거래는 지준예치금 부족자금을 조달하는 수단으로 이용되기보다는 주로 개별은행의 외화차입여건 및 일시적인 외화자금 사정에 따라 거래규모가 좌우된다.

외화콜이란 은행간에 외화를 초단기로 대차하는 거래로써 통상 30일 이내의 외화대차거래를 의미한다. 외화콜의 경우 기일에 관한 법령상의 기준이 별도로 마련되어 있지 않다.53) 금융감독원과 은행연합회가 공동으로 만든 「외국환계정 해설」 및 「은행회계해설」에는 90일 이내의 외화대차거래를 외화콜로 분류하도록 하고 있다. 외화콜시장의 이용은 주로 은행들이 수출입대금 결제, 외화대출 등의 대고객 거래와 외환매매거래, 외화증권 발행, 상환 등의 결과로 일시적으로 외화자금이 부족하거나 여유자금이 발생할 때 외화콜거래에 참가한다.54) 또한 외화콜금리는 역외거래가 가능하기 때문에 국제 금융시장에서 형성되는 초단기 금리 수준과 관계가 있다.

---

53) 원화의 경우 자금중개회사의 업무를 규정하고 있는 자본시장법 시행령 제346조 제2항에 따라 90일 이내의 자금거래를 콜거래로 정의하고 있다.
54) 서영숙(2013), 15쪽.

Ⅳ. 단기대차시장(단기금융시장)

1. 의의

외화 단기대차시장이란 3개월 이상 1년 이내의 특정 기간 동안 은행 간에 외화를 대여·차입하는 거래가 이루어지는 시장을 말한다. 이 거래는 스왑시장, 외화콜시장과 마찬가지로 은행들의 해외 장기차입 및 운용, 대고객거래 등 각종 거래에 따른 외화자금 과부족을 조정하기 위해 발생한다. 하지만 단기대차거래는 스왑거래가 이종통화 또는 금리 간 교환거래를 수반한다는 점에서, 외화콜거래는 만기 3개월 이내의 초단기로 대차거래가 이루어진다는 점에서 그 성격이 구분된다.[55]

외화 단기대차거래와 관련하여 외국환거래법상의 제한[56]은 없으며 은행의 일반적인 외환업무의 하나로서 주로 거래선이 있는 은행 간 로이터 딜링 머신 등을 이용해 거래의향을 전달하고 금리 등 조건을 협의하여 거래 여부를 결정하는 방식으로 이루어진다. 과거에는 은행 간 거래에 필요한 신용한도 내에서 담보 없이 거래하는 신용거래가 대부분이었으나 최근에는 환매조건부채권매매(RP매매)에 의한 대차거래도 많이 일어나고 있다.

2. 특징

외화의 단기차입은 장기차입에 비해 금리가 낮고 만기도래시 차환(roll-over)을 계속할 경우 장기차입과 같은 효과를 거둘 수 있다는 점에서 차주은행 입장에서 선호할 수도 있으나 만기가 짧기 때문에 자금조달원으로서는 다소 불안한 측면이 있다. 즉 국내외에서 신용경색이 발생하거나 우리나라의 국가부도위험이 높아져 외국계 금융기관들이 우리나라에 대한 총신용공여(total credit exposure) 규모를 급격히 축소할 경우 국내은행들의 단기 외화차입금 차환이 어려워지고 차입 가산금리가 일시에 급등하여 차입비용이 크게 늘어날 수 있다. 특히 이 같은 상황이 지속되면 전반적인 외화자금시장의 외화유동성 부족으로 이어질 수도

---

55) 한국은행(2016a), 173-175쪽.
56) 다만 외국환은행이 비거주자로부터 건당 5천만 달러를 초과하는 상환기간 1년 초과 장기차입(외화증권발행 포함)시에는 기획재정부장관에게 신고하여야 한다(외환거래규정2-5 ①).

있다.[57)

이에 따라 우리나라는 1997년 외환위기, 2008년 글로벌 금융위기 등을 경험하면서 외화자금의 단기조달 및 장기운용에 따른 만기불일치 문제를 해소하기 위해 은행들의 외화 유동성커버리지비율(LCR)을 도입 또는 강화하는 한편 은행 자체적으로도 리스크관리 능력을 확충토록 함으로써 은행의 단기 외화조달과 운용과 관련한 건전성 제고에 각별한 노력을 기울이고 있다.

제4절 외환파생상품시장

한국거래소시장에 통화선물과 통화옵션이 상장되어 거래되고 있다. 거래소 장내 외환시장은 거래소 메커니즘에 따라 작동하는 외환시장의 일부이며, 자본시장 인프라하의 통화시장이다.[58) 거래소 장내 외환시장은 새로운 유형의 외환시장으로 1972년 5월 시카고상업거래소(CME: Chicago Mercantile Exchange)의 부속 거래소인 국제 통화시장(IMM: International Monetary Market)을 개설하여 통화선물거래를 개시함으로써 최초로 금융선물거래를 시작하였다.

흔히 외환시장이라 하면 장외 외환시장을 의미하며 장내 외환시장에 대해서는 거래소 통화 관련 파생상품시장이라는 용어를 사용하는 경향이 있다. 하지만 거래소는 외환시장으로서의 기능을 수행하고 있는 것이다. 거래소의 통화선물, 통화옵션 시장은 외환시장을 구성하는 일부이므로 외환시장이란 관점이 필요하다. 대부분의 개인 또는 중소기업에게 장외 외환시장에 대한 접근성은 매우 제한적이며, 소액거래, 낮은 신용의 개인이 자유로이 거래 주체 간 수평적이며 동등한 자격으로 거래할 수 있는 시장은 거래소의 장내 외환시장이라 할 수 있다.

---

57) 1997년 외환위기 및 2008년 글로벌 금융위기 당시 외국 금융기관들은 우리나라 은행들에 대한 단기 외화대여금을 경쟁적으로 회수하였다. 그 결과 국내은행의 단기차입금 차환비율이 30%대로 급격히 하락하고 가산금리가 200bp를 상회하는 등 사실상 해외차입이 불가능해짐에 따라 외화유동성이 급속히 고갈된 바 있다.

58) 빈기범·강원철(2009), 31-32쪽.

제 5 편

금융행정

제 1 장

서 론

제1절 금융행정의 개념과 특수성

Ⅰ. 금융행정과 경제안정

2007년 미국의 서브프라임 모기지 사태[1]에서부터 시작된 글로벌 금융위기는 실물경제로 그 파장이 확대되면서 세계경제의 침체를 가속화시켰다. 그 영향은 우리 경제의 금융시장 불안으로 이어지면서 실물경제 침체로도 이어진 바 있다. 금융산업이 파행으로 치달을 경우 그로 인해 야기될 사회적·경제적 파장은 섣불리 예측하기 어렵다. 더구나 오늘날과 같이 글로벌화된 사회에서는 금융산업의 파행이 어느 한 국가에 국한되는 것이 아니라, 전 세계로 그 영향이 확대되기 때문에 금융위기를 예방하고 제거하기 위한 정책적 필요성은 그 어느 때보다 절실하다고 할 수 있다.[2]

---

1) 미국에서는 IT거품 붕괴, 9·11 테러 등에 따른 실물 및 금융 경제 위축을 막기 위해 감세 정책 및 저금리 정책을 시행했다. 그로 인해 부동산시장이 호황을 보이자 신용등급이 낮은 사람들에게 집을 담보로 대출을 제공하는 서브프라임 모기지가 급증하고, 이것이 주택 가격의 거품을 형성하는 계기가 되었다. 또한 그에 더해 금융기법의 발달로 부채담보부증권(CDO), 신용부도스왑(CDS) 등 파생금융상품시장이 급격히 확대되었는데, 금융규제는 도리어 완화하고, 그에 따른 감독체계를 적절히 갖추지 못하면서 자산유동화의 위험성과 규모를 제대로 파악하지 못했고, 이는 결국 세계적인 금융위기를 촉발시키는 원인이 되었다고 평가받는다.
2) 백윤기(2014), "금융행정에 있어서 행정규칙의 현황과 법적 문제점", 행정법연구 제40호 (2014. 11), 56-57쪽.

일반적으로 금융위기는 "금융기관의 채무불이행 가능성이 지속적으로 증대됨에 따라 금융시장의 전반적인 자금중개기능이 현저히 약화되고, 이로 인해 금융시스템의 붕괴 가능성이 크게 높아지면서 실물경제에 대규모 부정적 효과가 파급되는 현상"으로 정의된다. 이렇듯 금융산업은 국민경제에 결정적인 영향을 미치기 때문에 이를 지도·감독하고 원활한 금융산업을 조장하기 위한 행정작용은, 소극적인 질서유지만이 아니라 경제성장과 경제안정을 위한 적극적인 조정과 유도의 기능까지도 담당할 수 있어야 한다. 이러한 행정영역을 금융행정으로 부를 수 있다. 금융행정은 금융시장의 상황에 따른 적실성 있는 규제와 감독, 규제완화와 시장의 자율성을 보장하면서 금융시장의 변화에 따라 능동적으로 움직일 수 있어야 하기 때문에 그만큼 전문성과 기술성이 담보되어야 하는 영역이다.

Ⅱ. 금융행정의 개념

금융행정은 금융부문에 대한 공법적 행정작용을 의미한다. 금융기관은 극히 소액의 자기자본과 불특정다수의 고객으로부터 조달한 거액의 부채를 재원으로 불특정다수의 고객을 상대로 영업을 하고 있어 상당한 리스크가 항상 내재되어 있고 경영실패로 도산할 경우 국민경제에 막대한 피해를 입힐 수 있다는 점에서 일정 부분 공법적인 규율이 불가피하다.

금융은 화폐의 존재를 전제로 한다. 그런데 20세기 들어 각국이 금본위제를 대신하여 통용력을 법으로 보장하는 법화제도를 도입하였다. 이러한 화폐제도에서는 준비자산 없이 화폐를 무제한으로 발행할 수 있어 많은 나라에서 극심한 인플레이션을 경험한 바 있다. 이에 따라 적정 수준의 화폐를 발행함으로써 물가를 안정시키는 것이 국가의 중요한 책무로 인식되었다. 특히 1971년 국제 기축통화인 미국 달러화마저 금태환을 정지함으로써 세계적으로 완전한 관리통화제도가 정착됨에 따라 국내 및 국제 금융시장에서의 통화가치 안정을 위한 통화신용정책과 외환정책의 중요성이 더욱 커졌다.

이러한 점에서 국가는 화폐를 발행하고 통화가치를 안정적으로 유지하며 국민의 화폐 거래를 중개하는 금융기관들이 도산하지 않도록 적절한 정책을 시행하고 필요한 규제와 감독을 실시해야 할 책무가 있는데 이러한 작용들을 금융행정이라 할 수 있다. 그런데 금융행정이란 금융부문에 대한 행정의 역할을 전제로 하여 그 역할 수행 전반을 포괄한다. 따라서 공권력적 작용인 행정의 개념은 기본적으로 정책 사항을 중심으로 공익적 목적의 규제와 감독을 포괄해야 하므로, 금융행정의 개념에는 화폐와 금융에 관한 정책, 금융기관과 금융산업에 관한 정책, 금융시스템과 금융소비자 보호 정책 등이 포함될 수 있을 것이다.

Ⅲ. 금융행정의 특수성

금융행정은 그 어느 행정 영역보다도 전문성과 기술성이 상당 부분 요청되고 있다. 그런데 각각의 행정 영역에서 전반적으로 요구되는 전문성과 기술성 외에도 금융행정만의 특수성이 있기 때문에, 금융행정체계는 단순히 행정법의 일반이론을 기계적으로 적용해서는 해답을 얻을 수 없는 한계가 있다. 일반적인 행정작용과 비교하여 금융행정에는 다음과 같은 특수성을 인정 할 수 있다.[3]

ⅰ) 대량성이다. 금융산업에 관해서는 예금주와 기업, 금융기관의 주주뿐만 아니라 경제주체로서의 국가 및 지방자치단체와 기타 공공단체, 더 나아가 모든 국민들이 직·간접적으로 관련되어 있다. 그렇기 때문에 금융행정은 수많은 이해관계인을 대상으로 한다는 특징을 갖는다. 특히 금융산업의 대량성에 대처하기 위해, 일반소비자보호법에 우선하여 금융산업에 더 실효성 있게 대응할 수 있는 2020년 3월 5일 「금융소비자 보호에 관한 법률」("금융소비자보호법")이 제정되었다.

ⅱ) 거시성이다. 금융산업은 국민경제에 미치는 효과가 크기 때문에, 금융행정은 특정 시기에 특정한 규제대상에 한정된 미시적 관점에서가 아니라 항상 국민경제 전체를 고려해야 하는 거시적 성격을 갖는다. 이에 더해 금융의 국제화까지 촉진되면서 우리나라에 국한한 정책으로는 복잡한 상황에 대처할 수 없는 한계를 보이고 있다.

ⅲ) 신속성이다. 금융 관계는 경제적 계기만이 아니라 일정한 정치적·사회적·문화적 계기에 의해서도 민감하게 반응하여 일순간에 모든 것이 변화하여 기성 사실로 되어버리는 경우가 많으므로, 이에 대처하기 위해 금융행정은 신속한 정책 수립과 집행이 필요하다.

ⅳ) 밀행성이다. 금융 관계는 행정규제에 의해 특히 민감한 영향을 받게 되

---

3) 백윤기(2014), 57-58쪽.

기 때문에, 행정의 정책·의사결정이 사전에 공개되면 이미 행정규제가 실효성을 잃을 염려가 있다. 그렇기 때문에 경우에 따라서는 행정의 효율성을 위해 행정과정의 비밀이 보장되어야 할 필요성이 있다. 금융행정의 밀행성은 "자칫 과장되기 쉽다."는 점에서 국민의 권익침해와의 긴장관계가 크게 나타나므로 법치행정과의 관계에서 더 주의가 필요한 부분이기도 하다.

ⅴ) 치명성이다. 금융행정의 규제수단들은 대부분의 경우 그 직접 상대방인 금융기관뿐만 아니라 기업, 예금주, 주주 기타 이해관계인에 대해 회복 불가능한 손해를 초래하게 된다. 문제는 손해가 경제적 차원에 국한하지 않고 생존, 인간의 존엄 등과 같은 인격적 차원으로까지 확대되는 점에 있다. 이러한 금융행정의 치명성으로 인해 이 분야에 대한 지속적인 점검과 적실성 있는 운영이 법치행정의 관점에서 보장될 필요성이 있다.

제2절 금융행정의 근거와 주체

Ⅰ. 금융행정의 근거

1. 금융행정의 헌법적 근거

우리나라는 헌법에서 국가의 화폐제도와 통화가치의 안정 책무, 이를 위한 규제와 감독 등 공법적 개입의 근거를 구체적으로 명시하지 않고 금융위원회법, 한국은행법, 은행법, 자본시장법, 보험업법 등 하위법에서 규율하고 있다. 이러한 금융행정 관련 법률의 제정근거는 국민의 재산권을 규정한 헌법 제23조와 국가의 국민경제 안정 책무와 경제에 관한 규제와 조정을 규정한 제119조 제2항에서 간접적으로 찾아볼 수 있다.[4] 헌법 제119조는 자유시장경제를 원칙으로 하되, 시장의 건전한 질서유지와 국가정책목표의 달성을 위하여 국가가 자유시장경제에 일정한 제한을 가할 수 있는 것으로 받아들여지고 있다. 금융 역시 경제구조의 일부분이라는 점에서 원칙적으로는 사적자치, 사경제활동의 자유가 보장되어

---

4) 김기환(2019), 8-19쪽.

야 하며, 금융시장의 안정과 질서유지라는 점에서 일정한 규제가 가해지게 된다.

국민의 재산권 보호 의무를 지고 있는 국가는 금융부문에 대하여 적절한 정책을 시행하고 통제할 책무가 있다. 한편 국가가 금융기관의 경영에 자의적으로 간섭하여 화폐와 금융의 부적절한 흐름을 유도할 경우 국민의 재산권이 침해될 수 있으므로 부당하게 금융기관의 경영에 간섭하는 소위 관치금융을 하지 않아야 할 의무도 있다.5)

금융행정에서 정부의 역할에 대한 헌법적 근거에 대해서는 다음과 같이 말할 수 있다. 정부는 헌법 제66조 제4항(행정권은 대통령을 수반으로 하는 정부에 속한다)의 행정권에 기초하여 금융입법에 대한 독자적인 집행 권한을 가지며, 구체적인 금융 관련 각종 행정처분을 통해 금융을 관리하고 조정하며 또 통제한다. 권력분립의 관점에서 볼 때, 정부의 역할은 한편으로는 국회 입법을 집행하는 것이지만, 다른 한편으로는 국회 입법을 집행하는 과정에서 입법의 의미를 합리적으로 해석하고 또 제한함으로써 기본권이 입법적으로 침해되는 것을 방지할 수도 있다. 물론 그 반대도 가능하며, 오히려 그 반대가 더 심각하게 나타나는 경우가 보통이다. 하지만 아무리 잘 만들어진 법률이라도 그 집행이 어떻게 이루어질 것인지에 따라 전혀 다른 결과가 가능하다.

정부는 시장경제 자체의 안정화라는 헌법적 요청에 근거하여 개입할 수 있으며, 나아가 사회국가적 과제의 수행이라는 헌법적 요청에 근거해서도 금융시장에 직접 개입할 수 있다. 이러한 정부의 역할에 대해서는 원칙적으로 법률적 근거의 마련이 선행되어야 한다. 정부는 금융시장의 정책적 방향을 수립한다는 점에서 입법자와 함께 금융질서의 "설계자"이기도 하지만, 행정권에 근거하여 금융의 안정적이고 건전한 운영에 대한 "관리자"이고, 또 경제적 불균형을 시정하는 "조정자"이며, 위법적 사항에 대해서는 "통제자"라고 할 수 있다.

---

5) 헌법재판소는 제5공화국 당시 정치적인 이유로 재무부장관이 주거래은행인 제일은행에 행정지도를 통해 부당하게 압력을 행사하여 국제그룹을 해체한 사건에서 금융기관에 대한 부당한 공권력 행사로 국민의 재산권을 침해하였으므로 헌법 제119조 제1항의 시장경제의 원리, 헌법 제126조의 경영권 불간섭의 원칙에 위반하였다고 판시한 바 있다(헌법재판소 1993. 7. 29. 89헌마31).

2. 개별법적 근거와 형식

(1) 법률유보원칙

헌법 제37조 제2항은 "국민의 모든 자유와 권리는 국가안전보장·질서유지 또는 공공복리를 위하여 필요한 경우에 한하여 법률로써 제한할 수 있으며, 제한하는 경우에도 자유와 권리의 본질적인 내용을 침해할 수 없다"고 규정하여 국가의 개입과 간섭은 법률유보원칙에 따라 필요 최소한으로 이루어져야 함을 밝히고 있다. 모든 규제행정은 그 성격이 침익적인 면을 가지고 있기 때문에 법률유보의 원칙이 적용된다.

금융규제의 가장 기본적인 근거 법률이라고 할 수 있는 것들은 금융위원회법, 외국환거래법, 한국은행법, 은행법, 자본시장법, 보험업법, 예금자보호법, 금융소비자보호법, 금융산업의 구조개선에 관한 법률("금융산업구조개선법") 등을 들수 있다. 이 법률들은 공법적인 사항과 사법적인 사항을 모두 포함하고 있는 중간영역에 속한 것으로서 양쪽 영역에서 모두 접근이 가능하다.[6]

(2) 고시에 의한 규제

금융규제법령의 특징 중 타 법령과 명확하게 구별되는 부분이 고시에 의한 규제이다. 고시에 의한 규제가 발령될 수밖에 없는 것은 두 가지 이유에 기인한다. ⅰ) 행정조직법적 측면의 이유이다. 금융위원회는 독립행정위원회적 구조로 정부조직법상 독임제 부처에 포함되지 않는다. 따라서 헌법상 정하고 있는 부령을 발령할 수 없다. 총리령이 있지만 금융위원회는 시행규칙에서 규정해야 할 사항을 담는 형식으로 고시를 주로 이용하고 있다. ⅱ) 금융거래의 복잡성이다. 금융부문은 거래 및 상품구조가 복잡하며, 인터넷의 발달로 세계가 하나의 시장으로 통합되면서 단기간에 많은 변화를 겪고 있어 이를 규율하는 데 어려움이 많다. 특히 2008년 글로벌 금융위기를 겪으면서 리스크 중심의 금융규제체제로의 변화는 입법에 어려움을 더욱 가중시키고 있다. 리스크의 속성 자체가 불확정적인 것으로 행정청의 광범위한 판단여지를 기반으로 하기 때문이다. 따라서 법률에 불확정개념으로 요건을 설정하고 이를 구체화하는 것은 고시의 형식을 취하는 것이 탄력적 행정이라는 측면에서 필요하다고 할 수 있다.

---

6) 최승필(2016), "금융규제행정의 공법적 해석: 금융행정법의 정립을 위한 은행법상 쟁점 제기를 중심으로", 공법학연구 제17권 제1호(2016. 2), 303쪽.

(3) 국제금융기구 가이드라인

오늘날 금융법 분야에서의 주도적인 입법은 실질적으로 국제금융기구에서 이루어지고 있다. 그중에서 가장 활발하게 국제적인 가이드라인이 제정되고 있는 분야가 은행업이다. 금융시장에서 은행업은 금융업의 기반이자 최종적인 결제가 이루어지는 곳이며, 투자자 이외에 예금자, 즉 원본 손실의 위험이 배제되어야 하는 이해관계자가 있기 때문이다. 그래서 예금자에게는 예금자보호법이라는 별도의 보호장치를 두고 있다. 은행업에 대한 주도적인 가이드라인은 주로 바젤은행감독위원회(BCBS)와 금융안정위원회(FSB)에 의해서 만들어지고 있으며, 그 대표적인 예가 자기자본비율을 규정한 바젤협약 I, II, III(Basel Accord I, II, III)과 시스템적으로 중요한 금융기관들(SIFIs)에 대한 감독원칙이다.[7]

II. 금융행정의 주체

1. 직접적인 금융행정주체

금융행정의 주체인 정부의 개념을 확인할 필요가 있다. 일반적으로 정부라 함은 국회(헌법 제3장)나 법원(헌법 제5장)과 구별되는 협의의 정부(헌법 제4장)인 대통령(헌법 제4장 제1절)과 행정부(헌법 제4장 제2절)를 지칭하며 그 수반은 대통령이다. 그리고 정부는 헌법상의 행정권의 주체가 된다.[8] 대통령은 외국에 대하여 국가를 대표하는 국가원수이며, 행정부의 수반으로서 지위를 갖는다(헌법 제66조 제1항·제4항). 행정부 수반으로서의 대통령의 지위를 크게 i) 정부조직권자로서의 지위, ii) 최고행정청으로서의 지위, iii) 국무회의 의장으로서의 지위 등으로 구분할 수 있다. 행정에 관한 대통령의 주요 권한으로는 국무총리 임명권(헌법86①), 행정각부장의 임명권(헌법94), 공무원임명권(헌법78), 행정각부의 통할권

---

7) 이러한 규범의 특징은 연성규범이라는 점이다. 연성규범은 구속력을 수반하지 않으며, 해당 회원국이 이를 받아들일 것인가는 자유의사에 달려 있다. 그러나 현실적으로 금융은 국제금융시장을 중심으로 해서 네트워크적으로 연결될 수밖에 없고, 비구속적 연성규범이라고 하더라도 이를 따르지 않을 경우 평판효과(reputation effect)에 의해 국내 금융산업에 부정적인 영향을 미침에 따라(예를 들어 채권프리미엄의 상승, 대출이자 스프레드의 상승 등) 결국은 실질적인 강제력을 갖는다. 따라서 국제금융기구의 가이드라인은 대체로 (자국의 사정에 따라 완전히는 아니며, 시기적으로도 각기 다르지만) 회원국의 국내법화 과정을 거쳐 국내 금융규범으로 정립되는 것이 보통이다.

8) 헌법 제66조 제4항 "행정권은 대통령을 수반으로 하는 정부에 속한다."

(헌법86②), 긴급재정·경제처분·명령권 및 긴급명령권(헌법76), 위임명령·집행명령제정권(헌법75) 등이 있다. 대통령의 권한행사는 미리 국무회의를 거쳐야 하며(헌법89), 문서로 하여야 하며, 국무총리와 관계 국무위원의 부서가 있어야 한다(헌법82).

헌법상 행정각부(헌법 제94조 제95조 제96조)는 대통령 및 그의 명을 받은 국무총리의 통할하에 국무회의의 심의를 거친 정부의 정책과 부의 사무를 부문별로 집행하는 중앙행정청을 말한다. 행정각부는 국가기능을 담당하는 가장 중요한 지위에 있는 국가기관으로서 장관을 정점으로 하나의 거대한 피라미드를 형성하고 있다. 헌법은 행정각부의 설치 및 조직을 법률에 위임하고 있는데, 이에 따라 정부조직법은 제정·시행되고 있다.

대통령은 국무총리·국무위원·행정각부의 장 기타 법률이 정하는 공사의 직을 겸할 수 없으며(헌법83), 정부의 수반으로서 법령에 따라 모든 중앙행정기관의 장을 지휘·감독하고 국무총리와 중앙행정기관의 장의 명령이나 처분이 위법 또는 부당하다고 인정하면 이를 중지 또는 취소할 수 있다(정부조직법 제11조).[9] 이처럼 정부는 대통령의 강력한 통할하에 있지만, 대통령이 모든 사무를 직접 처리할 수 없고 정부 내의 설치되는 기관들을 통해 행정권이 행사되므로 그러한 한도 안에서 분업적 사무수행이 이루어지고 있다고 할 수 있다.[10] 또한 금융과 관련한 포괄적인 사무를 수행하는 행정각부로서, 정부조직법 제27조는 기획재정부를 두고 있다. 그리고 행정기관에는 그 소관사무의 일부를 독립하여 수행할 필요가 있는 때에는 법률로 정하는 바에 따라 행정위원회 등 합의제행정기관을 둘 수 있다(정부조직법 제5조). 합의제행정기관이란 다수인으로 구성되며, 그 다수인의 대등한 의사의 합치(다수결)에 의하여 기관의 의사를 결정하고, 그 결정에 대

---

9) 헌법 및 정부조직법상 대통령의 행정각부에 대한 통할(統轄)은 이러한 의미를 갖는다. 정부조직법 제26조 제1항은 "대통령의 통할하에 다음의 행정각부를 둔다."고 규정하고 있다.

10) 헌법은 제4장 제2절에서 행정부에 관한 규정을 별도로 둠으로써 대통령과 별개로 보좌기관으로 국무총리(제86조), 대통령의 보좌 및 국정심의를 하는 국무위원(제87조), 법률로써 정해지는 소관업무를 갖는 행정각부(제96조)로 구성되는 행정부 조직을 구성하도록 하고 있다. 또한 제95조에 따라 국무총리 또는 행정각부의 장은 소관 사무에 관하여 법률이나 대통령령의 위임 또는 직권으로 총리령 또는 부령을 발할 수 있으므로, 소관 사무에 대해서는 전속적으로 행사할 수 있는 권한을 갖는다고 할 수 있다. 다만 행정부 최고 수반인 대통령의 통할하에 그러한 전속적인 권한을 행사하는 것이라고 할 수 있으므로 권한 행사가 대통령으로부터 독립적이라고 할 수는 없을 것이다.

하여 책임을 지는 행정기관을 말한다. 금융위원회법에 의해 설치된 금융위원회에는 이에 속한다.

따라서 금융행정의 주체로서 협의의 정부는 일차적으로 기획재정부이며, 기획재정부는 대통령의 포괄적인 통할하에 있으므로 결국 대통령까지 금융행정의 주체에 포함될 수 있게 된다. 그리고 금융규제 및 감독과 관련하여 별도의 중앙행정기관으로 금융위원회가 설치되고 있으므로 정부의 직접적인 금융행정은 기획재정부와 금융위원회로 이원화되고 있다고 할 수 있다.

2. 간접적인 금융행정주체

간접적인 금융행정의 방법으로서, 무자본 특수법인으로 한국은행과 금융감독원이 설치되어 있다. 한국은행 총재는 금융통화위원회의 정책 결정에 대해 이를 집행하는 기관이고, 금융통화위원회는 사실상 정부의 간접적 영향하에 있다는 점에서11) 한국은행 역시 정부의 범주에 넣을 수 있다. 또한 금융감독원 역시 금융위원회나 증권선물위원회의 지도·감독을 받아 금융기관에 대한 검사나 감독업무를 수행하는 기관(금융위원회법24)이고, 원장의 임명과 해임도 대통령의 권한으로 규정(금융위원회법29 및 32)하고 있으므로 사실상 정부의 직·간접적 영향하에 있다는 점에서 역시 정부의 범주에 포함될 수 있다.

한편 예금자보호법은 금융회사가 파산 등의 사유로 예금등을 지급할 수 없는 상황에 대처하기 위하여 예금보험제도 등을 효율적으로 운영함으로써 예금자 등을 보호하고 금융제도의 안정성을 유지하는 데에 이바지함을 목적으로 제정(예금자보호법 제1조)되었으며, 예금자보호법에에 따라 예금보험제도 등을 효율적으로 운영하기 위하여 무자본 특수법인으로 예금보험공사가 설치되어 있다(예금자보호법 제3조). 예금보험공사는 예금보험기금의 관리 및 운용, 그 상환기금의 관리 및 운용, 부실금융기관의 정리, 예금자보호법 제2조에 따른 부보금융기관에 대한 조사 등 금융질서의 안정성을 유지하는 데 필요하고 중요한 역할을 수행한다(예금자보호법 제18조). 다만 이 역시 금융위원회의 지도·감독 및 명령하에 있다(예금자보호법 제27)는 점에서 사실상 정부의 범주에 포함될 수 있다.

---

11) 금융통화위원회의 구성과 관련한 한국은행법 제13조는 금융통화위원회 7인의 위원에 기획재정부장관이 추천하는 위원, 금융위원회 위원장이 추천하는 위원을 포함시키고 있으며, 한국은행 총재가 금융통화위원회 의장을 겸임하도록 하면서 국무회의의 심의를 거쳐 대통령이 임명하도록 하여 사실상 대통령의 영향력 하에 두고 있다.

제 2 장

금융행정기관

제1절 기획재정부

I. 구성과 직무

기획재정부장관은 중장기 국가발전전략수립, 경제·재정정책의 수립·총괄·조정, 예산·기금의 편성·집행·성과관리, 화폐·외환·국고·정부회계·내국세제·관세·국제금융, 공공기관 관리, 경제협력·국유재산·민간투자 및 국가채무에 관한 사무를 관장한다(정부조직법27①). 내국세의 부과·감면 및 징수에 관한 사무를 관장하기 위하여 기획재정부장관 소속으로 국세청을 둔다(동법27③). 관세의 부과·감면 및 징수와 수출입물품의 통관 및 밀수출입단속에 관한 사무를 관장하기 위하여 기획재정부장관 소속으로 관세청을 둔다(동법27⑤). 정부가 행하는 물자(군수품을 제외한다)의 구매·공급 및 관리에 관한 사무와 정부의 주요시설공사계약에 관한 사무를 관장하기 위하여 기획재정부장관 소속으로 조달청을 둔다(동법27⑦). 통계의 기준설정과 인구조사 및 각종 통계에 관한 사무를 관장하기 위하여 기획재정부장관 소속으로 통계청을 둔다(동법27⑨).

기획재정부에 제1차관 및 제2차관을 두며, 장관이 부득이한 사유로 그 직무를 수행할 수 없는 때에는 제1차관, 제2차관의 순으로 그 직무를 대행한다(기획재정부와 그 소속기관 직제5①). 제1차관은 인사과·운영지원과·세제실·경제정책국·정책조정국·경제구조개혁국·장기전략국·국제금융국·대외경제국 및 개발금융국의 소관업무에 관하여 장관을 보조한다(동직제5②). 제2차관은 예산실·국고국·재정혁신국·재정관리국 및 공공정책국의 소관업무에 관하여 장관을 보조한다(동직제5③).

Ⅱ. 업무

기획재정부는 중장기 국가발전전략수립, 경제·재정정책의 수립·총괄·조정, 예산·기금의 편성·집행·성과관리, 화폐·외환·국고·정부회계·내국세제·관세·국제금융, 공공기관 관리, 경제협력·국유재산·민간투자 및 국가채무에 관한 사무를 관장한다(동직제 제3조).

기획재정부는 경제·재정정책의 결정과 집행을 담당하는 기관이라고 할 수 있다. 대통령과 국무총리 그리고 국무위원으로 구성되는 국무회의에서 국가의 주요정책을 심의하게 되므로, 경제·재정부문 역시 경제, 금융, 고용, 산업정책 등과의 관계에서 적절하게 조율된다. 대통령은 정부의 수반으로서 경제·재정정책을 기타의 정책부문과의 조화로운 관계 속에서 실현될 수 있도록 조정하여 결정하는 중요한 역할을 담당하고 있다.

또한 기획재정부는 금융기관의 외국환업무에 대한 인허가권을 가지며 감독권을 가진다(외국환거래법11).

제2절 금융위원회

Ⅰ. 금융위원회

1. 설립목적

금융위원회의 설치 등에 관한 법률(금융위원회법: "법") 제1조에 따르면 금융위원회는 "금융산업의 선진화와 금융시장의 안정을 도모하고 건전한 신용질서와 공정한 금융거래 관행을 확립하며 예금자 및 투자자 등 금융 수요자를 보호함으로써 국민경제의 발전에 이바지함"을 목적으로 설립되었는데(법1), 금융위원회는 그 업무를 수행할 때 공정성을 유지하고 투명성을 확보하며 금융기관의 자율성을 해치지 아니하도록 노력하여야 한다(법2).

2. 설치 및 지위

행정기관에는 그 소관사무의 일부를 독립하여 수행할 필요가 있는 때에는 법률로 정하는 바에 따라 행정위원회 등 합의제행정기관을 둘 수 있다(정부조직법5조). 행정기관에 그 소관사무의 일부를 독립하여 수행할 필요가 있을 때에는 법률이 정하는 바에 의하여 행정기능과 아울러 규칙을 제정할 수 있는 준입법적 기능 및 이의의 결정 등 재결을 행할 수 있는 준사법적 기능을 가지는 행정위원회 등 합의제행정기관을 둘 수 있다(행정기관의 조직과 정원에 관한 통칙 제21조).

금융정책, 외국환업무 취급기관의 건전성 감독 및 금융감독에 관한 업무를 수행하게 하기 위하여 국무총리 소속으로 금융위원회를 둔다(법3①). 금융위원회는 중앙행정기관으로서 그 권한에 속하는 사무를 독립적으로 수행한다(법3②). 중앙행정기관이라 함은 국가의 행정사무를 담당하기 위하여 설치된 행정기관으로서 그 관할권의 범위가 전국에 미치는 행정기관을 말한다(행정기관의 조직과 정원에 관한 통칙2(1)). 다만 업무 및 권한 등에 있어 다른 정부부처의 업무 및 권한이 정부조직법에 의해 정해지는 것과는 달리 금융위원회법, 대통령령인 「금융위원회와 그 소속기관 직제」 및 금융관련법령에 의해 정해진다.

3. 구성

금융위원회는 9명의 위원으로 구성하며, 위원장·부위원장 각 1명과 기획재정부차관, 금융감독원 원장, 예금보험공사 사장, 한국은행 부총재, 금융위원회 위원장이 추천하는 금융전문가 2명, 대한상공회의소 회장이 추천하는 경제계대표 1명의 위원으로 구성한다(법4①). 위원장은 국무총리의 제청으로 대통령이 임명하며, 금융위원회 부위원장은 위원장의 제청으로 대통령이 임명한다. 이 경우 위원장은 국회의 인사청문을 거쳐야 한다(법4②). 위원장은 금융위원회를 대표하며, 금융위원회의 회의를 주재하고 사무를 총괄한다(법5①). 위원장·부위원장과 임명직 위원의 임기는 3년으로 하며, 한 차례만 연임할 수 있다(법6).

4. 운영

금융위원회의 회의는 3명 이상의 위원이 요구할 때에 위원장이 소집한다. 다만, 위원장은 단독으로 회의를 소집할 수 있다(법11①). 금융위원회의 회의는 그 의결방법에 관하여 금융위원회법 또는 다른 법률에 특별한 규정이 있는 경우를 제외하고는 재적위원 과반수의 출석과 출석위원 과반수의 찬성으로 의결한다(법11②). 금융위원회는 심의에 필요하다고 인정할 때에는 금융감독원 부원장, 부원장보 및 그 밖의 관계 전문가 등으로부터 의견을 들을 수 있다(법13). 위원장은 내우외환, 천재지변 또는 중대한 금융 경제상의 위기로 긴급조치가 필요한 경우로서 금융위원회를 소집할 시간적 여유가 없을 때에는 금융위원회의 권한 내에서 필요한 조치를 할 수 있다(법14①). 금융위원회의 사무를 처리하기 위하여 금융위원회에 사무처를 둔다(법15①).

5. 소관 사무

금융위원회의 소관 사무는 ⅰ) 금융에 관한 정책 및 제도에 관한 사항(제1호), ⅱ) 금융기관 감독 및 검사·제재에 관한 사항(제2호), ⅲ) 금융기관의 설립, 합병, 전환, 영업의 양수·양도 및 경영 등의 인가·허가에 관한 사항(제3호), ⅳ) 자본시장의 관리·감독 및 감시 등에 관한 사항(제4호), ⅴ) 금융소비자의 보호와 배상 등 피해구제에 관한 사항(제5호), ⅵ) 금융중심지의 조성 및 발전에 관한 사항(제6호), ⅶ) 제1호부터 제6호까지의 사항에 관련된 법령 및 규정의 제정·개정 및 폐지에 관한 사항(제7호), ⅷ) 금융 및 외국환업무 취급기관의 건전성 감독에 관한 양자간 협상, 다자간 협상 및 국제협력에 관한 사항(제8호), ⅸ) 외국환업무 취급기관의 건전성 감독에 관한 사항(제9호), ⅹ) 그 밖에 다른 법령에서 금융위원회의 소관으로 규정한 사항(제10호) 등이다(법17).

Ⅱ. 증권선물위원회

1. 설치배경

증권 및 선물거래의 특수성을 감안하여 증권선물위원회를 금융위원회 내부에 설치하고 증권 및 선물 분야에 대하여는 별도로 심의 또는 의결할 수 있도록 하는 체계를 구축하기 위한 것이다.

2. 업무

증권선물위원회는 금융위원회 내의 위원회로서 금융위원회법 또는 다른 법령에 따라 ⅰ) 자본시장의 불공정거래 조사(제1호), ⅱ) 기업회계의 기준 및 회계감리에 관한 업무(제2호), ⅲ) 금융위원회 소관 사무 중 자본시장의 관리·감독 및 감시 등과 관련된 주요사항에 대한 사전 심의(제3호), ⅳ) 자본시장의 관리·감독 및 감시 등을 위하여 금융위원회로부터 위임받은 업무(제4호), ⅴ) 그 밖에 다른 법령에서 증권선물위원회에 부여된 업무(제5호)를 수행한다(법19).

3. 구성

증권선물위원회는 위원장 1명을 포함한 5명의 위원으로 구성하며, 위원장을 제외한 위원 중 1명은 상임으로 한다(법20①). 위원장이 아닌 증권선물위원회 위원의 임기는 3년으로 하며, 한 차례만 연임할 수 있다(법20④).

증권선물위원회 위원장은 금융위원회 부위원장이 겸임하며, 증권선물위원회 위원은 다음의 어느 하나에 해당하는 사람 중에서 금융위원회 위원장의 추천으로 대통령이 임명한다(법5②).

1. 금융, 증권, 파생상품 또는 회계 분야에 관한 경험이 있는 2급 이상의 공무원 또는 고위 공무원단에 속하는 일반직공무원이었던 사람
2. 대학에서 법률학·경제학·경영학 또는 회계학을 전공하고, 대학이나 공인된 연구기관에서 부교수 이상 또는 이에 상당하는 직에 15년 이상 있었던 사람
3. 그 밖에 금융, 증권, 파생상품 또는 회계 분야에 관한 학식과 경험이 풍부한 사람

4. 운영

증권선물위원회의 회의는 2명 이상의 증권선물위원회 위원이 요구할 때에 증권선물위원회 위원장이 소집한다(법21① 본문). 다만, 증권선물위원회 위원장은 단독으로 회의를 소집할 수 있다(법21① 단서). 회의는 3명 이상의 찬성으로 의결

한다(법21②).

제3절 금융감독원

Ⅰ. 설립과 지위

금융위원회나 증권선물위원회의 지도·감독을 받아 금융기관에 대한 검사·감독 업무 등을 수행하기 위하여 금융감독원을 설립한다(법24①). 금융감독원은 무자본 특수법인으로 한다(법24②). 무자본이란 자본금 없이 국가예산이나 기타의 분담금으로 운영된다는 의미이다. 금융감독원은 특별법인 금융위원회법에 의해 설립되고 국가 또는 지방자치단체로부터 독립하여 특정 공공사무를 수행하는 영조물법인이다.

Ⅱ. 구성과 직무

금융감독원에 원장 1명, 부원장 4명 이내, 부원장보 9명 이내와 감사 1명을 둔다(법29①). 원장은 금융위원회의 의결을 거쳐 금융위원회 위원장의 제청으로 대통령이 임명한다(법29②). 부원장은 원장의 제청으로 금융위원회가 임명하고, 부원장보는 원장이 임명한다(법29③). 감사는 금융위원회의 의결을 거쳐 금융위원회 위원장의 제청으로 대통령이 임명한다(법29④). 원장·부원장·부원장보 및 감사의 임기는 3년으로 하며, 한 차례만 연임할 수 있다(법29⑤). 원장·부원장·부원장보와 감사에 결원이 생겼을 때에는 새로 임명하되, 그 임기는 임명된 날부터 기산한다(법29⑥).

원장은 금융감독원을 대표하며, 그 업무를 총괄한다(법30①). 원장이 부득이한 사유로 직무를 수행할 수 없을 때에는 금융감독원의 정관으로 정하는 순서에 따라 부원장이 원장의 직무를 대행한다(법30②). 부원장은 원장을 보좌하고 금융감독원의 업무를 분장하며, 부원장보는 원장과 부원장을 보좌하고 금융감독원의 업무를 분장한다(법30③). 감사는 금융감독원의 업무와 회계를 감사한다(법30④).

Ⅲ. 업무

금융감독원은 금융위원회법 또는 다른 법령에 따라 ⅰ) 검사대상기관(법38)의 업무 및 재산상황에 대한 검사(제1호), ⅱ) 검사 결과와 관련하여 이 법과 또는 다른 법령에 따른 제재(제2호), ⅲ) 금융위원회와 금융위원회법 또는 다른 법령에 따라 금융위원회 소속으로 두는 기관에 대한 업무지원(제3호), ⅳ) 그 밖에 이 법 또는 다른 법령에서 금융감독원이 수행하도록 하는 업무(제4호)를 수행한다(법37).

원장은 업무수행에 필요하다고 인정할 때에는 검사대상기관 또는 다른 법령에 따라 금융감독원에 검사가 위탁된 대상기관에 대하여 업무 또는 재산에 관한 보고, 자료의 제출, 관계자의 출석 및 진술을 요구할 수 있다(법40①). 검사를 하는 자는 그 권한을 표시하는 증표를 관계인에게 내보여야 한다(법40②).

원장은 검사대상기관의 임직원이 ⅰ) 금융위원회법 또는 금융위원회법에 따른 규정·명령 또는 지시를 위반한 경우(제1호), ⅱ) 금융위원회법에 따라 원장이 요구하는 보고서 또는 자료를 거짓으로 작성하거나 그 제출을 게을리한 경우(제2호), ⅲ) 금융위원회법에 따른 금융감독원의 감독과 검사 업무의 수행을 거부·방해 또는 기피한 경우(제3호), ⅳ) 원장의 시정명령이나 징계요구에 대한 이행을 게을리한 경우(제4호)에 해당하는 경우에는 그 기관의 장에게 이를 시정하게 하거나 해당 직원의 징계를 요구할 수 있다(법41①). 징계는 면직·정직·감봉·견책 및 경고로 구분한다(법40②).

원장은 검사대상기관의 임원이 금융위원회법 또는 금융위원회법에 따른 규정·명령 또는 지시를 고의로 위반한 때에는 그 임원의 해임을 임면권자에게 권고할 수 있으며, 그 임원의 업무집행의 정지를 명할 것을 금융위원회에 건의할 수 있다(법42). 원장은 검사대상기관이 금융위원회법 또는 금융위원회법에 따른 규정·명령 또는 지시를 계속 위반하여 위법 또는 불건전한 방법으로 영업하는 경우에는 금융위원회에 ⅰ) 해당 기관의 위법행위 또는 비행(非行)의 중지, ⅱ) 6개월의 범위에서의 업무의 전부 또는 일부 정지를 명할 것을 건의할 수 있다(법43).

제4절 한국은행

I. 설립과 지위

한국은행법("법")에 의하면 한국은행은 효율적인 통화신용정책의 수립과 집행을 통하여 물가안정을 도모함으로써 국민경제의 건전한 발전에 이바지할 목적으로 설립되었다(법1). 법적 지위는 무자본 특수법인으로 한다(법2). 한국은행의 통화신용정책은 중립적으로 수립되고 자율적으로 집행되도록 하여야 하며, 한국은행의 자주성은 존중되어야 한다(법3). 한국은행의 통화신용정책은 물가안정을 해치지 아니하는 범위에서 정부의 경제정책과 조화를 이룰 수 있도록 하여야 한다(법4①).

Ⅱ. 구성과 직무

한국은행에 집행간부로서 총재 및 부총재 각 1명과 부총재보 5명 이내를 둔다(법32). 총재는 국무회의 심의와 국회 인사청문을 거쳐 대통령이 임명한다(법33①). 총재의 임기는 4년으로 하며, 한 차례만 연임할 수 있다(법33②). 총재는 한국은행을 대표하고 그 업무를 총괄한다(법34①). 총재는 금융통화위원회가 수립한 정책을 수행하며, 한국은행법과 정관에 따라 부여된 그 밖의 권한을 행사한다(법34②). 총재는 금융통화위원회가 유의하여야 할 사항을 수시로 통보하며, 금융통화위원회의 심의·의결을 위하여 필요한 자료와 의견을 제공할 의무를 진다(법34③).

한국은행에 감사 1명을 둔다(법43①). 감사는 기획재정부장관의 추천으로 대통령이 임명한다(법43②). 감사의 임기는 3년으로 하며, 한 차례만 연임할 수 있다(법44). 감사는 한국은행의 업무를 상시 감사(監査)하며, 그 결과를 수시로 금융통화위원회에 보고하여야 한다(법45①). 감사는 매년 종합감사보고서를 작성하여 정부와 금융통화위원회에 제출하여야 한다(법45②).

Ⅲ. 업무

1. 한국은행권의 발행(독점적 발권력)

화폐의 발행권은 한국은행만이 가진다(법47). 한국은행이 발행한 한국은행권은 법화(法貨)로서 모든 거래에 무제한 통용된다(법48). 한국은행이 보유하는 한국은행권은 한국은행의 자산 또는 부채가 되지 아니한다(법50).

2. 정부 및 정부대행기관과의 업무

한국은행은 대한민국 국고금의 예수기관으로서 「국고금 관리법」에서 정하는 바에 따라 국고금을 취급한다(법71). 한국은행은 정부에 속하는 증권, 문서, 그 밖의 고가물을 보호예수할 수 있다(법72). 한국은행은 법령에서 정하는 바에 따라 국가의 수입 징수를 보조하며, 국채의 발행·매각·상환 또는 그 밖의 사무를 취급할 수 있다(법73).

한국은행은 정부에 대하여 당좌대출 또는 그 밖의 형식의 여신을 할 수 있으며, 정부로부터 국채를 직접 인수할 수 있다(법75①). 여신과 직접 인수한 국채의 총액은 금융기관과 일반에 대하여 정부가 부담하는 모든 채무를 합하여 국회가 의결한 기채(起債) 한도를 초과할 수 없다(법75②). 여신에 대한 이율이나 그 밖의 조건은 금융통화위원회가 정한다(법75③).

한국은행은 원리금 상환에 대하여 정부가 보증한 채권을 직접 인수할 수 있다(법76①). 인수에 대한 이율이나 그 밖의 조건은 금융통화위원회가 정한다(법76②).

한국은행은 정부대행기관의 예금을 받고, 이에 대하여 대출할 수 있다(법77①). "정부대행기관"이란 생산·구매·판매 또는 배급에 있어서 정부를 위하여 공공의 사업 또는 기능을 수행하는 법인으로서 정부가 지정한 법인을 말한다(법77②). 대출은 그 원리금 상환에 대하여 정부가 보증한 경우로 한정한다(법77③). 금융통화위원회는 한국은행의 정부대행기관에 대한 대출이율이나 그 밖의 조건을 정한다(법77④).

한국은행은 통화팽창기에 정부대행기관에 대한 여신의 억제와 여신액의 감축을 위하여 노력하여야 한다(법78).

3. 외국환업무 등

한국은행은 기획재정부장관의 인가를 받아 ⅰ) 외국환업무 및 외국환의 보유(제1호), ⅱ) 외국의 금융기관, 국제금융기구, 외국정부와 그 대행기관 또는 국제연합기구로부터의 예금의 수입(제2호), ⅲ) 귀금속의 매매(제3호)에 해당하는 업무를 수행할 수 있다(법82).

총재는 외화표시 자산의 운용과 관련된 주요 계획에 관하여 미리 금융통화위원회의 의견을 들어야 한다(법82의2). 한국은행은 정부의 환율정책, 외국환은행의 외화 여신·수신업무 및 외국환 매입·매도 초과액의 한도 설정에 관한 정책에 대하여 협의하는 기능을 수행한다(법83). 한국은행은 금융통화위원회가 정하는 바에 따라 금융기관과 환거래계약을 할 수 있다(법84).

Ⅳ. 권한

1. 자료제출요구권

한국은행은 금융통화위원회가 통화신용정책 수행을 위하여 필요하다고 인정하는 경우 ⅰ) 금융기관(제1호), ⅱ) 금융기관이 아닌 자로서 금융업을 하는 자 중 한국은행과 당좌예금거래약정을 체결한 자(제2호), ⅲ) 제1호와 제2호 모두에 속하지 아니하는 자로서 금융산업구조개선법 제2조에 따른 금융기관 중 자산규모 등을 고려하여 대통령령으로 정하는 자(제3호)에게 자료제출을 요구할 수 있다. 이 경우 요구하는 자료는 자료제출을 요구받는 자의 업무부담을 충분히 고려하여 필요한 최소한의 범위로 한정하여야 한다(법87).

2. 검사 및 공동검사의 요구 등

한국은행은 금융통화위원회가 통화신용정책 수행을 위하여 필요하다고 인정하는 경우 금융감독원에 구체적 범위를 정하여 금융기관에 대한 검사를 요구할 수 있으며, 필요시 한국은행 소속 직원이 금융감독원의 금융기관 검사에 공동으로 참여할 수 있도록 요구할 수 있다. 이 경우 금융감독원은 금융감독원은 검사 또는 공동검사를 요구받은 날부터 1개월 내에 응하여야 한다(법88①, 영15의3).

한국은행은 금융감독원에 검사결과의 송부를 요청하거나 검사 결과에 따라 금융기관에 대한 필요한 시정조치를 요청할 수 있다(법88② 전단). 이 경우 금융감독원은 이에 따라야 한다(법88② 후단).

3. 재의요구권

금융통화위원회는 금융위원회가 통화신용정책과 직접 관련되는 금융감독상의 조치를 하는 경우 이의가 있을 때에는 재의를 요구할 수 있다(법89①). 재의요구가 있는 경우에 금융위원회가 재적위원 3분의 2 이상의 찬성으로 전과 같은 의결을 하였을 때에는 조치는 확정된다(법89②).

Ⅴ. 정부와의 관계

기획재정부차관 또는 금융위원회 부위원장은 금융통화위원회 회의에 열석(列席)하여 발언할 수 있다(법91 본문). 다만, 금융위원회 부위원장의 경우에는 금융위원회 소관 사항에 한정하여 열석하여 발언할 수 있다(법91 단서). 기획재정부장관은 금융통화위원회의 의결이 정부의 경제정책과 상충된다고 판단되는 경우에는 재의를 요구할 수 있다(법92①). 재의 요구가 있는 경우에 금융통화위원회가 위원 5명 이상의 찬성으로 전과 같은 의결을 하였을 때에는 대통령이 이를 최종 결정한다(법92②). 기획재정부장관은 재의 요구를 할 때에 대통령령으로 정하는 바에 따라 이를 즉시 공표하여야 한다(법92③). 정부는 금융통화에 관한 중요한 정책을 수립할 때에는 금융통화위원회의 의견을 들어야 한다(법93).

제5절 예금보험공사

Ⅰ. 설립과 지위

예금자보호법("법")에 따라 설립된 예금보험공사("공사")는 예금보험제도 등을 효율적으로 운영하기 위하여 설립된 무자본특수법인이다(법3 및 4①). 예금보험제도의 목적은 금융회사가 파산 등의 사유로 예금등을 지급할 수 없는 상황에 대처하기 위하여 예금보험제도 등을 효율적으로 운영함으로써 예금자등을 보호하고 금융제도의 안정성을 유지에 이바지하는 데 있다(법1).

예금자보호법은 예금보험공사가 발행하는 채권에 대하여 정부가 지급을 보증할 수 있도록 규정하고 있으며(법26의2⑤), 실제로 이 규정에 따라 예금보험공사가 발행하는 채권에 대하여 1997년 말부터 64조원의 지급보증이 이루어졌다. 예금보험공사를 무자본 특수법인으로 한다는 조항과 정부의 지급보증 조항을 함께 파악해 보면 예금보험공사의 채무에 대해서 정부가 무제한책임을 진다는 의미로 해석할 수 있다.[1]

Ⅱ. 구성과 직무

공사에 사장 1명을 두고, 부사장 1명을 포함한 5명 이내의 상임이사, 7명 이내의 비상임이사와 감사 1명을 둔다(법11①). 임원에 결원이 생겼을 때에는 새로 임명하되, 그 임기는 임명된 날부터 기산한다(법11②). 사장은 공사를 대표하고, 그 업무를 총괄한다(법12①). 부사장은 사장을 보좌하고, 부사장을 제외한 상임이사와 비상임이사("이사")는 사장과 부사장을 보좌하되, 각각 정관으로 정하는 바에 따라 공사의 업무를 나눠 맡는다(법12②). 감사는 공사의 업무와 회계를 감사한다(법12③). 공사에 이사회를 둔다(법14①). 이사회는 사장·부사장 및 이사로 구성한다(법14②). 이사회는 공사의 업무에 관한 주요사항을 의결한다(법14③). 감사는 이사회에 출석하여 의견을 진술할 수 있다(법14④).

Ⅲ. 업무

공사는 설립목적을 달성하기 위하여 ⅰ) 예금보험기금의 관리 및 운용(제1호), ⅱ) 상환기금의 관리 및 운용(제2호), ⅲ) 손해배상청구권의 대위행사 등(제3호), ⅳ) 보험료 및 예금보험기금채권상환특별기여금("특별기여금")의 산정 및 수납(제4호), ⅴ) 보험금 등의 지급 및 계산(제5호), ⅵ) 부실금융회사의 정리 등(제6

---

[1] 이성우(2017), "현행 예금보험업무 운영상의 문제점과 개선방안", 보험법연구 11권 2호 (2017. 12), 113쪽.

호), vii) 착오송금 반환지원(제6의2호), viii) 제1호부터 제6호까지 및 제6호의2의 업무에 부대하는 업무(제7호), ix) 예금자등을 보호하기 위하여 정부가 위탁하거나 지정하는 업무(제8호), x) 그 밖에 다른 법령에서 정하는 업무(제9호)를 수행한다(법18①).

Ⅳ. 권한

1. 자료제출요구권

공사는 부보금융회사 및 그 부보금융회사를 금융지주회사법에 따른 자회사등으로 두는 금융지주회사에 대하여 부실금융회사 또는 부실우려금융회사의 결정, 보험료 및 특별기여금의 산정 및 수납, 보험금 등의 지급 및 계산, 부실금융회사의 정리 등의 업무를 수행하기 위하여 필요한 범위에서 그 업무 및 재산 상황에 관련된 자료의 제출을 요구할 수 있다(법21①).

공사는 예금자등을 보호하기 위하여 필요하다고 인정하면 금융감독원장에게 구체적인 범위를 정하여 부보금융회사 및 그 부보금융회사를 금융지주회사법에 따른 자회사등으로 두는 금융지주회사와 관련된 자료를 제공하여 줄 것을 요청할 수 있다. 이 경우 요청을 받은 금융감독원장은 이에 따라야 한다(법21④). 공사는 부보금융회사가 보험사고의 위험이 있는지를 판단하기 위하여 제공받은 자료의 사실 여부를 확인할 필요가 있다고 인정되면 금융감독원장에게 1개월의 기간을 정하여 해당 부보금융회사 및 그 부보금융회사를 금융지주회사법에 따른 자회사등으로 두는 금융지주회사에 대한 검사 등을 통하여 그 자료의 사실 여부를 확인하여 줄 것을 요청할 수 있다(법21⑤).

2. 조사권

공사는 제출된 자료 등을 기초로 하여 "대통령령으로 정하는 기준"에 따라 부실 우려가 있다고 인정되거나, 제공받은 자료의 사실 여부의 확인이 이루어지지 아니한 경우에는 부보금융회사 및 그 부보금융회사를 금융지주회사법에 따른 자회사등으로 두는 금융지주회사의 업무 및 재산 상황에 관하여 조사를 할 수 있다(법21②).

여기서 "대통령령으로 정하는 기준"이란 금융산업구조개선법 제10조 제2항에 따라 금융위원회가 정하는 기준을 말한다(영12의2 본문). 다만, 상호저축은행의 경우에는 ⅰ) 금융산업구조개선법 제10조 제2항에 따라 금융위원회가 정하는 기준에 해당하는 경우(제1호), ⅱ) 자기자본비율이 제1호의 기준에 100분의 2를 더한 비율 미만인 경우(제2호), ⅲ) 최근 3회계연도 연속하여 당기순손실이 발생한 경우(제3호), ⅳ) 공사가 자기자본비율의 하락추세 및 하락폭 등을 고려하여 금융감독원과 협의하여 조사의 필요성이 있다고 인정하는 경우(제4호)를 말한다(영12의2 단서).

공사는 조사결과에 따라 금융감독원장에게 해당 부보금융회사 및 그 부보금융회사를 금융지주회사법에 따른 자회사등으로 두는 금융지주회사에 대하여 필요한 시정조치를 하여 줄 것을 요청할 수 있다(법21⑥ 전단). 이 경우 요청을 받은 금융감독원장은 특별한 사유가 없으면 이에 따라야 하며, 그 조치결과 및 조치대상기관의 이행내역을 공사에 송부하여야 한다(법21⑥ 후단). 공사는 조사결과 보험사고의 위험이 있다고 판단되면 이를 금융위원회에 통보하고 적절한 조치를 해 줄 것을 요청할 수 있다(법21⑦ 전단). 이 경우 요청을 받은 금융위원회는 특별한 사유가 없으면 이에 따라야 한다(법21⑦ 후단).

3. 검사요청권 및 공동검사요구권

공사는 예금자등의 보호와 금융제도의 안정성 유지를 위하여 필요하다고 인정하면 금융감독원의 원장에게 구체적인 범위를 정하여 부보금융회사 및 그 부보금융회사를 금융지주회사법에 따른 자회사등으로 두는 금융지주회사에 대하여 검사를 할 것을 요청하거나, 공사 소속 직원이 해당 검사에 공동으로 참여하도록 위원회의 의결을 거쳐 요청할 수 있다(법21③ 전단). 이 경우 요청을 받은 금융감독원장은 이에 따라야 한다(법21③ 후단).

공사는 금융감독원장에게 검사결과의 송부를 요청하거나 검사결과에 따라 해당 부보금융회사 및 그 부보금융회사를 금융지주회사법에 따른 자회사등으로 두는 금융지주회사에 대하여 필요한 시정조치를 하여 줄 것을 요청할 수 있다(법21⑧ 전단). 이 경우 요청을 받은 금융감독원장은 이에 따라야 하며, 그 조치결과 및 조치대상기관의 이행내역을 공사에 송부하여야 한다(법21⑧ 후단).

Ⅴ. 정부와의 관계

금융위원회는 공사의 업무를 지도·감독하고 이에 필요한 명령을 할 수 있다(법27①). 금융위원회는 예금자보호법에 따른 공사의 처분이 위법하거나 예금자등을 보호하기 위하여 필요하다고 인정하면 그 처분의 전부 또는 일부를 취소하거나 그 집행을 정지시킬 수 있다(법27②).

금융위원회는 필요하다고 인정하면 공사에 대하여 그 업무·회계 및 재산에 관한 사항 등을 보고하게 하거나, 소속 공무원에게 공사의 업무 상황 또는 장부, 서류, 시설, 그 밖에 필요한 물건을 검사하게 할 수 있다(법28①). 소속 공무원이 검사를 할 때에는 그 권한을 표시하는 증표를 지니고 관계인에게 보여 주어야 한다(법28②).

제 3 장

금융유관기관

제1절 서론

Ⅰ. 금융규제 운영규정

금융관련법령에는 금융유관기관에 관한 정의 규정을 두고 있지 않다. 다만 국무총리 훈령인 「금융규제 운영규정」 제2조 제2호는 금융유관기관은 일정한 법인·단체 또는 그 기관을 말한다(동규정2(2))고 규정하면서 다음과 같이 나열하고 있다.

"금융유관기관"이란 다음 각 목의 법인·단체 또는 그 기관을 말한다(동규정 2(2)).

가. 금융감독원
나. 예금자보호법에 따른 예금보험공사
다. 한국산업은행법에 따른 한국산업은행
라. 자본시장법에 따른 한국거래소
마. 자본시장법에 따른 한국예탁결제원
바. 민법 제32조[1]에 따라 설립된 금융결제원

---

1) 민법 제32조(비영리법인의 설립과 허가) 학술, 종교, 자선, 기예, 사교 기타 영리 아닌 사업을 목적으로 하는 사단 또는 재단은 주무관청의 허가를 얻어 이를 법인으로 할 수 있다.

사. 신용보증기금법에 따른 신용보증기금

아. 삭제 <2022.4.4.>

자. 한국주택금융공사법에 따른 한국주택금융공사

차. 자산관리공사법에 따른 한국자산관리공사

카. 관계 법령에 따라 금융회사등을 감독하거나 검사, 그 밖에 이와 비슷한 행정조사(행정조사기본법에 따른 행정조사) 권한을 행사하거나 업무를 하는 법인·단체 또는 그 기관

타. 금융위원회나 가목부터 카목까지의 규정에 따른 법인·단체 또는 그 기관으로부터 금융회사 등에 대한 감독, 검사, 그 밖에 이와 비슷한 행정조사에 관한 권한이나 업무를 위임·위탁받은 법인·단체 또는 그 기관

파. 자본시장법 제286조 제1항 제1호에 따른 자율규제업무 등 금융회사등을 회원으로 하면서 그 금융회사 등 간의 합의에 따라 정관, 규칙 또는 규약 등을 정하고 집행하여 금융회사 등을 규율하는 업무를 하는 법인 또는 단체

현재 위 카목에 해당하는 기관으로는 상호저축은행중앙회(상호저축은행법 시행령26②(3)), 신용협동조합중앙회(신용협동조합법78①), 농협중앙회(농협구조개선법 시행령 20조), 수협중앙회(수산업협동조합법 시행령62)가 있다. 그리고 파목에 해당하는 유관기관은 금융투자협회(자본시장법286), (생명·손해)보험협회(보험업법175), 신용정보협회(신용정보법44)가 있다.

Ⅱ. 금융유관기관의 개념

금융규제 운영규정 상의 금융유관기관은 개별 법률에 의해 금융위원회로부터 금융행정업무의 일부를 위임·위탁받아 수행하는 기관으로 금융위원회의 지시·명령·감독을 받는 기관을 기준으로 분류한 것으로 보인다.

금융위원회의 조직 밖에 설립되면서도 성질상 금융행정 업무를 수행하거나 지원하고 있고, 수행하는 업무에 관해 금융위원회의 지시·명령 아래 있고 감독·검사를 받고 있다면 결국 그 법적 지위는 합리적인 금융행정 수행을 위한 금융위원회의 "늘어난 팔"이라고 볼 수 있다.

이처럼 업무의 실질은 금융행정이지만 금융위원회 외부에 조직을 설립함으로써 금융행정의 수행 주체를 세분화하는 것은 한편으로는 금융 부문의 복잡성

에 따른 효율적인 대응을 위한 것이고, 다른 한편으로는 금융위원회에 의한 직접적인 행정의 여지를 간접적인 방법으로 전환시켜 금융의 효율성을 최대한 보장하기 위한 것으로 이해할 수 있다.

여기서는 금융기관 운영규정 상의 분류를 기준으로 금융유관기관을 살펴보되 그 외의 금융행정을 수행하는 기관도 포함하여 설명하기로 한다. 금융감독원과 예금보험공사는 이미 앞에서 설명하였다.

제2절 증권유관기관

Ⅰ. 한국거래소

1. 설립과 지위

자본시장법("법")상 "거래소"란 증권 및 장내파생상품의 공정한 가격 형성과 그 매매, 그 밖의 거래의 안정성 및 효율성을 도모하기 위하여 금융위원회의 허가를 받아 금융투자상품시장을 개설하는 자를 말한다(법8의2②). 거래소는 상법상 주식회사(법373의2②(1))로서, 자본시장법에서 특별히 정한 경우를 제외하고는 상법 중 주식회사에 관한 규정을 적용한다(법374).

2. 업무

(1) 거래소의 책무

거래소는 ⅰ) 증권의 상장 및 상장폐지 업무(제1호), ⅱ) 자본시장법 제402조 제1항 제1호부터 제3호까지의 규정2)에 따른 업무(제2호), ⅲ) 그 밖에 투자자

---

2) 거래소에 다음의 업무를 수행하기 위하여 시장감시위원회를 둔다(법402).
  1. 시장감시, 이상거래의 심리 및 회원에 대한 감리(지정거래소가 제78조 제3항 및 제4항에 따라 행하는 감시, 이상거래의 심리 또는 거래참가자에 대한 감리를 포함)
  2. 증권시장과 파생상품시장 사이의 연계감시(지정거래소가 제404조 제2항 및 제3항에 따라 행하는 거래소시장과 다른 거래소시장 사이 및 거래소시장과 다자간매매체결회사 사이의 연계감시를 포함)
  3. 제1호 및 제2호에 따른 이상거래의 심리, 회원에 대한 감리, 연계감시의 결과에 따른 회원 또는 거래참가자에 대한 징계 또는 관련 임직원에 대한 징계요구의 결정

를 보호하고 공정한 거래질서를 확보하기 위하여 필요한 업무로서 상장법인의 신고·공시에 관한 업무(제3호)를 행함에 있어서 자본시장법 또는 정관등에 따라 거래소시장에서 투자자를 보호하고 증권 및 장내파생상품의 매매를 공정하게 수행할 책무를 가진다(법373의7).

(2) 거래소의 업무

거래소는 정관으로 정하는 바에 따라 다음의 업무를 행한다(법377① 본문). 다만, 제3호 및 제4호의 업무는 제378조에 따라 금융위원회로부터 청산기관 또는 결제기관으로 지정된 거래소로 한정한다(법377① 단서).

1. 거래소시장의 개설·운영에 관한 업무
2. 증권 및 장내파생상품의 매매에 관한 업무
3. 증권 및 장내파생상품의 거래(다자간매매체결회사에서의 거래를 포함)에 따른 매매확인, 채무인수, 차감, 결제증권·결제품목·결제금액의 확정, 결제이행보증, 결제불이행에 따른 처리 및 결제지시에 관한 업무
4. 장내파생상품의 매매거래에 따른 품목인도 및 대금지급에 관한 업무
5. 증권의 상장에 관한 업무
6. 장내파생상품 매매의 유형 및 품목의 결정에 관한 업무
7. 상장법인의 신고·공시에 관한 업무
8. 증권 또는 장내파생상품 매매 품목의 가격이나 거래량이 비정상적으로 변동하는 거래 등 대통령령으로 정하는 이상거래의 심리 및 회원의 감리에 관한 업무
9. 증권의 경매업무
10. 거래소시장 등에서의 매매와 관련된 분쟁의 자율조정(당사자의 신청이 있는 경우에 한한 다)에 관한 업무
11. 거래소시장의 개설에 수반되는 부대업무
12. 금융위원회의 승인을 받은 업무
13. 그 밖에 정관에서 정하는 업무

거래소는 제1항 각 호의 업무 외에 다른 업무를 할 수 없다(법377② 본문). 다만, ⅰ) 자본시장법 또는 다른 법령에서 거래소가 운영할 수 있도록 한 업무를 행하는 경우(제1호), ⅱ) 금융투자상품거래청산업인가를 받아 금융투자상품거래

청산업을 영위하는 경우(제2호)에는 그러하지 아니하다(법377② 단서).

(3) 청산 및 결제

증권시장 및 파생상품시장에서의 매매거래(다자간매매체결회사에서의 거래를 포함)에 따른 매매확인, 채무인수, 차감, 결제증권·결제품목·결제금액의 확정, 결제이행보증, 결제불이행에 따른 처리 및 결제지시업무는 제323조의2(무인가 청산영업행위 금지) 및 제323조의3(금융투자상품거래청산업의 인가)에도 불구하고 청산기관으로서 금융위원회가 지정하는 거래소가 수행한다(법378①). 파생상품시장에서의 품목인도 및 대금지급업무는 결제기관으로서 금융위원회가 지정하는 거래소가 수행한다(법378②

거래소는 증권시장 및 파생상품시장에서의 매매거래를 원활하게 하기 위하여 증권시장업무규정 및 파생상품시장업무규정이 정하는 바에 따라 회원을 대신하여 그 회원의 증권시장 또는 파생상품시장에서의 매매거래에 의한 채권·채무에 대하여 그 채권을 행사 또는 취득하거나 그 채무를 이행 또는 인수할 수 있다(법398①). 채무의 이행 또는 인수로 인하여 거래소에 손실이 발생한 경우 해당 회원은 증권시장업무규정 및 파생상품시장업무규정이 정하는 바에 따라 거래소에 대하여 같은 채무를 부담한다(법398②).

II. 한국예탁결제원

1. 설립과 지위

"증권등"(증권, 그 밖에 대통령령으로 정하는 것)의 집중예탁과 계좌간 대체, 매매거래에 따른 결제업무 및 유통의 원활을 위하여 한국예탁결제원("예탁결제원")을 설립한다(법294①). 여기서 "증권등"이란 증권, 원화표시 양도성 예금증서(CD), 어음[기업어음증권(CP) 제외], 그 밖에 증권과 유사하고 집중예탁과 계좌간 대체에 적합한 것으로서 예탁결제원이 따로 정하는 것, 한국거래소가 개설한 금현물시장에서 거래되는 금지금 등을 말한다(영310 및 금융투자업규정8-2).

예탁결제원은 법인으로 하며(법294②), 주된 사무소의 소재지에서 설립등기를 함으로써 성립한다(법294③). 예탁결제원이 아닌 자는 "한국예탁결제원" 또는 이와 유사한 명칭을 사용하여서는 아니 된다(법295).

2. 업무

(1) 고유업무와 예탁결제기관업무

예탁결제원은 정관으로 정하는 바에 따라 ⅰ) 증권등의 집중예탁업무(제1호), ⅱ) 증권등의 계좌간 대체업무(제2호), ⅲ) 증권시장 밖에서의 증권등의 매매거래(다자간매매체결회사에서의 증권의 매매거래는 제외)에 따른 증권등의 인도와 대금의 지급에 관한 업무(제4호),3) ⅳ) 예탁결제원과 유사한 업무를 영위하는 외국법인("외국예탁결제기관")과의 계좌설정을 통한 증권등의 예탁, 계좌간 대체 및 매매거래에 따른 증권등의 인도와 대금의 지급에 관한 업무(제5호)를 행한다(법296①).

(2) 부수업무

예탁결제원은 정관으로 정하는 바에 따라 부수업무로서 ⅰ) 증권등의 보호예수업무(제1호), ⅱ) 예탁증권등의 담보관리에 관한 업무(제2호), ⅲ) 법 제80조에 따라 집합투자업자·투자일임업자와 집합투자재산을 보관·관리하는 신탁업자 등 사이에서 이루어지는 집합투자재산의 취득·처분 등에 관한 지시 등을 처리하는 업무(제3호), ⅳ) 그 밖에 금융위원회로부터 승인을 받은 업무(제4호)를 행한다(법296②).

(3) 겸영업무

예탁결제원은 정관으로 정하는 바에 따라 위의 업무 이외에 ⅰ) 금융위원회의 승인을 받은 업무(이 경우 자본시장법 또는 다른 법률에서 인가·허가·등록·신고 등이 필요한 경우에는 인가·허가 등을 받거나 등록·신고 등을 하여야 한다)(제1호), ⅱ) 자본시장법 또는 다른 법령에서 예탁결제원의 업무로 규정한 업무(제2호)를 영위할 수 있다(법296③).

Ⅲ. 한국금융투자협회

1. 설립과 지위

자본시장법("법")에 따라 회원 상호 간의 업무질서 유지 및 공정한 거래를

---

3) 제3호는 삭제[2016.3.22. 제14096호(주식·사채 등의 전자등록에 관한 법률)][[시행일 2019. 9. 16]].

확립하고 투자자를 보호하며 금융투자업의 건전한 발전을 위하여 한국금융투자협회("협회")를 설립한다(법283①). 협회는 회원조직으로서의 법인으로 하며(법283②), 협회에 대하여는 자본시장법에서 특별한 규정이 있는 것을 제외하고는 민법중 사단법인에 관한 규정을 준용한다(법283④).

협회의 회원이 될 수 있는 자는 금융투자업자, 그 밖에 금융투자업과 관련된 업무를 영위하는 자로서 대통령령으로 정하는 자로 한다(법285①). 협회가 아닌 자는 "금융투자협회", "증권협회", "선물협회", "자산운용협회" 또는 이와 유사한 명칭을 사용하여서는 아니 된다(법284).

2. 업무

협회는 정관이 정하는 바에 따라 다음의 업무를 행한다(법286①).

1. 회원간의 건전한 영업질서 유지 및 투자자 보호를 위한 자율규제업무
2. 회원의 영업행위와 관련된 분쟁의 자율조정(당사자의 신청이 있는 경우에 한한다)에 관한 업무
3. 다음 각 목의 주요직무 종사자의 등록 및 관리에 관한 업무
   가. 투자권유자문인력(투자권유를 하거나 투자에 관한 자문 업무를 수행하는 자)
   나. 조사분석인력(조사분석자료를 작성하거나 이를 심사·승인하는 업무를 수행하는 자)
   다. 투자운용인력(집합투자재산·신탁재산 또는 투자일임재산을 운용하는 업무를 수행하는 자)
   라. 그 밖에 투자자 보호 또는 건전한 거래질서를 위하여 대통령령으로 정하는 주요직무종사자
4. 금융투자업자가 다음 각 목의 어느 하나에 해당하는 장외파생상품을 신규로 취급하는 경우 그 사전심의업무
   가. 기초자산이 자본시장법 제4조 제10항 제4호 또는 제5호에 해당하는 장외파생상품
   나. 일반투자자를 대상으로 하는 장외파생상품
5. 증권시장에 상장되지 아니한 주권의 장외매매거래에 관한 업무
6. 금융투자업 관련제도의 조사·연구에 관한 업무
7. 투자자 교육 및 이를 위한 재단의 설립·운영에 관한 업무

8. 금융투자업 관련 연수업무

9. 자본시장법 또는 다른 법령에 따라 위탁받은 업무

10. 제1호부터 제9호까지의 업무 외에 대통령령으로 정하는 업무

11. 제1호부터 제10호까지의 업무에 부수되는 업무

협회는 업무를 행함에 있어 위 제1항 제1호(자율규제업무), 제2호(분쟁조정업무) 및 제4호(장외파생상품 사전심의업무)의 업무가 다른 업무와 독립적으로 운영되도록 하여야 하며, 이를 위하여 별도의 조직을 갖추어야 한다(법286②).

Ⅳ. 증권금융회사

1. 의의

누구든지 자본시장법에 따른 인가를 받지 아니하고는 증권금융업무(제326조 제1항에 따른 업무)를 영위하여서는 아니 된다(법323의21 본문). 다만, 투자자 보호 및 건전한 거래질서를 해할 우려가 없는 경우로서 대통령령으로 정하는 경우는 제외한다(법323의21 단서). 증권금융업무를 영위하려는 자는 일정한 요건을 갖추어 금융위원회의 인가를 받아야 한다(법324①②). 증권금융회사가 아닌 자는 "증권금융" 또는 이와 유사한 명칭을 사용하여서는 아니 된다(법325).

2. 업무

(1) 증권금융업무

증권금융업무는 ⅰ) 금융투자상품의 매도·매수, 증권의 발행·인수 또는 그 중개나 청약의 권유, 청약, 청약의 승낙과 관련하여 투자매매업자 또는 투자중개업자에 대하여 필요한 자금 또는 증권을 대여하는 업무(제1호), ⅱ) 거래소시장에서의 매매거래(다자간매매체결회사에서의 거래를 포함) 또는 청산대상거래에 필요한 자금 또는 증권을 청산기관인 거래소 또는 금융투자상품거래청산회사를 통하여 대여하는 업무(제2호), ⅲ) 증권을 담보로 하는 대출업무(제3호), ⅳ) 그 밖에 금융위원회의 승인을 받은 업무(제4호)이다(법326①).

(2) 겸영업무

증권금융회사는 증권금융업무 외에 ⅰ) 투자매매업 및 투자중개업 중 환매

조건부매매, 환매조건부매매의 중개·주선 또는 대리업무, 집합투자증권을 대상
으로 하는 투자매매업·투자중개업, 신탁업무, 집합투자재산의 보관·관리 업무,
증권대차업무를 영위할 수 있다. 이 경우 자본시장법 또는 다른 법률에서 인가·
허가·등록 등이 필요한 경우에는 이를 받아야 한다. ⅱ) 자본시장법법 또는 다
른 법령에서 증권금융회사의 업무로 규정한 업무를 영위할 수 있다. ⅲ) 그 밖에
금융위원회로부터 승인을 받은 업무를 영위할 수 있다(법326②).

(3) 부수업무

증권금융회사는 증권금융업무, 제2항의 업무(겸영업무) 또는 자금예탁업무
(법330)에 부수하는 업무로서 ⅰ) 보호예수업무(제1호), ⅱ) 그 밖에 금융위원회의
승인을 받은 업무(제2호)를 행한다(법326③).

(4) 금융투자업자 자금의 예탁

증권금융회사는 금융투자업자, 금융투자업관계기관(그 증권금융회사를 제외),
거래소, 상장법인, 국가 또는 지방자치단체, 법률에 따라 설립된 기금 및 그 기금
을 관리·운용하는 법인, 보험회사, 우리사주조합, 금융투자업자에 거래 계좌를
개설한 자로부터 자금의 예탁을 받을 수 있다(법330①, 시행규칙36①).

증권금융회사는 금융투자업자 등의 자금을 예탁받는 업무를 위하여 필요한
경우에는 1년 이내에 만기가 도래하는 어음을 발행하는 방법에 따라 채무증서를
발행할 수 있다(법330②, 시행규칙36②).

위의 자금의 예탁받는 경우와 채무증서를 발행하는 경우에는 한국은행법과
은행법을 적용하지 아니한다(법330③).

제3절 신용보증기관

Ⅰ. 신용보증제도의 의의

신용보증제도란 물적 담보능력이 부족한 기업의 원활한 자금조달을 위해 공
신력이 있는 신용보증기관의 보증을 통해 경제주체 간 신용거래에 게재되어 있
는 채무불이행 위험을 경감시켜 주는 공적 금융시스템을 말한다. 중소기업에 대

한 신용보증제도는 세계 각국의 중소기업들이 공통적으로 직면하게 되는 문제인 규모의 영세성, 담보부족, 정보비대칭 등의 문제로 인해 기업운영에 필요한 자금을 제대로 조달하기 어려운 현실을 타개하기 위해 도입되었다.

Ⅱ. 신용보증기금

1. 설립과 지위

신용보증기금법("법") 제1조(목적)는 "이 법은 신용보증기금을 설립하여 담보능력이 미약한 기업의 채무를 보증하게 하여 기업의 자금융통을 원활히 하고, 신용정보의 효율적인 관리·운용을 통하여 건전한 신용질서를 확립함으로써 균형 있는 국민경제의 발전에 이바지함"을 목적으로 한다고 규정한다. 신용보증기금("기금")은 법인으로 하며, 신용보증기금법, 신용보증기금법에 따른 명령과 정관으로 정하는 바에 따라 운영한다(법4).

2. 기본업무

기금은 설립목적을 달성하기 위하여 ⅰ) 기본재산의 관리(제1호), ⅱ) 신용보증(제2호), ⅲ) 보증연계투자(제2의2호), ⅳ) 중소·중견기업팩토링 운용(제2의3호), ⅴ) 경영지도(제3호), ⅵ) 신용조사 및 신용정보의 종합관리(제4호), ⅶ) 구상권의 행사(제5호), ⅷ) 신용보증제도의 조사·연구(제6호), ⅸ) 제1호부터 제6호까지의 업무에 부수되는 업무로서 금융위원회의 승인을 받은 업무(제7호)를 수행한다(법23①). 기금은 제1항의 업무 외에 재보증업무 및 유동화회사보증업무를 수행할 수 있다(법23②).

Ⅲ. 기술보증기금

1. 설립과 지위

기술보증기금법("법") 제1조(목적)는 "이 법은 기술보증기금을 설립하여 기술보증제도를 정착·발전시킴으로써 신기술사업에 대한 자금의 공급을 원활하게 하고 나아가 국민경제의 발전에 이바지함"을 목적으로 한다고 규정한다. 담보능력이 미약한 기업의 채무를 보증하게 하여 기업에 대한 자금 융통을 원활하게 하기 위하여 기술보증기금("기금")을 설립한다(법12①). 기금은 법인으로 한다(법 12②).

기금의 기본재산은 ⅰ) 금융회사등의 출연금(제1호), ⅱ) 정부의 출연금(제2 호), ⅲ) 제1호 및 제2호 외의 자의 출연금(제3호)을 재원으로 조성한다(법13①). 정부 출연금의 예산은 중소벤처기업부 소관으로 한다(법13②). 금융회사등은 해당 융자금에 대하여 대통령령으로 정하는 비율에 따른 금액을 기금에 출연하여야 한 다(법13③ 본문). 다만, 농협은행 및 수협은행의 경우에는 그 비율을 달리 정할 수 있다(법13③ 단서).[4] 융자금의 범위, 출연의 방법 및 시기, 그 밖에 출연에 관하여 필요한 사항은 금융위원회와 협의하여 중소벤처기업부령으로 정한다(법13④).

2. 기본업무

기금은 기본재산의 관리, 기술보증, 신용보증, 보증연계투자, 기업에 대한 경영지도 및 기술지도, 중소기업 기술보호, 기술신탁관리(「기술의 이전 및 사업화 촉진에 관한 법률」에 따른 기술신탁관리업), 신용조사 및 신용정보의 종합관리, 기술 평가(해당 기술과 관련된 기술성·시장성·사업성 등을 종합적으로 평가하여 금액·등급· 의견 또는 점수 등으로 표시하는 것), 구상권 행사, 신용보증제도의 조사·연구 등의 업무를 수행한다(법28①).

기금은 위의 업무 외에 재보증업무 및 유동화회사보증업무를 수행할 수 있 다(법28②). 기금은 기술평가의 객관성 및 공정성 등을 확보하기 위하여 기술평가 의 기준·절차·방법·종류 등에 관한 사항을 미리 정하여야 한다(법28③).

Ⅳ. 지역신용보증재단

1. 설립과 지위

지역신용보증재단법("법") 제1조(목적)는 "이 법은 신용보증재단과 신용보증 재단중앙회를 설립하여 담보력이 부족한 지역 내 소기업·소상공인 등과 개인의 채무를 보증하게 함으로써 자금 융통을 원활하게 하고 아울러 지역경제 활성화

---

4) 금융회사등이 기술보증기금에 출연하는 금액의 비율은 그 융자금에 대하여 연율(年率) 1 천분의 3을 초과하지 아니하는 범위에서 금융위원회와 협의하여 중소벤처기업부령으로 정한다(영13).

와 서민의 복리 증진에 이바지함"을 목적으로 한다고 규정한다.

신용보증재단("재단")은 법인으로 한다(법3). 재단은 그 명칭 중에 "신용보증재단"이라는 글자를 사용하여야 한다(법4). 재단은 특별시·광역시·도 또는 특별자치도(이하 "시·도"라 한다)를 업무구역으로 한다. 다만, 대통령령으로 정하는 특별한 사유가 있을 때에는 둘 이상의 시·도를 업무구역으로 할 수 있다(법5). 재단의 기본재산은 ⅰ) 지방자치단체의 출연금(제1호), ⅱ) 금융회사등의 출연금(제2호), ⅲ) 기업의 출연금(제3호), ⅳ) 제1호부터 제3호까지 외의 자의 출연금(제4호)을 재원으로 조성한다(법7①). 정부는 재단의 기본재산 확충을 위하여 시·도에 보조할 수 있다(법7②).

재단을 설립하려면 특별시장·광역시장·도지사 또는 특별자치도지사("시·도지사")가 위촉하는 15명 이내의 발기인이 정관을 작성하여 중소벤처기업부장관의 인가를 받아야 한다(법9①). 재단은 시·도별로 둘 이상을 둘 수 없다(법9②).

2. 기본업무

재단은 ⅰ) 기본재산의 관리(제1호), ⅱ) 신용보증(제2호), ⅲ) 신용조사 및 신용정보의 관리(제3호), ⅳ) 경영지도(제4호), ⅴ) 구상권의 행사(제5호), ⅵ) 제2호 및 제3호의 업무에 부수되는 업무로서 중소벤처기업부장관의 승인을 받은 것(제6호), ⅶ) 제1호·제4호 및 제5호의 업무에 부수되는 업무로서 시·도지사의 승인을 받은 것(제7호), ⅷ) 국가, 지방자치단체, 공공기관 등이 위탁하는 사업 중 소기업등 지원 또는 그에 부수되는 사업으로서 중소벤처기업부장관 또는 시·도지사의 승인을 받은 사업(제8호), ⅸ) 다른 법령에서 재단의 사업으로 정하는 사업(제9호)을 수행한다(법17).

제4절 금융결제원

Ⅰ. 설립과 지위

금융결제원은 효율적인 어음교환제도 및 지로 제도를 확립하고 금융공동망을 구축하여 자금결제 및 정보유통을 원활하게 함으로써 건전한 금융거래의 유지발전과 금융기관 이용자의 편의 제고 등 금융산업의 발전에 기여함을 목적으로 한다(정관2). 비록 민법상 비영리사단법인이기는 하나 금융결제원의 정관상 설립목적은 "건전한 금융거래의 유지발전과 이용자의 편의제공 등 금융산업의 발전"이란 공익적 목적을 가지고 있고, 실질적으로도 지급결제서비스 제공에 있어 공공재적 성격을 가진 금융시장 인프라로서 지급결제시스템 운영기관으로서 공적인 기능을 수행하는 측면이 있다. 따라서 일반적인 민법상의 비영리사단법인과는 구별된다.

Ⅱ. 사업

비영리 사단법인인 금융결제원은 정관 제2조의 목적을 달성하기 위해 고유목적사업인 ⅰ) 어음교환소의 설치, 운영 등에 관한 사업(제1호), ⅱ) 지로에 관한 사업(제2호), ⅲ) 금융공동망의 구축·운영사업(제3호), ⅳ) 금융기관이 공동으로 이용하는 전산시스템의 구축·운영사업(제4호), ⅴ) 금융기관이 개별적으로 수행하는 전산업무의 지원 또는 대행사업(제5호), ⅵ) 제1호 내지 제5호의 업무에 관한 조사연구(제6호), ⅶ) 기타 결제원의 목적을 달성하기 위하여 필요하다고 인정되는 사업을 행한다(정관4①).

또한 금융결제원은 수익사업으로 ⅰ) 지로업무의 원활한 수행을 위하여 이용기관의 자료를 온라인으로 중계하는 사업(제1호), ⅱ) 금융공동망과 외부기관의 전산망을 연계하여 정보를 중계하는 사업(제2호), ⅲ) 어음교환, 지로, 금융공동망 등 지급결제사업과 관련한 소프트웨어의 자문, 개발 및 공급에 관한 사업(제3호), ⅳ) 금융기관의 공인인증사업에 부수되는 공인인증 등록대행 및 관련 부대사업(제4호), ⅴ) 유사시 개별 금융기관의 데이터 복구 등을 위한 전산백업시스템 구축·운영사업(제5호), ⅵ) 신용·직불·선불카드망을 이용하여 결제정보를 중계하는 부가통신 및 관련 부대사업(제6호), ⅶ) 소유 부동산의 임대(제7호)를 할 수 있다(정관4②).

제5절 한국주택금융공사

Ⅰ. 서설

1. 연혁

우리나라에서 주택저당채권의 유동화제도를 도입하게 된 계기는 1997년 외환위기 때이다. 근저당권에 의해 담보된 주택저당채권 유동화를 활성화시켜 주택자금을 안정적으로 공급하고 주택금융의 기반을 확충하면서 자산유동화법에서 드러난 입법적 흠결을 해소하기 위해 1998년 12월 주택저당채권유동화회사법 (2015. 7. 24. 폐지)[5]이 제정되었다. 하지만 이 법률에 의해서도 주택저당채권 유동화시장이 활성화되지 않는 한계를 극복하기 위해 정부는 2004년 3월 공신력이 있는 한국주택금융공사를 출범시켰다.

2. 설립과 지위

한국주택금융공사법("법") 제1조(목적)는 "이 법은 한국주택금융공사를 설립하여 주택저당채권 등의 유동화와 주택금융 신용보증 및 주택담보노후연금보증 업무를 수행하게 함으로써 주택금융 등의 장기적·안정적 공급을 촉진하여 국민의 복지증진과 국민경제의 발전에 이바지함"을 목적으로 한다고 규정한다. 한국주택금융공사("공사")는 법인으로 하며(법3①), 한국주택금융공사법 및 공공기관 운영법과 정관으로 정하는 바에 따라 운영한다(법3②). 공사의 자본금은 5조원으로 하고, 정부 및 한국은행이 출자한다(법5).

Ⅱ. 기본업무

공사의 업무에 관해 한국주택금융공사법 제22조에서 정하고 있다. 공사는 ⅰ) 채권유동화(제1호), ⅱ) 채권보유(제2호), ⅲ) 주택저당증권, 학자금대출증권,

---

5) 주택저당증권(MBS)법으로 불리는 이 법률은 2004년 한국주택금융공사가 설립되면서 한국주택금융공사법으로 대부분 이관된 상태였다.

유동화전문회사등이 주택저당채권을 유동화자산으로 하여 발행한 유동화증권에 지급보증(제3호), iv) 금융기관에 대한 신용공여(제4호), ⅴ) 주택저당채권 또는 학자금대출채권에 대한 평가 및 실사(제5호), vi) 기금·계정의 관리 및 운용(제6호), vii) 신용보증(제7호), viii) 제7호와 관련된 신용보증채무의 이행 및 구상권의 행사(제8호), ix) 주택담보노후연금보증(제9호), ⅹ) 제9호와 관련된 신탁(제9호의2), xi) 주택담보노후연금보증채무의 이행 및 구상권의 행사(제10호), xii) 주택담보노후연금채권의 양수 및 보유와 이에 따른 주택담보노후연금의 지급(제11호), xiii) 제7호 및 제9호와 관련된 신용조사 및 신용정보의 종합관리(제12호), xiv) 주택금융에 관한 조사·연구 및 통계자료의 수집·작성과 국내외 유관기관과의 교류·협력(제13호), ⅹⅴ) 제1호부터 제13호까지의 업무에 딸린 업무로서 금융위원회의 승인을 받은 업무(제14호)를 수행한다(법22①). 공사는 앞의 각 호를 수행할 때 주택가격의 변동 등을 고려하여 서민층의 주택 구입 등을 우선적으로 지원하여야 한다(법22②).

제6절 한국자산관리공사

Ⅰ. 설립과 지위

자산관리공사법("법") 제1조(목적)는 "이 법은 금융회사등이 보유하는 부실자산의 효율적 정리를 촉진하고 부실징후기업의 경영정상화 노력을 지원하기 위하여 필요한 사항을 규정하며, 부실채권정리기금 및 구조조정기금을 설치하고 한국자산관리공사를 설립하여 관련 업무의 수행과 지원을 하게 함으로써 금융회사등의 자산 유동성과 건전성을 향상시켜 금융산업 및 국민경제의 발전에 이바지함"을 목적으로 한다(법1)고 규정한다. 이에 따라 한국자산관리공사("공사")가 설립되었는데, 공사는 금융회사등이 보유하는 부실자산의 정리 촉진과 부실징후기업의 경영정상화 등을 효율적으로 지원하기 위하여 설립되었다(법6). 공사는 법인으로 하며(법7), 자본금은 7조원으로 한다(법9①). 공사의 자본금은 금융회사등이 출자하여야 한다(법9②). 정부는 공사의 업무수행을 지원하기 위하여 필요하다고 인정할 때에는 공사에 출자하거나 필요한 경비를 지원할 수 있다(법9③).

Ⅱ. 업무

1. 기본업무

공사는 한국자산관리공사법의 목적을 달성하기 위하여 다음의 업무를 수행한다(법26①).

1. 부실자산의 효율적 정리를 위한 다음의 업무
   가. 부실채권의 보전·추심(민사소송법 및 민사집행법에 따른 경매 및 소송 등에 관한 모든 행위를 포함)의 수임 및 인수정리
   나. 부실채권의 매입과 그 부실채권의 출자전환에 따른 지분증권의 인수
   다. 자산유동화법 제3조 제1항에 따른 유동화전문회사등이 발행하는 채권·증권의 인수
   라. 나목에 따라 지분증권을 취득하였거나 제4호 라목에 따라 출자를 한 법인("출자법인")에 대한 금전의 대여 및 공사의 납입자본금·이익준비금 및 사업확장적립금 합계액의 500%의 범위에서 대통령령으로 정하는 한도에서의 지급보증
   마. 공사가 인수한 자산(담보물 포함)의 매수자에 대한 연불매각(延拂賣却) 등 금융지원과 인수한 부실채권의 채무자의 경영정상화, 담보물의 가치의 보전·증대 등 부실자산의 효율적 정리에 필요한 자금의 대여·관리 및 라목에 따른 지급보증의 범위에서의 지급보증(차입원리금의 상환에 대한 지급보증은 제외)
   바. 부실채권의 보전·추심 및 채무관계자에 대한 재산조사
   사. 국외부실자산 정리 등에 관한 자문과 업무대행 및 대통령령으로 정하는 회사 등에 대하여 국외부실자산에 대한 투자를 목적으로 하는 출자·투자
2. 부실징후기업 및 구조개선기업의 경영정상화 지원을 위한 다음의 업무
   가. 부실징후기업의 자구계획대상자산의 관리·매각의 수임 및 인수정리
   나. 부실징후기업 및 구조개선기업에 대한 경영진단과 정상화 지원을 위한 자문 및 기업인수·합병의 알선
   다. 채무자회생법 제34조 또는 제35조에 따라 법원에 회생절차개시를 신청한 기업 등에 대한 자금의 대여 및 지급보증을 위한 특수목적법인에 대한 출자. 이 경우 자금대여·지급보증의 대상·방식, 지급보증의 범위는 대통령령으로 정한다.

　라. 비업무용자산 및 구조개선기업의 자산의 관리·매각, 매매의 중개 및 인수정리

　마. 부실징후기업 및 구조개선기업의 경영정상화 지원을 위한 선박 관련 투자기구 등에 대한 출자·투자 및 제1호 라목에 따른 지급보증의 범위에서의 지급보증

3. 공공자산의 가치 제고를 위한 다음의 업무

　가. 법령에 따라 국가기관, 지방자치단체, 공공기관운영법 제4조에 따른 공공기관 등("국가기관등")으로부터 대행을 의뢰받은 압류재산의 매각, 대금 배분 등 사후관리 및 해당 재산의 가치의 보전·증대 등을 위한 관련 재산(저당권 등 제한물권을 포함)의 매입과 개발

　나. 법령에 따라 국가기관등으로부터 수임받은 재산의 관리·처분·개발, 채권의 보전·추심 및 해당 재산의 가치의 보전·증대 등을 위한 관련 재산의 매입과 개발

　다. 국유재산법에 따라 국가가 주식 또는 지분의 2분의 1 이상을 보유하는 회사의 청산업무

4. 제1호부터 제3호까지의 업무와 관련한 다음의 업무

　가. 부실채권정리기금 및 구조조정기금의 관리 및 운용

　나. 자산유동화법 제10조 제1항에 따라 위탁받은 유동화자산의 관리에 관한 업무

　다. 정보통신망 등을 이용한 자산관리·처분시스템의 구축, 운영 및 대여, 그 밖의 관련 지원 업무

　라. 공사의 업무수행에 따른 출자·투자

　마. 신탁업 중 부동산 담보신탁업무 및 구조개선기업의 부동산의 관리·처분 신탁업무

　바. 제1호(사목은 제외), 제2호 가목·라목 및 이 호 나목의 업무수행과 관련된 재산의 매입과 개발

　사. 라목에 따른 업무를 수행하기 위하여 설립하는 회사(라목에 따라 출자·투자한 회사 등을 포함)의 업무 대행

2. 부대업무

공사는 한국자산관리공사법의 목적을 달성하기 위하여 기본업무에 딸린 업무로서 대상, 방법, 범위 등의 추가 등이 필요한 경우 금융위원회의 승인을 받아

부대업무를 수행한다(법26②).

제7절 한국투자공사

Ⅰ. 설립과 지위

한국투자공사법("법") 제1조(목적)는 "이 법은 한국투자공사를 설립함으로써 정부와 한국은행 등으로부터 위탁받은 자산의 운용업무를 효율적으로 수행하게 하여 금융산업의 발전에 이바지함"을 목적으로 한다고 규정한다. 한국투자공사 ("공사")는 법인으로 하며(법3), 자본금은 1조원으로 하고, 정부가 전액 출자한다 (법5). 한국투자공사(KIC)는 외환보유액 및 공공기금의 효율적 운용을 위해 2005 년 7월 설립되었다.

Ⅱ. 기본업무

공사는 ⅰ) 위탁기관에서 위탁받은 자산의 관리 및 운용(제1호), ⅱ) 제1호 와 관련된 조사·연구 및 국내외 관련기관과의 교류·협력(제2호), ⅲ) 그 밖에 제 1호 및 제2호와 관련된 부수업무로서 운영위원회가 의결한 업무(제3호)를 수행한 다(법29①). 공사는 제1호의 자산에 대하여 타인에 대한 담보제공, 신용보증 등 자산의 가치에 영향을 미칠 수 있는 행위를 하여서는 아니된다(법29②).

제8절 서민금융진흥원

Ⅰ. 설립과 지위

서민금융법("법") 제1조(목적)는 "이 법은 서민금융진흥원 및 신용회복위원회를 설립하여 서민의 금융생활과 개인채무자에 대한 채무조정을 지원함으로써 서민생활의 안정과 경제·사회의 균형 있는 발전에 이바지함"을 목적으로 한다고 규정한다. 이에 따라 서민의 원활한 금융생활을 지원하기 위하여 서민금융진흥원("진흥원")이 설립되었다(법3①).

진흥원은 법인으로 하며(법3②), 자본금은 1조원으로 한다(법4①). 진흥원의 자본금은 정부, 금융회사, 한국자산관리공사, 금융지주회사, 전국은행연합회, 보험협회, 한국금융투자협회, 상호저축은행중앙회, 여신전문금융업협회, 대부업 및 대부중개업 협회, 한국수출입은행, 한국주택금융공사, 신용회복위원회 등이 출자할 수 있다(법4②, 영5①). 출자금은 현금으로 납입한다(영5② 본문). 다만, 필요에 따라 그 일부를 현물로 납입할 수 있다(영5② 단서).

Ⅱ. 기본업무

진흥원은 ⅰ) 서민 금융생활 지원사업(제1호), ⅱ) 서민의 금융생활 지원을 위한 금융상품 등의 알선(제2호), ⅲ) 서민의 금융생활 관련 조사·연구 및 대외교류·협력(제3호), ⅳ) 서민에 대한 신용보증 및 자금대출(제4호), ⅴ) 진흥원의 업무수행에 따른 출자 및 투자(제5호), ⅵ) 서민금융 지원을 조건으로 금융회사에 대한 출연과 출자(제6호), ⅶ) 서민금융 지원 실적이 우수한 금융회사에 대한 출연과 출자(제7호), ⅷ) 지방자치단체가 운영하는 대통령령으로 정하는 서민금융지원센터에 대한 자금 지원(제8호), ⅸ) 사업수행기관에 대한 지원 및 감독(제9호),[6] ⅹ) 서민금융협의회의 운영 사무(제11호), ⅺ) 금융회사 또는 예탁결제원("금융회사등")이 휴면계정에 출연한 휴면예금등의 관리·운용(제12호), ⅻ) 휴면예금등 원권리자에 대하여 휴면예금등을 갈음하는 금액의 지급(제13호), ⅹⅲ) 신용회복위원회로부터 위탁받은 사업(제14호), ⅹⅳ) 서민금융 종합정보시스템의 구축·운영(제15호), ⅹⅴ) 그 밖에 서민 금융생활 지원을 위하여 필요한 업무로서 대통령령으로 정하는 업무(제16호)를 수행한다(법24①).

---

6) 제10호 삭제 <2021.6.8.>

참고문헌

강민우(2020), "외국환거래의 법적 규제에 관한 연구", 고려대학교 대학원 박사학위논문
(2020. 2).

고영선(2008), "한국경제의 성장과 정부의 역할 :과거, 현재, 미래", KDI연구보고서
(2008. 11).

고은수(2020), "부동산신탁 과세제도의 문제점 및 개선방안", 고려대학교 법무대학원 석
사학위논문(2020. 2).

구본일 · 엄영호 · 지현준(2007), "주가연계예금(Equity Linked Deposit) 가치평가모형에
대한 실증 연구", 재무연구 제20권 제1호(2007. 5).

권기혁(2018), "한국 장외채권시장의 투명성 규제 제도 및 개선방안에 관한 연구", 연세
대학교 경제대학원 석사학위논문(2018. 6).

권순채(2016. 2), "외환건전성 규제 정책 효과분석", 한양대학교 대학원 석사학위논문
(2016. 2).

김건식 · 송옥렬(2001), 「미국의 증권규제」, 홍문사(2001. 7).

김경태(2016), "금융위기 시 신보 P-CBO(자산담보부증권)의 회사채 시장 안정화에 기
여한 효과성 분석", 서울대학교 행정대학원 석사학위논문(2016. 8).

김기환(2019), "금융행정체계에 관한 행정조직법적 연구: 중앙은행제도와 금융감독체계
를 중심으로", 한국외국어대학교 대학원 박사학위 논문(2019. 2).

김남훈(2016), "PF-ABCP 하자가 특정금전신탁계약에 미치는 영향에 관한 연구", 건국
대학교 부동산대학원 석사학위논문(2016. 2).

김래복(2015), "해운기업의 외환손익 영향분석과 대응방안에 관한 실증연구 : 국적 외항
선사를 중심으로", 한국해양대학교 해양금융물류대학원 석사학위논문(2015. 6).

김병우(2013), "그림자 금융의 동향과 건전성 제고에 관한 연구", 경영교육저널 제24권
제3호(2013. 12).

김상겸(2003), "금융감독체계에 관한 법적 고찰: 헌법상의 경제질서의 관점에서", 공법
연구 제31집 제3호(2003. 3).

김선제 · 김성태(2017), "원금보장형 주가연계증권(ELB) 투자의 기대성과 연구", 경영컨
설팅연구 제17권 제3호(2017. 8).

김승학(1999), "금융산업의 경쟁과 규제논리", 경영연구 제3권 제1호(1999. 10).

김영도(2013), "국내 단기금융시장의 발전과 향후 과제: 단기지표금리 개선 과제를 중심
으로", 한국금융연구원 금융리포트(2013. 3).

김용진(2013), "토지신탁제도의 개선방안에 관한 연구: 사업신탁을 중심으로", 한양대학

교 대학원 석사학위논문(2013. 2).

김용환(2011), "국내은행의 외화자금조달 분석", KAIST 금융공학연구센터 & 농협경제연구소 주관 외환제도발전방안(2011).

김학겸·안희준·장운욱(2015), "국고채시장의 시장조성활동이 가격발견기능과 유동성에 미치는 영향", 한국증권학회지 제44권 1호(2015. 2).

김홍범(2016), "한국의 거시건전성정책체계 설계: 2-단계 최소접근법", 금융연구 제30권 제4호(2016. 12).

김희준(2011), "국제금융시장을 통한 회사자금조달의 법적 문제점과 해결방안: 회사법·자본시장법·세법을 중심으로", 고려대학교 대학원 박사학위논문(2011. 12).

금융위원회(2016), "초대형 투자은행 육성을 위한 종합금융투자사업자 제도 개선방안"(2016. 8. 2) 보도자료.

노상범·고동원(2012), 「부동산금융법」, 박영사(2012. 9).

노태석(2012), "금융기관의 부실에 대한 임원의 법적 책임에 관한 연구", 성균관대학교 대학원 박사학위논문(2012. 6).

문준우(2014), "영구채의 개념과 장·단점 등에 관한 일반내용과 주요국의 입법례, 발행사례와 쟁점분석", 기업법연구 제28권 제3호(2014. 9).

박계옥(2011), "금융정책이 자본시장의 제도화에 미치는 영향 분석", 서울시립대학교 대학원 박사학위논문, (2011. 8).

박도현·조홍종·전초란·빈기범(2015), "동양그룹 사태를 계기로 본 금융소비자 보호 및 신용의 중요성", 유라시아연구 제12권 제4호(2015. 12).

박동민·이항용(2011), "전자단기사채제도 도입을 통한 기업어음시장 개선에 관한 연구", 한국증권학회지 제40권 1호(2011. 2).

박선종(2010), "파생상품의 법적규제에 관한 연구", 고려대학교 대학원 박사학위논문(2010. 12).

박수연·소인환(2020), "대외포지션이 외환 및 주식시장 변동성에 미치는 영향 분석", 국제금융연구 제10권 제2호(2020. 8).

박원주·정운영(2019), "소비자관점에서 본 할부금융의 문제점 및 개선방향", 소비자정책동향 제98호(2019. 6).

박제형(2012), "국내 부동산 PF대출의 문제점과 개선방안 연구", 고려대학교 석사학위논문(2012. 12).

박종덕(2009), "부동산개발금융에서의 재무적 투자자 참여실태 및 역할에 관한 연구", 단국대학교 대학원 박사학위논문(2009. 2).

박준·한민(2019), 「금융거래와 법」, 박영사(2019. 8).

박철영(2012), "증권예탁증권(KDR)의 법적 재구성", 증권법연구 제13권 제1호(2012. 4).

박철영(2013), "전자단기사채제도의 법적 쟁점과 과제", 상사법연구 제32권 제3호(2013.

11).

박철우(2010), "파생상품거래의 규제에 관한 연구", 고려대학교 대학원 석사학위논문 (2010. 6).

방영민(2010), 「금융의 이해: 금융시장·금융기관·금융상품·금융정책」, 법문사(2010. 6).

백윤기(2014), "금융행정에 있어서 행정규칙의 현황과 법적 문제점", 행정법연구 제40호 (2014. 11).

빈기범·강원철(2009), "외환시장과 외화자금시장의 구분 및 KRX 통화시장 역할의 중요성", 자본시장연구원(2009. 8).

사법연수원(2014), 「금융거래법」(2014. 9).

생명보험협회(2019), 「변액보험의 이해와 판매」, 생명보험협회(2019. 8).

서영숙(2013), "은행 외화차입과 주식시장 및 외환시장의 변동성에 관한 연구", 숭실대학교 대학원 박사학위논문(2013. 6).

신현탁(2016), "자본시장법상 온라인소액투자중개업자의 법적 지위에 관한 해석론상 문제점", 증권법연구 제17권 제2호(2016. 8).

심창우(2017), "토지신탁의 토지비 관련 규제 개선에 관한 연구", 건국대학교 부동산대학원 석사학위논문(2017. 2).

안성포(2014), "현행 신탁업의 규제체계와 한계", 한독법학 제19호(2014. 2).

양덕순(2016), "금융상품에 대한 소비자정보 역량 평가지표에 관한 연구", 소비자정책교육연구 제12권 2호(2016. 12).

양유형(2015), "파생결합증권 투자자보호 개선방안에 관한 연구", 고려대학교 대학원 석사학위논문(2015. 12).

유혁선(2010), "파생상품거래의 규제에 관한 법적 연구", 성균관대학교 대학원 박사학위논문(2010. 12).

윤민섭(2014), "금융소비자보호관련 법제 정비방안 연구(Ⅰ): 여신상품을 중심으로", 한국소비자원 정책연구보고서(2014. 8).

윤종미(2019), "은행신탁상품의 운용리스크 관리와 투자자보호방안", 금융법연구 제16권 제1호(2019. 3).

윤종희(2019), "그림자은행 시스템의 출현과 발전", 경제와사회 통권 제124호(2019. 12).

이금호(2008), "신용파생금융거래의 종류 및 법적 문제", 증권법연구 제9권 제2호(2008. 12).

이상복(2012), 「기업공시」, 박영사(2012. 6).

이성우(2017), "현행 예금보험업무 운영상의 문제점과 개선방안", 보험법연구 제11권 제2호(2017. 12).

이영한·문성훈(2009), "현행 상장지수펀드(ETF) 과세제도의 문제점 및 개선방안", 조세법연구 제15권 제3호(2009. 12).

이인형·이윤재(2011), "한국 외화자금시장 유동성 위기의 특징과 외환시장에의 영향 분석", 자본시장연구원(2011. 2).

이용찬(2009), "상호금융기관별 설립근거법상 건전성 규제제도 개선방안에 관한 연구", 금융법연구 제6권 제1호(2009. 9).

이장희(2010), "경제질서의 세계화에 따른 국가역할의 변화: 합헌적 금융질서의 구축을 중심으로", 고려대학교 대학원 박사학위 논문(2010. 12).

이진서(2012), "구조화금융에 관한 연구: 자산유동화·프로젝트금융을 중심으로", 고려대학교 대학원 박사학위논문(2012. 6).

이철송(2014), 「회사법 강의」, 박영사(2014. 2).

임영진(2018), "우리나라 외환거래제도의 이해", 한국은행 금요강좌 발표자료(2018. 11).

임철현(2019), "위험관리 관점에서 본 기업금융수단의 법적 이해", 법조 제68권 제2호(2019. 4).

장성환(2013), "부동산개발금융구조(PF)의 개선사례와 발전방향에 관한 연구: 금융기관의 위험분담에 근거한 금융구조를 중심으로", 건국대학교 부동산대학원 석사학위논문(2013. 8).

장영혜(2014), "금융위기 대응정책에 대한 비교연구", 성균관대학교 대학원 석사학위논문(2014. 6).

전진형(2014), "금전신탁 규제 강화의 문제점과 제도 개선방안 연구: 특정금전신탁을 중심으로", 고려대학교 정책대학원 석사학위논문(2014. 8).

정대인(2017), "한국의 달러/원 외환시장과 원화단기자금시장의 관계 분석: 글로벌 금융위기 전후의 비대칭성을 중심으로", 연세대학교 경제대학원 석사학위논문(2017. 12).

정소민(2009), "담보부사채의 활성화에 관한 연구", 금융법연구 제6권 제1호(2009. 9).

정순섭(2006), "신탁의 기본구조에 관한 연구", 서울대학교 금융법센터 BFL 제17호(2006. 5).

정순섭·송창영(2010), "자본시장법상 금융투자상품 개념", 서울대학교 금융법센터 BFL 제40호(2010. 3).

정순섭(2013), "금융규제법체계의 관점에서 본 자본시장법: 시행 4년의 경험과 그 영향", 서울대학교 금융법센터 BFL 제61호(2013. 9).

정순섭(2017), 「은행법」, 지원출판사(2017. 8).

정승화(2011), "자본시장법상 파생결합증권에 관한 법적 소고", 금융법연구 제8권 제1호(2011. 8).

정영주(2018), "서민금융기관의 활성화 방안에 관한 연구: 광주전남지역을 중심으로", 목포대학교대학원 석사학위논문(2018. 2).

정운찬·김홍범(2018), 「화폐와 금융시장」, 율곡출판사(2018. 3).

정원석·임준·김유미(2016), "금융·보험세제연구: 집합투자기구, 보험 그리고 연금세제를 중심으로", 보험연구원(2016. 5).

정재환(2019). "국제금융규제의 거시건전성 전환과 그 한계", 사회과학 담론과 정책 제12권 제1호(2019. 4).

정찬형·최동준·김용재(2009), 「로스쿨 금융법」, 박영사(2009. 9).

조대형(2018), "종합금융투자사업자 제도의 입법영향에 대한 연구", 은행법연구 제11권 제1호(2018. 5).

조중연(2004), "종합재산신탁의 도입과 영향", 하나경제 리포트(2004. 9).

최수정(2016), 「신탁법」, 박영사(2016. 2).

최승필(2016), "금융규제행정의 공법적 해석: 금융행정법의 정립을 위한 은행법상 쟁점 제기를 중심으로", 공법학연구 제17권 제1호(2016. 2).

최영주(2015), "영구채 성격논쟁과 법적 과제", 경영법률 제25권 제3호(2015. 4).

최영주(2012), 저축은행 부실화에 있어 대주주의 영향과 법적 규제, 법학연구 제53권 제3호(2012. 8).

최용호(2019), "부동산신탁회사의 부동산개발 관련 금융기능 강화 경향", 한국신탁학회 추계학술대회(2019. 11).

한국거래소(2017), 「손에 잡히는 파생상품시장」, 한국거래소(2017. 10).

한국거래소(2019a), 「한국의 채권시장」, 지식과 감성(2019. 1).

한국은행(2015), 「한국의 거시건전성정책」(2015. 5).

한국은행(2016a), 「한국의 외환제도와 외환시장」(2016. 1).

한국은행(2016b), 「한국의 금융시장」(2016. 12).

한국은행(2017), 「한국의 통화정책」(2017.12).

한국은행(2018), 「한국의 금융제도」(2018.12).

한기정(2019), 「보험업법」, 박영사(2019. 4).

한소은(2022), "부동산개발금융의 시행규제에 관한 공법적 연구", 서울대학교 대학원 석사학위논문(2022. 2).

한재준·이민환(2013), "한일 대부업시장의 형성과정과 향후 정책적 과제", 경영사연구(경영사학) 제28집 제1호(2013. 3).

홍종현(2012), "재정민주주의에 대한 헌법적 연구", 고려대학교 대학원 박사학위논문(2012. 8).

황세운·김준석·손삼호(2013), "국내 단기금융시장 금리지표의 개선에 관한 연구", 재무관리연구 제30권 제3호(2013. 9).

찾아보기

저자소개

이상복

서강대학교 법학전문대학원 교수. 서울고등학교와 연세대학교 경제학과를 졸업하고, 고려대학교에서 법학 석사와 박사학위를 받았다. 사법연수원 28기로 변호사 일을 하기도 했다. 미국 스탠퍼드 로스쿨 방문학자, 숭실대학교 법과대학 교수를 거쳐 서강대학교에 자리 잡았다. 서강대학교 금융법센터장, 서강대학교 법학부 학장 및 법학전문대학원 원장을 역임하고, 재정경제부 금융발전심의회 위원, 기획재정부 국유재산정책 심의위원, 관세청 정부업무 자체평가위원, 국토교통부 법률고문, 대한상사중재원 중재인, 한국공항공사 비상임이사, 금융감독원 분쟁조정위원, 한국거래소 시장감시위원회 비상임위원, 한국증권법학회 부회장, 한국법학교수회 부회장, 금융위원회 증권선물위원회 비상임위원으로 활동했다. 현재 공적자금관리위원회 위원으로 활동하고 있다.

저서로는 〈부동산개발금융법(제2판)〉(2024), 〈특정금융정보법〉(2024), 〈전자금융거래법〉(2024), 〈신용정보법〉(2024), 〈판례회사법〉(2023), 〈상호금융업법〉(2023), 〈새마을금고법〉(2023), 〈산림조합법〉(2023), 〈수산업협동조합법〉(2023), 〈농업협동조합법〉(2023), 〈신용협동조합법〉(2023), 〈경제학입문: 돈의 작동원리〉(2023), 〈외부감사법〉(2021), 〈상호저축은행법〉(2021), 〈외국환거래법〉(개정판)(2023), 〈금융소비자보호법〉(2021), 〈자본시장법〉(2021), 〈여신전문금융업법〉(2021), 〈금융법강의 1: 금융행정〉(2020), 〈금융법강의 2: 금융상품〉(2020), 〈금융법강의 3: 금융기관〉(2020), 〈금융법강의 4: 금융시장〉(2020), 〈경제민주주의, 책임자본주의〉(2019), 〈기업공시〉(2012), 〈내부자거래〉(2010), 〈헤지펀드와 프라임 브로커: 역서〉(2009), 〈기업범죄와 내부통제〉(2005), 〈증권범죄와 집단소송〉(2004), 〈증권집단소송론〉(2004) 등 법학 관련 저술과 철학에 관심을 갖고 쓴 〈행복을 지키는 法〉(2017), 〈자유·평등·정의〉(2013)가 있다. 연구 논문으로는 '기업의 컴플라이언스와 책임에 관한 미국의 논의와 법적 시사점'(2017), '외국의 공매도규제와 법적시사점'(2009), '기업지배구조와 기관투자자의 역할'(2008) 등이 있다. 문학에도 관심이 많아 장편소설 〈모래무지와 두우쟁이〉(2005), 〈우리는 다시 강에서 만난다〉(2021)와 에세이 〈방황도 힘이 된다〉(2014)를 쓰기도 했다.

제2판
금융법입문

초판발행　　　2023년 1월 10일
제2판발행　　　2024년 6월 15일

지은이　　　이상복
펴낸이　　　안종만·안상준

편　집　　　김선민
기획/마케팅　　최동인
표지디자인　　이소연
제　작　　　우인도·고철민·조영환

펴낸곳　　　(주) **박영사**
　　　　　서울특별시 금천구 가산디지털2로 53, 210호(가산동, 한라시그마밸리)
　　　　　등록 1959. 3. 11. 제300-1959-1호(倫)

전　화　　　02)733-6771
f a x　　　02)736-4818
e-mail　　　pys@pybook.co.kr
homepage　　www.pybook.co.kr
ISBN　　　979-11-303-4756-1　93360

정　가　　　28,000원